부산교통공사 HUmetro

🚃 **부산교통공사(HUmetro): 부산광역시의 도시철도 1~4호선을 운영하는 지방공기업**

2024년 기준 신입 초봉	3,766만원
2024년 기준 평균 연봉	7,903만원
평균 근속 연수	180개월 (15년)
평균 직원 수	4,808명
본사위치	부산광역시 부산진구 중앙대로 644번길 20 (범천동)
노선	부산 도시철도 1호선, 2호선, 3호선, 4호선

🚃 **직렬별 주요업무 및 근무형태**

직렬	주요업무	근무형태
운영직	역 구내 역무 관련 업무 및 본사 사업소 행정업무 전반	교대근무 교번근무 통상근무
운전직	도시철도 전동차 운전 승무 관련 업무 전반	
토목직	선로설비 유지보수 및 도시철도 토목분야 관리업무 전반	
건축직	도시철도 건축시설물 유지보수 및 건축분야 관리업무 전반	
기계직	도시철도 기계설비 유지보수 및 기계설비분야 관리업무 전반	
전기직	도시철도 전동차 및 기타 전기설비 유지보수 전기설비분야 관리업무 전반	
신호직	도시철도 신호설비 유지보수 및 신호분야 관리업무 전반	
통신직	도시철도 통신 역무자동설비 유지보수 및 해당 분야 관리업무 전반	

부산교통공사 HUmetro

🚈 지원자 지역(거주지) 제한 (당해 공고문 참고)

아래 ①번 ②번 요건 중 하나를 충족하는 사람

① 2024.12.31. 이전부터 면접시험 최종일까지 부산광역시, 울산광역시, 경상남도에 주민등록상 거주 중인 사람으로서, 동 기간 중 주민등록의 말소 및 거주 불명으로 등록된 사실이 없어야 함.

② 2024.12.31. 이전까지 부산광역시, 울산광역시, 경상남도에 주민등록상 주소지를 두고 있었던 기간을 모두 합산해 총 3년(36개월) 이상이어야 함

🚈 채용절차

1. 채용공고 및 원서접수

2. 필기시험

3. 인성검사

4. 면접시험

5. 서류심사 (적격여부)

6. 신체검사, 결격사유 조회

7. 최종합격자 발표

2026

100% 무료강의

부산교통공사
철도관계법
한주끝장

요약＋문제집(기출문제포함)

- 2026 최신 개정법령 완벽 반영
- OX → 빈칸 → 기본 → 심화 4-STEP 합격 루틴
- 기출 포함 암기 핵심 포인트 완벽 정리

철도 취업 정보 1위
카페, 오픈 채팅방

1타 강사 철도왕
무료 인강

실제 기출 포함!
모의고사 3회분 수록

전 문항 상세 해설 및
핵심 포인트 수록

오픈채팅   유튜브   네이버 카페

🚆 2025 상반기 신입사원 공개채용 필기시험 합격선

직렬	채용 인원	접수 인원	합격선
운영직(행정학)	9	438	81
운영직(경영학)	19	1,369	86
운영직(경제학)	4	173	81
운영직(법학)	2	80	65
운영직(회계학)	3	109	73
토목직	18	441	67
건축직	2	117	71
기계직	20	470	71
전기직	36	678	65
신호직	10	198	68.8
통신직	8	223	72
제한(2종면허)운전직	41	639	65

🚆 2025 하반기 공개채용 필기시험 합격선

직렬	채용 인원	접수 인원	합격선
운영직(행정학)	5	430	81
운영직(경영학)	8	1,279	86
운영직(경제학)	4	192	78
전기직	7	578	69
통신직	8	261	76

📋 필기시험 과목

과목	전공과목		공통과목(50문항)	총점	시험시간
부문	전공(직무수행능력평가)	관계법령	NCS (직업기초능력평가)	100점 (문항당 1점)	100분 (과목별 구분 없음)
문항수	40문항	10문항	50문항		
운영직	행정학 / 경영학 / 경제학 / 법학 / 회계학 — 입사지원 당시 선택한 전공 1가지에 대한 40문항 시험	• 지방공기업법 • 지방공기업법 시행령 • 철도안전법 • 철도안전법 시행령 • 도시철도법 • 도시철도법 시행령	• 의사소통능력 • 수리능력 • 문제해결능력 • 자원관리능력 • 정보능력		
운전직	기계일반/전기일반 중 택 1				
토목직	토목일반				
건축직	건축일반				
기계직	기계일반				
전기직	전기일반				
신호직	전기일반/통신일반 중 택 1				
통신직	통신일반				

🚆 2025 상 하반기 철도관계법령 시험범위 (*당해 공고문을 꼭 확인하시기 바랍니다)

지방공기업법 (2025.1.7.시행)

구분	해당(관련)조항	출제
제1장 총칙	§1 ~ §4	O
제2장 지방직영기업	§5 ~ §48	X
제3장 지방공사(제1절~제5절)	§49 ~ §75의6	O
제4장 지방공단	§76 ~ §77의2	X
제4장의2 지방공사 및 지방공단외의 출자법인 등	§77의3 ~ §77의7	X
제5장 보칙	§78 ~ §80의2	O
제6장 벌칙	§81 ~ §85	O

지방공기업법 시행령 (2025.1.31.시행)

구분	해당(관련)조항	출제
제1장 총칙	§1 ~ §2의2	O
제2장 지방직영기업	§3 ~ §46	X
제3장 지방공사 지방공단	§47 ~ §67	O
제3장의2 공사공단 지방공단외의 출자법인 등	§67의2 ~ §67의3	X
제4장 경영평가 및 경영진단	§68 ~ §75	O
제5장 보칙	§76 ~ §79	O
[별표 1] 국제입찰의 방법으로 조달계약을 해야 하는 공사	§57의9	O
[별표 2] 과태료의 부과기준 * 법령 출제범위 해당 과태료만 포함	§79	O

시험정보 information

도시철도법 (2024.1.9.시행)

구분	해당(관련)조항	출제
제1장 총칙	§1 ~ §4	O
제2장 도시철도의 건설	§5 ~ §25	O
제3장 도시철도운송사업 등	§26 ~ §43	O
제4장 보칙	§44 ~ §46	O
제5장 벌칙	§47 ~ §50	O

도시철도법 시행령 (2025.1.1.시행)

구분	해당(관련)조항	출제
법령 위임(근거) 조항	§1 ~ §29	O
[별표 1] 입체이용저해율의 산정기준	§10	X
[별표 2] 도시철도채권의 매입 대상 및 대상별 매입금액의 범위	§14	X
[별표 3] 위반행위의 종류와 과징금의 금액	§24	O

철도안전법 (2025.1.31.시행)

구분	해당(관련)조항	출제
제1장 총칙	§1 ~ §4	O
제2장 철도안전 관리체계	§5 ~ §9의5	O
제3장 철도종사자의 안전관리	§10 ~ §24의5	O
제4장 철도시설 및 철도차량의 안전관리	§25 ~ §38의15	X
제5장 철도차량 운행안전 및 철도보호	§39 ~ §50	O
제6장 철도사고조사 처리	§60 ~ §61의3	O
제7장 철도안전기반 구축	§68 ~ §72의2	X
제8장 보칙	§73 ~ §77	O
제9장 벌칙 * 법령 출제범위 해당 부분만 포함	§78 ~ §83	O

철도안전법 시행령 (2024.9.27.시행)

구분	해당(관련)조항	출제
법령 위임(근거) 조항 * 법령 출제범위 해당 조항만 포함	§1 ~ §21의5, §30 ~ §58, §61 ~ §64	O
[별표1] 안전관리체계관련 과징금 부과기준	§6	O
[별표 1의2] 운전면허의 결격사유 확인을 위하여 요청할 수 있는 개인정보의 내용	§12의2	O
[별표 1의3] 철도차량정비기술자의 인정 기준	§21의2	O
[별표 2] 철도차량 제작자승인 관련 과징금의 부과기준	§25	X
[별표 3] 철도용품 제작자승인 관련 과징금의 부과기준	§27	X
[별표 4] 철도차량의 운행제한 관련 과징금의 부과기준	§29의2	X
[별표 4의2] 인증정비조직 관련 과징금의 부과기준	§29의3	X
[별표 4의3] 정밀안전진단기관 관련 과징금의 부과기준	§29의4	X
[별표 4의4] 영상기록장치의 설치 기준 및 방법	§30의2	X
[별표 5] 철도안전전문기술자의 자격기준	§60	X
[별표 6] 과태료 부과기준 * 법령 출제범위 해당 과태료만 포함	§64	O

목차 contents

▷ PART 1 지방공기업법 및 시행령

CHAPTER 1

1-1 총칙 ···014
1-2 시험범위 제외
1-3 지방공사 ···017
1-4 시험범위 제외
1-5 시험범위 제외
1-6 보칙 ···048
1-7 벌칙 ···059

CHAPTER 2

OX 문제 ···062

CHAPTER 3

빈칸 문제 ···071

CHAPTER 4

기본 문제 ···082

CHAPTER 5

심화 문제 ···092

▷ PART 2 도시철도법 및 시행령

CHAPTER 1

1-1 총칙 ···106
1-2 도시철도의 건설 ···110
1-3 도시철도운송사업 등 ···126
1-4 보칙 ···136
1-5 벌칙 ···139

CHAPTER 2

OX 문제 ···141

CHAPTER 3

빈칸 문제 ···148

CHAPTER 4

기본 문제 ···160

CHAPTER 5

심화 문제 ···171

목차 contents

▷ PART 3   철도안전법 및 시행령

CHAPTER 1

1-1	총칙	…182
1-2	철도안전 관리체계	…185
1-3	철도종사자의 안전관리	…193
1-4	시험범위 제외	
1-5	철도차량 운행안전 및 철도 보호	…212
1-6	철도사고조사 · 처리	…229
1-7	시험범위 제외	
1-8	보칙	…232
1-9	벌칙	…239

CHAPTER 2

OX 문제 … 251

CHAPTER 3

빈칸 문제 … 259

CHAPTER 4

기본 문제 … 269

CHAPTER 5

심화 문제 … 283

▷ PART 4   기출 복원 및 실전 모의고사

CHAPTER 1

기출 복원문제 1회 … 298

CHAPTER 2

2-1	실전 모의고사 1회	…301
2-2	실전 모의고사 2회	…304
2-3	실전 모의고사 3회	…308

PART 1

지방공기업법 및 시행령

총칙

| 담당부서 | 행정안전부
(지방공기업정책과) | 행정안전부
(지방공공기관관리과) |

- **지방공기업법** : 법률
- **지방공기업법 시행령** : 대통령령

📄 법 제1조(목적)

이 법은 지방자치단체가 직접 설치·경영하거나, 법인을 설립하여 경영하는 기업의 운영에 필요한 사항을 정하여 그 경영을 합리화함으로써 지방자치의 발전과 주민복리의 증진에 이바지함을 목적으로 한다.

📄 영 제1조(목적)

이 영은 「지방공기업법」에서 위임된 사항과 그 시행에 관하여 필요한 사항을 규정함을 목적으로 한다.

📄 법 제2조(적용 범위)

① 이 법은 다음 각 호의 어느 하나에 해당하는 사업(그에 부대되는 사업을 포함한다. 이하 같다) 중 제5조에 따라 지방자치단체가 직접 설치·경영하는 사업으로서 대통령령으로 정하는 기준 이상의 사업(이하 "지방직영기업"이라 한다)과 제3장 및 제4장에 따라 설립된 지방공사와 지방공단이 경영하는 사업에 대하여 각각 적용한다.

  1. 수도사업(마을상수도사업은 제외한다)

  2. 공업용수도사업

  3. 궤도사업(도시철도사업을 포함한다)

  4. 자동차운송사업

  5. 지방도로사업(유료도로사업만 해당한다)

  6. 하수도사업

  7. 주택사업

  8. 토지개발사업

  9. 주택(대통령령으로 정하는 공공복리시설을 포함한다)·토지 또는 공용·공공용건축물의 관리 등의 수탁

  10. 「도시 및 주거환경정비법」 제2조제2호에 따른 공공재개발사업 및 공공재건축사업

11. 「신에너지 및 재생에너지 개발·이용·보급 촉진법」 제2조제1호에 따른 신에너지 및 같은 조 제2호에
따른 재생에너지의 기술개발 및 발전·이용·보급에 필요한 사업

12. 「해운법」 제3조제1호에 따른 내항 정기 여객운송사업

② 지방자치단체는 다음 각 호의 어느 하나에 해당하는 사업 중 경상경비의 50퍼센트 이상을 경상수입으로
충당할 수 있는 사업을 지방직영기업, 지방공사 또는 지방공단이 경영하는 경우에는 조례로 정하는 바에
따라 이 법을 적용할 수 있다.

1. 민간인의 경영 참여가 어려운 사업으로서 주민복리의 증진에 이바지할 수 있고, 지역경제의 활성화나
지역개발의 촉진에 이바지할 수 있다고 인정되는 사업

2. 제1항 각 호의 어느 하나에 해당하는 사업 중 같은 항 각 호 외의 부분에 따라 대통령령으로 정하는
기준에 미달하는 사업

3. 「체육시설의 설치·이용에 관한 법률」에 따른 체육시설업

4. 「관광진흥법」에 따른 관광사업(여행업 및 카지노업은 제외한다)

③ 지방자치단체의 장은 제1항 각 호의 어느 하나에 해당하는 사업 중 같은 항 각 호 외의 부분에 따라
대통령령으로 정하는 기준에 미달하는 사업에 대하여 대통령령으로 정하는 바에 따라 제22조를 준용할 수
있다.   제22조 : 요금에 관한 조항

영 제2조(사업범위)

① 「지방공기업법」(이하 "법"이라 한다) 제2조제1항에서 "대통령령으로 정하는 기준 이상의 사업"이란 다음
각호의 기준에 해당하는 사업을 말한다.   암기 : 수도 1만/궤도,도로 50/ 자동차 30/주택,토지 10만

1. 수도사업 : 1일 생산능력 1만톤 이상

2. 공업용수도사업 : 1일생산능력 1만톤 이상

3. 궤도사업 : 보유차량 50량 이상

4. 자동차운송사업 :보유차량 30대 이상

5. 지방도로사업 : 도로관리연장 50킬로미터 이상 또는 유료터널·교량 3개소 이상

6. 하수도사업 : 1일 처리능력 1만톤 이상

7. 주택사업 : 주택관리 연면적 또는 주택건설 면적 10만평방미터 이상

8. 토지개발사업 : 조성면적 10만평방미터 이상

9. 삭제

② 법 제2조제1항제9호에서 "대통령령으로 정하는 공공복리시설"이란 수탁 대상 주택의 기능발휘와 이용을
위하여 필요한 부대시설과 편익시설로서 다음 각 호의 시설을 말한다.

1. 공원 · 녹지 · 주차장 · 어린이놀이터 · 노인정 · 관리시설 · 사회복지시설과 그 부대시설

2. 문화 · 체육 · 업무 시설 등 거주자의 생활복리를 위하여 필요한 시설

③ 지방자치단체는 법 제2조제1항 각호에 규정된 사업으로서 제1항 각호의 기준에 새로이 도달하게 된
　　사업에 대하여는 그 기준에 도달한 날부터 6월이내에 그 사업에 대한 법적용을 위하여 필요한 사항을
　　조례로 정하여야 한다.

영 제2조의2(<u>요금에 관한 규정의 준용</u>)

① 법 제2조제3항의 규정에 의하여 법 제22조의 규정을 준용할 수 있는 사업은 다음 각호와 같다.　　<u>암기 : 하수공</u>
　　1. 수도사업
　　2. 공업용수도사업
　　3. 하수도사업
② 지방자치단체의 장은 제1항의 규정에 의하여 법 제22조의 규정을 준용하고자 하는 때에는 대상사업의
　　명칭을 그 지방자치단체의 공보에 고시하여야 한다.

법 제3조(경영의 기본원칙) 기출

① 지방직영기업, 지방공사 및 지방공단(이하 "지방공기업"이라 한다)은 항상 기업의 경제성과 공공복리를
　　증대하도록 운영하여야 한다.
② 지방자치단체는 지방공기업을 설치·설립 또는 경영할 때에 민간경제를 위축시키거나, 공정하고
　　자유로운 경제질서를 해치거나, 환경을 훼손시키지 아니하도록 노력하여야 한다.

법 제4조(지방공기업에 관한 법령 등의 제정 및 시행)

지방공기업에 관한 법령, 조례, 규칙, 그 밖의 규정은 제3조에 따른 기본원칙에 따라야 한다.

> 법 제5조~48조 및 해당 시행령 부분은 기존 시험범위 제외입니다. 당해 공고문을 꼭 참고하시기 바랍니다.

지방공사

제1절 설립

📄 법 제49조(설립 등)

① 지방자치단체는 제2조에 따른 사업을 효율적으로 수행하기 위하여 필요한 경우에는 지방공사(이하 "공사"라 한다)를 설립할 수 있다. 이 경우 공사를 설립하기 전에 특별시장, 광역시장, 특별자치시장, 도지사 및 특별자치도지사(이하 "시·도지사"라 한다)는 행정안전부장관과, 시장·군수·구청장(자치구의 구청장을 말한다)은 관할 특별시장·광역시장 및 도지사와 협의하여야 한다.

② 지방자치단체는 공사를 설립하는 경우 그 설립, 업무 및 운영에 관한 기본적인 사항을 조례로 정하여야 한다.

③ 지방자치단체는 공사를 설립하는 경우 대통령령으로 정하는 바에 따라 주민복리 및 지역경제에 미치는 효과, 사업성 등 지방공기업으로서의 타당성을 미리 검토하고 그 결과를 공개하여야 한다.

④ 제3항에 따른 타당성 검토는 전문 인력 및 조사·연구 능력 등 대통령령으로 정하는 요건을 갖춘 전문기관으로서 행정안전부장관이 지정·고시하는 기관에 의뢰하여 실시하여야 한다.

⑤ 공사는 해당 공사를 설립한 지방자치단체와 다른 지방자치단체 간의 상호 합의를 거쳐 다른 지방자치단체(시·도와 시·군·자치구 모두 합의한 지방자치단체로 한정한다)의 관할 구역에서 제2조에 따른 사업을 추진할 수 있다.

📑 영 제47조(설립타당성 검토 등)

① 법 제49조제3항에 따른 타당성 검토에는 다음 각 호의 사항이 포함되어야 하며, 이에 따른 세부절차 및 검토기준은 행정안전부장관이 정한다.

  1. 사업의 적정성 여부

  2. 사업별 수지분석

  3. 조직 및 인력의 수요판단

  4. 주민의 복리증진에 미치는 영향

  5. 지역경제와 지방재정에 미치는 영향

② 지방자치단체의 장은 의회의원·관계전문가 및 해당 지방자치단체의 관계공무원 등으로 심의위원회를 구성하여 법 제49조제3항에 따른 전문기관의 타당성 검토결과와 이 영 제76조의2제1항에 따른 주민공청회 결과를 기초로 지방공사(이하 "공사"라 한다)의 설립 여부를 심의하여야 한다.

③ 제2항에 따른 심의위원회의 구성과 운영에 필요한 사항은 해당 지방자치단체의 장이 정하되, 심의위원회 위원 중 2분의 1 이상은 민간위원으로 위촉하여야 한다.

④ 법 제49조제4항에서 "전문인력 및 조사·연구 능력 등 대통령령으로 정하는 요건을 갖춘 전문기관"이란 다음 각 호의 요건을 모두 갖춘 기관을 말한다.

  1. 사업타당성 검토 업무에 3년 이상 종사한 경력을 가진 사람 5명 이상과 5년 이상 종사한 경력을 가진 사람 2명 이상을 보유하고 있을 것

  2. 최근 3년 이내에 법 제3조에 따른 지방공기업 또는 「공공기관의 운영에 관한 법률」 제4조에 따른 공공기관(이하 "공기업"이라 한다) 이나 지방재정 관련 연구용역 실적이 있을 것

📋 법 제50조(공동설립)

① 지방자치단체는 상호 규약을 정하여 다른 지방자치단체와 공동으로 공사를 설립할 수 있다.

② 삭제

③ 제1항의 규약에는 다음 각 호의 사항이 포함되어야 한다. 기출

  1. 공사의 명칭

  2. 사무소의 위치

  3. 설립 지방자치단체

  4. 사업 내용

  5. 공동 처리 사항

  6. 의결기관 대표자의 선임 방법

  7. 출자 방법

  8. 그 밖에 필요한 사항

📋 법 제51조(법인격)

공사는 법인으로 한다.

📋 법 제52조(사무소)

① 공사의 주된 사무소의 위치는 정관으로 정한다.

② 공사는 지방자치단체의 장의 승인을 받아 필요한 곳에 지사(支社) 또는 출장소를 둘 수 있다.

📋 법 제53조(출자)

① 공사의 자본금은 그 전액을 지방자치단체가 현금 또는 현물로 출자한다.

② 제1항에도 불구하고 공사의 운영을 위하여 필요한 경우에는 자본금의 2분의 1을 넘지 아니하는 범위에서 지방자치단체 외의 자(외국인 및 외국법인을 포함한다)로 하여금 공사에 출자하게 할 수 있다. 증자(增資)의 경우에도 또한 같다.

③ 제2항의 경우에는 공사의 자본금은 주식으로 분할하여 발행한다. 이 경우에 발행하는 주식의 종류, 1주의 금액, 주식 발행의 시기, 발행 주식의 총수와 주금(株金)의 납입시기 및 납입방법은 조례로 정한다.

④ 공사가 제2항에 따라 해당 지방자치단체가 설립한 다른 공사로부터 출자를 받거나 제54조에 따라 해당 지방자치단체가 설립한 다른 공사에 출자하는 경우에는 이를 해당 지방자치단체가 출자한 것으로 본다.

📋 법 제54조(다른 법인에 대한 출자)

① 공사는 공사의 사업과 관계되는 사업을 효율적으로 수행하기 위하여 지방자치단체의 장의 승인을 받아 지방자치단체 외의 다른 법인에 출자할 수 있다.

② 제1항에 따른 출자를 하기 위하여 공사의 사장은 대통령령으로 정하는 방법 및 절차에 따라 출자의 필요성 및 타당성을 검토하여 지방자치단체의 장에게 보고하고 의회의 의결을 받아야 한다.

③ 제2항에도 불구하고 다음 각 호의 어느 하나에 해당하는 사업의 수행을 위한 출자 및 대통령령으로 정하는 금액 이하의 출자는 대통령령으로 정하는 절차에 따라 출자의 필요성 및 타당성 검토 대상에서 제외한다. 이 경우 공사의 사장은 출자의 필요성 및 타당성 검토 제외 사업의 내역 및 사유를 지체 없이 지방자치단체의 장과 의회에 보고하여야 한다.

  1. 다음 각 목의 어느 하나에 해당하는 조사ㆍ심사를 거쳤거나 제외된 사업

    가. 「국가재정법」 제38조제1항에 따른 예비타당성조사

    나. 「지방재정법」 제37조에 따른 투자심사(해당 공사를 설립한 지방자치단체의 장이 실시한 투자심사에 한정한다)

    다. 「공공기관의 운영에 관한 법률」 제40조제3항에 따른 예비타당성조사

  2. 제65조의3제1항에 따른 신규 투자사업의 타당성 검토를 거쳤거나 같은 조 제2항제2호부터 제5호까지의 어느 하나의 사업에 해당하여 신규 투자사업 타당성 검토 대상에서 제외된 사업

④ 제1항에 따른 출자의 한도는 대통령령으로 정한다.

⑤ 제1항에 따라 출자한 법인에 최대주주의 변경 등 대통령령으로 정하는 경영상의 중대한 변화가 발생하는 경우 공사의 사장은 그 사실을 지체 없이 지방자치단체의 장에게 보고하여야 한다.

① 공사는 법 제54조제2항에 따라 다른 법인에 출자할 때에는 출자의 필요성 및 타당성에 대하여 제47조제4항의 요건을 갖춘 전문기관 중 행정안전부장관이 지정·고시하는 전문기관의 사전검토를 거쳐야 한다. 다만, 출자규모가 5억원 미만인 경우에는 「지방자치단체출연 연구원의 설립 및 운영에 관한 법률」에 따른 지방자치단체출연 연구원(제47조제4항 각 호의 요건을 모두 갖춘 경우로 한정한다)의 사전검토를 거칠 수 있다.

② 행정안전부장관은 제1항에 따른 사전검토의 효율적 수행을 위해 필요한 경우에는 제3항 각 호의 사항에 대한 세부내용 및 검토기준을 정하여 고시할 수 있다.

③ 제1항에 따라 사전검토를 하는 전문기관은 다음 각 호의 사항을 고려하여 검토하여야 한다.

1. 출자대상 법인이 수행하는 사업의 적정성 여부

2. 출자대상 법인이 수행하는 사업별 수지분석

3. 재원 조달방법

4. 출자대상 법인이 수행하는 사업이 지역경제에 미치는 영향

④ 법 제54조제3항 각 호 외의 부분 전단에서 "대통령령으로 정하는 금액"이란 1억원을 말한다.

타당성 검토 대상 제외 금액

⑤ 공사의 사장이 법 제54조제3항 각 호의 어느 하나에 해당하는 사업의 수행을 위한 출자 및 제4항에 따른 금액 이하의 출자에 대해서 법 제54조제3항에 따라 출자의 필요성 및 타당성 검토 대상에서 제외하려는 경우 그 절차에 관하여는 제58조의2제3항부터 제6항까지를 준용한다. 이 경우 "신규 투자사업에 대해서"는 "출자에 대해서"로, "법 제65조의3제2항"은 각각 "법 제54조제3항"으로, "신규 투자사업 타당성 검토"는 각각 "출자의 필요성 및 타당성 검토"로, "해당 사업의 명칭"은 "해당 출자의 명칭"으로 본다.

⑥ 공사가 법 제54조제4항에 따라 다른 법인에 출자할 수 있는 한도는 다음 각 호의 구분에 따른다.

1. 직전 사업연도 말 공사의 부채비율이 100분의 100 미만인 경우: 직전 사업연도 말 공사의 자본금의 100분의 50 이내

2. 직전 사업연도 말 공사의 부채비율이 100분의 100 이상 100분의 200 미만인 경우: 직전 사업연도 말 공사의 자본금의 100분의 25 이내

3. 직전 사업연도 말 공사의 부채비율이 100분의 200 이상인 경우: 직전 사업연도 말 공사의 자본금의 100분의 10 이내

⑦ 법 제54조제5항에서 "최대주주의 변경 등 대통령령으로 정하는 경영상의 중대한 변화가 발생하는 경우"란 다음 각 호의 사항을 말한다.

1. 최대주주의 변경

2. 출자한 법인의 사업목적의 변경

3. 다음 각 목의 어느 하나에 해당하는 재무구조의 급격한 변화가 발생한 경우

　　가. 3개 사업연도 이상 계속하여 당기순손실이 발생한 경우

　　나. 직전 사업연도 말일을 기준으로 부채비율이 100분의 200 이상인 경우

　　다. 직전 사업연도 말일을 기준으로 자본잠식률(자본금에서 자본총계를 뺀 값을 자본금으로 나눈 값을 말한다)이 100분의 50을 초과하는 경우

📑 법 제55조(지방자치단체의 주주권 행사)

지방자치단체가 소유하는 주식에 대한 주주권은 지방자치단체의 장 또는 지방자치단체의 장이 지정하는 소속 공무원이 행사한다.

📑 법 제56조(정관)

① 공사의 정관에는 다음 각 호의 사항이 포함되어야 한다.

   1. 목적

   2. 명칭

   3. 사무소의 소재지

   4. 사업에 관한 사항

   5. 임직원에 관한 사항

   6. 이사회에 관한 사항

   7. 재무회계에 관한 사항

   8. 공고에 관한 사항

   9. 자본금에 관한 사항

   10. 사채 발행에 관한 사항

   11. 정관 변경에 관한 사항

   12. 그 밖에 대통령령으로 정하는 사항

② 제53조제2항에 따른 공사의 정관에는 제1항 각 호의 사항 외에 다음 각 호의 사항이 포함되어야 한다.

> 제53조제2항 : 지방자치단체 외의 자 출자

   1. 주식 발행에 관한 사항

   2. 주주총회에 관한 사항

③ 공사는 정관을 변경하려는 경우 지방자치단체의 장의 인가를 받아야 한다. 다만, 제50조제1항에 따라 설립된 공사의 경우에는 지방자치단체 간의 규약으로 정하는 바에 따른다.   제50조제1항 : 공동설립

📑 영 제48조(정관기재사항)

법 제56조제1항제12호에서 "기타 대통령령이 정하는 사항"이라 함은 공사의 조직 및 정원에 관한 사항을 말한다.

📑 법 제57조(등기)

① 공사는 그 주된 사무소의 소재지에서 설립등기를 함으로써 성립한다.

② 공사의 설립등기 및 그 밖의 등기에 필요한 사항은 대통령령으로 정한다.

📋 영 제49조(설립등기)

공사는 자본금의 납입이 있은 날부터 3주일 이내에 다음 각호의 사항을 등기하여야 한다. 

암기 : 목명주자출임공

1. 목적
2. 명칭
3. 주된 사무소의 소재지
4. 자본금
5. 출자의 방법을 정한 때에는 그 방법
6. 임원의 성명과 주소
7. 공고의 방법

📋 영 제50조(지사의 설치등기)

공사는 지사를 설치한 경우에는 설치 후 2주일 이내에 주된 사무소의 소재지에서 설치된 지사의 명칭, 소재지 및 설치 연월일을 등기해야 한다. 다만, 공사의 설립과 동시에 지사를 설치하는 경우에는 지사의 설치등기를 공사의 설립등기와 함께 한다.

📋 영 제51조(이전등기)

① 공사는 주된 사무소를 이전한 경우에는 이전 후 2주일 이내에 종전 소재지 또는 새 소재지에서 새 소재지와 이전 연월일을 등기해야 한다.

② 공사는 지사를 이전한 경우에는 이전 후 2주일 이내에 주된 사무소의 소재지에서 새 소재지와 이전 연월일을 등기해야 한다.

📋 영 제52조(변경등기)

공사는 제49조 각 호 또는 제50조의 등기사항이 변경된 경우(제51조에 따른 이전등기에 해당하는 경우는 제외한다)에는 변경 후 2주일 이내에 주된 사무소의 소재지에서 변경사항을 등기해야 한다.

📋 영 제53조(등기의 신청)

① 제49조 내지 제52조의 규정에 의한 등기는 공사의 사장이 행한다.

② 공사의 사장이 제1항의 규정에 의하여 등기를 신청하는 때에는 등기신청서에 다음 각호의 서류를 첨부하여야 한다.

1. 제49조의 규정에 의한 설립등기에 있어서는 정관 · 주식인수 · 현물출자 · 주금납입 및 임원의 자격을 증명하는 서류
2. 제50조의 규정에 의한 지사의 설치등기에 있어서는 지사의 설치를 증명하는 서류
3. 제51조의 규정에 의한 이전등기에 있어서는 주된 사무소 또는 지사의 이전을 증명하는 서류
4. 제52조의 규정에 의한 변경등기에 있어서는 그 변경사항을 증명하는 서류

영 제54조(등기기간의 기산)

이 영의 규정에 의한 등기사항으로서 인가기관의 인가 또는 승인을 얻어야 할 사항이 있는 때에는 그 인가서 또는 승인서가 도달한 날부터 등기기간을 기산한다.

법 제57조의2(해산)

공사는 다음 각 호의 어느 하나에 해당하는 사유로 해산한다.
1. 「상법」 제517조에 따른 해산사유
2. 제78조의3에 따른 행정안전부장관의 해산 요구 제78조의3 : 부실지방공기업에 대한 해산 요구

제2절 임원 및 직원

법 제58조(임원의 임면 등)

① 공사의 임원은 사장을 포함한 이사(상임이사와 비상임이사로 구분한다) 및 감사로 하며, 그 수는 정관으로 정한다.
② 사장과 감사는 대통령령으로 정하는 바에 따라 지방공기업의 경영에 관한 전문적인 식견과 능력이 있는 사람 중에서 지방자치단체의 장이 임면(任免)한다. 다만, 제50조제1항에 따라 설립된 공사의 경우에는 지방자치단체 간의 규약으로 정하는 바에 따른다.
③ 지방자치단체의 장은 제2항에 따라 사장과 감사(조례 또는 정관으로 정하는 바에 따라 당연히 감사로 선임되는 사람은 제외한다)를 임명할 경우 대통령령으로 정하는 임원추천위원회(이하 이 조에서 "임원추천위원회"라 한다)가 추천한 사람 중에서 임명하여야 한다. 다만, 「지방자치법」 제47조의2에 따라 인사청문회를 실시하는 경우에는 임원추천위원회의 추천 절차를 생략할 수 있다.
④ 지방자치단체의 장은 사장의 경영성과에 따라 임기 중에 해임하거나 임기가 끝나더라도 임원추천위원회의 심의를 거쳐 연임시킬 수 있다. 이 경우 다음 각 호의 사항을 고려하여야 한다. 암기 : 업평성
1. 제58조의2에 따른 경영성과계약의 이행실적
2. 제78조제1항 및 제2항에 따른 경영평가의 결과
3. 제78조제4항에 따른 사장의 업무성과 평가 결과

⑤ 지방자치단체의 장은 다음 각 호의 경우 사장을 임기 중에 해임할 수 있다.

  1. 제78조의2제3항에 의한 경영 개선 명령을 정당한 사유 없이 이행하지 아니한 경우

  2. 그 밖에 업무 수행 중 관계 법령을 중대하고 명백하게 위반한 경우

⑥ 제4항에 따른 사장의 연임 또는 해임의 기준 등에 관하여 필요한 사항은 대통령령으로 정한다.

⑦ 이사(조례 또는 정관으로 정하는 바에 따라 당연히 이사로 선임되는 사람은 제외한다)는 임원추천위원회가 추천한 사람 중에서 임명하되, 상임이사는 사장이 임면하고 비상임이사는 지방자치단체의 장이 임면한다. 이 경우 이사의 임면에 필요한 사항은 대통령령으로 정한다.

⑧ 임원추천위원회는 임원후보자를 추천하려는 경우 대통령령으로 정하는 바에 따라 후보자를 공개모집하여야 한다.

영 제55조(이사)

① 법 제58조제1항의 규정에 의한 이사는 정관이 정하는 바에 의하여 상임이사와 비상임이사로 구분한다.

② 사장을 포함한 상임이사의 정수는 이사정수의 100분의 50미만으로 한다.

영 제56조 삭제

영 제56조의2(사장의 연임 또는 해임의 기준)

① 지방자치단체의 장이 법 제58조제4항에 따라 해당 공사의 사장을 연임시키거나 해임하는 경우에는 다음 각 호의 기준에 따라야 한다.

  1. 연임기준

    가. 사장의 임기 중 법 제58조의2에 따른 경영성과계약 이행실적 평가, 법 제78조제1항에 따른 경영 평가 및 같은 조 제4항에 따른 업무성과 평가에서 상위 평가를 받은 경우

    나. 사장의 임기 중 법 제58조의2에 따른 경영성과계약 이행실적 평가, 법 제78조제1항에 따른 경영 평가 및 같은 조 제4항에 따른 업무성과 평가 결과가 직전 연도에 비하여 현저히 상승한 경우

  2. 해임기준

    가. 사장의 임기 중 법 제58조의2에 따른 경영성과계약 이행실적 평가, 법 제78조제1항에 따른 경영 평가 및 같은 조 제4항에 따른 업무성과 평가에서 하위 평가를 받은 경우

    나. 사장의 임기 중 법 제58조의2에 따른 경영성과계약 이행실적 평가, 법 제78조제1항에 따른 경영 평가 및 같은 조 제4항에 따른 업무성과 평가 결과가 직전 연도에 비하여 현저히 하락된 경우

    다. 삭제

② 제1항에 따라 사장의 연임기준 또는 해임기준을 적용함에 있어서는 법 제78조제4항에 따른 업무성과 평가 결과, 같은 조 제1항에 따른 경영 평가 결과 및 법 제58조의2에 따른 경영성과계약 이행실적 평가 결과의 순으로 적용한다.

③ 제1항에 따른 상위 평가 및 하위 평가의 범위와 현저히 상승하거나 하락된 경우에 해당하는지 여부에 관한 판단 기준은 법 제78조의5에 따른 지방공기업정책위원회의 심의를 거쳐 행정안전부장관이 정한다.

📋 영 제56조의3(임원추천위원회의 구성과 운영)

① 법 제58조제3항 및 제7항에 따른 임원추천위원회(이하 "추천위원회"라 한다)는 공사에 두며 다음 각 호의 사람으로 구성한다. 다만, 공사를 설립하는 때에는 그 지방자치단체의 장이 추천하는 사람 4명과 그 의회에서 추천하는 사람 3명으로 구성한다.

　　1. 그 지방자치단체의 장이 추천하는 사람 2명

　　2. 그 의회가 추천하는 사람 3명

　　3. 그 공사의 이사회가 추천하는 사람 2명

② 그 지방자치단체의 공무원인 당연직이사 또는 임원후보 공개모집에 응모하려는 임원은 제1항제3호에 따라 추천위원회의 위원을 추천하기 위한 이사회의 의결에 참여할 수 없다.

③ 추천위원회의 위원은 다음 각호의 1에 해당하는 자이어야 한다.

　　1. 경영전문가

　　2. 경제관련단체의 임원

　　3. 4급 이상 공무원 또는 고위공무원단에 속하는 일반직공무원으로 퇴직한 자

　　4. 공인회계사

　　5. 공기업경영에 관한 지식과 경험이 있다고 인정되는 자

④ 공사의 임·직원(비상임이사를 제외한다) 및 그 지방자치단체의 공무원(의회의원을 포함한다)은 추천위원회의 위원이 될 수 없다.

⑤ 추천위원회는 재적위원 과반수의 찬성으로 의결한다.

⑥ 추천위원회의 위원장은 위원중에서 호선하며, 위원장은 추천위원회를 대표하고 회의를 주재한다.

⑦ 공사는 임원의 임기만료나 그 밖의 사유로 임원을 새로 임명하려면 지체 없이 추천위원회를 구성하여야 하며, 지방자치단체의 장 및 의회에 추천위원회 위원의 추천을 요청하여야 한다.

⑧ 추천위원회는 추천된 자가 임원에 임명되는 때까지 존속한다.

⑨ 추천위원회는 추천위원회 회의의 심의·의결 내용 등이 기록된 회의록을 작성·보존하고 이를 공개하여야 한다. 다만, 「공공기관의 정보공개에 관한 법률」 제9조제1항 각 호의 어느 하나에 해당하는 경우에는 공개하지 아니할 수 있다.

⑩ 이 영에서 규정한 사항 외에 추천위원회의 구성 및 운영 등에 필요한 사항은 공사의 정관으로 정한다.

영 제56조의4 (임원후보의 추천절차)

① 추천위원회는 법 제58조제8항에 따라 임원후보를 공개모집하는 경우에는 해당 지방자치단체와 공사의 인터넷 홈페이지, 제44조의2제4항에 따른 행정안전부장관이 지정하는 인터넷 사이트 및 1개 이상의 전국을 보급지역으로 하는 일간신문 또는 해당 지방자치단체의 지역을 주된 보급지역으로 하는 일간신문에 임원의 모집공고를 하되 그 모집 기간은 15일 이상으로 하여야 한다. 다만, 신속한 채용을 위하여 부득이한 경우에는 지방자치단체의 장의 승인을 받아 모집기간을 단축할 수 있다.

② 추천위원회는 제1항에 따른 공개모집에 응모한 사람 중에서 공사 임원의 업무수행에 필요한 학식과 경험이 풍부하고 능력을 갖춘 사람을 임원후보로 추천하여야 한다.

③ 추천위원회가 임원후보를 추천하려는 때에는 특별한 사유가 없는 한 두 사람 이상을 추천하여야 한다.

④ 임명권자인 지방자치단체의 장 또는 공사의 사장은 추천된 임원후보가 법 제60조에 따른 임원의 결격사유에 해당하거나 공사의 경영에 현저하게 부적당하다고 인정되는 때에는 추천위원회에 임원후보의 재추천을 요구할 수 있다. 이 경우 추천위원회는 지체 없이 임원후보를 재추천하여야 한다.

⑤ 추천위원회는 임원후보의 모집 · 조사 등의 업무를 전문기관에 대행시킬 수 있다.

법 제58조의2 (사장과의 경영성과계약)

① 지방자치단체의 장은 사장을 임명하는 경우 사장과 경영성과계약을 체결하여야 한다.

② 제1항에 따른 경영성과계약에는 임기 중 사장이 수행하여야 할 경영목표, 권한과 성과에 따른 보상 및 책임이 포함되어야 한다.

③ 제1항과 제2항에 따른 경영성과계약의 방법 및 절차 등에 관하여 필요한 사항은 행정안전부령으로 정한다.

법 제59조 (임기 및 직무)

① 공사의 사장, 이사 및 감사의 임기는 3년으로 한다. 이 경우 지방자치단체의 장은 대통령령으로 정하는 바에 따라 임기가 만료된 임원으로 하여금 그 후임자가 임명될 때까지 직무를 수행하게 할 수 있다.

② 공사의 사장, 이사 및 감사는 1년 단위로 연임될 수 있다.

③ 공사의 사장은 그 공사를 대표하고 업무를 총괄하며, 임기 중 그 공사의 경영성과에 대하여 책임을 진다.

④ 공사의 사장은 그 공사의 이익과 자신의 이익이 상반되는 사항에 대하여는 공사를 대표하지 못한다. 이 경우 감사가 공사를 대표한다.

⑤ 그 밖에 공사의 사장, 이사 및 감사의 직무에 필요한 사항은 정관으로 정한다.

📋 영 제57조(임기만료임원에 의한 직무대행)

법 제59조제1항의 규정에 의하여 지방자치단체의 장이 임기가 만료된 임원으로 하여금 그 후임자가 임명될 때까지 그 직무를 행하게 할 수 있는 경우는 다음 각호와 같다.

1. 연임을 위하여 그 재임명에 관한 절차가 진행중인 경우
2. 후임자가 임명될 때까지 직무대행이 반드시 필요하다고 지방자치단체의 장이 인정하는 경우

📄 법 제60조(임직원의 결격사유 등)

① 다음 각 호의 어느 하나에 해당하는 사람은 공사의 임원이 될 수 없으며, 제3호에 해당하는 사람은 공사의 직원이 될 수 없다.

  1. 삭제
  2. 미성년자
  3. 「지방공무원법」 제31조 각 호의 어느 하나에 해당하는 사람　　제31조 : 결격사유
  4. 제58조제4항 또는 제5항에 따라 해임된 후 3년이 지나지 아니한 사람　　지방자치단체장에 의한 해임
  5. 이 법을 위반하여 벌금형을 선고받고 2년이 지나지 아니한 사람
  6. 삭제

② 공사의 임원이 제1항 각 호의 어느 하나에(제3호는 제외한다) 및 「지방공무원법」 제61조제1호에 해당하게 되거나 임명 당시 그에 해당하였음이 판명되었을 때에는 당연히 퇴직한다.

　「지방공무원법」 제61조제1호 : 결격사유

③ 공사의 직원이 「지방공무원법」 제61조제1호에 해당하게 되거나 임용 당시 그에 해당하였음이 판명되었을 때에는 당연히 퇴직한다.

④ 제2항 또는 제3항에 따라 퇴직한 임직원이 퇴직 전에 관여한 행위는 그 효력을 잃지 아니한다.

⑤ 지방자치단체의 장은 공사의 요청이 있는 경우 제1항 각 호의 어느 하나에 해당하는 결격사유를 확인하기 위하여 필요한 정보에 한정하여 본인의 동의를 받아 경찰청장에게 「형의 실효 등에 관한 법률」 제6조에 따른 범죄경력조회를 요청하여 공사에 제공할 수 있다.

📄 법 제61조(임직원의 겸직 제한)

① 공사의 임원 및 직원은 그 직무 외에 영리를 목적으로 하는 업무에 종사하지 못하며, 임원은 지방자치단체의 장의 허가 없이, 직원은 사장의 허가 없이 다른 직무를 겸할 수 없다. 다만, 상근(常勤)이 아닌 임원은 그러하지 아니하다.

② 제1항에서 "영리를 목적으로 하는 업무"란 해당 업무에 종사함으로써 직무에 부당한 영향을 끼치거나 직무능률을 떨어뜨릴 우려가 있는 업무 등으로서 대통령령으로 정하는 업무를 말한다.

📑 영 제57조의2(겸직 금지되는 임직원의 영리업무)

법 제61조제2항에서 "대통령령으로 정하는 업무"란 다음 각 호의 어느 하나에 해당하는 업무를 말한다.

1. 공사의 임원 및 직원이 상업, 공업, 금융업 또는 그 밖의 영리적인 업무를 스스로 경영하여 영리를 추구함이 뚜렷한 업무
2. 공사의 임원 및 직원이 상업, 공업, 금융업 또는 그 밖에 영리를 목적으로 하는 사기업체(私企業體)의 이사, 감사, 업무를 집행하는 무한책임사원, 지배인, 발기인 또는 그 밖의 임원이 되어 수행하는 업무
3. 공사의 임원 및 직원 본인의 직무와 관련 있는 타인의 기업에 대하여 하는 투자
4. 그 밖에 계속적으로 재산상의 이득을 목적으로 하는 업무

📑 법 제62조(이사회)

① 공사의 업무에 관한 중요 사항을 의결하기 위하여 공사에 이사회를 둔다.
② 이사회는 사장을 포함한 이사로 구성한다.
③ 이사회의 권한과 운영에 필요한 사항은 정관으로 정한다.

📑 법 제63조(직원의 임면)

① 공사의 직원은 정관으로 정하는 바에 따라 사장이 임면한다.
② 공사의 직원은 시험성적, 근무성적, 그 밖의 능력의 실증(實證)에 따라 임용되어야 한다.
③ 공사의 사장은 직원의 채용절차와 방법 등에 관한 사항을 사전에 규정하고, 직원의 채용 시에는 공고 등을 통하여 구체적인 절차와 방법 등을 공개하여야 한다.
④ 공사의 사장이 직원을 채용하는 경우 공개경쟁시험으로 채용하는 것을 원칙으로 하고, 임직원의 가족 또는 임직원과 이해관계가 있는 등 채용의 공정성을 해칠 우려가 있는 사람을 특별히 우대하여 채용하여서는 아니 된다.

📑 법 제63조의2(임직원에 대한 교육훈련)

공사의 사장은 임직원에 대하여 제3조에 따른 경영의 기본원칙을 달성하기 위하여 필요한 교육훈련을 실시하여야 한다.

📑 법 제63조의3(임직원의 보수)

공사의 임직원의 보수기준은 공사의 경영성과가 반영될 수 있도록 하여야 한다.

📋 법 제63조의4(권리행사와 대리인의 선임)

공사의 사장이 정관으로 정하는 바에 따라 지명하는 임직원은 공사의 업무수행에 필요한 재판상 또는 재판외의 모든 행위를 할 수 있다.

📋 영 제57조의3(대리인의 선임 등기)

① 공사는 사장이 법 제63조의4에 따라 대리인을 선임한 경우에는 선임 후 2주일 이내에 주된 사무소의 소재지에서 다음 각 호의 사항을 등기해야 한다.
   1. 대리인의 성명, 주민등록번호와 주소
   2. 대리인을 둔 주된 사무소, 지사 또는 출장소
   3. 대리인의 권한을 제한한 경우에는 그 제한의 내용
② 공사는 사장이 법 제63조의4에 따라 선임한 대리인을 해임한 경우에는 해임 후 2주일 이내에 주된 사무소의 소재지에서 그 해임한 뜻을 등기해야 한다.

📋 법 제63조의5(인사운영에 관한 공통기준)

행정안전부장관은 공사의 인사운영에 공통적으로 적용하여야 할 사항에 관한 기준을 작성하여 지방자치단체의 장에게 통보할 수 있다.

📋 법 제63조의6(징계 요구 등)

① 공사는 정관에서 정하는 바에 따라 공사의 임직원을 징계할 수 있다.
② 공사의 징계권자는 공사의 임직원의 금품 및 향응 수수(授受), 공금의 횡령(橫領)·유용(流用)을 이유로 징계를 하는 경우에는 해당 징계 외에 금품 및 향응 수수액, 공금의 횡령액·유용액의 5배 내의 징계부가금을 부과할 수 있다.
③ 공사의 임직원이 금품 및 향응 수수, 공금의 횡령·유용으로 다른 법률에 따라 형사처벌을 받거나 변상책임 등을 이행한 경우(몰수나 추징을 당한 경우를 포함한다) 벌금, 변상금, 몰수 또는 추징금에 해당하는 금액과 제2항에 따른 금액의 합계액은 금품 및 향응 수수액, 공금의 횡령액·유용액의 5배를 초과해서는 아니 된다.
④ 지방자치단체의 장은 제1항 또는 제2항에 따른 징계 또는 징계부가금의 부과가 필요함에도 불구하고 공사의 징계권자가 필요한 조치를 하지 아니하는 경우에는 공사의 징계권자에게 징계 또는 징계부가금의 부과를 요청할 수 있다.
⑤ 징계 및 징계부가금 부과는 그 사유가 발생한 날부터 3년(금품 및 향응 수수, 공금의 횡령·유용의 경우에는 5년)이 지나면 하지 못한다.

① 공사는 투명하고 공정한 인사운영 등 윤리경영을 강화하기 위하여 노력하여야 한다.

② 지방자치단체의 장은 공사의 임원이 금품비위, 성범죄, 채용비위 등 대통령령으로 정하는 비위행위(이하 "비위행위"라 한다)를 한 사실이 있거나 혐의가 있는 경우로서 제1항에 따른 윤리경영을 저해한 것으로 판단되는 경우 해당 공사의 임원에 대하여 검찰, 경찰 등 수사기관과 감사원 등 감사기관(이하 이 조에서 "수사기관등"이라 한다)에 수사 또는 감사를 의뢰하여야 한다. 이 경우 지방자치단체의 장은 해당 임원의 직무를 정지시키거나 그 공사의 사장에게 직무를 정지시킬 것을 요구할 수 있다.

③ 행정안전부장관은 지방자치단체의 장에게 제2항에 따른 수사기관등의 수사 또는 감사 결과에 따라 필요한 경우 해당 공사 임원을 해임할 것을 요구할 수 있고, 지방자치단체의 장은 해당 공사 임원을 해임하거나 그 공사의 사장에게 해임을 요구할 수 있다.

④ 지방자치단체의 장은 공사의 임원이 비위행위 중 채용비위와 관련하여 유죄판결이 확정된 경우로서 「특정범죄 가중처벌 등에 관한 법률」 제2조에 따라 가중처벌되는 경우 해당 지방자치단체 소속의 심의 · 의결기구로서 대통령령으로 정하는 기구의 심의 · 의결을 거쳐 그 인적사항 및 비위행위 사실 등을 공개할 수 있다.

⑤ 지방자치단체의 장은 공사의 임직원이 비위행위 중 채용비위와 관련하여 유죄판결이 확정된 경우 해당 채용비위로 인하여 채용시험에 합격하거나 승진 또는 임용된 사람에 대하여는 해당 공사의 사장에게 합격 · 승진 · 임용의 취소 또는 인사상의 불이익 조치(이하 이 조에서 "합격취소등"이라 한다)를 취할 것을 요구할 수 있다. 이 경우 공사의 사장은 그 내용과 사유를 당사자에게 통지하여 소명할 기회를 주어야 한다.

⑥ 제4항에 따른 명단 공개의 구체적인 내용 · 절차 등에 필요한 사항 및 제5항에 따른 합격취소등의 기준 · 내용 · 소명 절차 등에 필요한 사항은 대통령령으로 정한다.

영 제57조의4(비위행위자에 대한 수사 의뢰 등)

① 법 제63조의7제2항 전단에서 "금품비위, 성범죄, 채용비위 등 대통령령으로 정하는 비위행위"란 다음 각 호의 어느 하나에 해당하는 행위(이하 "비위행위"라 한다)를 말한다.

  1. 직무와 관련하여 위법하게 금전, 물품, 부동산, 향응 또는 그 밖의 재산상 이익을 주고받거나 주고받을 것을 약속하는 행위
  2. 해당 공사의 공금, 재산 또는 물품의 횡령, 배임, 절도, 사기 또는 유용(流用)
  3. 「성폭력범죄의 처벌 등에 관한 특례법」 제2조에 따른 성폭력범죄
  4. 「성매매알선 등 행위의 처벌에 관한 법률」 제4조에 따른 금지행위
  5. 법령이나 정관 · 내규 등을 위반하여 채용 · 승진 등 인사에 개입하거나 영향을 주는 행위로서 인사의 공정성을 현저하게 해치는 행위
  6. 법, 「상법」, 「형법」, 「조세범 처벌법」, 「지방세기본법」, 「독점규제 및 공정거래에 관한 법률」 또는 그 밖에 해당 공사의 업무와 관련되는 법령 등을 위반하여 이루어진 채용비위, 조세포탈, 회계부정, 불공정거래행위 등과 관련한 중대한 위법행위

② 지방자치단체의 장은 법 제63조의7제2항 전단에 따라 수사 또는 감사를 의뢰하는 경우 다음 각 호의
구분에 따른다. 이 경우 제2호에 따라 감사원에 감사를 의뢰하는 경우에는 감사원과 미리 협의해야 한다.
  1. 범죄의 사실 또는 혐의가 있어 수사의 필요성이 있다고 인정되는 경우: 수사기관에 수사 의뢰
  2. 지방자치단체의 장이 직접 감사하기 어려운 부득이한 사유가 있고 「감사원법」에 따른 감사가
    필요하다고 인정되는 경우: 감사원에 감사 의뢰
③ 지방자치단체의 장은 법 제63조의7제2항 전단에 따라 수사 또는 감사를 의뢰하는 경우에는 비위행위 사실
또는 혐의에 관한 자료 등을 함께 제출해야 한다.

영 제57조의5(지방공기업 채용비위자 공개심의위원회)

① 법 제63조의7제4항에 따른 인적사항 및 비위행위 사실 등의 공개에 관한 사항을 심의·의결하기 위하여
지방자치단체에 지방공기업 채용비위자 공개심의위원회(이하 "공개심의위원회"라 한다)를 둔다.
② 공개심의위원회는 위원장 1명을 포함한 15명 이내의 위원으로 구성한다.
③ 공개심의위원회의 위원장은 특별시·광역시·특별자치시·도 및 특별자치도(이하 "시·도"라 한다)의
부시장·부지사(행정업무를 총괄하는 부시장·부지사를 말한다), 시·군·자치구(이하 "시·군·구"라
한다)의 부시장·부군수·부구청장이 된다.
④ 공개심의위원회의 회의 및 위원에 관하여는 「지방자치단체 출자·출연 기관의 운영에 관한 법률 시행령」
제4조제2항부터 제7항까지, 제5조 및 제6조를 준용한다. 이 경우 "심의위원회"는 "공개심의위원회"로,
"출자·출연 기관"은 "공사"로 본다.
⑤ 공무원이 아닌 위원의 임기는 2년으로 하되, 한 차례만 연임할 수 있다.
⑥ 제1항부터 제5항까지에서 규정한 사항 외에 공개심의위원회의 구성과 운영에 필요한 사항은
지방자치단체의 조례로 정한다.

영 제57조의6(채용비위자에 대한 조치)

① 지방자치단체의 장은 법 제63조의7제4항에 따라 인적사항 및 비위행위 사실 등을 공개하는 경우에는 다음
각 호의 사항을 관보에 싣거나 제44조의2제4항에 따른 행정안전부장관이 지정하는 인터넷 사이트 또는
해당 지방자치단체의 인터넷 홈페이지에 1년간 게시하는 방법으로 한다.
  1. 채용비위와 관련하여 유죄판결이 확정된 임원의 이름, 나이, 직업 및 주소. 이 경우 「도로명주소법」
    제2조제6호에 따른 상세주소는 생략할 수 있다.
  2. 채용비위 행위 당시 소속 공사의 명칭 및 주소, 담당 직무 및 직위
  3. 채용비위 행위의 내용 및 방법
  4. 채용비위 행위와 관련된 유죄의 확정판결 내용

② 지방자치단체의 장은 법 제63조의7제5항 전단에 따라 공사의 사장에게 합격 · 승진 · 임용의 취소 또는 인사상의 불이익 조치(이하 이 조에서 "합격취소등"이라 한다)를 취할 것을 요구하는 경우 다음 각 호의 구분에 따른 기준에 따라야 하며, 그 사유를 함께 통지해야 한다.

  1. 채용비위로 인하여 채용시험에 합격하거나 채용된 경우: 해당 채용시험의 합격 또는 채용의 취소 요구

  2. 채용비위에 가담하거나 협조하여 승진, 전직, 전보 또는 파견 등이 된 경우: 해당 승진, 전직, 전보 또는 파견 등의 취소 요구. 이 경우 필요하다고 인정하면 인사상의 불이익 조치를 함께 요구할 수 있다.

③ 공사의 사장은 합격취소등을 결정하기 10일 전까지 합격취소등의 당사자에게 다음 각 호의 사항을 통지해야 한다.

  1. 지방자치단체의 장의 합격취소등의 요구 내용 및 사유

  2. 소명 기한

  3. 소명 방법

  4. 소명하지 않는 경우의 처리방법

  5. 그 밖에 소명에 필요한 사항

④ 공사의 사장은 제3항에 따른 통지를 받은 합격취소등의 당사자가 정당한 사유 없이 소명하지 않는 경우에는 추가로 소명기회를 주지 않고 합격취소등을 할 수 있다.

⑤ 공사의 사장은 합격취소등을 결정하기 위하여 필요하다고 인정하는 경우에는 관계인 의견 제시 또는 증거물의 제출을 요구할 수 있다.

⑥ 공사의 사장은 합격취소등을 결정한 경우 그 내용을 합격취소등의 당사자와 지방자치단체의 장에게 지체 없이 통지해야 한다.

법 제63조의8(인사감사 등)

① 지방자치단체의 장은 비위행위 중 채용비위의 근절 등을 위하여 대통령령으로 정하는 바에 따라 공사의 인사운영의 적정 여부를 감사(이하 이 조에서 "인사감사"라 한다)할 수 있으며, 필요한 경우 관계 서류를 제출하도록 요구할 수 있다.

② 지방자치단체의 장은 인사감사 결과 위법 또는 부당한 사실이 발견되면 지체 없이 해당 공사의 사장에게 그 시정(是正)과 관련자에 대한 인사상의 조치 등을 요구하여야 한다.

③ 공사의 사장은 제2항에 따른 요구가 있을 경우 정당한 사유가 없으면 이를 즉시 이행하고 그 이행결과를 해당 지방자치단체의 장에게 통보하여야 한다.

영 제57조의7(인사감사 등)

① 법 제63조의8제1항에 따른 인사감사(이하 "인사감사"라 한다)는 인사운영 전반 또는 채용, 승진, 평가 등 특정 사항을 대상으로 한다.

② 지방자치단체의 장이 인사감사를 하는 경우에는 「공공감사에 관한 법률」에 따른다. 다만,

제주특별자치도지사가 인사감사를 하는 경우에는 「제주특별자치도 설치 및 국제자유도시 조성을 위한

특별법」 제131조부터 제139조까지의 규정에 따른다.

③ 제1항 및 제2항에서 규정한 사항 외에 인사감사의 효율적인 수행을 위하여 필요한 사항은 지방자치단체의

장이 정한다.

제3절 재무회계

법 제64조(사업연도)

공사의 사업연도는 지방자치단체의 일반회계의 회계연도에 따른다.

법 제64조의2(회계처리의 원칙 등)

① 공사는 경영 성과 및 재무 상태를 명확히 하기 위하여 회계거래를 발생 사실에 따라 기업회계기준에 따라

회계처리한다.

② 공사는 사업 분야별로 구분하여 회계처리할 수 있다.

③ 공사가 계약을 체결하려는 경우에는 일반경쟁의 방식으로 하여야 한다. 다만, 계약의 목적 · 성질 및 규모

등을 고려하여 참가자의 자격을 제한하거나 참가자를 지명하여 경쟁에 부치거나 수의계약으로 할 수 있다.

④ 공사는 계약을 체결하는 경우 공정한 경쟁 또는 계약의 적정한 이행을 해칠 것이 명백하다고 판단되는

자에 대하여는 2년 이내의 범위에서 입찰참가자격을 제한할 수 있다.

⑤ 공사는 제4항에 따라 입찰참가자격을 제한받은 자와 수의계약을 체결하여서는 아니 된다. 다만, 제4항에

따라 입찰참가자격을 제한받은 자 외에는 적합한 시공자 · 제조자가 존재하지 아니하는 등 부득이한

사유가 있는 경우에는 그러하지 아니하다.

⑥ 제1항부터 제5항까지의 규정에 따른 회계처리, 계약의 기준 및 절차, 입찰참가자격의 제한 등에 관하여

필요한 사항은 대통령령으로 정한다.

영 제57조의8(회계처리 등)

① 법 제64조의2제6항에 따른 회계처리, 계약의 기준 및 절차와 입찰참가자격의 제한 등에 관하여는 그

성질에 반하지 않는 범위에서 「지방자치단체를 당사자로 하는 계약에 관한 법률」 제31조 및 제31조의5와

같은 법 시행령 제2조, 제6조, 제6조의2, 제7조부터 제32조까지, 제32조의2, 제33조부터 제42조까지,

제42조의3, 제42조의4, 제43조, 제44조, 제44조의2, 제45조부터 제49조까지, 제51조, 제52조, 제54조부터

제56조까지, 제64조, 제64조의2, 제66조부터 제71조까지, 제71조의2, 제71조의3, 제72조부터 제75조까지,

제75조의2, 제76조부터 제78조까지, 제78조의2, 제79조, 제81조부터 제86조까지, 제87조부터 제89조까지, 제89조의2, 제90조부터 제92조까지, 제93조, 제94조부터 제97조까지, 제97조의2, 제98조, 제98조의2, 제99조, 제100조, 제100조의2, 제101조 및 제103조를 준용한다. 이 경우 "지방자치단체"는 "공사"로, "회계관계공무원"은 "회계관계담당자"로, "소속공무원"은 "소속직원"으로, "지방자치단체의 장"은 "공사의 사장"으로, "공무원"은 "직원"으로, "관계 공무원"은 "관계 직원"으로 본다.

② 제1항에 따라 준용되는 「지방자치단체를 당사자로 하는 계약에 관한 법률 시행령」 제25조제1항에도 불구하고 공사의 사장 또는 공사의 사장으로부터 계약사무의 전부 또는 일부를 위임 또는 위탁받아 계약사무를 담당하는 직원(이하 "계약담당자"라 한다)은 다음 각 호의 어느 하나에 해당하는 경우에는 수의계약으로 할 수 있다.

1. 공사의 업무를 위탁하거나 대행시키기 위하여 그 자회사(해당 공사가 발행주식 총수 또는 총출자지분의 100분의 100을 소유하고 있는 법인을 말한다. 이하 제2호에서 같다) 또는 출자회사(해당 공사가 소유하고 있는 주식 또는 출자지분과 다른 공사가 소유하고 있는 주식 또는 출자지분의 합계가 발행주식 총수 또는 총출자지분의 100분의 100인 법인을 말한다. 이하 제2호에서 같다)와 계약을 체결하는 경우

2. 해당 공사가 소유하고 있는 시설·설비 또는 「시설물의 안전 및 유지관리에 관한 특별법」 제7조제1호에 따른 1종 시설물의 유지관리 등을 위하여 불가피하게 그 자회사 또는 출자회사와 계약을 체결하는 경우

3. 공사가 「대·중소기업 상생협력 촉진에 관한 법률」 제8조제1항에 따른 성과공유제를 시행하여 같은 조 제2항에 따른 성과공유제 확산 추진본부로부터 그 성과를 확인받은 후 2년 이내에 해당 수탁기업과 계약을 체결하는 경우

영 제57조의9(국제입찰 대상 도시철도공사의 조달계약의 범위)

① 제57조의8에도 불구하고 별표 1에 따른 공사(이하 "도시철도공사"라 한다)는 정부가 가입하거나 체결한 정부조달에 관한 협정 및 이에 근거한 국제규범(이하 "정부조달협정등"이라 한다)에 따라 행정안전부장관이 정하여 고시하는 금액 이상인 조달계약을 체결하는 경우에는 국제입찰의 방법으로 해야 한다. 다만, 다음 각 호의 어느 하나에 해당하는 경우에는 국제입찰에 의한 도시철도공사의 조달계약의 대상에서 제외한다.

1. 재판매 또는 판매를 위한 생산에 필요한 물품 및 용역을 조달하는 경우

2. 재판매 또는 판매할 목적이나 재판매 또는 판매를 위한 물품 및 용역의 공급에 사용할 목적으로 물품 및 용역을 조달하는 경우

3. 「중소기업제품 구매촉진 및 판로지원에 관한 법률」에 따라 중소기업 제품을 제조·구매하는 경우

4. 「양곡관리법」, 「농수산물유통 및 가격안정에 관한 법률」 및 「축산법」에 따라 농·수·축산물을 구매하는 경우

5. 공공의 질서·안정을 유지하거나 인간 또는 동식물의 생명·건강 및 지적소유권을 보호하기 위하여 필요한 경우

6. 자선단체, 장애인이나 재소자가 생산한 물품과 용역 등을 조달하는 경우

7. 급식 프로그램의 증진을 위하여 조달하는 경우

8. 그 밖에 정부조달협정등에 규정된 내용으로서 행정안전부령으로 정한 경우

② 제1항에 따라 국제입찰의 방법으로 계약을 체결하는 경우 이 영에서 정한 것 외의 계약의 방법 및 절차 등에 관하여는 「특정조달을 위한 국가를 당사자로 하는 계약에 관한 법률 시행령 특례규정」 제1조, 제2조, 제4조부터 제25조까지 및 제39조부터 제46조까지의 규정과 「특정물품 등의 조달에 관한 국가를 당사자로 하는 계약에 관한 법률 시행령 특례규정」 제1조부터 제11조까지, 제13조, 제14조 및 제17조를 준용한다. 이 경우 "중앙관서의 장"은 "도시철도공사의 사장"으로, "재정경제부장관"은 "행정안전부장관"으로, "재정경제부령"은 "행정안전부령"으로, "계약담당공무원"은 "계약담당자"로, "국가" 및 "정부"는 각각 "도시철도공사"로 본다.

③ 국제입찰의 이행에 따른 공표사항은 정부조달협정등에서 정한 출판물에 공고하여야 한다.

④ 도시철도공사의 사장 또는 계약담당자는 계약의 목적과 성질 등을 고려하여 필요하다고 인정되면 제1항에 따른 국제입찰 대상이 아닌 경우에도 국제입찰의 방법으로 조달계약을 체결할 수 있다.

지방공기업법 [별표 1]

국제입찰의 방법으로 조달계약을 해야 하는 공사(영 제57조의9제1항 관련)

1. 서울교통공사
2. 부산교통공사
3. 대구도시철도공사
4. 인천교통공사(도시철도 분야로 한정한다)
5. 광주광역시도시철도공사
6. 대전광역시도시철도공사

법 제64조의3 (중장기재무관리계획의 수립 등)

① 자산 · 부채규모 등을 고려하여 대통령령으로 정하는 기준에 해당하는 공사의 사장은 매년 해당 연도를 포함한 5회계연도 이상의 중장기재무관리계획(이하 "중장기재무관리계획"이라 한다)을 수립하고, 이사회의 의결을 거쳐 확정한 후 대통령령으로 정하는 기한까지 지방자치단체의 장과 의회에 제출하여야 한다.

② 중장기재무관리계획에는 다음 각 호의 사항이 포함되어야 한다.

1. 5회계연도 이상의 중장기 경영목표
2. 사업계획 및 투자방향
3. 재무 전망과 그 근거 및 관리계획
4. 부채의 증감에 대한 전망과 그 근거 및 관리계획 등이 포함된 부채관리계획
5. 전년도 중장기재무관리계획 대비 변동사항, 변동요인 및 관리계획 등에 대한 평가 · 분석

📑 영 제57조의11(중장기재무관리계획의 수립)

다음 각 호의 어느 하나에 해당하는 공사의 사장은 법 제64조의3제1항에 따라 중장기재무관리계획을 매년 9월 30일까지 지방자치단체의 장과 의회에 제출하여야 한다.

1. 직전 회계연도 말일을 기준으로 부채규모가 3천억원 이상인 공사
2. 직전 회계연도 말일을 기준으로 부채비율이 100분의 200 이상인 공사
3. 직전 회계연도 말일을 기준으로 부채가 자산보다 큰 공사

📑 법 제64조의4(청렴서약서의 제출)

① 공사는 계약의 투명성과 공정성을 높이기 위하여 입찰참가자 또는 수의계약의 계약상대자에게 청렴서약서를 제출하도록 하여야 한다.

② 제1항에 따른 청렴서약서에는 다음 각 호의 사항이 포함되어야 한다.

　1. 입찰, 낙찰, 계약의 체결 및 이행 등의 과정(준공 · 납품 이후를 포함한다)에서 직접 또는 간접적인 사례(謝禮), 증여, 금품 · 향응, 취업특혜 제공 금지에 관한 사항
　2. 특정인의 낙찰을 위한 담합 등 입찰의 자유경쟁을 방해하는 행위나 불공정한 행위의 금지에 관한 사항
　3. 그 밖에 계약의 투명성과 공정성을 높이기 위하여 대통령령으로 정하는 사항

📑 법 제64조의5(청렴서약 위반에 따른 계약의 해제 · 해지 등)

공사는 입찰참가자 또는 수의계약의 계약상대자가 입찰, 수의계약 및 계약 이행 과정에서 공사의 임직원에게 직접 또는 간접적으로 사례, 증여, 금품 · 향응, 취업특혜 제공을 하는 등 제64조의4에 따른 청렴서약서의 내용을 위반할 때에는 다음 각 호의 어느 하나에 해당하는 경우를 제외하고는 낙찰자 결정을 취소하거나 계약을 해제 또는 해지하여야 한다.

1. 다른 법률에서 낙찰자 결정의 취소 또는 계약의 해제 · 해지를 특별히 금지한 경우
2. 낙찰자 결정을 취소하거나 계약을 해제 또는 해지하면 계약 목적을 달성하기 곤란하거나 공사에 손해가 발생하는 등 대통령령으로 정하는 경우

📋 영 제57조의12(청렴서약서의 내용 등)

① 법 제64조의4제2항제3호에서 "대통령령으로 정하는 사항"이란 공정한 직무수행을 방해하는 알선 · 청탁을 통하여 입찰 또는 계약과 관련된 특정 정보의 제공을 요구하거나 제공받는 행위의 금지에 관한 사항을 말한다.

② 법 제64조의5제2호에서 "낙찰자 결정을 취소하거나 계약을 해제 또는 해지하면 계약 목적을 달성하기 곤란하거나 공사에 손해가 발생하는 등 대통령령으로 정하는 경우"란 다음 각 호의 어느 하나에 해당하는 경우를 말한다.

  1. 「재난 및 안전관리 기본법」 제3조제1호에 따른 재난의 복구 등을 위하여 계약의 긴급한 이행이 필요한 경우로서 새로운 계약을 체결하면 계약 목적을 달성하기 곤란하다고 공사가 판단하는 경우

  2. 그 밖에 계약의 이행 정도 등을 고려하여 낙찰자 결정을 취소하거나 계약을 해제 또는 해지하면 계약 목적을 달성하기 곤란하거나 공사에 상당한 손해가 발생할 것으로 공사가 판단하는 경우

📄 법 제64조의6(이의신청)

① 국제입찰에 의한 계약 또는 대통령령으로 정하는 규모 이상의 입찰에 의한 계약과정에서 다음 각 호의 어느 하나에 해당하는 사항으로 인하여 불이익을 받은 자는 해당 공사의 사장에게 그 행위의 취소 또는 시정을 위한 <u>이의신청</u>을 제기할 수 있다.

  1. 국제입찰에 의한 계약의 범위와 관련된 사항

  2. 입찰참가자격과 관련된 사항

  3. 입찰 공고와 관련된 사항

  4. 낙찰자 결정과 관련된 사항

  5. 그 밖에 대통령령으로 정하는 사항

② 제1항에 따른 이의신청의 절차는 「지방자치단체를 당사자로 하는 계약에 관한 법률」 제34조제2항 및 제3항을 준용한다. 이 경우 "지방자치단체의 장"은 "공사의 사장"으로 본다.

③ 이의신청 조치결과에 대하여 이의가 있는 자는 그 통지를 받은 날부터 20일 이내에 「지방자치단체를 당사자로 하는 계약에 관한 법률」 제35조에 따른 지방계약심의조정위원회에 조정을 위한 재심을 청구할 수 있다.

④ 지방계약심의조정위원회는 제3항에 따른 재심청구를 심사 · 조정할 수 있다.

⑤ 제3항에 따른 재심청구의 절차는 「지방자치단체를 당사자로 하는 계약에 관한 법률」 제36조 및 제37조를 준용한다. 이 경우 "지방자치단체의 장"은 "공사의 사장"으로 본다.

① 법 제64조의6제1항 각 호 외의 부분에서 "대통령령으로 정하는 규모"란 다음 각 호의 구분에 따른 규모를 말한다.

  1. 「건설산업기본법」에 따른 종합공사: 추정가격 10억원

  2. 「건설산업기본법」에 따른 전문공사: 추정가격 1억원

  3. 그 밖의 다른 법령에 따른 공사: 추정가격 8천만원

  4. 물품의 제조 · 구매 및 용역 등의 계약: 추정가격 5천만원

② 법 제64조의6제1항제5호에서 "대통령령으로 정하는 사항"이란 다음 각 호의 사항을 말한다.

  1. 정부조달협정등에 위배되는 사항

  2. 계약상대자의 계약상 이익을 부당하게 제한하는 특약이나 조건에 관한 사항

  3. 계약기간의 연장에 관한 사항

  4. 제57조의8제1항에 따라 준용되는 「지방자치단체를 당사자로 하는 계약에 관한 법률 시행령」 제73조부터 제75조까지 및 제75조의2에 따른 계약금액의 조정에 관한 사항

  5. 제57조의8제1항에 따라 준용되는 「지방자치단체를 당사자로 하는 계약에 관한 법률 시행령」 제90조에 따른 지연배상금에 관한 사항

📄 **법 제65조(예산)**

① 공사의 사장은 매 사업연도의 사업계획 및 예산을 해당 사업연도가 시작되기 전까지 편성하여야 한다.

② 제1항에 따라 편성된 예산은 이사회의 의결로 확정된다. 예산이 확정된 후에 생긴 불가피한 사유로 예산을 변경하는 경우에도 또한 같다.

③ 공사의 사장은 제2항에 따라 예산이 성립되거나 변경되었을 때에는 지체 없이 지방자치단체의 장에게 보고하여야 한다.

📋 **영 제58조(사업계획 및 예산)**

① 공사의 사장이 법 제65조의 규정에 의하여 이사회에 제출하는 사업계획 및 예산은 제19조 및 제20조의 규정에 준하여 이를 작성한다.

② 공사의 사장은 제1항의 규정에 의한 사업계획 및 예산을 이사회개최 30일전까지 각 이사에게 송부하여야 한다. 다만, 법 제65조제2항의 규정에 의하여 예산을 변경하는 경우에는 이사회개최 7일전까지 송부하여야 한다.

③ 지방자치단체의 장은 법 제65조제3항의 규정에 의하여 보고된 예산이 법령에 위반되거나 법 제66조의2의 규정에 의한 예산에 관한 공통지침에 위반된다고 인정되는 경우에는 그 시정을 명할 수 있다.

④ 제3항의 규정에 의하여 시정명령을 받은 공사의 사장은 특별한 사유가 없는 한 지체없이 시정명령에 따라 예산을 수정하여 이사회의 의결을 받아야 한다.

📑 법 제65조의2(예산 불성립 시의 예산집행)

① 공사는 부득이한 사유로 회계연도가 시작되기 전까지 예산이 확정되지 못한 경우에는 전년도 예산에 준하여 예산을 집행하여야 한다.
② 제1항에 따라 집행된 예산은 해당 연도의 예산이 성립되면 그 성립된 예산에 따라 집행된 것으로 본다.

📑 법 제65조의3(신규 투자사업의 타당성 검토)

① 공사의 사장은 대통령령으로 정하는 규모 이상의 신규 투자사업을 하려면 대통령령으로 정하는 방법 및 절차에 따라 사업의 필요성과 사업계획의 타당성 등을 검토(이하 "신규 투자사업 타당성 검토"라 한다)하여 지방자치단체의 장에게 보고하고 의회의 의결을 받아야 한다.
② 제1항에도 불구하고 다음 각 호의 어느 하나에 해당하는 사업은 대통령령으로 정하는 절차에 따라 신규 투자사업 타당성 검토 대상에서 제외한다. 이 경우 공사의 사장은 신규 투자사업 타당성 검토 제외 사업의 내역 및 사유를 지체 없이 지방자치단체의 장과 의회에 보고하여야 한다.
  1. 다음 각 목의 어느 하나에 해당하는 조사 · 심사 등을 거쳤거나 제외된 사업
    가. 「국가재정법」 제38조제1항에 따른 예비타당성조사
    나. 「지방재정법」 제37조에 따른 투자심사(해당 공사를 설립한 지방자치단체의 장이 실시한 투자심사에 한정한다)
    다. 「공공기관의 운영에 관한 법률」 제40조제3항에 따른 예비타당성조사
  2. 설립 지방자치단체가 각각 다른 2개 이상의 공사가 공동으로 신규 투자사업을 추진하는 경우로서 그 중 하나 이상의 공사의 사장이 제1항에 따른 절차를 모두 거치고, 다른 공사를 설립한 지방자치단체의 의회가 별도의 신규 투자사업 타당성 검토를 거치지 아니하기로 동의한 사업
  3. 「재난 및 안전관리 기본법」 제3조제1호에 따른 재난의 예방 및 복구 지원을 위하여 시급한 추진이 필요한 사업
  4. 법령에 따라 추진하여야 하는 사업
  5. 지역 균형발전, 긴급한 경제적 · 사회적 상황 대응 등을 위하여 국가 정책적으로 추진이 필요한 사업으로서 다음 각 목의 요건을 모두 갖춘 사업
    가. 사업목적 및 규모, 추진방안 등 구체적인 사업계획이 수립된 사업
    나. 국가 정책적으로 추진이 필요하여 국무회의를 거쳐 확정된 사업
③ 신규 투자사업 타당성 검토는 전문 인력 및 조사 · 연구 능력 등 대통령령으로 정하는 요건을 갖춘 전문기관으로서 행정안전부장관이 지정 · 고시하는 기관에 의뢰하여 실시하여야 한다.

① 법 제65조의3제1항에서 "대통령령으로 정하는 규모 이상의 신규 투자사업"이란 다음 각 호의 구분에 따른 투자사업을 말한다.

 1. 시·도가 설립한 공사: 총사업비 500억원 이상의 신규 투자사업

 2. 시·군·구가 설립한 공사: 총사업비 300억원 이상의 신규 투자사업

② 법 제65조의3제1항에 따른 신규 투자사업 타당성 검토(이하 "신규 투자사업 타당성 검토"라 한다)는 다음 각 호의 사항을 포함해야 한다.

 1. 신규 투자사업의 적정성 여부

 2. 신규 투자사업별 수지분석

 3. 재원 조달방법

 4. 신규 투자사업이 지역경제에 미치는 영향

③ 공사의 사장이 제1항 각 호에 따른 신규 투자사업에 대해서 법 제65조의3제2항에 따라 신규 투자사업 타당성 검토 대상에서 제외하려는 경우에는 지방자치단체의 장에게 해당 사업의 명칭, 개요, 필요성 및 제외 사유 등을 명시한 신규 투자사업 타당성 검토 제외 대상 확인요구서를 제출해야 한다.

④ 지방자치단체의 장은 제3항에 따른 신규 투자사업 타당성 검토 제외 대상 확인요구서를 제출받은 경우 법 제65조의3제2항에 따른 신규 투자사업 타당성 검토 대상에서 제외되는 사업인지 여부를 확인하고 그 결과를 공사의 사장에게 통지해야 한다.

⑤ 제3항 및 제4항에 따른 신규 투자사업 타당성 검토 제외 사업의 확인 절차, 방법 및 그 밖에 신규 투자사업 타당성 검토 제외 대상 확인에 필요한 사항은 행정안전부장관이 정한다.

⑥ 행정안전부장관은 제5항에 따른 사항을 정하는 경우에는 지방자치단체의 장의 의견을 들어야 한다.

⑦ 법 제65조의3제3항에서 "전문 인력 및 조사·연구 능력 등 대통령령으로 정하는 요건을 갖춘 전문기관"이란 제47조제4항 각 호의 요건을 모두 갖춘 기관을 말한다.

📑 **법 제65조의4 (사업의 실명 관리 및 공개)**

① 공사의 사장은 제65조의3제1항에 따른 신규 투자사업에 대하여 그 사업 내용 및 사업의 결정 또는 집행과 관련하여 이에 참여한 자 등을 기록·관리하고 이를 공개하여야 한다. 다만, 「공공기관의 정보공개에 관한 법률」 제9조에 따른 비공개 대상 정보의 경우에는 정보가 기간의 경과 등으로 인하여 비공개의 필요성이 없어지기 전까지 공개하지 아니할 수 있다.

② 제1항에 따른 기록·관리 및 공개의 범위, 방법 및 절차 등에 필요한 사항은 대통령령으로 정한다.

영 제58조의3(사업의 실명 관리 및 공개)

① 공사의 사장은 법 제65조의4제1항 본문에 따라 신규 투자사업에 대하여 다음 각 호의 사항을 기록ㆍ관리하여야 한다.

　1. 사업명

　2. 사업기간

　3. 주요 사업내용

　4. 담당자의 소속, 직급 및 성명

　5. 그 밖에 행정안전부장관이 정하는 사항

② 공사의 사장은 사업계획이 확정되면 제1항 각 호의 사항을 제44조의2제4항에 따른 인터넷 사이트에 공개하여야 한다.

③ 제1항에 따른 기록ㆍ관리 및 제2항에 따른 공개에 필요한 세부사항은 행정안전부장관이 정한다.

법 제65조의5(채무보증 계약 등의 제한)

공사는 다음 각 호에 해당하는 계약을 체결할 수 없다.

1. 채무에 대한 상환 보증이 포함된 계약

2. 공사의 자산 매각 시 환매(還買)를 조건으로 하는 계약

3. 주택 건설 및 토지 개발 등의 사업에서 미분양 발생 시 미분양 자산에 대한 매입 확약이 포함된 계약

법 제66조(결산)

① 공사는 매 사업연도의 결산을 해당 사업연도가 끝난 후 <u>2개월</u> 이내에 완료하여야 한다.

② 공사는 결산 완료 후 결산서를 작성하고, 지방자치단체의 장이 선임하는 회계감사인에게 결산서를 제출하여 회계감사를 받아야 한다.

③ 공사는 제2항에 따라 작성된 결산서에 다음 각 호의 서류를 첨부하여 지체 없이 지방자치단체의 장에게 보고하고 승인을 받아야 한다.

　1. 회계감사 보고서

　2. 대통령령으로 정하는 서류

④ 제2항에 따른 회계감사인의 선임에 관하여는 제35조의2제1항 및 제2항을 준용한다.

⑤ 회계감사인의 자격 제한, 회계감사인 선임 시 문서로 정할 사항, 회계감사인의 권한 및 회계감사인, 이사 또는 감사 등의 공사 또는 제3자에 대한 손해배상책임 등에 관하여는 「주식회사 등의 외부감사에 관한 법률」 제9조제3항부터 제6항까지, 제10조제5항, 제21조제1항, 제31조제1항부터 제5항까지 및 제7항을 준용한다. 이 경우 "감사인"은 "회계감사인"으로, "회사"는 "공사"로, "감사인선임위원회"는 "회계감사인선임위원회"로, "제10조"는 "제66조제2항"으로 본다.

📋 영 제59조(결산서의 제출)

법 제66조제3항제2호에서 "대통령령으로 정하는 서류"란 제36조제1항 각 호 및 제2항 각 호에 규정된 것을 말한다. | 제36조제1항 및 제2항 : 결산서와 제출하는 서류 및 결산부속명세서 |

📄 법 제66조의2(예산 · 결산에 관한 공통기준)

① 행정안전부장관은 공사의 예산 및 결산에 공통적으로 적용하여야 할 사항에 관한 기준을 작성하여 통보할 수 있다.

② 공사의 예산 및 결산의 제출 및 운영에 필요한 사항은 제1항의 공통기준의 범위에서 지방자치단체의 장이 정한다.

📋 영 제60조(예산에 관한 공통기준)

① 행정안전부장관은 법 제66조의2제1항의 규정에 의한 예산에 관한 공통기준을 전년도 6월 30일까지 지방자치단체의 장에게 통보하여야 한다.

② 지방자치단체의 장은 법 제66조의2제2항의 규정에 의한 예산편성지침을 작성하여 전년도 7월 31일까지 당해 공사의 장에게 통보하여야 한다.

📄 법 제67조(손익금의 처리)

① 공사는 결산 결과 이익이 생긴 경우에는 그 이익금을 다음 각 호의 순서에 따라 처리한다.
  1. 전 사업연도로부터 이월된 결손금이 있으면 결손금을 보전
  2. 대통령령으로 정하는 바에 따라 이익준비금으로 적립
  3. 대통령령으로 정하는 바에 따라 감채적립금으로 적립
  4. 이익을 배당하거나 정관으로 정하는 바에 따라 적립

② 제1항제3호의 감채적립금은 공사의 사채를 상환하는 목적 외에는 사용할 수 없다.

③ 공사는 결산 결과 손실이 생긴 경우에 그 결손금을 제1항제4호의 적립금으로 보전하고, 그 적립금으로도 보전하지 못한 결손금은 제1항제2호의 이익준비금으로 보전하거나 이월한다.

📋 영 제61조(이익금의 처리)

① 공사는 법 제67조제1항제1호에 따른 이월결손금을 보전하고 남은 이익금의 10분의 1 이상을 자본금의 2분의 1에 달할 때까지 이익준비금으로 적립하여야 하고, 이익준비금으로 적립하고 남은 이익금의 10분의 5 이상을 감채적립금으로 적립하여야 한다. 다만, 매 회계연도의 말일을 기준으로 공사채 미상환 잔액이 없는 경우에는 감채적립금을 적립하지 아니할 수 있다.

② 법 제67조제1항제4호에 따라 이익배당을 할 때에는 법 제53조제2항에 따른 지방자치단체 외의 자(외국인 및 외국법인을 포함한다)에게 정관에서 정하는 바에 따라 우선적으로 배당할 수 있다.

📄 법 제68조(사채 발행 및 차관)

① 공사는 지방자치단체의 장의 승인을 받아 사채를 발행하거나 외국차관을 할 수 있다. 이 경우 사채 발행의 한도는 대통령령으로 정한다.
② 삭제
③ 지방자치단체의 장은 제1항에 따라 발행되는 사채가 대통령령으로 정하는 기준을 초과하는 경우에는 제1항에 따른 승인을 하기 전에 미리 행정안전부장관의 승인을 받아야 한다. 이 경우 대통령령으로 정하는 기준은 공사의 부채비율, 경영성과 등을 고려하여야 한다.
④ 지방자치단체는 사채의 상환을 보증할 수 있다.
⑤ 삭제
⑥ 사채의 발행, 매각 및 상환에 필요한 사항은 조례로 정한다.
⑦ 도시철도의 건설 및 운영 또는 주택건설사업 등을 목적으로 설립된 공사가 제1항부터 제6항까지의 규정에 따라 발행하는 채권에 대하여 「자본시장과 금융투자업에 관한 법률」을 적용할 때에는 같은 법 제4조제3항에 따른 특수채증권으로 본다.

📄 영 제62조(사채발행)

① 공사는 법 제68조제1항의 규정에 의하여 사채를 발행하고자 하는 때에는 다음 각호의 사항을 기재한 신청서를 그 지방자치단체의 장에게 제출하여야 한다. 지방자치단체의 장이 법 제68조제3항의 규정에 의하여 행정안전부장관의 승인을 신청하는 때에도 또한 같다.
  1. 사채의 발행목적
  2. 사채의 발행시기
  3. 발행총액(사채의 권면액을 수종으로 하여 발행하는 경우에는 각 권종별 발행총액)
  4. 이율
  5. 원금의 상환방법 및 기한
  6. 이자의 지급방법 및 기한
  7. 모집 및 인수방법
② 공사가 법 제68조제1항에 따라 발행할 수 있는 사채발행의 한도는 다음과 같다.
  1. 법 제2조제1항제7호 및 제8호의 사업을 경영하는 공사는 제14조에서 정하고 있는 순자산액의 4배 이내
  제2조제1항제7호 및 제8호 : 주택사업 및 토지개발사업   제14조 순자산액: 자산총액에서 부채총액 뺀 금액
  2. 제1호 외의 사업을 경영하는 공사는 제14조에서 정하고 있는 순자산액의 2배 이내

③ 공사는 법 제19조제1항제1호 법 제19조제1항제1호 : 경상적 운전자금에 충당 의 목적으로 사채를 발행하고자
하는 때에는 경영개선계획을 수립 · 시행하여야 한다.

④ 법 제68조제3항 전단에서 "대통령령이 정하는 기준을 초과하는 경우"라 함은 다음 각호의 어느 하나에
해당하는 경우를 말한다.

　1. 사채발행 승인 신청 당시 사채발행예정액을 합산한 부채비율이 100분의 200 이상인 경우

　2. 최근 3년 이상 계속하여 당기순손실이 발생한 경우

　3. 사채발행예정액이 300억원 이상인 경우

⑤ 법 제68조제1항의 규정에 의한 사채는 다음 각호의 사항을 기재하고 공사의 사장이 기명날인 또는
서명하여야 한다.

　1. 사채의 번호

　2. 법인의 명칭

　3. 제1항제3호 내지 제6호에 규정된 사항 3. 발행총액 4. 이율 5. 원금의 상환방법 및 기한 6. 이자의 지급방법 및 기한

📄 법 제69조(여유금의 운용)

공사는 다음 각 호의 방법 외에는 여유금을 운용하지 못한다.

1. 국채 또는 지방채의 취득

2. 「한국은행법」에 따른 한국은행 또는 그 밖의 금융회사등에의 예입

📄 법 제70조 삭제

📄 법 제71조(대행사업의 비용 부담)

① 공사는 국가 또는 지방자치단체의 사업을 대행할 수 있으며, 이 경우에 필요한 비용은 국가 또는
지방자치단체가 부담한다.

② 제1항에 따른 비용의 부담에 필요한 사항은 대통령령으로 정하는 사항을 제외하고는 조례로 정한다.

📄 영 제63조(대행업무의 비용부담등)

① 공사가 법 제71조제1항의 규정에 의하여 국가 또는 지방자치단체의 사업을 대행하고자 하는 때에는
위탁계약에 의한다.

② 공사가 법 제71조제1항의 규정에 의하여 국가 또는 지방자치단체의 사업을 대행하는 경우 국가 또는
지방자치단체가 부담하여야 할 경비의 범위는 다음과 같다.

　1. 사업실시에 따른 사업계획의 수립, 사전조사, 용역등에 소요되는 경비

2. 사업의 집행에 소요되는 시설비·인건비 및 부대경비

3. 사업의 종료후 결산이전 또는 시설물등의 인계이전까지의 사이에 시설물등을 관리하는 데 소요되는 경비

4. 사업의 대행에 따른 대행수수료

5. 기타 사업집행상 필수적으로 소요되는 경비

③ 법 제71조제1항의 규정에 의하여 국가 또는 지방자치단체가 비용을 부담하는 경우, 공사는 미리
자금집행계획을 수립하여 국가 또는 지방자치단체에 제출하여야 하며, 국가 또는 지방자치단체는 다른
자금에 앞서 이에 대한 자금을 우선적으로 지급하되, 그 지급시기를 조정하고자 하는 때에는 공사와
협의하여야 한다.

④ 공사가 그 대행사업을 종료한 때에는 지체없이 국가 또는 지방자치단체가 부담한 비용을 정산하여야 한다.

⑤ 공사는 국가 또는 지방자치단체의 사업을 대행함에 있어 특히 필요한 경우에는 지방자치단체의 장의
승인을 얻어 그 사업의 일부를 제3자로 하여금 시행하게 할 수 있다.

영 제64조(지방공사의 경영공시등)

지방공사의 경영공시등에 관하여는 제44조 및 제44조의2를 준용한다. 이 경우 "관리자"는 "사장"으로 본다.

법 제71조의2(재정 지원)

지방자치단체는 사업의 운영을 위하여 필요하다고 인정하는 경우에는 공사에 보조금을 교부하거나
장기대부를 할 수 있다.

법 제71조의3(물품 구매 및 공사계약의 위탁)

공사는 필요하다고 인정하는 경우에는 물품의 구매나 시설공사계약의 체결을 조달청장에게 위탁할 수 있다.

법 제71조의4(물품 관리)

공사는 소관 물품을 적정하게 관리하기 위하여 해당 공사에서 사용하는 물품을 표준화하고, 사용 및 처분의
목적에 따라 분류하여야 하며, 물품수급계획을 포함한 물품관리계획을 수립하여야 한다.

법 제72조(선수금)

공사의 재산 분양, 시설 이용 및 용역 제공에 대한 선수금에 관하여는 제20조의2를 준용한다.

제20조의2 : 지방직영기업의 선수금 조항

제4절   감독

📄 법 제73조(감독 등)

① 지방자치단체의 장은 공사의 설립ㆍ운영 등 공사의 업무를 관리ㆍ감독한다.
② 행정안전부장관은 공사의 업무, 회계 및 재산에 관한 사항을 검사할 수 있으며, 공사에 필요한 보고를 명할 수 있다.

📄 법 제74조 삭제

제5절   보칙

📄 법 제75조(「상법」의 준용)

공사에 관하여는 이 법에서 규정한 사항을 제외하고는 그 성질에 반하지 아니하는 범위에서 「상법」 중 주식회사에 관한 규정을 준용한다. 다만, 「상법」 제292조는 준용하지 아니한다.

「상법」 제292조 : 정관 효력에서의 공증인 공증

📄 법 제75조의2(업무 상황의 공표 등)

공사의 업무 상황의 공표 등에 관하여는 제46조를 준용한다. 이 경우 "관리자"는 "사장"으로 본다.

제46조 : 지방직영기업 업무 상황의 공표

📄 법 제75조의3(공무원의 파견ㆍ겸임)

지방자치단체의 장은 공사가 수행하는 사업을 지원하기 위하여 필요한 경우에는 그 소속 공무원을 공사에 파견하거나 겸임하게 할 수 있다.

📄 영 제65조(파견공무원등에 대한 수당지급)

공사는 법 제75조의3의 규정에 의하여 공사에 파견된 공무원이나 겸임하는 공무원에 대하여 공사가 정한 지급기준에 따라 업무수당을 지급할 수 있다.

📄 법 제75조의4(권한의 위탁)

이 법에 따른 지방자치단체의 장의 권한은 공사의 목적을 수행하기 위하여 필요한 경우에는 조례로 정하는 바에 따라 그 일부를 공사의 사장에게 위탁할 수 있다.

📄 법 제75조의5(민영화된 공사의 주식회사로의 등기)

제53조제2항 및 제3항에 따른 공사가 매각되는 경우 「상법」에 따른 청산 절차를 거치지 아니하여도 매수인은 주식회사로의 설립등기를 신청할 수 있다. 이 경우 주식회사의 상호에 "공사"라는 명칭은 사용할 수 없다.

📄 법 제75조의6(공사와 공공기관의 합병)

① 공사는 「공공기관의 운영에 관한 법률」 제14조제1항에 따른 계획에 따라 민영화 대상으로 지정된 공공기관(같은 계획에 따라 공공기관 지정이 해제된 기관을 포함한다)과 「상법」에 따른 청산절차를 거치지 아니하고도 합병할 수 있다.
② 공사가 제1항에 따른 합병을 하려면 재정경제부장관과 협의를 거쳐 합병 등기 전까지 지방자치단체의 장의 승인을 받아야 한다. 다만, 공공기관 지정이 해제된 기관과 합병할 경우에는 협의절차를 생략할 수 있다.

📄 영 제66조(공단의 설립운영)

지방공단(이하 "공단"이라 한다)의 설립과 운영에 관하여는 제47조, 제48조부터 제55조까지, 제56조의2부터 제56조의4까지, 제57조, 제57조의2부터 제57조의8까지, 제57조의12, 제58조, 제59조, 제60조 및 제62조부터 제65조까지의 규정을 준용한다. 이 경우 "공사"는 "공단"으로, "사장"은 "이사장"으로, "사채"는 "공단채"로 본다.

📄 영 제67조(비용의 부담등)

공단에 업무를 위탁한 자와 공단으로부터 역무제공을 받은 자는 그 위탁업무에 소요된 비용 또는 역무수수료를 부담하여야 한다.

> 💡 법 제76조~77조의7 및 해당 시행령 부분은 기존 시험범위 제외입니다. 당해 공고문을 꼭 참고하시기 바랍니다.

보칙

📄 법 제78조(경영평가 및 지도)

① 행정안전부장관은 제3조에 따른 지방공기업의 경영 기본원칙을 고려하여 대통령령으로 정하는 바에 따라 지방공기업에 대한 경영평가를 하고, 그 결과에 따라 필요한 조치를 하여야 한다. 다만, 행정안전부장관이 필요하다고 인정하는 경우에는 지방자치단체의 장으로 하여금 경영평가를 하게 할 수 있다.

② 제1항에 따른 경영평가에는 지방공기업의 경영목표의 달성도, 업무의 능률성, 공익성, 고객서비스 등에 관한 평가가 포함되어야 한다.

③ 행정안전부장관은 제1항에 따른 경영평가를 위하여 필요한 경우 지방공기업에 고객 명부 등 관련 자료의 제출을 요청할 수 있다. 이 경우 요청을 받은 지방공기업은 정당한 사유가 없는 한 이에 따라야 한다.

④ 행정안전부장관은 대통령령으로 정하는 바에 따라 제1항 및 제2항에 따른 경영평가와는 별도로 사장에 대하여 업무성과 평가를 할 수 있다. 이 경우 공익성이 고려되어야 한다.

⑤ 행정안전부장관 또는 시·도지사(특별자치시장 및 특별자치도지사는 제외한다. 이하 이 항에서 같다)는 지방공기업(시·도지사의 경우에는 시·군·자치구의 지방공기업으로 한정한다)의 효율적인 경영을 위하여 필요한 지도, 조언 또는 권고를 할 수 있다.

⑥ 행정안전부장관은 지방공기업이 다음 각 호의 어느 하나에 해당하는 경우에는 제1항에 따른 경영평가 결과를 조정하고, 해당 지방공기업에 대한 주의·경고 등의 조치를 하거나 지방자치단체의 장에게 해당 지방공기업의 평가급 조정을 요청할 수 있다. 이 경우 제78조의5에 따른 지방공기업정책위원회의 심의를 거쳐야 한다.

  1. 제3항에 따른 경영평가에 필요한 자료를 제출하지 아니하거나 거짓으로 작성·제출한 경우

  2. 불공정한 인사운영, 비리 등으로 윤리경영을 저해한 경우로서 대통령령으로 정하는 경우

⑦ 제6항에 따른 요청을 받은 지방자치단체의 장은 특별한 사정이 없으면 해당 지방공기업의 평가급을 조정하여야 하고, 필요한 경우 해당 공사의 사장 또는 공단의 이사장에게 관련자에 대한 인사상의 조치 등을 요구할 수 있다.

📄 영 제68조(경영평가)

① 법 제78조제1항의 규정에 의한 지방공기업에 대한 경영평가는 매년 실시하여야 한다. 다만, 지방직영기업의 경영평가에 관하여는 행정안전부장관이 따로 정할 수 있다.

② 행정안전부장관 또는 지방자치단체의 장은 법 제78조제1항의 규정에 의하여 경영평가를 실시함에 있어서 필요하다고 인정되는 때에는 다음 각 호의 어느 하나에 해당하는 기관을 경영평가기관으로 지정하여 실시할 수 있다.

1. 법 제78조의4에 따른 지방공기업평가원
2. 경영평가 전문기관
3. 회계법인
4. 기타 행정안전부장관이 인정하는 기관

③ 지방공기업에 대한 경영평가는 법 제35조제3항 및 법 제66조제2항의 규정에 따른 회계감사인의 회계감사가 종료된 때부터 실시한다. 이 경우 공사 · 공단에 대한 경영평가는 회계감사종료후 4개월 이내에 완료해야 한다.

④ 경영평가에 관한 세부적인 기준은 행정안전부장관이 정한다.

📖 영 제68조의2 (지방공기업의 윤리경영 저해행위)

법 제78조제6항제2호에서 "대통령령으로 정하는 경우"란 다음 각 호의 경우를 말한다.

1. 법, 「상법」, 「형법」, 「조세범 처벌법」, 「지방세기본법」, 「독점규제 및 공정거래에 관한 법률」 또는 그 밖에 해당 지방공기업의 업무와 관련되는 법률을 위반하여 채용비위, 조세포탈, 회계부정 또는 불공정거래행위 등과 관련된 중대한 위법행위를 한 경우
2. 부당한 직무수행으로 인해 다음 각 목의 사회적 물의를 일으킨 경우

　　가. 국민의 생명, 재산 또는 안전상의 위해 초래
　　나. 자연환경, 생활환경 또는 기업환경 등에 대한 훼손, 교란 또는 피해 초래

📑 법 제78조의2 (경영진단 및 경영 개선 명령)

① 지방자치단체의 장은 제78조제1항 단서에 따라 경영평가를 하였을 때에는 그 평가가 끝난 후 1개월 이내에 경영평가보고서, 재무제표, 그 밖에 대통령령으로 정하는 서류를 행정안전부장관에게 제출하여야 한다.

② 행정안전부장관은 제78조제1항 본문에 따라 경영평가를 하거나 제1항에 따른 서류 등을 분석한 결과 특별한 대책이 필요하다고 인정되는 지방공기업으로서 다음 각 호의 어느 하나에 해당하는 지방공기업에 대하여는 대통령령으로 정하는 바에 따라 따로 경영진단을 실시하고, 그 결과를 공개할 수 있다.

1. 3개 사업연도 이상 계속하여 당기 순손실이 발생한 지방공기업
2. 특별한 사유 없이 전년도에 비하여 영업수입이 현저하게 감소한 지방공기업
3. 경영 여건상 사업 규모의 축소, 법인의 청산 또는 민영화 등 경영구조 개편이 필요하다고 인정되는 지방공기업
4. 그 밖에 대통령령으로 정하는 지방공기업

③ 행정안전부장관은 제2항에 따른 경영진단의 결과 필요하다고 인정하는 경우에는 지방자치단체의 장, 공사의 사장 또는 공단의 이사장에게 해당 지방공기업의 임원의 해임, 조직의 개편 등 경영 개선을 위하여 필요한 조치를 명할 수 있다.

④ 제3항에 따라 명을 받은 지방자치단체의 장, 공사의 사장 또는 공단의 이사장은 특별한 사유가 없으면 지체 없이 이에 따라야 한다.

영 제69조(제출서류)

법 제78조의2제1항에서 "기타 대통령령이 정하는 서류"라 함은 다음 각호의 것을 말한다.

1. 결산서 및 회계감사보고서
2. 사업운영계획 및 사업실적보고서
3. 감사의 감사보고서와 「감사원법」 제32조 내지 제34조의 규정에 의한 징계ㆍ시정ㆍ개선요구등을 받은 경우에는 그 내용
4. 지방자치단체의 감사결과와 「지방자치법」 제50조에 따른 시정요구를 받은 경우에는 그 내용
5. 기타 경영에 관한 중요사항으로서 행정안전부장관이 요구하는 사항

영 제70조(경영진단대상등)

① 법 제78조의2제2항제4호에서 "기타 대통령령이 정하는 지방공기업"이라 함은 다음 각호의 1에 해당하는 것을 말한다.
　　1. 경영목표설정이 비합리적인 지방공기업
　　2. 인력 및 조직관리가 비효율적인 지방공기업
　　3. 재무구조가 불건전한 지방공기업
　　4. 기타 행정안전부장관이 경영진단이 필요하다고 인정하는 지방공기업
② 행정안전부장관은 법 제78조의2제1항의 규정에 의하여 경영평가보고서등의 서류를 접수한 때에는 60일이내에 경영진단대상을 확정하여야 한다.

영 제71조(지방공기업경영진단반)

① 행정안전부장관은 법 제78조의2제2항의 규정에 의한 경영진단을 수행하기 위하여 필요한 경우에는 다음 각호의 1에 해당하는 자중에서 위촉 또는 임명하는 자로서 지방공기업경영진단반(이하 "경영진단반"이라 한다)을 구성ㆍ운영할 수 있다. 이 경우 행정안전부장관은 지방공기업에 대한 경영진단을 외부전문기관에 위탁하여 실시할 수 있다.
　　1. 지방공기업에 관한 업무를 담당하는 공무원

2. 대학의 조교수이상의 직위에 있는 자로서 공기업의 경영 및 기타 관련분야에 관한 전문지식이 있는 자

3. 5년이상의 실무경험이 있는 공인회계사

4. 기타 공기업의 경영 및 관련분야에 관한 전문지식과 경험이 풍부한 자

② 행정안전부장관은 예산의 범위안에서 경영진단반의 구성 및 운영에 소요되는 경비를 지출할 수 있다. 이 경우 그 일부를 당해 경영진단대상 지방공기업에 부담시킬 수 있다.

③ 경영진단반이 경영진단에 필요한 자료를 요구하는 때에는 당해지방공기업은 정당한 사유가 없는 한 이에 응하여야 한다.

④ 경영진단반은 그 임무가 종료된 때에 해체된 것으로 본다.

영 제75조(경영진단에 따른 경영개선명령)

행정안전부장관은 법 제78조의2제3항의 규정에 의하여 다음 각호의 경영개선명령을 할 수 있다.

1. 당해 지방공기업의 임직원에 대한 감봉 · 해임등의 인사조치

2. 사업규모의 축소 · 조직개편 및 인력조정

3. 법인의 청산 및 민영화

4. 기타 경영개선을 위하여 필요한 사항

법 제78조의3(부실지방공기업에 대한 해산 요구)

① 행정안전부장관은 공사 또는 공단이 다음 각 호에 해당하는 경우로서 대통령령으로 정하는 경우 제78조의5에 따른 지방공기업정책위원회의 심의를 거쳐 지방자치단체의 장이나 공사의 사장 또는 공단의 이사장에게 해산을 요구할 수 있다.

  1. 부채 상환 능력이 현저히 낮은 경우

  2. 사업 전망이 없어 회생이 어려운 경우

  3. 설립 목적의 달성이 불가능한 경우

② 제1항에 따라 해산을 요구받은 지방자치단체의 장이나 공사의 사장 또는 공단의 이사장은 정당한 사유가 없으면 지체 없이 이에 따라야 한다.

영 제71조의2(부실 지방공기업에 대한 해산 요구 요건)

법 제78조의3제1항 각 호 외의 부분에서 "대통령령으로 정하는 경우"란 직전 연도 결산자료로 판단한 결과 공사 또는 공단이 다음 각 호의 어느 하나에 해당하는 경우를 말한다.

1. 부채비율이 100분의 400 이상인 경우
2. 자본금 전액이 잠식된 경우
3. 2 회계연도 연속 자본잠식률[자본금에서 자본총계(법령상 의무를 이행하기 위하여 불가피하게 손실이 발생한 경우에는 행정안전부장관이 정하는 바에 따라 그 손실을 반영하여 산정한 금액을 말한다)를 뺀 값을 자본금으로 나눈 값을 말한다]이 100분의 50을 초과하는 경우

법 제78조의4(지방공기업평가원의 설립 · 운영)

① 지방공기업에 대한 경영평가, 관련 정책의 연구, 임직원에 대한 교육 등을 전문적으로 지원하기 위하여 지방공기업평가원(이하 "평가원"이라 한다)을 설립한다.
② 평가원은 법인으로 하며, 그 주된 사무소의 소재지에서 설립등기를 함으로써 성립한다.
③ 지방자치단체 또는 지방공기업은 평가원의 업무수행을 지원하기 위하여 평가원에 출연할 수 있다. 이 경우 출연의 지급, 사용 및 관리 등에 필요한 사항은 대통령령으로 정한다.
④ 평가원에 이사회와 감사 1명을 둔다.
⑤ 이사회는 이사장 1명을 포함하여 12명 이내의 이사로 구성한다.
⑥ 이사장은 이사회의 추천으로 행정안전부장관의 승인을 받아 이사회가 선임한다.
⑦ 이사장의 임기는 3년으로 하며, 한 차례만 연임할 수 있다.
⑧ 이사 및 감사의 임기, 선임 방법 등 그 밖에 평가원의 설립 · 운영에 관한 사항은 정관으로 정한다.
⑨ 행정안전부장관은 평가원을 지도 · 감독하며, 필요한 경우에는 평가원에 대하여 그 업무에 관한 사항을 보고하게 하거나 자료 제출 등의 명령을 할 수 있다.
⑩ 평가원에 관하여는 이 법에서 규정한 사항을 제외하고는 「민법」 중 재단법인에 관한 규정을 준용한다.

영 제76조(지방공기업평가원에 대한 출연)

① 법 제78조의4에 따라 설립되는 지방공기업평가원(이하 "평가원"이라 한다)의 이사장은 다음 각 호의 기준에 따라 편성한 전체 및 각 지방자치단체 · 지방공기업별 다음 연도 출연금 요구안에 대하여 매년 7월 31일까지 행정안전부장관과 협의하여 출연금 규모를 결정하여야 한다.
  1. 지방자치단체 출연금 편성기준: 재정력, 공기업 수 등
  2. 지방공기업 출연금 편성기준: 매출액, 직원 수, 자산 등
② 평가원의 이사장은 제1항에 따른 협의를 하기 전에 출연금 징수 및 사업추진 실적, 다음 연도 사업계획 등을 행정안전부장관에게 제출하여야 한다.

③ 평가원의 이사장은 제1항에 따라 행정안전부장관과 협의된 출연금액이 지방자치단체 예산과 지방공기업 예산에 편성될 수 있도록 출연금요구서에 다음 각 호의 서류를 첨부하여 매년 8월 31일까지 해당 지방자치단체 및 지방공기업에 제출하여야 한다.

  1. 다음 회계연도의 사업계획서

  2. 다음 회계연도의 추정 재무상태표 및 추정 손익계산서

④ 제3항에 따라 출연금 요구를 받은 해당 기관의 장은 출연금예산이 확정된 경우에는 이를 평가원에 통지하여야 한다.

⑤ 평가원은 제4항에 따라 확정·통지된 출연금을 교부받고자 할 경우에는 출연금교부신청서에 자금집행계획서를 첨부하여 해당 기관에 제출하여야 한다.

⑥ 평가원은 출연금을 평가원 고유사업 및 운영경비로 사용하여야 한다.

⑦ 평가원은 결산 후 발생한 잉여금을 이사회의 의결을 거쳐 기본재산 또는 운영자금으로 편입하여야 한다.

⑧ 평가원의 이사장은 매 회계연도 종료 후 2개월 이내에 행정안전부장관에게 출연금 지급 및 사용에 관한 사항을 보고하여야 한다.

📄 법 제78조의5(지방공기업정책위원회)

① 행정안전부장관은 지방공기업 관련 주요 정책, 경영평가, 경영진단, 그 밖에 경영 개선에 관한 사항을 심의하기 위하여 관계 전문가로 구성된 지방공기업정책위원회를 운영한다.

② 지방공기업정책위원회는 위원장 1명을 포함한 15명 이내의 위원으로 구성한다.

③ 지방공기업정책위원회의 구성 및 운영 등에 필요한 사항은 대통령령으로 정한다.

📋 영 제72조(지방공기업정책위원회의 구성)

① 법 제78조의5제3항에 따른 지방공기업정책위원회(이하 "정책위원회"라 한다)의 위원장은 행정안전부차관이 되고, 위원은 다음 각 호의 어느 하나에 해당하는 사람 중에서 행정안전부장관이 임명 또는 위촉한다.

  1. 경영평가와 경영진단에 관한 풍부한 경험을 가진 전문가

  2. 5년 이상 실무경험이 있는 공인회계사

  3. 「고등교육법」 제2조제1호부터 제6호까지 중 어느 하나에 해당하는 학교의 부교수 이상 직위에 있는 사람으로서 공기업 경영 및 그 밖에 관련 분야에 관한 전문지식이 있는 사람

  4. 지방공기업에 관한 업무를 담당하는 3급 이상의 공무원 또는 고위공무원단에 속하는 일반직공무원

② 위촉위원의 임기는 2년으로 하고, 한 차례만 연임할 수 있다.

③ 위촉위원의 사임 등으로 새로 위촉한 위원의 임기는 전임위원의 남은 임기로 한다.

📄 영 제72조의2(위원의 해임 및 해촉)

행정안전부장관은 제72조제1항 각 호에 따른 위원이 다음 각 호의 어느 하나에 해당하는 경우에는 해당
위원을 해임 또는 해촉(解囑)할 수 있다.

1. 심신장애로 인하여 직무를 수행할 수 없게 된 경우
2. 직무와 관련된 비위사실이 있는 경우
3. 직무태만, 품위손상이나 그 밖의 사유로 인하여 위원으로 적합하지 아니하다고 인정되는 경우
4. 위원 스스로 직무를 수행하는 것이 곤란하다고 의사를 밝히는 경우

📄 영 제72조의3(정책위원회 위원의 제척 · 기피 · 회피)

① 정책위원회의 위원이 다음 각 호의 어느 하나에 해당하는 경우에는 해당 안건의 심의 · 의결에서 제척된다.
  1. 위원 또는 그 배우자나 배우자였던 사람이 해당 안건의 당사자(당사자가 법인 · 단체 등인 경우에는 그
     임원 또는 직원을 포함한다. 이하 이 조에서 같다)가 되거나 그 안건의 당사자와 공동권리자 또는
     공동의무자인 경우
  2. 위원이 해당 안건의 당사자와 친족이거나 친족이었던 경우
  3. 위원 또는 위원이 속한 기관이 해당 안건에 대하여 증언, 진술, 자문, 연구, 용역 또는 감정을 한 경우
  4. 위원이 해당 안건에 대한 감사, 수사 또는 조사에 관여하거나 관여했던 경우
  5. 위원이나 위원이 속한 기관이 해당 안건의 당사자의 대리인이거나 대리인이었던 경우
② 정책위원회에서 심의 · 의결하는 안건의 당사자는 위원에게 제1항에 따른 제척 사유가 있거나 공정한
   심의 · 의결을 기대하기 어려운 사정이 있는 경우에는 그 사유를 적어 정책위원회에 기피 신청을 할 수
   있다. 이 경우 위원장은 기피 신청에 대하여 정책위원회의 의결을 거치지 않고 기피 여부를 결정한다.
③ 위원이 제1항 각 호에 따른 제척 사유에 해당하는 경우에는 스스로 해당 안건의 심의 · 의결에서
   회피(回避)해야 한다.

📄 영 제73조(정책위원회의 운영)

① 위원장은 정책위원회의 회의를 소집하고 그 의장이 된다.
② 정책위원회는 재적위원 과반수의 출석으로 개의(開議)하고, 출석위원 과반수의 찬성으로 의결한다.
③ 정책위원회의 위원장은 필요하다고 인정하는 경우에는 지방자치단체의 공무원, 지방공기업의 임직원, 그
   밖의 관계인으로 하여금 출석하여 발언하게 할 수 있다.
④ 정책위원회의 업무를 효율적으로 수행하기 위하여 정책위원회에 분과위원회를 둘 수 있다. 이 경우
   분과위원회의 위원장과 위원은 정책위원회의 위원장이 정책위원회 위원 중에서 임명한다.
⑤ 정책위원회의 사무를 처리하기 위하여 정책위원회에 간사 1명을 둔다.
⑥ 간사는 지방공기업에 관한 업무를 담당하는 행정안전부의 과장이 된다.

영 제74조(수당 등)

① 정책위원회의 위원 등에 대하여는 예산의 범위에서 수당과 여비를 지급할 수 있다. 다만, 공무원인 위원이 그 소관 업무와 직접적으로 관련되어 정책위원회에 출석하는 경우에는 그러하지 아니하다.

② 이 영에서 규정한 사항 외에 정책위원회의 운영에 필요한 사항은 행정안전부장관이 정한다.

법 제78조의6(주민 등의 의견청취)

① 지방자치단체의 장은 다음 각 호의 어느 하나에 해당하는 때에는 지방의회에 보고하고 주민 및 관계 전문가 등의 의견을 들어야 한다.

  1. 지방공기업을 설립할 때

  2. 행정안전부장관으로부터 제78조의2에 따른 경영 개선 명령을 받거나, 제78조의3에 따른 해산 요구를 받은 때

② 제1항에 따른 주민의견 청취의 방법ㆍ절차와 그 밖에 필요한 사항은 대통령령으로 정한다.

영 제76조의2(주민 등의 의견청취)

① 지방자치단체의 장은 법 제78조의6제1항제1호의 사유로 주민 등의 의견을 청취하는 경우에는 제47조제2항에 따른 심의위원회를 개최하기 전에 주민공청회를 개최해야 한다. 이 경우 주민공청회를 개최하기 전에 법 제49조제3항에 따른 타당성 검토 결과를 해당 지방자치단체의 인터넷 홈페이지에 미리 공개하고 그 사본을 주민자치센터 등 공개된 장소에 갖추어 주민들이 열람할 수 있게 해야 한다.

② 지방자치단체의 장은 법 제78조의6제1항제2호의 사유로 주민 등의 의견을 청취하는 경우에는 행정안전부장관으로부터 경영 개선 명령을 받은 날 또는 해산 요구를 받은 날부터 60일 이내에 주민공청회를 실시하여야 한다.

③ 지방자치단체의 장은 제1항 또는 제2항에 따른 주민공청회를 개최하는 경우 개최예정일 15일 이전에 개최목적, 개최예정일, 개최장소 등을 공고하여야 한다.

영 제77조 삭제

① 지방자치단체의 장은 당해 지방자치단체가 경영하는 사업이 법 제2조에 따라 지방직영기업으로서 법의 적용을 받게 되거나 또는 받지 아니하게 된 때에는 이를 행정안전부장관에게 통보해야 한다.

② 지방자치단체의 장은 다음 각 호의 어느 하나에 해당되는 사항에 대하여 그 사유가 발생한 날부터 10일 이내에 행정안전부장관에게 통보해야 한다.

  1. 법 제49조제1항 및 법 제76조제1항의 규정에 의한 지방공사 · 공단의 설립사항

  2. 법 제50조제1항 및 법 제76조제2항의 규정에 의한 지방공사 · 공단의 공동설립사항

  3. 법 제56조제3항 및 법 제76조제2항의 규정에 의한 지방공사 · 공단의 정관변경사항

  4. 법 제58조제2항 및 법 제76조제2항의 규정에 의한 지방공사 · 공단의 사장(이사장)과 감사의 임면사항

  4의2. 삭제

  5. 법 제78조의2제3항의 규정에 의한 경영개선조치결과

  6. 삭제

  7. 기타 지방공사 또는 공단의 청산 · 민영화등의 중요변동사항

③ 시장 · 군수 또는 자치구의 구청장이 행정안전부장관에게 제1항 및 제2항에 따라 통보하려는 경우에는 관할 시 · 도지사를 거쳐야 한다.

④ 행정안전부장관은 지방공기업이 법 제3조의 기본원칙에 따라 경영될 수 있도록 지방자치단체에 대하여 조언 또는 권고하거나 지도할 수 있으며, 필요한 자료의 제출을 요구할 수 있다.

📋 **법 제78조의7 (국회에 대한 보고)**

행정안전부장관은 제78조에 따른 경영평가, 제78조의2에 따른 경영진단 결과 및 경영개선을 위한 조치, 제78조의3에 따른 해산 요구 등을 명확하게 기록한 지방공기업보고서를 매년 경영진단 및 경영개선 조치 실시 후 3개월 이내에 국회 소관 상임위원회에 제출하여야 한다.

📋 **법 제79조(국고지원)**

국가는 지방공기업의 원활한 경영을 위하여 필요한 경우에는 지방자치단체에 대하여 지방자치단체가 출자할 자본금이나 그 밖에 필요한 경비의 일부를 보조할 수 있다.

📋 **법 제79조의2** 삭제

📋 **법 제79조의3 (권한의 위임)**

이 법에 따른 행정안전부장관의 권한은 대통령령으로 정하는 바에 따라 그 일부를 시 · 도지사에게 위임할 수 있다.

📄 법 제80조(공사와 공단의 조직변경)

① 공사와 공단은 사업의 효율적 운영을 위하여 필요한 경우에는 청산절차를 거치지 아니하고 공사는 공단으로, 공단은 공사로 조직변경을 할 수 있다.

② 공사의 사장 또는 공단의 이사장은 제1항에 따른 조직변경을 하려는 경우에는 조직변경에 관한 사항에 대하여 지방자치단체의 장의 승인을 받아야 하고, 조직변경에 관한 조례안과 함께 의회의 의결을 거쳐야 한다.

③ 제53조제2항에 따라 지방자치단체 외의 자가 출자한 공사가 공단으로 조직변경을 하려는 경우에는 제2항에 따른 의회의 의결 전에 총주주의 일치에 의한 총회의 결의를 거쳐 지방자치단체 외의 자가 출자한 금액을 지방자치단체의 출자금으로 전환하여야 한다.

④ 공사의 사장 또는 공단의 이사장은 제2항에 따른 의회의 의결이 있은 날부터 20일 이내에 채권자 등 이해관계자에게 조직변경 사실을 통보하여야 한다.

⑤ 공사 또는 공단이 제2항에 따른 의결을 받은 경우에는 3주 내에 그 주된 사무소의 소재지에서 종전의 공사 또는 공단에 관하여는 해산등기를, 변경된 공사 또는 공단에 관하여는 설립등기를 하여야 한다.

⑥ 변경된 공사 또는 공단은 제5항에 따른 설립등기일에 종전의 공사 또는 공단에 속하는 모든 재산과 채권 · 채무, 고용관계, 그 밖의 권리 · 의무를 포괄적으로 승계한다.

⑦ 제1항부터 제6항까지에서 규정한 사항 외에 조직변경의 방법 및 절차에 관하여 필요한 사항은 대통령령으로 정한다.

📄 영 제78조의2(조직변경의 방법 및 절차)

① 공사의 사장 또는 공단의 이사장은 법 제80조제4항에 따라 채권자 등 이해관계자에게 조직변경 사실을 통보할 때에는 1개월 이상의 기간을 정하여 조직변경에 대하여 이의가 있으면 이를 제출할 것을 공고하고, 알고 있는 채권자에 대해서는 따로따로 서면으로 통보하여야 한다. 이 경우 공고의 방식은 행정안전부장관이 정하는 바에 따라 인터넷 홈페이지 등에 게시하는 방법으로 한다.

② 제1항의 기간 내에 이의를 제출한 채권자가 있는 경우에는 공사 또는 공단은 그 채권자에 대하여 변제 또는 상당한 담보를 제공하거나 이를 목적으로 하여 상당한 재산을 신탁회사에 신탁하여야 한다.

📄 법 제80조의2(수사기관 등의 수사 등 개시 · 종료 통보)

다음 각 호의 어느 하나에 해당하는 기관은 공사 또는 공단의 임직원에 대하여 직무와 관련된 사건에 관한 조사나 수사를 시작한 때와 이를 마친 때에는 10일 이내에 공사의 사장 또는 공단의 이사장에게 해당 사실과 결과를 통보하여야 한다.

1. 감사원
2. 검찰 · 경찰 및 그 밖의 수사기관
3. 행정안전부장관
4. 지방자치단체의 장

📋 영 제78조의3(고유식별정보의 처리)

지방자치단체의 장, 공사의 사장 또는 공단의 이사장은 다음 각 호의 사무를 수행하기 위하여 불가피한 경우 「개인정보 보호법 시행령」 제19조제1호에 따른 주민등록번호가 포함된 자료를 처리할 수 있다.

1. 법 제2조제1항 및 제2항에 따른 사업을 하는데 필요한 부동산 거래 관련 사무와 이에 수반되는 자료의 열람 · 복사 · 등본 및 사본 교부 등에 관한 사무
2. 법 제2조제1항 및 제2항에 따른 사업에 수반되는 사용료 할인 또는 감면에 관한 사무
3. 법 제2조제1항제7호에 따른 주택사업 중 저소득 취약계층을 위한 주거복지사업에 관한 사무
4. 법 제58조(법 제76조제2항에서 준용하는 경우를 포함한다)에 따른 임원의 임명 등에 관한 사무
5. 법 제60조(법 제76조제2항에서 준용하는 경우를 포함한다)에 따른 임원의 결격사유 확인에 관한 사무
6. 법 제63조(법 제76조제2항에서 준용하는 경우를 포함한다)에 따른 직원의 임면에 관한 사무
7. 법 제78조의2에 따른 부실 지방공기업 임원의 해임 등에 관한 사무

벌칙

법 제81조(벌칙)

① 「상법」 제635조제1항에 규정된 자나 공사·공단의 임원 및 그 밖에 회계업무를 담당하는 자가 제64조의2제1항·제6항(제76조제2항에서 준용하는 경우를 포함한다)에 따른 회계처리기준을 위반하여 거짓으로 재무제표를 작성·공시한 경우 5년 이하의 징역 또는 5천만원 이하의 벌금에 처한다.

② 「상법」 제635조제1항에 규정된 자나 공사·공단의 임원 및 그 밖에 회계업무를 담당하는 자가 제66조제2항(제76조제2항에서 준용하는 경우를 포함한다)을 위반하여 결산서를 작성하지 아니한 경우 3년 이하의 징역 또는 3천만원 이하의 벌금에 처한다.

③ 회계감사인 또는 그에 소속된 공인회계사가 회계감사 보고서에 적어야 할 사항을 적지 아니하거나 거짓으로 적은 경우 3년 이하의 징역 또는 3천만원 이하의 벌금에 처한다.

④ 「상법」 제635조제1항에 규정된 자나 공사·공단의 임원 및 그 밖에 회계업무를 담당하는 자가 다음 각 호의 어느 하나에 해당하는 행위를 하면 2년 이하의 징역 또는 2천만원 이하의 벌금에 처한다.

  1. 회계감사인에게 거짓 자료를 제시하거나 거짓이나 그 밖의 부정한 방법으로 회계감사인의 정상적인 회계감사를 방해한 경우

  2. 다음 각 목의 어느 하나에 해당하는 회계감사인의 요구 또는 조사를 거부·방해·기피하는 경우

    가. 회계에 관한 장부와 서류의 열람 또는 복사 요구

    나. 회계에 관한 자료의 제출 요구

    다. 회사의 업무와 재산상태에 대한 조사 및 관련 자료의 제출 요구

  3. 회계감사인에게 제66조제2항에 따라 결산서를 제출하지 아니한 경우

법 제82조(벌칙)

① 회계감사인, 회계감사인에 소속된 공인회계사, 감사(제78조의4에 따른 평가원의 감사는 제외한다) 또는 회계감사인선임위원회의 위원이 그 직무에 관하여 부정한 청탁을 받고 그 대가로서 금품이나 이익을 받거나 요구한 경우 또는 받기로 약속한 경우에는 3년 이하의 징역 또는 3천만원 이하의 벌금에 처한다. 다만, 벌금형에 처하는 경우 그 직무와 관련하여 얻은 경제적 이익의 5배에 해당하는 금액이 3천만원을 초과하면 그 직무와 관련하여 얻은 경제적 이익의 5배에 상당하는 금액 이하의 벌금에 처한다.

② 제1항에 따른 금품이나 이익을 약속 또는 제공하거나 제공의 의사를 표시한 자도 제1항과 같다.

③ 제1항과 제2항에 따른 금품이나 이익은 몰수한다. 다만, 그 전부 또는 일부를 몰수할 수 없으면 그 가액(價額)을 추징한다.

📄 법 제83조(벌칙)

공사 또는 공단의 임원(감사는 제외한다)이 제65조를 위반하였을 때에는 500만원 이하의 벌금에 처한다.

제65조 : 예산편성에 관한 조항

📄 법 제84조(과태료)

① 정당한 이유 없이 제73조제2항(제76조제2항에서 준용하는 경우를 포함한다)에 따른 검사를 거부, 방해 또는 기피한 자에게는 200만원 이하의 과태료를 부과한다.　제73조제2항 : 행정안전부장관의 검사

② 제1항에 따른 과태료는 대통령령으로 정하는 바에 따라 행정안전부장관이 부과ㆍ징수한다.

📄 법 제85조(벌칙 적용에서 공무원 의제)

다음 각 호의 어느 하나에 해당하는 사람은 「형법」 제129조부터 제132조까지의 규정을 적용할 때에는 공무원으로 본다.

1. 공사와 공단의 임직원
2. 평가원의 임직원 및 지방공기업정책위원회의 위원 중 공무원이 아닌 사람

📄 영 제79조(과태료의 부과기준)

법 제84조제1항에 따른 과태료의 부과기준은 별표 2와 같다.

지방공기업법 시행령 [별표 2] 

과태료의 부과기준(제79조 관련)

1. 일반기준

가. 위반행위의 횟수에 따른 과태료의 가중된 부과기준은 최근 1년간 같은 위반행위로 과태료 부과처분을 받은 경우에 적용한다. 이 경우 기간의 계산은 위반행위에 대해 과태료 부과처분을 받은 날과 그 처분 후 다시 같은 위반행위를 하여 적발된 날을 기준으로 한다.

나. 가목에 따라 가중된 부과처분을 하는 경우 가중처분의 적용 차수는 그 위반행위 전 부과처분 차수(가목에 따른 기간 내에 과태료 부과처분이 둘 이상있었던 경우에는 높은 차수를 말한다)의 다음 차수로 한다.

다. 부과권자는 위반행위자가 다음의 어느 하나에 해당하는 경우에는 제2호에따른 과태료 금액의 2분의 1의 범위에서 그 금액을 감경할 수 있다. 다만, 과태료를 체납하고 있는 위반행위자의 경우에는 그렇지 않다.
   1) 위반행위자가 처음 해당 위반행위를 한 경우로서, 3년 이상 해당 업종을 모범적으로 영위한 사실이 인정되는 경우
   2) 위반행위자가 자연재해ㆍ화재 등으로 재산에 현저한 손실이 발생하거나 사업여건의 악화로 사업이 중대한 위기에 처하는 등의 사정이 있는 경우
   3) 위반행위가 사소한 부주의나 오류 등 과실로 인한 것으로 인정되는 경우
   4) 위반행위자가 위법행위로 인한 결과를 시정하거나 해소한 경우
   5) 그 밖에 위반행위의 정도, 위반행위의 동기와 그 결과 등을 고려해 감경할필요가 있다고 인정되는 경우

라. 부과권자는 다음의 어느 하나에 해당하는 경우에는 제2호에 따른 과태료 금액의 2분의 1의 범위에서 그 금액을 가중할 수 있다. 다만, 가중할 사유가 여러 개 있을 경우라도 법 제84조제1항에 따른 과태료 금액의 상한을 넘을 수없다.
  1) 법령 위반상태의 기간이 2개월 이상인 경우
  2) 그 밖에 위반행위의 정도, 위반행위의 동기와 그 결과 등을 고려해 가중할 필요가 있다고 인정되는 경우

2. 개별기준

위반행위	근거 법조문	과태료 금액		
		1차	2차	3차 이상
가. 법 제73조제2항(법 제76조제2항에서 준용하는 경우를 포함한다)에 따른 업무검사를 거부 · 방해 또는 기피한 경우				
1) 검사를 정당한 사유 없이 거부한 경우		50만원	100만원	200만원
2) 검사에 필요한 자료를 지정기일까지 제출하지 않거나 거부한 경우	법 제84조제1항	40만원	80만원	160만원
3) 검사원의 검사장 또는 사무소출입을 방해한 경우		30만원	60만원	120만원
4) 검사원이 요구한 자료를 지정기일까지 제출하지 않은 경우		25만원	50만원	100만원
5) 지정된 검사기일에 수검자가출석하지 않은 경우		25만원	50만원	100만원
나. 법 제73조제2항(법 제76조제2항에서 준용하는 경우를 포함한다)에 따른 회계검사를 거부 · 방해 또는 기피한 경우				
1) 검사를 정당한 사유 없이 거부한 경우		50만원	100만원	200만원
2) 검사에 필요한 자료를 지정기일까지 제출하지 않거나 거부한 경우	법 제84조제1항	40만원	80만원	160만원
3) 검사원의 검사장 또는 사무소출입을 방해한 경우		30만원	60만원	120만원
4) 검사원이 요구한 자료를 지정기일까지 제출하지 않은 경우		25만원	50만원	100만원
5) 지정된 검사기일에 수검자가출석하지 않은 경우		25만원	50만원	100만원
다. 법 제73조제2항(법 제76조제2항에서 준용하는 경우를 포함한다)에 따른 재산검사를 거부 · 방해 또는 기피한 경우				
1) 검사를 정당한 사유 없이 거부한 경우		50만원	100만원	200만원
2) 검사에 필요한 자료를 지정기일까지 제출하지 않거나 거부한 경우	법 제84조제1항	40만원	80만원	160만원
3) 검사원의 검사장 또는 사무소출입을 방해한 경우		30만원	60만원	120만원
4) 검사원이 요구한 자료를 지정기일까지 제출하지 않은 경우		25만원	50만원	100만원
5) 지정된 검사기일에 수검자가출석하지 않은 경우		25만원	50만원	100만원

영 제1조(목적)

OX1 지방공기업법 시행령은 「지방공기업법」에서 위임된 사항과 그 시행에 관하여 필요한 사항을 규정함을 목적으로 한다.   O | X

영 제2조(사업범위)

OX2 「지방공기업법」적용 범위인 공공복리시설이란 공원 · 녹지 · 주차장 · 어린이 놀이터 · 노인정 · 관리시설 · 사회복지시설과 그 부대시설을 포함한다.   O | X

영 제2조의2(요금에 관한 규정의 준용)

OX3 수도사업, 공업용수도사업, 하수도사업은 대통령령으로 정하는 기준에 미달하여도 요금에 관한 규정을 준용할 수 있다.   O | X

법 제49조(설립 등)

OX4 지방자치단체는사업을 효율적으로 수행하기 위하여 필요한 경우에는 지방공사를 설립할 수 있다. 이 경우, 공사 설립 즉시 시 · 도지사는 행정안전부장관과, 시장 · 군수 · 구청장은 관할 특별시장 · 광역시장 및 도지사와 협의하여야 한다.   O | X

영 제47조(설립타당성 검토 등)

OX5 지방공기업으로서의 타당성 검토에는 사업의 적정성 여부, 사업별 수지분석, 조직 및 인력의 수요판단이 포함되어야 한다.   O | X

영 제47조(설립타당성 검토 등)

OX6 심의위원회의 구성과 운영에 필요한 사항은 해당 지방자치단체의 장이 정하되, 심의위원회 위원은 모두 민간위원으로 위촉하여야 한다.   O | X

해 OX4 공사를 설립하기 전에
　 OX6 2분의 1 이상이 민간위원

답 OX1 O　 OX2 O　 OX3 O　 OX4 X　 OX5 O　 OX6 X

법 제50조(공동설립) **OX 7** 공사 공동설립 상호규약에는 공사의 명칭, 사무소의 위치, 설립 지방자치단체의 내용이 포함되어야 한다. O | X

법 제51조(법인격) **OX 8** 공사는 법인으로 한다. O | X

법 제52조(사무소) **OX 9** 공사의 주된 사무소의 위치는 시 · 도지사가 정한다. O | X

법 제53조(출자) **OX 10** 공사의 운영을 위하여 필요한 경우에는 자본금의 2분의 1을 넘지 아니하는 범위에서 지방자치단체 외의 자로 하여금 공사에 출자하게 할 수 있다. O | X

법 제53조(출자) **OX 11** 공사가 해당 지방자치단체가 설립한 다른 공사로부터 출자를 받거나 해당 지방자치단체가 설립한 다른 공사에 출자하는 경우에는 이를 해당 공사가 출자한 것으로 본다. O | X

법 제54조(다른 법인에 대한 출자) **OX 12** 다른 법인에 대한 출자를 하기 위하여 공사의 사장은 대통령령으로 정하는 방법 및 절차에 따라 출자의 필요성 및 타당성을 검토하여 지방자치단체의 장에게 보고하고 의회의 의결을 받아야 한다. O | X

영 제47조의2(다른 법인에 대한 출자타당성 검토 등) **OX 13** 공사가 출자하는 규모가 5억원 미만인 경우에는 행정안전부장관이 지정 · 고시하는 전문기관의 사전검토를 거쳐야 한다. O | X

영 제47조의2(다른 법인에 대한 출자타당성 검토 등) **OX 14** 재원 조달방법과 출자대상 법인이 수행하는 사업이 지역경제에 미치는 영향은 공사가 다른 법인에 출자할 때 사전검토사항이다. O | X

해 OX 9 정관으로 정한다.
OX 11 해당 지방자치단체가 출자한 것으로 본다.
OX 13 출자규모가 5억원 미만인 경우에는 지방자치단체출연 연구원의 사전검토를 거칠 수 있다.

답 OX 7 O   OX 8 O   OX 9 X   OX 10 O   OX 11 X   OX 12 O   OX 13 X   OX 14 O

| 법 제54조(다른 법인에 대한 출자) | **OX15** 다른 법인에 대한 출자 한도는 대통령령으로 정한다. | O｜X |

법 제54조(다른 법인에 대한 출자)

OX15 다른 법인에 대한 출자 한도는 대통령령으로 정한다. O｜X

법 제55조(지방자치단체의 주주권 행사)

OX16 지방자치단체가 소유하는 주식에 대한 주주권은 지방자치단체의 장 또는 지방자치단체의 장이 지정하는 소속 공무원이 행사한다. O｜X

법 제56조(정관)

OX17 공사의 정관에는 목적, 명칭, 사무소의 소재지가 포함되어야 한다. O｜X

법 제57조(등기)

OX18 공사는 그 주된 사무소의 소재지에서 설립등기를 함으로써 성립한다. O｜X

영 제49조(설립등기)

OX19 공사는 주된 사무소의 소재지, 자본금, 출자의 방법을 정한 때에는 그 방법을 설립등기 해야한다. O｜X

영 제50조(지사의 설치 등기)

OX20 공사의 설립과 동시에 지사를 설치하는 경우에는 지사의 설치등기를 공사의 설립등기와 함께 한다. O｜X

영 제54조(등기기간의 기산)

OX21 이 영의 규정에 의한 등기사항으로서 인가기관의 인가 또는 승인을 얻어야 할 사항이 있는 때에는 그 인가서 또는 승인서가 도달한 날부터 등기기간을 기산한다. O｜X

법 제58조(임원의 임면 등)

OX22 사장과 감사는 대통령령으로 정하는 바에 따라 지방공기업의 경영에 관한 전문적인 식견과 능력이 있는 사람 중에서 지방자치단체의 장이 임면한다. O｜X

법 제58조(임원의 임면 등)

OX23 「지방자치법」에 따라 인사청문회를 실시하는 경우에는 임원추천위원회의 추천 절차를 생략할 수 있다. O｜X

OX15 **O** OX16 **O** OX17 **O** OX18 **O** OX19 **O** OX20 **O** OX21 **O** OX22 **O** OX23 **O**

법 제58조(임원의 임면 등)

OX 24 지방자치단체의 장은 사장의 경영성과에 따라 임기 중에 해임하거나 임기가 끝나더라도 임원추천위원회의 심의를 거쳐 연임시킬 수 있다. O | X

법 제58조(임원의 임면 등)

OX 25 지방자치단체의 장은 사장이 경영 개선 명령을 정당한 사유 없이 이행하지 아니한 경우 해임할 수 있다. 임기 중에 해임할 수는 없다. O | X

영 제56조의2(사장의 연임 또는 해임의 기준)

OX 26 사장의 연임기준 또는 해임기준을 적용함에 있어서는 경영성과계약 이행실적 평가 결과, 경영 평가 결과 및 업무성과 평가 결과의 순으로 적용한다. O | X

영 제56조의3(임원추천위원회의 구성과 운영)

OX 27 공사를 설립하는 임원추천위원회를 구성하는 때에는 그 지방자치단체의 장이 추천하는 사람 4명과 그 의회에서 추천하는 사람 3명으로 구성한다. O | X

영 제56조의3(임원추천위원회의 구성과 운영)

OX 28 그 지방자치단체의 공무원인 당연직이사 또는 임원후보 공개모집에 응모하려는 임원은 추천위원회의 위원을 추천하기 위한 이사회의 의결에 참여해야 한다. O | X

영 제56조의3(임원추천위원회의 구성과 운영)

OX 29 공사의 임 · 직원(비상임이사를 제외한다) 및 그 지방자치단체의 공무원(의회 의원을 포함한다)은 추천위원회의 위원이 될 수 있다. O | X

영 제56조의4(임원후보의 추천절차)

OX 30 추천위원회는 임원후보를 공개모집하는 경우에는 임원의 모집공고를 하되 그 모집 기간은 15일 이상으로 하여야 한다. O | X

영 제56조의4(임원후보의 추천절차)

OX 31 추천위원회가 임원후보를 추천하려는 때에는 특별한 사유가 없는 한 두 사람 이상을 추천하여야 한다. O | X

해 OX25 임기 중에 해임할 수 있다.
OX26 업무성과 평가 결과, 경영 평가 결과 및 경영성과계약 이행실적 평가 결과의 순이다.
OX28 참여할 수 없다.
OX29 될 수 없다.

답 OX24 O OX25 X OX26 X OX27 O OX28 X OX29 X OX30 O OX31 O

| 영 제57조(임기만료임원에 의한 직무대행) | **OX32** 후임자가 임명될 때까지 직무대행이 반드시 필요하다고 인정하는 경우 지방자치단체의 장이 임기가 만료된 임원으로 하여금 그 후임자가 임명될 때까지 그 직무를 행하게 할 수 있다. O│X |

| 법 제60조(임직원의 결격사유 등) | **OX33** 결격사유로 퇴직한 임직원이 퇴직 전에 관여한 행위는 임직원 퇴직과 동시에 그 효력을 잃는다. O│X |

| 법 제61조(임직원의 겸직제한) | **OX34** 공사의 임원 및 직원은 그 직무 외에 영리를 목적으로 하는 업무에 종사하지 못한다. 다만, 상근이 아닌 임원은 그러하지 아니하다. O│X |

| 법 제63조(직원의 임면) | **OX35** 공사의 직원은 정관으로 정하는 바에 따라 지방자치단체의 장이 임면한다. O│X |

| 법 제63조의3(임직원의 보수) | **OX36** 공사의 임직원의 보수기준은 공사의 경영성과가 반영될 수 있도록 하여야 한다. O│X |

| 영 제57조의5(지방공기업 채용비위자 공개심의위원회) | **OX37** 공개심의위원회는 위원장 1명을 포함한 25명 이내의 위원으로 구성한다. O│X |

| 영 제57조의6(채용비위자에 대한 조치) | **OX38** 지방자치단체의 장은 인적사항 및 비위행위 사실 등을 공개하는 경우 채용비위 행위 당시 소속 공사의 명칭 및 주소, 담당 직무 및 직위를 관보에 싣거나 행정안전부장관이 지정하는 인터넷 사이트 또는 해당 지방자치단체의 인터넷 홈페이지에 1년간 게시할 수 있다. O│X |

| 영 제57조의6(채용비위자에 대한 조치) | **OX39** 공사의 사장은 통지를 받은 합격취소등의 당사자가 정당한 사유 없이 소명하지 않는 경우에는 추가로 소명기회를 주지 않고 합격취소등을 할 수 있다. O│X |

해 OX33 잃지 않는다.
　　OX35 사장이 임명한다.
　　OX37 15명이다.

답 OX32 O　　OX33 X　　OX34 O　　OX35 X　　OX36 O　　OX37 X　　OX38 O　　OX39 O

법 제64조(사업연도)　**OX40**　공사의 사업연도는 지방자치단체의 일반회계의 회계연도에 따른다.　O | X

법 제64조의2(회계처리
의 원칙 등)　**OX41**　공사는 사업 분야별로 통합하여 회계처리 해야한다.　O | X

법 제64조의4(청렴서약
서의 제출)　**OX42**　수의계약 상대자가 제출하는 청렴서약서에는 특정인의 낙찰을 위한 담합 등 입찰의 자유경쟁을 방해하는 행위나 불공정한 행위의 금지에 관한 사항이 포함되어야 한다.　O | X

법 제64조의5(청렴서약
위반에 따른 계약의
해제 · 해지 등)　**OX43**　수의계약의 계약상대자가 청렴서약서의 내용을 위반한 때에도 다른 법률에서 낙찰자 결정의 취소 또는 계약의 해제 · 해지를 특별히 금지한 경우 공사는 계약을 해제하지 않을 수 있다.　O | X

법 제65조(예산)　**OX44**　공사의 사장은 매 사업연도의 사업계획 및 예산을 해당 사업연도가 시작된 직후에 편성하여야 한다.　O | X

영 제58조(사업계획 및
예산)　**OX45**　확정한 예산을 변경하는 경우에는 이사회개최 7일전까지 송부하여야 한다.　O | X

영 제58조의3(사업의
실명 관리 및 공개)　**OX46**　공사의 사장은 신규 투자사업에 대하여 사업기간 , 주요 사업내용, 담당자의 소속, 직급 및 성명을 기록 · 관리하여야 한다.　O | X

법 제65조의5(채무보증
계약 등의 제한)　**OX47**　채무에 대한 상환 보증이 포함된 계약은 공사는 체결할 수 없다.　O | X

법 제66조(결산)　**OX48**　공사는 매 사업연도의 결산을 해당 사업연도가 끝난 후 2개월 이내에 완료하여야 한다.　O | X

해　OX41　사업 분야별로 구분하여 회계처리할 수 있다.
　　　OX44　시작되기 전

답　OX40 O　OX41 X　OX42 O　OX43 O　OX44 X　OX45 O　OX46 O　OX47 O　OX48 O

| 영 제61조(이익금의 처리) | **OX49** 이익배당을 할 때에는 지방자치단체 외의 자에게는 우선적으로 배당할 수 없다. `O | X` |

| 법 제69조(여유금의 운용) | **OX50** 공사는 국채를 취득하는 경우 여유금을 운용할 수 있다. `O | X` |

| 법 제71조(대행사업의 비용 부담) | **OX51** 공사는 국가 또는 지방자치단체의 사업을 대행할 수 있으며, 이 경우에 필요한 비용은 공사가 부담한다. `O | X` |

| 법 제73조(감독 등) | **OX52** 행정안전부장관은 공사의 업무, 회계 및 재산에 관한 사항을 검사할 수 있으며, 공사에 필요한 보고를 명할 수 있다. `O | X` |

| 법 제75조의5(민영화된 공사의 주식회사로의 등기) | **OX53** 공사가 매각되는 경우 「상법」에 따른 청산 절차를 거치지 아니하여도 매수인은 주식회사로의 설립등기를 신청할 수 있다. 이 경우 주식회사의 상호에 "공사"라는 명칭은 사용할 수 없다. `O | X` |

| 법 제75조의6(공사와 공공기관의 합병) | **OX54** 공사는 민영화 대상으로 지정된 공공기관과 「상법」에 따른 청산절차를 거치지 아니하고도 합병할 수 있다. `O | X` |

| 법 제78조(경영평가 및 지도) | **OX55** 행정안전부장관은 대통령령으로 정하는 바에 따라 경영평가와는 별도로 사장에 대하여 업무성과 평가를 할 수 있다. 이 경우 공익성은 고려되지 않는다. `O | X` |

| 영 제68조(경영평가) | **OX56** 지방공기업에 대한 경영평가는 5년마다 실시하여야 한다. `O | X` |

| 영 제68조(경영평가) | **OX57** 지방공기업평가원과 회계법인은 경영평가기관으로 지정될 수 있다. `O | X` |

해 OX49 정관에서 정하는 바에 따라 우선적으로 배당할 수 있다.
　 OX51 국가 또는 지방자치단체
　 OX55 공익성이 고려되어야 한다.
　 OX56 매년 실시한다.

답 OX49 X　OX50 O　OX51 X　OX52 O　OX53 O　OX54 O　OX55 X　OX56 X　OX57 O

| 영 제70조(경영진단대상 등) | **OX 58** 경영목표설정이 비합리적인 지방공기업과 인력 및 조직관리가 비효율적인 지방공기업은 경영진단대상이다. O \| X |

| 영 제72조의3(정책위원회 위원의 제척 · 기피 · 회피) | **OX 59** 위원이 제척 사유에 해당하는 경우에는 스스로 해당 안건의 심의 · 의결에서 회피해야 한다. O \| X |

| 영 제76조(지방공기업평가원에 대한 출연) | **OX 60** 지방공기업평가원의 이사장은편성한 전체 및 각 지방자치단체 · 지방공기업별 다음 연도 출연금 요구안에 대하여 매년 7월 31일까지 행정안전부장관과 협의하여 출연금 규모를 결정하여야 한다. O \| X |

| 영 제76조(지방공기업평가원에 대한 출연) | **OX 61** 평가원은 출연금을 평가원 고유사업 및 운영경비로 사용하여야 한다. O \| X |

| 법 제78조의5(지방공기업정책위원회) | **OX 62** 행정안전부장관은 지방공기업 관련 주요 정책, 경영평가, 경영진단, 그 밖에 경영 개선에 관한 사항을 심의하기 위하여 관계 전문가로 구성된 지방공기업정책위원회를 운영한다. O \| X |

| 영 제72조(지방공기업정책위원회의 구성) | **OX 63** 위촉위원의 사임 등으로 새로 위촉한 위원의 임기는 전임위원의 남은 임기로 한다. O \| X |

| 영 제74조(수당 등) | **OX 64** 정책위원회의 위원 등에 대하여는 예산의 범위에서 수당과 여비를 지급할 수 있다. 다만, 공무원인 위원이 그 소관 업무와 직접적으로 관련되어 정책위원회에 출석하는 경우에는 그러하지 아니하다. O \| X |

| 영 제78조의2(조직변경의 방법 및 절차) | **OX 65** 공사의 사장 또는 공단의 이사장은 채권자 등 이해관계자에게 조직변경 사실을 통보할 때에는 1개월 이상의 기간을 정하여 조직변경에 대하여 이의가 있으면 이를 제출할 것을 공고하고, 알고 있는 채권자에 대해서는 따로따로 서면으로 통보하여야 한다. O \| X |

📑 OX 58 **O**　OX 59 **O**　OX 60 **O**　OX 61 **O**　OX 62 **O**　OX 63 **O**　OX 64 **O**　OX 65 **O**

법 제80조(공사와 공단의
조직변경)

OX66 공사 또는 공단이 의결을 받은 경우에는 3주 내에 그 주된 사무소의 소재지에
서 종전의 공사 또는 공단에 관하여는 설립등기를, 변경된 공사 또는 공단에
관하여는 해산등기를 하여야 한다.　　O | X

법 제80조(공사와 공단의
조직변경)

OX67 변경된 공사 또는 공단은 설립등기일에 종전의 공사 또는 공단에 속하는 모든
재산과 채권·채무, 고용관계, 그 밖의 권리·의무를 포괄적으로 승계한다.　　O | X

해 OX66　종전: 해산등기, 변경: 설립등기

답 OX66 X　　OX67 O

빈칸 문제

법 제1조(목적)　　**빈칸 1** 이 법은 지방자치단체가 직접 설치 · 경영하거나, 법인을 설립하여 경영하는 기업의 운영에 필요한 사항을 정하여 그 경영을 합리화함으로써 (　　　　) 의 발전과 (　　　　)의 증진에 이바지함을 목적으로 한다.

법 제2조(적용 범위)　　**빈칸 2** 지방자치단체는 제2조 제2항 각 호의 사업 중 경상경비의 (　　　　)퍼센트 이상을 경상수입으로 충당할 수 있는 사업을 지방직영기업, 지방공사 또는 지방공단이 경영하는 경우에는 조례로 정하는 바에 따라 이 법을 적용할 수 있다.

영 제2조(사업범위)　　**빈칸 3** 지방자치단체는 「지방공기업법」 적용 기준에 새로이 도달하게 된 사업에 대하여는 그 기준에 도달한 날부터 (　　　　)월 이내에 그 사업에 대한 법적용을 위하여 필요한 사항을 조례로 정하여야 한다.

법 제3조(경영의 기본 원칙)　　**빈칸 4** ① 지방직영기업, 지방공사 및 지방공단은 항상 기업의 (　　　　)과 공공복리를 증대하도록 운영하여야 한다.
② 지방자치단체는 지방공기업을 설치 · 설립 또는 경영할 때에 민간경제를 위축시키거나, 공정하고 자유로운 경제질서를 해치거나, (　　　　)을 훼손시키지 아니하도록 노력하여야 한다.

영 제2조의2(요금에 관한 규정의 준용)　　**빈칸 5** 지방자치단체의 장은 수도사업에 요금에 관한 규정을 준용하고자 하는 때에는 대상사업의 (　　　　)을 그 지방자치단체의 공보에 고시하여야 한다.

| 빈칸1 | 지방자치의 발전, 주민복리의 증진 | 빈칸2 | 50퍼센트 | 빈칸3 | 6월 |
| 빈칸4 | 경제성, 환경 | 빈칸5 | 명칭 | | |

법 제49조(설립 등)	**빈칸6**	지방자치단체는 공사를 설립하는 경우 그 설립, 업무 및 운영에 관한 기본적인 사항을 (　　　　　)로 정하여야 한다.
	빈칸7	타당성 검토는 전문 인력 및 조사 · 연구 능력 등 대통령령으로 정하는 요건을 갖춘 전문기관으로서(　　　　)장관이 지정 · 고시하는 기관에 의뢰하여 실시하여야 한다.
영 제47조(설립타당성 검토 등)	**빈칸8**	설립타당성 세부절차 및 검토기준은 (　　　　)장관이 정한다.
법 제52조(사무소)	**빈칸9**	공사는 (　　　　　　)의 승인을 받아 필요한 곳에 지사 또는 출장소를 둘 수 있다.
법 제53조(출자)	**빈칸10**	공사의 자본금은 그 전액을 (　　　　)가 현금 또는 현물로 출자한다.
법 제54조(다른 법인에 대한 출자)	**빈칸11**	공사는 공사의 사업과 관계되는 사업을 효율적으로 수행하기 위하여 (　　　　　　)의 승인을 받아 지방자치단체 외의 다른 법인에 출자할 수 있다.
법 제54조(다른 법인에 대한 출자)	**빈칸12**	출자한 법인에 최대주주의 변경 등 대통령령으로 정하는 경영상의 중대한 변화가 발생하는 경우 공사의 사장은 그 사실을 지체 없이 (　　　　) 에게 보고하여야 한다.
영 제47조의2(다른 법인에 대한 출자타당성 검토 등)	**빈칸13**	출자의 필요성 및 타당성 검토 대상에서 제외하는 대통령령으로 정하는 금액은 (　　　　)억원 이하다.

| 영 제47조의2(다른 법인에 대한 출자타당성 검토 등) | **빈칸 14** | 다른 법인에 출자할 수 있는 한도는 다음 각 호의 구분에 따른다. |

빈칸 14 다른 법인에 출자할 수 있는 한도는 다음 각 호의 구분에 따른다.

1. 직전 사업연도 말 공사의 부채비율이 100분의 100 미만인 경우 : 직전 사업연도 말 공사의 자본금의 100분의 (　　　　) 이내
2. 직전 사업연도 말 공사의 부채비율이 100분의 100 이상 100분의 200 미만인 경우 : 직전 사업연도 말 공사의 자본금의 100분의 (　　　　) 이내
3. 직전 사업연도 말 공사의 부채비율이 100분의 200 이상인 경우 : 직전 사업연도 말 공사의 자본금의 100분의 (　　　　) 이내

영 제56조(정관) **빈칸 15** 공사는 정관을 변경하려는 경우 (　　　　　　)의 인가를 받아야 한다.

영 제49조(설립등기) **빈칸 16** 공사는 자본금의 납입이 있은 날부터(　　　　)이내에 설립등기하여야 한다.

영 제50조(지사의 설치 등기) **빈칸 17** 공사는 지사를 설치한 경우에는 설치 후 (　　　)일 이내에 주된 사무소의 소재지에서 설치된 지사의 명칭, 소재지 및 설치 연월일을 등기해야 한다.

영 제52조(변경등기) **빈칸 18** 공사는 등기사항이 변경된 경우에는 변경 후 (　　　)이내에 주된 사무소의 소재지에서 변경사항을 등기해야 한다.

영 제53조(등기의 신청) **빈칸 19** 규정에 의한 등기는 (　　　　)이 행한다.

법 제57조의2(해산) **빈칸 20** 공사는 「상법」에 따른 해산사유 혹은 (　　　)장관의 해산 요구로 해산한다.

법 제58조(임원의 임면 등) **빈칸 21** 공사의 임원은 사장을 포함한 이사 및 감사로 하며, 그 수는 (　　　　)으로 정한다.

빈칸14	50, 25, 10	빈칸15	지방자치단체의 장	빈칸16	3주일
빈칸17	2주일	빈칸18	2주일	빈칸19	공사의 사장
빈칸20	행정안전부장관	빈칸21	정관		

법 제58조(임원의 임면 등)　　빈칸22　지방자치단체의 장은 사장과 감사를 임명할 경우 대통령령으로 정하는 (　　　　　　　　　)위원회가 추천한 사람 중에서 임명하여야 한다.

법 제58조(임원의 임면 등)　　빈칸23　이사는 임원추천위원회가 추천한 사람 중에서 임명하되, 상임이사는 (　　　　)이 임면하고 (　　　　　　　　)는 지방자치단체의 장이 임면한다.

영 제55조(이사)　　빈칸24　사장을 포함한 상임이사의 정수는 이사정수의 100분의 (　　　　　)미만으로 한다.

영 제56조의2(사장의 연임 또는 해임의 기준)　　빈칸25　상위 평가 및 하위 평가의 범위와 현저히 상승하거나 하락된 경우에 해당하는지 여부에 관한 판단 기준은 지방공기업정책위원회의 심의를 거쳐 (　　　　　)장관이 정한다.

법 제58조의2(사장과의 경영성과계약)　　빈칸26　지방자치단체의 장은 사장을 임명하는 경우 사장과 (　　　　　)계약을 체결하여야 한다.

법 제58조의2(사장과의 경영성과계약)　　빈칸27　경영성과계약에는 임기 중 사장이 수행하여야 할 (　　　　　)목표, (　　　　　)과 성과에 따른 보상 및 책임이 포함되어야 한다.

법 제59조(임기 및 직무)　　빈칸28　공사의 사장, 이사 및 감사의 임기는 (　　　　)년으로 한다.

법 제60조(임직원의 결격사유 등)　　빈칸29　해임된 후 (　　　　)년이 지나지 아니한 사람은 임원 결격사유다.

법 제61조(임직원의 겸직 제한)　　빈칸30　"영리를 목적으로 하는 업무"란 해당 업무에 종사함으로써 직무에 부당한 영향을 끼치거나 직무능률을 떨어뜨릴 우려가 있는 업무 등으로서 (　　　　　) 령으로 정하는 업무를 말한다.

📑 빈칸22	임원추천위원회	빈칸23	사장, 비상임이사	빈칸24	50
빈칸25	행정안전부장관	빈칸26	경영성과	빈칸27	경영목표, 권한
빈칸28	3년	빈칸29	3년	빈칸30	대통령령

| 법 제62조(이사회) | **빈칸31** | 이사회는 (　　　　　)을 포함한 이사로 구성한다. |

법 제62조(이사회)　　**빈칸32**　이사회의 권한과 운영에 필요한 사항은 (　　　　　)으로 정한다.

법 제63조의5(인사운영에 관한 공통기준)　　**빈칸33**　(　　　　　　)장관은 공사의 인사운영에 공통적으로 적용하여야 할 사항에 관한 기준을 작성하여 지방자치단체의 장에게 통보할 수 있다.

법 제63조의6(징계 요구 등)　　**빈칸34**　공사는 (　　　　　)에서 정하는 바에 따라 공사의 임직원을 징계할 수 있다.

법 제63조의6(징계 요구 등)　　**빈칸35**　공사의 징계권자는 공사의 임직원의 금품 및 향응 수수, 공금의 횡령·유용을 이유로 징계를 하는 경우에는 해당 징계 외에 금품 및 향응 수수액, 공금의 횡령액·유용액의 (　　　　　)배 내의 징계부가금을 부과할 수 있다.

법 제63조의6(징계 요구 등)　　**빈칸36**　징계 및 징계부가금 부과는 그 사유가 발생한 날부터 (　　　　　)년(금품 및 향응 수수, 공금의 횡령·유용의 경우에는 5년)이 지나면 하지 못한다.

법 제63조의7(비위행위자에 대한 조치)　　**빈칸37**　(　　　　　　)장관은 지방자치단체의 장에게 수사기관등의 수사 또는 감사 결과에 따라 필요한 경우 해당 공사 임원을 해임할 것을 요구할 수 있고, 지방자치단체의 장은 해당 공사 임원을 해임하거나 그 공사의 사장에게 해임을 요구할 수 있다.

영 제57조의5　　**빈칸38**　인적사항 및 비위행위 사실 등의 공개에 관한 사항을 심의·의결하기 위하여 지방자치단체에 (　　　　　　　　　)를 둔다.

영 제57조의5(지방공기업 채용비위자 공개심의위원회)　　**빈칸39**　법에서 규정한 사항 외에 공개심의위원회의 구성과 운영에 필요한 사항은 (　　　　　　)로 정한다.

빈칸31	사장	빈칸32	정관	빈칸33	행정안전부장관
빈칸34	정관	빈칸35	5배	빈칸36	3년
빈칸37	행정안전부장관	빈칸38	지방공기업 채용비위자 공개심의위원회	빈칸39	지방자치단체의 조례

영 제57조의6(채용비위 자에 대한 조치)	**빈칸40**	지방자치단체의 장은인적사항 및 비위행위 사실 등을 공개하는 경우에는 다음 각 호의 사항을 관보에 싣거나 행정안전부장관이 지정하는 인터넷 사이트 또는 해당 지방자치단체의 인터넷 홈페이지에 ( )년간 게시하는 방법으로 한다.
영 제57조의6(채용비위 자에 대한 조치)	**빈칸41**	공사의 사장은 합격취소등을 결정한 경우 그 내용을 합격취소등의 당사자와 ( )에게 지체 없이 통지해야 한다.
영 제57조의6(채용비위 자에 대한 조치)	**빈칸42**	공사의 사장은 합격취소등을 결정하기 ( )일 전까지 합격취소등의 당사자에게 다음 각 호의 사항을 통지해야 한다.
법 제63조의8(인사감사 등)	**빈칸43**	( )은 비위행위 중 채용비위의 근절 등을 위하여 대통령령으로 정하는 바에 따라 공사의 인사운영의 적정 여부를 감사할 수 있으며, 필요한 경우 관계 서류를 제출하도록 요구할 수 있다.
영 제57조의11(중장기재 무관리계획의 수립)	**빈칸44**	중장기재무관리계획은 매년 ( )까지 지방자치단체의 장과 의회에 제출하여야 한다.
영 제57조의11(중장기재 무관리계획의 수립)	**빈칸45**	직전 회계연도 말일을 기준으로 부채규모가 ( )억원 이상인 공사는 중장기재무관리계획 제출 대상이다.
법 제64조의6(이의신청)	**빈칸46**	이의신청 조치결과에 대하여 이의가 있는 자는 그 통지를 받은 날부터 20일 이내에 「지방자치단체를 당사자로 하는 계약에 관한 법률」에 따른 ( )위원회에 조정을 위한 재심을 청구할 수 있다.
법 제65조(예산)	**빈칸47**	편성된 예산은( )로 확정된다. 예산이 확정된 후에 생긴 불가피한 사유로 예산을 변경하는 경우에도 또한 같다.

법 제65조(예산)　　**빈칸48** 공사의 사장은 예산이 성립되거나 변경되었을 때에는 지체 없이 (　　　　　　　　　)에게 보고하여야 한다.

영 제58조(사업계획 및 예산)　　**빈칸49** 공사의 사장은 사업계획 및 예산을 이사회개최 (　　　　)전까지 각 이사에게 송부하여야 한다.

영 제58조(사업계획 및 예산)　　**빈칸50** (　　　　　　　　　)은 보고된 예산이 법령에 위반되거나 예산에 관한 공통지침에 위반된다고 인정되는 경우에는 그 시정을 명할 수 있다.

법 제65조의2(예산 불성립 시의 예산집행)　　**빈칸51** 공사는 부득이한 사유로 회계연도가 시작되기 전까지 예산이 확정되지 못한 경우에는 (　　　　) 예산에 준하여 예산을 집행하여야 한다.

법 제65조의3(신규 투자사업의 타당성 검토)　　**빈칸52** 공사의 사장은 대통령령으로 정하는 규모 이상의 신규 투자사업을 하려면 대통령령으로 정하는 방법 및 절차에 따라 사업의 필요성과 사업계획의 타당성 등을 검토하여 지방자치단체의 장에게 보고하고 (　　　　)의 의결을 받아야 한다.

영 제58조의2(신규 투자사업의 타당성 검토)　　**빈칸53** 다음은 신규 투자사업 타당성 검토 대상이다.
1. 시ㆍ도가 설립한 공사: 총사업비(　　　　)원 이상의 신규 투자사업
2. 시ㆍ군ㆍ구가 설립한 공사: 총사업비 (　　　　)원 이상의 신규 투자사업

영 제60조(예산에 관한 공통기준)　　**빈칸54** 행정안전부장관은 예산에 관한 공통기준을 전년도 (　　　　)까지 지방자치단체의 장에게 통보하여야 한다.
지방자치단체의 장은 예산편성지침을 작성하여 전년도 (　　　　)까지 당해 공사의 장에게 통보하여야 한다.

📖 빈칸48	지방자치단체의 장	빈칸49	30일전	빈칸50	지방자치단체의 장
빈칸51	전년도	빈칸52	의회	빈칸53	500억원, 300억원
빈칸54	6월 30일, 7월 31일				

| 영 제61조(이익금의 처리) | **빈칸55** | 공사는 이월결손금을 보전하고 남은 이익금의 10분의 1 이상을 자본금의 (   )에 달할 때까지 이익준비금으로 적립하여야 하고, 이익준비금으로 적립하고 남은 이익금의(   )이상을 감채적립금으로 적립하여야 한다. |

| 영 제62조(사채발행) | **빈칸56** | 공사는 사채를 발행하고자 하는 때에는 사채의 발행(   ), 사채의 발행 (   )를 기재한 신청서를 그 지방자치단체의 장에게 제출하여야 한다. |

| 법 제71조(대행사업의 비용 부담) | **빈칸57** | 대행사업의 비용의 부담에 필요한 사항은 대통령령으로 정하는 사항을 제외하고는 (   )로 정한다. |

| 법 제71조의3(물품 구매 및 공사계약의 위탁) | **빈칸58** | 공사는 필요하다고 인정하는 경우에는 물품의 구매나 시설공사계약의 체결을 (   )장에게 위탁할 수 있다. |

| 법 제73조(감독 등) | **빈칸59** | (   )은 공사의 설립·운영 등 공사의 업무를 관리·감독한다. |

| 법 제75조의6(공사와 공공기관의 합병) | **빈칸60** | 공사가 합병을 하려면 (   )장관과 협의를 거쳐 합병 등기 전까지 지방자치단체의 장의 승인을 받아야 한다. |

| 법 제78조(경영평가 및 지도) | **빈칸61** | (   )장관은 지방공기업의 경영 기본원칙을 고려하여 대통령령으로 정하는 바에 따라 지방공기업에 대한 경영평가를 하고, 그 결과에 따라 필요한 조치를 하여야 한다. 다만, (   )장관이 필요하다고 인정하는 경우에는 지방자치단체의 장으로 하여금 경영평가를 하게 할 수 있다. |

빈칸55 2분의 1 , 10분의 5   **빈칸56** 발행목적, 발행시기   **빈칸57** 조례
빈칸58 조달청장   **빈칸59** 지방자치단체의 장   **빈칸60** 재정경제부장관
빈칸61 행정안전부장관, 행정안전부장관

법 제78조(경영평가 및 지도)	**빈칸62**	경영평가에는 지방공기업의 (　　　　　)의 달성도, 업무의 (　　　　　), 공익성, 고객서비스 등에 관한 평가가 포함되어야 한다.
영 제68조(경영평가)	**빈칸63**	지방공기업에 대한 경영평가는 회계감사인의 회계감사가 종료된 때부터 실시한다. 이 경우 공사·공단에 대한 경영평가는 회계감사종료후 (　　　　　)개월 이내에 완료해야 한다.
법 제78조의2(경영진단 및 경영 개선 명령)	**빈칸64**	지방자치단체의 장은 경영평가를 하였을 때에는 그 평가가 끝난 후 (　　　　　)개월 이내에 경영평가보고서, 재무제표, 그 밖에 대통령령으로 정하는 서류를 행정안전부장관에게 제출하여야 한다.
법 제78조의2(경영진단 및 경영 개선 명령)	**빈칸65**	(　　　　　)개 사업연도 이상 계속하여 당기 순손실이 발생한 지방공기업에 대하여는 따로 경영진단을 실시하고, 그 결과를 공개할 수 있다.
영 제71조	**빈칸66**	행정안전부장관은 경영진단을 수행하기 위하여 필요한 경우에는 (　　　　　)을 구성·운영할 수있다.
법 제78조의3(부실지방공기업에 대한 해산 요구)	**빈칸67**	행정안전부장관은 공사 또는 공단이 법령에서 정하는 경우 (　　　　　)의 심의를 거쳐 지방자치단체의 장이나 공사의 사장 또는 공단의 이사장에게 해산을 요구할 수 있다.
법 제78조의3(부실지방공기업에 대한 해산 요구)	**빈칸68**	해산을 요구할 수 있는 부실지방공기업은 다음과 같다. 1.(　　　　　) 상환 능력이 현저히 낮은 경우 2.(　　　　　)이 없어 회생이 어려운 경우
법 제78조의4(지방공기업평가원의 설립·운영)	**추가 빈칸68**	지방공기업에 대한 경영평가, 관련 정책의 연구, 임직원에 대한 교육 등을 전문적으로 지원하기 위하여 (　　　　　)을 설립한다.

📋 빈칸62	경영목표, 능률성	빈칸63	4개월	빈칸64	1개월
빈칸65	3개 사업연도	빈칸66	지방공기업경영진단반	빈칸67	지방공기업정책위원회
빈칸68	부채 상환 능력, 사업 전망	추가 빈칸68	지방공기업평가원		

법 제78조의4(지방공기 업평가원의 설립 · 운영)	**빈칸69**	( )장관은 평가원을 지도 · 감독하며, 필요한 경우에는 평가 원에 대하여 그 업무에 관한 사항을 보고하게 하거나 자료 제출 등의 명령을 할 수 있다.
영 제76조(지방공기업 평가원에 대한 출연)	**빈칸70**	1. 지방자치단체 출연금 편성기준 : ( ), 공기업 수 등 2. 지방공기업 출연금 편성기준 : ( ), 직원 수, 자산 등
영 제76조(지방공기업 평가원에 대한 출연)	**빈칸71**	평가원의 이사장은 매 회계연도 종료 후 ( )개월 이내에 행정안전 부장관에게 출연금 지급 및 사용에 관한 사항을 보고하여야 한다.
법 제78조의5(지방공기 업정책위원회)	**빈칸72**	지방공기업정책위원회는 위원장 1명을 포함한 ( )명 이내의 위원 으로 구성한다.
영 제72조(지방공기업 정책위원회의 구성)	**빈칸73**	지방공기업정책위원회의 위원장은 ( )차관이 된다.
영 제72조(지방공기업 정책위원회의 구성)	**빈칸74**	위촉위원의 임기는 ( )년으로 하고, 한 차례만 연임할 수 있다.
영 제72조의2(위원의 해임 및 해촉)	**빈칸75**	지방공기업정책위원회이 심신장애로 인하여 직무를 수행할 수 없게 된 경우 ( )장관은 해당 위원을 해임 또는 해촉할 수 있다.
영 제74조(수당 등)	**빈칸76**	이 영에서 규정한 사항 외에 정책위원회의 운영에 필요한 사항은 ( )장관이 정한다.

빈칸69	행정안전부장관	빈칸70	재정력, 매출액	빈칸71	2개월
빈칸72	15명	빈칸73	행정안전부차관	빈칸74	2년
빈칸75	행정안전부장관	빈칸76	행정안전부장관		

법 제78조의6(주민 등의 의견청취)	**빈칸77**	지방자치단체의 장이 지방의회에 보고하고 주민 및 관계 전문가 등의 의견을 들어야 하는 경우는 다음과 같다. 1. (　　　　　)을 설립할 때 2. 행정안전부장관으로부터 (　　　　　) 명령을 받거나, 해산 요구를 받은 때
법 제78조의7(국회에 대한 보고)	**빈칸78**	행정안전부장관은 경영평가, 경영진단 결과 및 경영개선을 위한 조치, 해산 요구 등을 명확하게 기록한 지방공기업보고서를 매년 경영진단 및 경영개선 조치 실시 후 (　　　　　)개월 이내에 국회 소관 상임위원회에 제출하여야 한다.
법 제79조의3(권한의 위임)	**빈칸79**	이 법에 따른 행정안전부장관의 권한은 대통령령으로 정하는 바에 따라 그 일부를 (　　　　　)에게 위임할 수 있다.
법 제80조(공사와 공단의 조직변경)	**빈칸80**	공사의 사장 또는 공단의 이사장은 의회의 의결이 있은 날부터 (　　　　　) 이내에 채권자 등 이해관계자에게 조직변경 사실을 통보하여야 한다.
법 제81조(벌칙)	**빈칸81**	「상법」에 규정된 자나 공사·공단의 임원 및 그 밖에 회계업무를 담당하는 자가 회계처리기준을 위반하여 거짓으로 재무제표를 작성·공시한 경우 (　　　　　)년 이하의 징역 또는 (　　　　　)만원 이하의 벌금에 처한다.
법 제84조(과태료)	**빈칸82**	과태료는 대통령령으로 정하는 바에 따라 (　　　　　)장관이 부과·징수한다.

| 🔖 **빈칸77** 지방공기업, 경영 개선 명령 | **빈칸78** 3개월 | **빈칸79** 시·도지사 |
| **빈칸80** 20일 | **빈칸81** 5년, 5천만원 | **빈칸82** 행정안전부장관 |

기본 문제

01 지방공기업법의 목적에 해당하지 <u>않는</u> 것은?

① 주민복리의 증진에 이바지함

② 지방자치의 발전에 이바지함

③ 지방자치단체의 재정부담을 완화함

④ 경영을 합리화함

> **법 제1조(목적)** 이 법은 지방자치단체가 직접 설치·경영하거나, 법인을 설립하여 경영하는 기업의 운영에 필요한 사항을 정하여 그 경영을 합리화함으로써 지방자치의 발전과 주민복리의 증진에 이바지함을 목적으로 한다.

02 요금에 관한 규정을 준용할 수 있는 사업이 <u>아닌</u> 것은?

① 공업용수도사업

② 하수도사업

③ 지방도로사업

④ 수도사업

> **영 제2조의2(요금에 관한 규정의 준용)**
> ① 법 제22조의 규정을 준용할 수 있는 사업은 다음 각 호와 같다.
> 1. 수도사업
> 2. 공업용수도사업
> 3. 하수도사업

03 지방공기업으로서의 설립타당성 검토에 포함되지 <u>않는</u> 것은?

① 지역경제와 지방재정에 미치는 영향

② 조직 및 인력의 수요판단

③ 직원의 복리증진에 미치는 영향

④ 사업의 적정성 여부

> 주민의 복리증진에 미치는 영향이다.
> **영 제47조(설립타당성 검토 등)**
> ① 타당성 검토에는 다음 각 호의 사항이 포함되어야 하며, 이에 따른 세부절차 및 검토기준은 행정안전부장관이 정한다.
> 1. 사업의 적정성 여부
> 2. 사업별 수지분석
> 3. 조직 및 인력의 수요판단
> 4. 주민의 복리증진에 미치는 영향
> 5. 지역경제와 지방재정에 미치는 영향

04 다른 법인에 대한 출자타당성 사전검토 사항이 <u>아닌</u> 것은?

① 재원 조달방법

② 출자대상 법인이 수행하는 사업이 지역경제에 미치는 영향

③ 출자대상 법인의 인력 운용 계획

④ 출자대상 법인이 수행하는 사업의 적정성 여부

> **영 제47조의2(다른 법인에 대한 출자타당성 검토 등)**
> ③ 제1항에 따라 사전검토를 하는 전문기관은 다음 각 호의 사항을 고려하여 검토하여야 한다.
> 1. 출자대상 법인이 수행하는 사업의 적정성 여부
> 2. 출자대상 법인이 수행하는 사업별 수지분석
> 3. 재원 조달방법
> 4. 출자대상 법인이 수행하는 사업이 지역경제에 미치는 영향

정답 01 ③ 02 ③ 03 ③ 04 ③

05 임원추천위원회의 구성과 운영에 대한 설명으로 <u>틀린</u> 것은?

① 추천위원회의 위원장은 위원중에서 호선하며, 위원장은 추천위원회를 대표하고 회의를 주재한다.

② 공사는 임원의 임기만료나 그 밖의 사유로 임원을 새로 임명하려면 지체 없이 추천위원회를 구성하여야 한다.

③ 추천위원회는 재적위원 과반수의 찬성으로 의결한다.

④ 추천위원회는 추천된 자가 임원에서 퇴직하는 때까지 존속한다.

> 임명되는 때까지 존속한다.
> **영 제56조의3(임원추천위원회의 구성과 운영)**
> ⑤ 추천위원회는 재적위원 과반수의 찬성으로 의결한다.
> ⑥ 추천위원회의 위원장은 위원중에서 호선하며, 위원장은 추천위원회를 대표하고 회의를 주재한다.
> ⑦ 공사는 임원의 임기만료나 그 밖의 사유로 임원을 새로 임명하려면 지체 없이 추천위원회를 구성하여야 하며, 지방자치단체의 장 및 의회에 추천위원회 위원의 추천을 요청하여야 한다.
> ⑧ 추천위원회는 추천된 자가 임원에 임명되는 때까지 존속한다.

06 경영성과계약에 포함되지 않아도 되는 내용은?

① 성과에 따른 보상

② 경영목표

③ 이사회 구성

④ 권한

> **법 제58조의2(사장과의 경영성과계약)**
> ② 경영성과계약에는 임기 중 사장이 수행하여야 할 경영목표, 권한과 성과에 따른 보상 및 책임이 포함되어야 한다.

07 공사의 사장, 이사 및 감사의 임기 및 직무에 대한 설명으로 <u>틀린</u> 것은?

① 공사의 사장, 이사 및 감사는 1년 단위로 연임될 수 있다.

② 공사의 사장은 그 공사의 이익과 자신의 이익이 상반되는 사항에 대하여는 공사를 대표한다.

③ 공사의 사장은 그 공사를 대표하고 업무를 총괄하며, 임기 중 그 공사의 경영성과에 대하여 책임을 진다.

④ 공사의 사장, 이사 및 감사의 임기는 3년으로 한다.

> 공사를 대표하지 못 한다.
> **법 제59조(임기 및 직무)**
> ① 공사의 사장, 이사 및 감사의 임기는 3년으로 한다. 이 경우 지방자치단체의 장은 대통령령으로 정하는 바에 따라 임기가 만료된 임원으로 하여금 그 후임자가 임명될 때까지 직무를 수행하게 할 수 있다.
> ② 공사의 사장, 이사 및 감사는 1년 단위로 연임될 수 있다.
> ③ 공사의 사장은 그 공사를 대표하고 업무를 총괄하며, 임기 중 그 공사의 경영성과에 대하여 책임을 진다.
> ④ 공사의 사장은 그 공사의 이익과 자신의 이익이 상반되는 사항에 대하여는 공사를 대표하지 못한다. 이 경우 감사가 공사를 대표한다.

08 임기가 만료된 임원으로 하여금 그 후임자가 임명될 때까지 그 직무를 행하게 할 수 있는 경우는?

① 임기가 만료되었으나 본인이 계속 근무를 희망하는 경우

② 직원들의 요구가 있는 경우

③ 임원의 업무 성과가 우수하다고 판단되는 경우

④ 연임을 위하여 그 재임명에 관한 절차가 진행중인 경우

> **영 제57조(임기만료임원에 의한 직무대행)** 지방자치단체의 장이 임기가 만료된 임원으로 하여금 그 후임자가 임명될 때까지 그 직무를 행하게 할 수 있는 경우는 다음 각호와 같다.
> 1. 연임을 위하여 그 재임명에 관한 절차가 진행중인 경우
> 2. 후임자가 임명될 때까지 직무대행이 반드시 필요하다고 지방자치단체의 장이 인정하는 경우

09 겸직 금지되는 임직원의 영리업무에 해당하지 않는 것은?

① 공사의 직원이 상업 또는 그 밖에 영리를 목적으로 하는 사기업체(私企業體)의 이사가 되어 수행하는 업무

② 공사의 임원이 본인의 직무와 관련 있는 타인의 기업에 대하여 하는 투자

③ 공사의 임원이 공익 목적의 재단에 출연하는 행위

④ 공사의 임원이 공업 또는 그 밖의 영리적인 업무를 스스로 경영하여 영리를 추구함이 뚜렷한 업무

영 제57조의2(겸직 금지되는 임직원의 영리업무)
"대통령령으로 정하는 업무"란 다음 각 호의 어느 하나에 해당하는 업무를 말한다.
1. 공사의 임원 및 직원이 상업, 공업, 금융업 또는 그 밖의 영리적인 업무를 스스로 경영하여 영리를 추구함이 뚜렷한 업무
2. 공사의 임원 및 직원이 상업, 공업, 금융업 또는 그 밖에 영리를 목적으로 하는 사기업체(私企業體)의 이사, 감사, 업무를 집행하는 무한책임사원, 지배인, 발기인 또는 그 밖의 임원이 되어 수행하는 업무
3. 공사의 임원 및 직원 본인의 직무와 관련 있는 타인의 기업에 대하여 하는 투자
4. 그 밖에 계속적으로 재산상의 이득을 목적으로 하는 업무

10 공사의 임직원의 금품 및 향응 수수를 이유로 징계를 하는 경우에 부과할 수 있는 최대 징계부가금은?

① 금품 및 향응 수수액

② 금품 및 향응 수수액의 2배

③ 금품 및 향응 수수액의 3배

④ 금품 및 향응 수수액의 5배

법 제63조의6(징계 요구 등)
② 공사의 징계권자는 공사의 임직원의 금품 및 향응 수수, 공금의 횡령·유용을 이유로 징계를 하는 경우에는 해당 징계 외에 금품 및 향응 수수액, 공금의 횡령액·유용액의 5배 내의 징계부가금을 부과할 수 있다.

11 지방공기업 채용비위자 공개심의위원회에 대한 설명으로 틀린 것은?

① 공개심의위원회는 위원장 1명을 포함한 15명 이내의 위원으로 구성한다.

② 공무원이 아닌 위원의 임기는 1년으로 하되, 한 차례만 연임할 수 있다.

③ 공개심의위원회의 위원장은 특별시·광역시·특별자치시·도 및 특별자치도의 부시장·부지사, 시·군·자치구의 부시장·부군수·부구청장이 된다.

④ 인적사항 및 비위행위 사실 등의 공개에 관한 사항을 심의·의결하기 위하여 지방자치단체에 지방공기업 채용비위자 공개심의위원회를 둔다.

임기는 2년이다.
영 제57조의5(지방공기업 채용비위자 공개심의위원회)
① 인적사항 및 비위행위 사실 등의 공개에 관한 사항을 심의·의결하기 위하여 지방자치단체에 지방공기업 채용비위자 공개심의위원회를 둔다.
② 공개심의위원회는 위원장 1명을 포함한 15명 이내의 위원으로 구성한다.
③ 공개심의위원회의 위원장은 특별시·광역시·특별자치시·도 및 특별자치도의 부시장·부지사, 시·군·자치구의 부시장·부군수·부구청장이 된다.
⑤ 공무원이 아닌 위원의 임기는 2년으로 하되, 한 차례만 연임할 수 있다.

12 채용비위자 인적사항 및 비위행위 사실 공개 대상으로 **틀린** 것은?

① 채용비위 행위자의 가족관계 및 재산 현황

② 채용비위 행위와 관련된 유죄의 확정판결 내용

③ 채용비위 행위 당시 소속 공사의 명칭 및 주소, 담당 직무 및 직위

④ 채용비위 행위의 내용 및 방법

영 제57조의6(채용비위자에 대한 조치)
① 지방자치단체의 장은 인적사항 및 비위행위 사실 등을 공개하는 경우에는 다음 각 호의 사항을 관보에 싣거나 행정안전부장관이 지정하는 인터넷 사이트 또는 해당 지방자치단체의 인터넷 홈페이지에 1년간 게시하는 방법으로 한다.
1. 채용비위와 관련하여 유죄판결이 확정된 임원의 이름, 나이, 직업 및 주소. 이 경우 「도로명주소법」에 따른 상세주소는 생략할 수 있다.
2. 채용비위 행위 당시 소속 공사의 명칭 및 주소, 담당 직무 및 직위
3. 채용비위 행위의 내용 및 방법
4. 채용비위 행위와 관련된 유죄의 확정판결 내용

13 공사 회계처리 원칙에 대한 설명으로 **틀린** 것은?

① 공사는 사업 분야별로 구분하여 회계처리할 수 있다.

② 공사가 계약을 체결하려는 경우에는 일반경쟁의 방식으로 하여야 한다. 다만, 계약의 목적·성질 및 규모 등을 고려하여 참가자의 자격을 제한하거나 참가자를 지명하여 경쟁에 부치거나 수의계약으로 할 수 있다.

③ 공사는 계약을 체결하는 경우 공정한 경쟁 또는 계약의 적정한 이행을 해칠 것이 명백하다고 판단되는 자에 대하여는 5년 이내의 범위에서 입찰참가자격을 제한할 수 있다.

④ 공사는 경영 성과 및 재무 상태를 명확히 하기 위하여 회계거래를 발생 사실에 따라 기업회계기준에 따라 회계처리한다.

2년이다.
법 제64조의2(회계처리의 원칙 등)
① 공사는 경영 성과 및 재무 상태를 명확히 하기 위하여 회계거래를 발생 사실에 따라 기업회계기준에 따라 회계처리한다.
② 공사는 사업 분야별로 구분하여 회계처리할 수 있다.
③ 공사가 계약을 체결하려는 경우에는 일반경쟁의 방식으로 하여야 한다. 다만, 계약의 목적·성질 및 규모 등을 고려하여 참가자의 자격을 제한하거나 참가자를 지명하여 경쟁에 부치거나 수의계약으로 할 수 있다.
④ 공사는 계약을 체결하는 경우 공정한 경쟁 또는 계약의 적정한 이행을 해칠 것이 명백하다고 판단되는 자에 대하여는 2년 이내의 범위에서 입찰참가자격을 제한할 수 있다.

14 중장기재무관리계획을 제출하여야 하는 공사가 **아닌** 것은?

① 직전 회계연도 말일을 기준으로 부채비율이 100분의 200 이상인 공사

② 직전 회계연도 말일을 기준으로 부채가 자산보다 큰 공사

③ 직전 회계연도 말일을 기준으로 부채규모가 3천억원 이상인 공사

④ 직전 회계연도 말일을 기준으로 자산규모가 5천억원 이상인 공사

> 중장기재무관리계획은 부채를 고려한다.
> **영 제57조의11(중장기재무관리계획의 수립)** 다음 각 호의 어느 하나에 해당하는 공사의 사장은 중장기재무관리계획을 매년 9월 30일까지 지방자치단체의 장과 의회에 제출하여야 한다.
> 1. 직전 회계연도 말일을 기준으로 부채규모가 **3천억원 이상**인 공사
> 2. 직전 회계연도 말일을 기준으로 부채비율이 **100분의 200 이상**인 공사
> 3. 직전 회계연도 말일을 기준으로 부채가 자산보다 큰 공사

15 신규 투자사업 타당성 검토에 포함되는 사항이 **아닌** 것은?

① 신규 투자사업의 적정성 여부

② 재원 조달방법

③ 신규 투자사업이 지역경제에 미치는 영향

④ 신규 투자사업의 이용자 편의 증진 효과

> **영 제58조의2(신규 투자사업의 타당성 검토)**
> 법 제65조의3제1항에 따른 신규 투자사업 타당성 검토(이하 "신규 투자사업 타당성 검토"라 한다)는 다음 각 호의 사항을 포함해야 한다.
> 1. 신규 투자사업의 적정성 여부
> 2. 신규 투자사업별 수지분석
> 3. 재원 조달방법
> 4. 신규 투자사업이 지역경제에 미치는 영향

16 공사가 체결할 수 없는 계약이 **아닌** 것은?

① 공공시설 임대 계약

② 채무에 대한 상환 보증이 포함된 계약

③ 주택 건설 사업에서 미분양 발생 시 미분양 자산에 대한 매입 확약이 포함된 계약

④ 공사의 자산 매각 시 환매를 조건으로 하는 계약

> **법 제65조의5(채무보증 계약 등의 제한)** 공사는 다음 각 호에 해당하는 계약을 체결할 수 없다.
> 1. 채무에 대한 상환 보증이 포함된 계약
> 2. 공사의 자산 매각 시 환매를 조건으로 하는 계약
> 3. 주택 건설 및 토지 개발 등의 사업에서 미분양 발생 시 미분양 자산에 대한 매입 확약이 포함된 계약

17 공사는 매 사업연도의 결산을 해당 사업연도가 끝난 후 몇 개월 이내에 완료하여야 하는가?

① 1개월

② 2개월

③ 3개월

④ 6개월

> **법 제66조(결산)** 공사는 매 사업연도의 결산을 해당 사업연도가 끝난 후 2개월 이내에 완료하여야 한다.

18 공사가 사채를 발행할 때 승인을 받아야 하는 대상은?

① 행정안전부장관

② 지방자치단체의 장

③ 공사의 사장

④ 대통령

> **법 제68조(사채 발행 및 차관)**
> ① 공사는 지방자치단체의 장의 승인을 받아 사채를 발행하거나 외국차관을 할 수 있다. 이 경우 사채 발행의 한도는 대통령령으로 정한다.

19 공사가 여유금을 운용할 수 있는 방법이 <u>아닌</u> 것은?

① 지방채의 취득

② 국채의 취득

③ 공공투자

④ 한국은행 예입

법 제69조(여유금의 운용) 공사는 다음 각 호의 방법 외에는 여유금을 운용하지 못한다.
1. 국채 또는 지방채의 취득
2. 「한국은행법」에 따른 한국은행 또는 그 밖의 금융회사등에의 예입

20 지방공기업에 대한 경영평가에 해당하지 <u>않는</u> 요소는?

① 업무의 능률성

② 고객서비스

③ 시장점유율

④ 경영목표의 달성도

법 제78조(경영평가 및 지도)
② 경영평가에는 지방공기업의 경영목표의 달성도, 업무의 능률성, 공익성, 고객서비스 등에 관한 평가가 포함되어야 한다.

21 지방공기업 경영평가기관으로 지정할 수 <u>없는</u> 기관은?

① 공사 내부 경영부서

② 경영평가 전문기관

③ 지방공기업평가원

④ 회계법인

영 제68조(경영평가)
② 행정안전부장관 또는 지방자치단체의 장은 경영평가를 실시함에 있어서 필요하다고 인정되는 때에는 다음 각 호의 어느 하나에 해당하는 기관을 경영평가기관으로 지정하여 실시할 수 있다.
1. 지방공기업평가원
2. 경영평가 전문기관
3. 회계법인
4. 기타 행정안전부장관이 인정하는 기관

22 경영진단 실시하고 결과를 공개할 수 있는 대상이 <u>아닌</u> 것은?

① 고객만족도가 동종 지방공기업 대비 현저하게 낮은 지방공기업
② 경영 여건상 사업 규모의 축소 등 경영구조 개편이 필요하다고 인정되는 지방공기업
③ 특별한 사유 없이 전년도에 비하여 영업수입이 현저하게 감소한 지방공기업
④ 3개 사업연도 이상 계속하여 당기 순손실이 발생한 지방공기업

법 제78조의2(경영진단 및 경영 개선 명령)
② 행정안전부장관은 경영평가를 하거나 서류 등을 분석한 결과 특별한 대책이 필요하다고 인정되는 지방공기업으로서 다음 각 호의 어느 하나에 해당하는 지방공기업에 대하여는 대통령령으로 정하는 바에 따라 따로 경영진단을 실시하고, 그 결과를 공개할 수 있다.
1. 3개 사업연도 이상 계속하여 당기 순손실이 발생한 지방공기업
2. 특별한 사유 없이 전년도에 비하여 영업수입이 현저하게 감소한 지방공기업
3. 경영 여건상 사업 규모의 축소, 법인의 청산 또는 민영화 등 경영구조 개편이 필요하다고 인정되는 지방공기업
4. 그 밖에 대통령령으로 정하는 지방공기업

23 지방공기업평가원의 설립·운영에 대한 설명으로 <u>틀린</u> 것은?

① 이사장의 임기는 1년으로 하며, 한 차례만 연임할 수 있다.
② 이사장은 이사회의 추천으로 행정안전부장관의 승인을 받아 이사회가 선임한다.
③ 이사회는 이사장 1명을 포함하여 12명 이내의 이사로 구성한다.
④ 평가원은 법인으로 하며, 그 주된 사무소의 소재지에서 설립등기를 함으로써 성립한다.

3년이다.
법 제78조의4(지방공기업평가원의 설립·운영)
② 평가원은 법인으로 하며, 그 주된 사무소의 소재지에서 설립등기를 함으로써 성립한다.
⑤ 이사회는 이사장 1명을 포함하여 12명 이내의 이사로 구성한다.
⑥ 이사장은 이사회의 추천으로 행정안전부장관의 승인을 받아 이사회가 선임한다.
⑦ 이사장의 임기는 3년으로 하며, 한 차례만 연임할 수 있다.

24 지방공기업정책위원회 위원의 해임 및 해촉사유가 <u>아닌</u> 것은?

① 직무와 관련된 비위사실이 있는 경우
② 다른 정부위원회 활동을 병행하게 된 경우
③ 심신장애로 인하여 직무를 수행할 수 없게 된 경우
④ 위원 스스로 직무를 수행하는 것이 곤란하다고 의사를 밝히는 경우

영 제72조의2(위원의 해임 및 해촉) 행정안전부장관은 지방공기업정책위원회이 다음 각 호의 어느 하나에 해당하는 경우에는 해당 위원을 해임 또는 해촉할 수 있다.
1. 심신장애로 인하여 직무를 수행할 수 없게 된 경우
2. 직무와 관련된 비위사실이 있는 경우
3. 직무태만, 품위손상이나 그 밖의 사유로 인하여 위원으로 적합하지 아니하다고 인정되는 경우
4. 위원 스스로 직무를 수행하는 것이 곤란하다고 의사를 밝히는 경우

정답　22 ①　23 ①　24 ②

25 지방공기업정책위원회에 대한 설명으로 **틀린** 것은?

① 정책위원회는 재적위원 과반수의 출석으로 개의하고, 재적위원 과반수의 찬성으로 의결한다.

② 정책위원회의 위원장은 필요하다고 인정하는 경우에는 지방자치단체의 공무원으로 하여금 출석하여 발언하게 할 수 있다.

③ 위원장은 정책위원회의 회의를 소집하고 그 의장이 된다.

④ 정책위원회의 사무를 처리하기 위하여 정책위원회에 간사 1명을 둔다.

재적위원 과반수의 출석으로 개의하고, 출석위원 과반수의 찬성으로 의결한다.

영 제73조(정책위원회의 운영)
① 위원장은 정책위원회의 회의를 소집하고 그 의장이 된다.
② 정책위원회는 재적위원 과반수의 출석으로 개의하고, 출석위원 과반수의 찬성으로 의결한다.
③ 정책위원회의 위원장은 필요하다고 인정하는 경우에는 지방자치단체의 공무원, 지방공기업의 임직원, 그 밖의 관계인으로 하여금 출석하여 발언하게 할 수 있다.
④ 정책위원회의 업무를 효율적으로 수행하기 위하여 정책위원회에 분과위원회를 둘 수 있다. 이 경우 분과위원회의 위원장과 위원은 정책위원회의 위원장이 정책위원회 위원 중에서 임명한다.
⑤ 정책위원회의 사무를 처리하기 위하여 정책위원회에 간사 1명을 둔다.
⑥ 간사는 지방공기업에 관한 업무를 담당하는 행정안전부의 과장이 된다.

26 행정안전부장관이 할 수 있는 경영개선명령이 **아닌** 것은?

① 사업규모의 축소

② 법인의 청산

③ 전년도 지방공기업의 임직원에 대한 감봉

④ 민영화

당해 임직원이다.

영 제75조(경영진단에 따른 경영개선명령) 행정안전부장관은 다음 각호의 경영개선명령을 할 수 있다.
1. 당해 지방공기업의 임직원에 대한 감봉·해임등의 인사조치
2. 사업규모의 축소·조직개편 및 인력조정
3. 법인의 청산 및 민영화
4. 기타 경영개선을 위하여 필요한 사항

27 주민 등의 의견청취에 관한 설명으로 <u>틀린</u> 것은?

① 주민공청회를 개최하기 전에 타당성 검토 결과를 해당 지방자치단체의 인터넷 홈페이지에 미리 공개하고 그 사본을 주민자치센터 등 공개된 장소에 갖추어 주민들이 열람할 수 있게 해야 한다.

② 지방자치단체의 장은 주민 등의 의견을 청취하는 경우에는 행정안전부장관으로부터 경영 개선 명령을 받은 날 또는 해산 요구를 받은 날부터 60일 이내에 주민공청회를 실시하여야 한다.

③ 지방자치단체의 장은 주민공청회를 개최하는 경우 개최예정일 15일 이전에 개최목적 등을 공고하여야 한다.

④ 지방자치단체의 장은 주민 등의 의견을 청취하는 경우에는 주민공청회를 개최하기 전에 심의위원회를 개최해야 한다.

> 심의위원회를 개최하기 전에 주민공청회를 개최해야 한다.
> **영 제76조의2(주민 등의 의견청취)**
> ① 지방자치단체의 장은 주민 등의 의견을 청취하는 경우에는 심의위원회를 개최하기 전에 주민공청회를 개최해야 한다. 이 경우 주민공청회를 개최하기 전에 타당성 검토 결과를 해당 지방자치단체의 인터넷 홈페이지에 미리 공개하고 그 사본을 주민자치센터 등 공개된 장소에 갖추어 주민들이 열람할 수 있게 해야 한다.
> ② 지방자치단체의 장은 주민 등의 의견을 청취하는 경우에는 행정안전부장관으로부터 경영 개선 명령을 받은 날 또는 해산 요구를 받은 날부터 60일 이내에 주민공청회를 실시하여야 한다.
> ③ 지방자치단체의 장은 주민공청회를 개최하는 경우 개최예정일 15일 이전에 개최목적, 개최예정일, 개최장소 등을 공고하여야 한다.

28 임직원에 대하여 직무와 관련된 사건에 관한 조사나 수사를 시작한 때 사실과 결과를 통보하여야 하는 기관이 <u>아닌</u> 것은?

① 감사원

② 공단의 감사

③ 지방자치단체의 장

④ 행정안전부장관

> **법 제80조의2(수사기관 등의 수사 등 개시 · 종료 통보)**
> 다음 각 호의 어느 하나에 해당하는 기관은 공사 또는 공단의 임직원에 대하여 직무와 관련된 사건에 관한 조사나 수사를 시작한 때와 이를 마친 때에는 10일 이내에 공사의 사장 또는 공단의 이사장에게 해당 사실과 결과를 통보하여야 한다.
> 1. 감사원
> 2. 검찰 · 경찰 및 그 밖의 수사기관
> 3. 행정안전부장관
> 4. 지방자치단체의 장

29 5년 이하의 징역 또는 5천만원 이하의 벌금에 처하는 경우는?

① 공사·공단의 임원 및 그 밖에 회계업무를 담당하는 자가 회계처리기준을 위반하여 거짓으로 재무제표를 작성·공시한 경우

② 공사·공단의 임원 및 그 밖에 회계업무를 담당하는 자가 결산서를 작성하지 아니한 경우

③ 회계감사인 또는 그에 소속된 공인회계사가 회계감사 보고서에 적어야 할 사항을 적지 아니하거나 거짓으로 적은 경우

④ 공사·공단의 임원 및 그 밖에 회계업무를 담당하는 자가 회계감사인에게 거짓 자료를 제시하거나 거짓이나 그 밖의 부정한 방법으로 회계감사인의 정상적인 회계감사를 방해한 경우

법 제81조(벌칙)
①「상법」에 규정된 자나 공사·공단의 임원 및 그 밖에 회계업무를 담당하는 자가 회계처리기준을 위반하여 거짓으로 재무제표를 작성·공시한 경우 5년 이하의 징역 또는 5천만원 이하의 벌금에 처한다.
②「상법」에 규정된 자나 공사·공단의 임원 및 그 밖에 회계업무를 담당하는 자가 결산서를 작성하지 아니한 경우 3년 이하의 징역 또는 3천만원 이하의 벌금에 처한다.
③회계감사인 또는 그에 소속된 공인회계사가 회계감사 보고서에 적어야 할 사항을 적지 아니하거나 거짓으로 적은 경우 3년 이하의 징역 또는 3천만원 이하의 벌금에 처한다.
④「상법」에 규정된 자나 공사·공단의 임원 및 그 밖에 회계업무를 담당하는 자가 다음 각 호의 어느 하나에 해당하는 행위를 하면 2년 이하의 징역 또는 2천만원 이하의 벌금에 처한다.
 1. 회계감사인에게 거짓 자료를 제시하거나 거짓이나 그 밖의 부정한 방법으로 회계감사인의 정상적인 회계감사를 방해한 경우

30 회계감사인이 그 직무에 관하여 부정한 청탁을 받고 금품이나 이익을 받거나 요구한 경우의 처벌은?

① 5년 이하의 징역 또는 5천만원 이하의 벌금

② 3년 이하의 징역 또는 3천만원 이하의 벌금

③ 2년 이하의 징역 또는 2천만원 이하의 벌금

④ 1년 이하의 징역 또는 1천만원 이하의 벌금

법 제82조(벌칙)
① 회계감사인, 회계감사인에 소속된 공인회계사, 감사(제78조의4에 따른 평가원의 감사는 제외한다) 또는 회계감사인선임위원회의 위원이 그 직무에 관하여 부정한 청탁을 받고 그 대가로서 금품이나 이익을 받거나 요구한 경우 또는 받기로 약속한 경우에는 3년 이하의 징역 또는 3천만원 이하의 벌금에 처한다.

31 벌칙 적용에서 공무원으로 의제되지 않는 대상은?

① 공사의 임원

② 공단의 직원

③ 평가원의 임원

④ 지방공기업정책위원회의 위원 중 공무원인 사람

의제대상은 공무원이 아닌 사람이다.
법 제85조(벌칙 적용에서 공무원 의제) 다음 각 호의 어느 하나에 해당하는 사람은「형법」규정을 적용할 때에는 공무원으로 본다.
 1. 공사와 공단의 임직원
 2. 평가원의 임직원 및 지방공기업정책위원회의 위원 중 공무원이 아닌 사람

심화 문제

01 「지방공기업법」 제2조(적용 범위)에 따른 대상 사업이 <u>아닌</u> 것은?

① 도시철도사업을 포함한 궤도사업

② 마을상수도사업

③ 하수도사업

④ 유료 지방도로사업

마을상수도사업은 제외한다.
법 제2조(적용 범위)
① 이 법은 다음 각 호의 어느 하나에 해당하는 사업(그에 부대되는 사업을 포함한다.) 중 지방자치단체가 직접 설치·경영하는 사업으로서 대통령령으로 정하는 기준 이상의 사업과 지방공사와 지방공단이 경영하는 사업에 대하여 각각 적용한다.
1. 수도사업(마을상수도사업은 제외한다)
3. 궤도사업(도시철도사업을 포함한다)
5. 지방도로사업(유료도로사업만 해당한다)
6. 하수도사업

02 조례로 「지방공기업법」을 적용할 수 있는 사업에 해당하지 <u>않는</u> 것은?

① 민간인의 경영 참여가 어려운 사업으로서 주민복리의 증진에 이바지할 수 있는 사업

② 「관광진흥법」에 따른 관광사업 중 여행업 및 카지노업

③ 「체육시설의 설치·이용에 관한 법률」에 따른 체육시설업

④ 대통령령으로 정하는 기준에 미달하는 공업용수도사업

여행업 및 카지노업은 제외한다.
법 제2조(적용 범위)
② 지방자치단체는 다음 각 호의 어느 하나에 해당하는 사업 중 경상경비의 50퍼센트 이상을 경상수입으로 충당할 수 있는 사업을 지방직영기업, 지방공사 또는 지방공단이 경영하는 경우에는 조례로 정하는 바에 따라 이 법을 적용할 수 있다.
1. 민간인의 경영 참여가 어려운 사업으로서 주민복리의 증진에 이바지할 수 있고, 지역경제의 활성화나 지역개발의 촉진에 이바지할 수 있다고 인정되는 사업
2. 제1항 각 호의 어느 하나에 해당하는 사업 중 같은 항 각 호 외의 부분에 따라 대통령령으로 정하는 기준에 미달하는 사업
3. 「체육시설의 설치·이용에 관한 법률」에 따른 체육시설업
4. 「관광진흥법」에 따른 관광사업(여행업 및 카지노업은 제외한다)

정답 **01** ② **02** ②

03 대통령령으로 정하는 지방공기업법 적용 기준이 잘못 짝지어진 것은?

① 궤도사업 : 보유차량 30량 이상

② 지방도로사업 : 도로관리연장 50킬로미터 이상

③ 수도사업 : 1일 생산능력 1만톤 이상

④ 주택사업 : 주택관리 연면적 또는 주택건설 면적 10만평방미터 이상

> 50량 이상이다.
> **법 시행령 제2조(사업범위)**
> ①「지방공기업법」제2조제1항에서 "대통령령으로 정하는 기준 이상의 사업"이란 다음 각호의 기준에 해당하는 사업을 말한다.
> 1. 수도사업 : 1일 생산능력 1만톤 이상
> 3. 궤도사업 : 보유차량 50량 이상
> 5. 지방도로사업 : 도로관리연장 50킬로미터 이상 또는 유료터널·교량 3개소 이상
> 7. 주택사업 : 주택관리 연면적 또는 주택건설 면적 10만평방미터 이상

04 설립타당성 검토를 실시하는 전문기관이 갖춰야 하는 요건이 <u>아닌</u> 것은?

① 최근 3년 이내에 지방공기업 관련 연구용역 실적이 있을 것

② 최근 3년 이내에 지방재정 관련 연구용역 실적이 있을 것

③ 사업타당성 검토 업무에 3년 이상 종사한 경력을 가진 사람 5명 이상과 5년 이상 종사한 경력을 가진 사람 2명 이상을 보유하고 있을 것

④ 사업타당성 검토 관련 분야 박사학위 소지자를 3명 이상 보유하고 있을 것

> **영 제47조(설립타당성 검토 등)**
> ④ "전문인력 및 조사·연구 능력 등 대통령령으로 정하는 요건을 갖춘 전문기관"이란 다음 각 호의 요건을 모두 갖춘 기관을 말한다.
> 1. 사업타당성 검토 업무에 3년 이상 종사한 경력을 가진 사람 5명 이상과 5년 이상 종사한 경력을 가진 사람 2명 이상을 보유하고 있을 것
> 2. 최근 3년 이내에 지방공기업 또는「공공기관의 운영에 관한 법률」에 따른 공공기관이나 지방재정 관련 연구용역 실적이 있을 것

05 공사의 자본금을 주식으로 발행할 때 조례로 정하지 <u>않는</u> 것은?

① 1주의 금액

② 발행 주식의 총수

③ 배당시기

④ 주식의 종류

> **법 제53조(출자)**
> ③ 제2항의 경우에는 공사의 자본금은 주식으로 분할하여 발행한다. 이 경우에 발행하는 주식의 종류, 1주의 금액, 주식발행의 시기, 발행 주식의 총수와 주금의 납입시기 및 납입방법은 조례로 정한다.

---

06 공사의 다른 법인에 대한 출자 필요성 및 타당성 검토 제외 대상이 <u>아닌</u> 것은?

① 신규 투자사업의 타당성 검토를 거친 사업

② 민간투자 적격성 조사를 거친 사업

③ 「국가재정법」에 따른 예비타당성조사 거친 사업

④ 「공공기관의 운영에 관한 법률」에 따른 예비타당성 조사를 거친 사업

법 제54조(다른 법인에 대한 출자)
③ 다음 각 호의 어느 하나에 해당하는 사업의 수행을 위한 출자 및 대통령령으로 정하는 금액 이하의 출자는 대통령령으로 정하는 절차에 따라 출자의 필요성 및 타당성 검토 대상에서 제외한다. 이 경우 공사의 사장은 출자의 필요성 및 타당성 검토 제외 사업의 내역 및 사유를 지체 없이 지방자치단체의 장과 의회에 보고하여야 한다.
1. 다음 각 목의 어느 하나에 해당하는 조사·심사를 거쳤거나 제외된 사업
   가. 「국가재정법」에 따른 예비타당성조사
   나. 「지방재정법」에 따른 투자심사(해당 공사를 설립한 지방자치단체의 장이 실시한 투자심사에 한정한다)
   다. 「공공기관의 운영에 관한 법률」에 따른 예비타당성조사
2. 신규 투자사업의 타당성 검토를 거쳤거나 신규 투자사업 타당성 검토 대상에서 제외된 사업

07 지방자치단체의 장에게 보고해야 하는 경영상의 중대한 변화에 해당하지 <u>않는</u> 것은?

① 출자한 법인의 사업목적의 변경

② 3개 사업연도 이상 계속하여 당기순손실로 재무구조의 급격한 변화가 발생한 경우

③ 직전 사업연도 말일을 기준으로 부채비율이 100분의 200 이상으로 재무구조의 급격한 변화가 발생한 경우

④ 출자법인의 상호와 주된 사무소의 변경

영 제47조의2(다른 법인에 대한 출자타당성 검토 등)
⑦ 법 제54조제5항에서 "최대주주의 변경 등 대통령령으로 정하는 경영상의 중대한 변화가 발생하는 경우"란 다음 각 호의 사항을 말한다.
1. 최대주주의 변경
2. 출자한 법인의 사업목적의 변경
3. 다음 각 목의 어느 하나에 해당하는 재무구조의 급격한 변화가 발생한 경우
   가. 3개 사업연도 이상 계속하여 당기순손실이 발생한 경우
   나. 직전 사업연도 말일을 기준으로 부채비율이 100분의 200 이상인 경우
   다. 직전 사업연도 말일을 기준으로 자본잠식률(자본금에서 자본총계를 뺀 값을 자본금으로 나눈 값을 말한다) 이 100분의 50을 초과하는 경우

08 공사가 지사를 설치한 경우 등기해야 하는 것이 <u>아닌</u> 것은?

① 설치 연월일

② 설치된 지사의 소재지

③ 설치된 지사의 명칭

④ 설치 목적

영 제50조(지사의 설치등기) 공사는 지사를 설치한 경우에는 설치 후 2주일 이내에 주된 사무소의 소재지에서 설치된 지사의 명칭, 소재지 및 설치 연월일을 등기해야 한다.

09 설립등기 신청 시 첨부해야 하는 서류가 <u>아닌</u> 것은?

① 현물출자를 증명하는 서류

② 사업계획서

③ 정관

④ 주식인수를 증명하는 서류

영 제53조(등기의 신청)
① 제49조 내지 제52조의 규정에 의한 등기는 공사의 사장이 행한다.
② 공사의 사장이 제1항의 규정에 의하여 등기를 신청하는 때에는 등기신청서에 다음 각호의 서류를 첨부하여야 한다.
　1. 제49조의 규정에 의한 설립등기에 있어서는 정관 · 주식인수 · 현물출자 · 주금납입 및 임원의 자격을 증명하는 서류

10 공사의 사장을 연임시킬 때 고려사항이 <u>아닌</u> 것은?

① 경영평가의 결과

② 업무성과 평가 결과

③ 경영성과계약의 이행실적

④ 공사의 자산 규모

법 제58조(임원의 임면 등)
④ 지방자치단체의 장은 사장의 경영성과에 따라 임기 중에 해임하거나 임기가 끝나더라도 임원추천위원회의 심의를 거쳐 연임시킬 수 있다. 이 경우 다음 각 호의 사항을 고려하여야 한다.
　1. 제58조의2에 따른 경영성과계약의 이행실적
　2. 제78조제1항 및 제2항에 따른 경영평가의 결과
　3. 제78조제4항에 따른 사장의 업무성과 평가 결과

11 임원추천위원회의 구성에 해당하지 <u>않는</u> 사람은?

① 그 공사의 이사회가 추천하는 사람 2명

② 그 공사가 속한 지역의 주민대표 2명

③ 그 지방자치단체의 장이 추천하는 사람 2명

④ 그 의회가 추천하는 사람 3명

영 제56조의3(임원추천위원회의 구성과 운영)
① 임원추천위원회는 공사에 두며 다음 각 호의 사람으로 구성한다. 다만, 공사를 설립하는 때에는 그 지방자치단체의 장이 추천하는 사람 4명과 그 의회에서 추천하는 사람 3명으로 구성한다.
　1. 그 지방자치단체의 장이 추천하는 사람 2명
　2. 그 의회가 추천하는 사람 3명
　3. 그 공사의 이사회가 추천하는 사람 2명

12 임원추천위원회 위원에 해당하지 <u>않는</u> 것은?

① 4급 이상 공무원 또는 고위공무원단에 속하는 일반직공무원으로 재직중인 자

② 경제관련단체의 임원

③ 공인회계사

④ 경영전문가

퇴직한 자다.
영 제56조의3(임원추천위원회의 구성과 운영)
③ 추천위원회의 위원은 다음 각호의 1에 해당하는 자이어야 한다.
　1. 경영전문가
　2. 경제관련단체의 임원
　3. 4급 이상 공무원 또는 고위공무원단에 속하는 일반직공무원으로 퇴직한 자
　4. 공인회계사
　5. 공기업경영에 관한 지식과 경험이 있다고 인정되는 자

13 임원후보의 추천위원회가 모집공고를 하지 않아도 되는 매체는?

① 지방자치단체 인터넷 홈페이지

② 공사의 인터넷 홈페이지

③ 행정안전부장관이 지정하는 인터넷 사이트

④ 공사 사보

영 제56조의4(임원후보의 추천절차)
① 추천위원회는 임원후보를 공개모집하는 경우에는 해당 지방자치단체와 공사의 인터넷 홈페이지, 행정안전부장관이 지정하는 인터넷 사이트 및 1개 이상의 전국을 보급지역으로 하는 일간신문 또는 해당 지방자치단체의 지역을 주된 보급지역으로 하는 일간신문에 임원의 모집공고를 하되 그 모집 기간은 15일 이상으로 하여야 한다.

14 겸직 금지되는 임직원의 영리업무를 모두 고르시오.

ㄱ. 공사의 임원 및 직원이 상업, 공업, 금융업 또는 그 밖의 영리적인 업무를 스스로 경영하여 영리를 추구함이 뚜렷한 업무
ㄴ. 공사의 임원 및 직원이 상업, 공업, 금융업 또는 그 밖에 영리를 목적으로 하는 사기업체(私企業體)의 이사, 감사, 업무를 집행하는 무한책임사원, 지배인, 발기인 또는 그 밖의 임원이 되어 수행하는 업무
ㄷ. 공사의 임원 및 직원 본인의 직무와 관련 있는 타인의 기업에 대하여 하는 투자

① ㄱ

② ㄱ, ㄴ

③ ㄴ, ㄷ

④ ㄱ, ㄴ, ㄷ

영 제57조의2(겸직 금지되는 임직원의 영리업무) 법 제61조 제2항에서 "대통령령으로 정하는 업무"란 다음 각 호의 어느 하나에 해당하는 업무를 말한다.
1. 공사의 임원 및 직원이 상업, 공업, 금융업 또는 그 밖의 영리적인 업무를 스스로 경영하여 영리를 추구함이 뚜렷한 업무
2. 공사의 임원 및 직원이 상업, 공업, 금융업 또는 그 밖에 영리를 목적으로 하는 사기업체의 이사, 감사, 업무를 집행하는 무한책임사원, 지배인, 발기인 또는 그 밖의 임원이 되어 수행하는 업무
3. 공사의 임원 및 직원 본인의 직무와 관련 있는 타인의 기업에 대하여 하는 투자
4. 그 밖에 계속적으로 재산상의 이득을 목적으로 하는 업무

정답 13 ④ 14 ④

15 사장이 대리인을 선임한 경우 등기해야 하는 사항이 <u>아닌</u> 것은?

① 대리인의 성명

② 대리인을 둔 주된 사무소

③ 대리인의 주민등록번호

④ 대리인의 권한을 허가한 경우에는 그 허가의 내용

제한의 경우에 제한의 내용이다.

영 제57조의3(대리인의 선임 등기)

① 공사는 사장이 대리인을 선임한 경우에는 선임 후 2주일 이내에 주된 사무소의 소재지에서 다음 각 호의 사항을 등기해야 한다.

1. 대리인의 성명, 주민등록번호와 주소
2. 대리인을 둔 주된 사무소, 지사 또는 출장소
3. 대리인의 권한을 제한한 경우에는 그 제한의 내용

---

16 채용비위자에 대한 조치로 합격을 취소하는 경우 당사자에게 통지해야 하는 사항이 <u>아닌</u> 것은?

① 소명 기한

② 지방자치단체의 장의 합격취소등의 요구 내용 및 사유

③ 소명하지 않는 경우의 처리방법

④ 복직 절차

영 제57조의6(채용비위자에 대한 조치)

③ 공사의 사장은 합격취소등을 결정하기 10일 전까지 합격취소등의 당사자에게 다음 각 호의 사항을 통지해야 한다.

1. 지방자치단체의 장의 합격취소등의 요구 내용 및 사유
2. 소명 기한
3. 소명 방법
4. 소명하지 않는 경우의 처리방법
5. 그 밖에 소명에 필요한 사항

---

17 수의계약으로 할 수 있는 경우가 <u>아닌</u> 것은?

① 공사의 업무를 위탁하거나 대행시키기 위하여 그 자회사 또는 출자회사와 계약을 체결하는 경우

② 해당 공사가 소유하고 있는 시설·설비 또는 「시설물의 안전 및 유지관리에 관한 특별법」에 따른 1종 시설물의 유지관리 등을 위하여 불가피하게 그 자회사 또는 출자회사와 계약을 체결하는 경우

③ 공사가 「지방공기업법」에 따른 경영평가 결과를 반영하여 우수 협력업체와 계약을 체결하는 경우

④ 공사가 「대·중소기업 상생협력 촉진에 관한 법률」에 따른 성과공유제를 시행하여 성과공유제 확산 추진본부로부터 그 성과를 확인받은 후 2년 이내에 해당 수탁기업과 계약을 체결하는 경우

영 제57조의8(회계처리 등)

② 「지방자치단체를 당사자로 하는 계약에 관한 법률 시행령」에도 불구하고 공사의 사장 또는 공사의 사장으로부터 계약사무의 전부 또는 일부를 위임 또는 위탁받아 계약사무를 담당하는 직원은 다음 각 호의 어느 하나에 해당하는 경우에는 수의계약으로 할 수 있다.

1. 공사의 업무를 위탁하거나 대행시키기 위하여 그 자회사(해당 공사가 발행주식 총수 또는 총출자지분의 100분의 100을 소유하고 있는 법인을 말한다.) 또는 출자회사(해당 공사가 소유하고 있는 주식 또는 출자지분과 다른 공사가 소유하고 있는 주식 또는 출자지분의 합계가 발행주식 총수 또는 총출자지분의 100분의 100인 법인을 말한다.)와 계약을 체결하는 경우
2. 해당 공사가 소유하고 있는 시설·설비 또는 「시설물의 안전 및 유지관리에 관한 특별법」에 따른 1종 시설물의 유지관리 등을 위하여 불가피하게 그 자회사 또는 출자회사와 계약을 체결하는 경우
3. 공사가 「대·중소기업 상생협력 촉진에 관한 법률」에 따른 성과공유제를 시행하여 성과공유제 확산 추진본부로부터 그 성과를 확인받은 후 2년 이내에 해당 수탁기업과 계약을 체결하는 경우

18 국제입찰에 의한 도시철도공사의 조달계약의 대상에서 제외하는 경우가 <u>아닌</u> 것은?

① 공공의 질서 · 안정을 유지하거나 인간 또는 동식물의 생명 · 건강 및 지적소유권을 보호하기 위하여 필요한 경우

② 재판매 또는 판매를 위한 생산에 필요한 물품 및 용역을 조달하는 경우

③ 「중소기업제품 구매촉진 및 판로지원에 관한 법률」에 따라 중소기업 제품을 제조 · 구매하는 경우

④ 공사의 긴급한 업무수행을 위하여 필요한 물품 및 용역을 조달하는 경우

> **영 제57조의9(국제입찰 대상 도시철도공사의 조달계약의 범위)**
> ① 도시철도공사는 정부가 가입하거나 체결한 정부조달에 관한 협정 및 이에 근거한 국제규범에 따라 행정안전부장관이 정하여 고시하는 금액 이상인 조달계약을 체결하는 경우에는 국제입찰의 방법으로 해야 한다. 다만, 다음 각 호의 어느 하나에 해당하는 경우에는 국제입찰에 의한 도시철도공사의 조달계약의 대상에서 제외한다.
> 1. 재판매 또는 판매를 위한 생산에 필요한 물품 및 용역을 조달하는 경우
> 3. 「중소기업제품 구매촉진 및 판로지원에 관한 법률」에 따라 중소기업 제품을 제조 · 구매하는 경우
> 5. 공공의 질서 · 안정을 유지하거나 인간 또는 동식물의 생명 · 건강 및 지적소유권을 보호하기 위하여 필요한 경우

19 지방공기업법령에 따른 국제입찰의 방법으로 조달계약을 해야 하는 공사가 <u>아닌</u> 것은?

① 부산교통공사

② 서울교통공사

③ 한국철도공사

④ 대구도시철도공사

> **지방공기업법 시행령 [별표 1]**
> 국제입찰의 방법으로 조달계약을 해야 하는 공사(영 제57조의9제1항 관련)
>
> 1. 서울교통공사
> 2. 부산교통공사
> 3. 대구도시철도공사
> 4. 인천교통공사(도시철도 분야로 한정한다)
> 5. 광주광역시도시철도공사
> 6. 대전광역시도시철도공사

20 중장기재무관리계획에 포함되어야 하는 사항이 <u>아닌</u> 것은?

① 주민 복지 증진을 위한 종합계획

② 사업계획 및 투자방향

③ 전년도 중장기재무관리계획 대비 변동사항, 변동요인 및 관리계획 등에 대한 평가 · 분석

④ 5회계연도 이상의 중장기 경영목표

> **법 제64조의3(중장기재무관리계획의 수립 등)**
> ① 자산 · 부채규모 등을 고려하여 대통령령으로 정하는 기준에 해당하는 공사의 사장은 매년 해당 연도를 포함한 5회계연도 이상의 중장기재무관리계획을 수립하고, 이사회의 의결을 거쳐 확정한 후 대통령령으로 정하는 기한까지 지방자치단체의 장과 의회에 제출하여야 한다.
> ② 중장기재무관리계획에는 다음 각 호의 사항이 포함되어야 한다.
> 1. 5회계연도 이상의 중장기 경영목표
> 2. 사업계획 및 투자방향
> 3. 재무 전망과 그 근거 및 관리계획
> 4. 부채의 증감에 대한 전망과 그 근거 및 관리계획 등이 포함된 부채관리계획
> 5. 전년도 중장기재무관리계획 대비 변동사항, 변동요인 및 관리계획 등에 대한 평가 · 분석

21 국제입찰 이의신청의 대상이 되는 부분에 해당하지 <u>않는</u> 것은?

① 낙찰자 결정과 관련된 사항

② 국제입찰에 의한 계약의 범위와 관련된 사항

③ 계약체결 이후의 계약이행과 관련된 사항

④ 입찰 공고와 관련된 사항

입찰계약 이후는 크게 관련이 없다.

법 제64조의6(이의신청)

① 국제입찰에 의한 계약 또는 대통령령으로 정하는 규모 이상의 입찰에 의한 계약과정에서 다음 각 호의 어느 하나에 해당하는 사항으로 인하여 불이익을 받은 자는 해당 공사의 사장에게 그 행위의 취소 또는 시정을 위한 이의신청을 제기할 수 있다.

1. 국제입찰에 의한 계약의 범위와 관련된 사항
2. 입찰참가자격과 관련된 사항
3. 입찰 공고와 관련된 사항
4. 낙찰자 결정과 관련된 사항
5. 그 밖에 대통령령으로 정하는 사항

22 신규 투자사업 타당성 검토 대상에서 제외하는 사업이 <u>아닌</u> 것은?

① 법령에 따라 추진하여야 하는 사업

② 「재난 및 안전관리 기본법」에 따른 재난의 예방 및 복구 지원을 위하여 시급한 추진이 필요한 사업

③ 국가 정책적으로 추진이 필요하여 국무회의를 거쳐 확정되고 사업목적 및 규모, 추진방안 등 구체적인 사업계획이 수립된 사업

④ 공사의 경영개선을 위하여 필요하다고 인정되는 사업

법 제65조의3(신규 투자사업의 타당성 검토)

② 다음 각 호의 어느 하나에 해당하는 사업은 대통령령으로 정하는 절차에 따라 신규 투자사업 타당성 검토 대상에서 제외한다. 이 경우 공사의 사장은 신규 투자사업 타당성 검토 제외 사업의 내역 및 사유를 지체 없이 지방자치단체의 장과 의회에 보고하여야 한다.

1. 다음 각 목의 어느 하나에 해당하는 조사 · 심사 등을 거쳤거나 제외된 사업
   가. 「국가재정법」 제38조제1항에 따른 예비타당성조사
   나. 「지방재정법」 제37조에 따른 투자심사(해당 공사를 설립한 지방자치단체의 장이 실시한 투자심사에 한정한다)
   다. 「공공기관의 운영에 관한 법률」 제40조제3항에 따른 예비타당성조사
2. 설립 지방자치단체가 각각 다른 2개 이상의 공사가 공동으로 신규 투자사업을 추진하는 경우로서 그 중 하나 이상의 공사의 사장이 제1항에 따른 절차를 모두 거치고, 다른 공사를 설립한 지방자치단체의 의회가 별도의 신규 투자사업 타당성 검토를 거치지 아니하기로 동의한 사업
3. 「재난 및 안전관리 기본법」 제3조제1호에 따른 재난의 예방 및 복구 지원을 위하여 시급한 추진이 필요한 사업
4. 법령에 따라 추진하여야 하는 사업
5. 지역 균형발전, 긴급한 경제적 · 사회적 상황 대응 등을 위하여 국가 정책적으로 추진이 필요한 사업으로서 다음 각 목의 요건을 모두 갖춘 사업
   가. 사업목적 및 규모, 추진방안 등 구체적인 사업계획이 수립된 사업
   나. 국가 정책적으로 추진이 필요하여 국무회의를 거쳐 확정된 사업

23 공사 결산 결과 이익이 생긴 경우 처리 순서를 올바르게 나열한 것은?

> ㄱ. 대통령령으로 정하는 바에 따라 이익준비금으로 적립
> ㄴ. 대통령령으로 정하는 바에 따라 감채적립금으로 적립
> ㄷ. 이익을 배당하거나 정관으로 정하는 바에 따라 적립
> ㄹ. 전 사업연도로부터 이월된 결손금이 있으면 결손금을 보전

① ㄱ - ㄴ - ㄷ - ㄹ
② ㄷ - ㄱ - ㄴ - ㄹ
③ ㄹ - ㄱ - ㄴ - ㄷ
④ ㄹ - ㄷ - ㄱ - ㄴ

법 제67조(손익금의 처리)
① 공사는 결산 결과 이익이 생긴 경우에는 그 이익금을 다음 각 호의 순서에 따라 처리한다.
1. 전 사업연도로부터 이월된 결손금이 있으면 결손금을 보전
2. 대통령령으로 정하는 바에 따라 이익준비금으로 적립
3. 대통령령으로 정하는 바에 따라 감채적립금으로 적립
4. 이익을 배당하거나 정관으로 정하는 바에 따라 적립

24 대통령령으로 정하는 사채 발행 기준을 초과하는 경우가 <u>아닌</u> 것은?

① 최근 3년 이상 계속하여 당기순손실이 발생한 경우
② 사채발행예정액이 300억원 이상인 경우
③ 최근 회계연도 말 기준 유동부채가 유동자산을 초과한 경우
④ 사채발행 승인 신청 당시 사채발행예정액을 합산한 부채비율이 100분의 200 이상인 경우

영 제62조(사채발행)
④ "대통령령이 정하는 기준을 초과하는 경우"라 함은 다음 각호의 어느 하나에 해당하는 경우를 말한다.
1. 사채발행 승인 신청 당시 사채발행예정액을 합산한 부채비율이 100분의 200 이상인 경우
2. 최근 3년 이상 계속하여 당기순손실이 발생한 경우
3. 사채발행예정액이 300억원 이상인 경우

25 공사가 사업을 대행하는 경우 국가 또는 지방자치단체가 부담하여야 할 경비가 <u>아닌</u> 것은?

① 사업의 집행에 소요되는 인건비
② 사업의 종료후 결산이전까지의 사이에 시설물등을 관리하는 데 소요되는 경비
③ 사업실시에 따른 사업계획의 사전조사에 소요되는 경비
④ 사업을 실시하는 공사의 결손금 보전에 소요되는 경비

영 제63조(대행업무의 비용부담등)
② 공사가 국가 또는 지방자치단체의 사업을 대행하는 경우 국가 또는 지방자치단체가 부담하여야 할 경비의 범위는 다음과 같다.
1. 사업실시에 따른 사업계획의 수립, 사전조사, 용역등에 소요되는 경비
2. 사업의 집행에 소요되는 시설비 · 인건비 및 부대경비
3. 사업의 종료후 결산이전 또는 시설물등의 인계이전까지의 사이에 시설물등을 관리하는 데 소요되는 경비
4. 사업의 대행에 따른 대행수수료
5. 기타 사업집행상 필수적으로 소요되는 경비

26 경영평가에 필요한 자료를 제출하지 아니한 경우 행정안전부장관이 할 수 있는 조치가 <u>아닌</u> 것은?

① 평가급 조정을 요청
② 해당 지방공기업에 대한 주의 조치
③ 경영평가 결과 조정
④ 해당 지방공기업 예산 삭감

법 제78조(경영평가 및 지도)
⑥ 행정안전부장관은 지방공기업이 다음 각 호의 어느 하나에 해당하는 경우에는 경영평가 결과를 조정하고, 해당 지방공기업에 대한 주의 · 경고 등의 조치를 하거나 지방자치단체의 장에게 해당 지방공기업의 평가급 조정을 요청할 수 있다. 이 경우 지방공기업정책위원회의 심의를 거쳐야 한다.
1. 경영평가에 필요한 자료를 제출하지 아니하거나 거짓으로 작성 · 제출한 경우

정답 23 ③ 24 ③ 25 ④ 26 ④

27 대통령령으로 정하는 지방공기업의 윤리경영 저해행위가 <u>아닌</u> 것은?

① 부당한 직무수행으로 인해 국민의 생명 위해 초래

② 부당한 직무수행으로 인해 자연환경에 대한 훼손 초래

③ 지방공기업의 업무와 관련되는 법률을 위반하여 채용비위 등과 관련된 중대한 위법행위를 한 경우

④ 공익사업 추진 과정에서 불가피하게 일부 주민에게 생활불편이 발생한 경우

영 제68조의2(지방공기업의 윤리경영 저해행위)
"대통령령으로 정하는 경우"란 다음 각 호의 경우를 말한다.
1. 법, 「상법」, 「형법」, 「조세범 처벌법」, 「지방세기본법」, 「독점규제 및 공정거래에 관한 법률」 또는 그 밖에 해당 지방공기업의 업무와 관련되는 법률을 위반하여 채용비위, 조세포탈, 회계부정 또는 불공정거래행위 등과 관련된 중대한 위법행위를 한 경우
2. 부당한 직무수행으로 인해 다음 각 목의 사회적 물의를 일으킨 경우
   가. 국민의 생명, 재산 또는 안전상의 위해 초래
   나. 자연환경, 생활환경 또는 기업환경 등에 대한 훼손, 교란 또는 피해 초래

28 경영평가가 끝난 후 제출하여야 하는 서류가 <u>아닌</u> 것은?

① 경영평가에 소요된 비용 보고서

② 결산서 및 회계감사보고서

③ 지방자치단체의 감사결과와 「지방자치법」에 따른 시정요구를 받은 경우에는 그 내용

④ 사업운영계획 및 사업실적보고서

영 제69조(제출서류) "기타 대통령령이 정하는 서류"라 함은 다음 각호의 것을 말한다.
1. 결산서 및 회계감사보고서
2. 사업운영계획 및 사업실적보고서
3. 감사의 감사보고서와 「감사원법」에 의한 징계 · 시정 · 개선요구등을 받은 경우에는 그 내용
4. 지방자치단체의 감사결과와 「지방자치법」에 따른 시정요구를 받은 경우에는 그 내용
5. 기타 경영에 관한 중요사항으로서 행정안전부장관이 요구하는 사항

29 부실 지방공기업에 대한 해산 요구 요건에 해당하지 <u>않는</u> 것은?

① 5 회계연도 연속 당기순이익이 감소한 경우

② 자본금 전액이 잠식된 경우

③ 부채비율이 100분의 400 이상인 경우

④ 2 회계연도 연속 자본잠식률이 100분의 50을 초과하는 경우

영 제71조의2(부실 지방공기업에 대한 해산 요구 요건)
"대통령령으로 정하는 경우"란 직전 연도 결산자료로 판단한 결과 공사 또는 공단이 다음 각 호의 어느 하나에 해당하는 경우를 말한다.
1. 부채비율이 100분의 400 이상인 경우
2. 자본금 전액이 잠식된 경우
3. 2 회계연도 연속 자본잠식률(자본금에서 자본총계을 뺀 값을 자본금으로 나눈 값)이 100분의 50을 초과하는 경우

30 지방공기업 출연금 편성기준에 해당하지 <u>않는</u> 것은?

① 매출액

② 자산

③ 직원 수

④ 재정력

영 제76조(지방공기업평가원에 대한 출연)
① 지방공기업평가원의 이사장은 다음 각 호의 기준에 따라 편성한 전체 및 각 지방자치단체 · 지방공기업별 다음 연도 출연금 요구안에 대하여 매년 7월 31일까지 행정안전부장관과 협의하여 출연금 규모를 결정하여야 한다.
2. 지방공기업 출연금 편성기준: 매출액, 직원 수, 자산 등

31 지방자치단체의 장이 행정안전부장관에게 통보해야 하는 사항이 <u>아닌</u> 것은?

① 지방공사 · 공단의 정관변경사항

② 지방공사 · 공단의 설립사항

③ 지방공사 · 공단의 조직변경사항

④ 경영개선조치결과

영 제78조(통보 등)
② 지방자치단체의 장은 다음 각 호의 어느 하나에 해당되는 사항에 대하여 그 사유가 발생한 날부터 10일 이내에 행정안전부장관에게 통보해야 한다.
1. 지방공사 · 공단의 설립사항
2. 지방공사 · 공단의 공동설립사항
3. 지방공사 · 공단의 정관변경사항
4. 지방공사 · 공단의 사장(이사장)과 감사의 임면사항
5. 경영개선조치결과
7. 기타 지방공사 또는 공단의 청산 · 민영화등의 중요변동사항

32 공사와 공단의 조직변경에 대한 설명으로 <u>틀린</u> 것은?

① 공사의 사장 또는 공단의 이사장은 조직변경을 하려는 경우에는 조직변경에 관한 사항에 대하여 지방자치단체의 장의 승인을 받아야 한다.

② 공사의 사장 또는 공단의 이사장은 의회의 의결이 있은 날부터 20일 이내에 채권자 등 이해관계자에게 조직변경 사실을 통보하여야 한다.

③ 지방자치단체 외의 자가 출자한 공사가 공단으로 조직변경을 하려는 경우에는 의회의 의결 전에 총주주의 일치에 의한 총회의 결의를 거쳐 지방자치단체 외의 자가 출자한 금액을 지방자치단체의 출자금으로 전환하여야 한다.

④ 공사와 공단은 청산절차를 거치지 아니하고 공사는 공단으로, 공단은 공사로 조직변경을 할 수 없다.

사업의 효율적 운영을 위하여 필요한 경우에는 조직변경을 할 수 있다.
법 제80조(공사와 공단의 조직변경)
① 공사와 공단은 사업의 효율적 운영을 위하여 필요한 경우에는 청산절차를 거치지 아니하고 공사는 공단으로, 공단은 공사로 조직변경을 할 수 있다.
② 공사의 사장 또는 공단의 이사장은 조직변경을 하려는 경우에는 조직변경에 관한 사항에 대하여 지방자치단체의 장의 승인을 받아야 하고, 조직변경에 관한 조례안과 함께 의회의 의결을 거쳐야 한다.
③ 지방자치단체 외의 자가 출자한 공사가 공단으로 조직변경을 하려는 경우에는 의회의 의결 전에 총주주의 일치에 의한 총회의 결의를 거쳐 지방자치단체 외의 자가 출자한 금액을 지방자치단체의 출자금으로 전환하여야 한다.
④ 공사의 사장 또는 공단의 이사장은 의회의 의결이 있은 날부터 20일 이내에 채권자 등 이해관계자에게 조직변경 사실을 통보하여야 한다.
⑤ 공사 또는 공단이 제2항에 따른 의결을 받은 경우에는 3주 내에 그 주된 사무소의 소재지에서 종전의 공사 또는 공단에 관하여는 해산등기를, 변경된 공사 또는 공단에 관하여는 설립등기를 하여야 한다.

33 지방자치단체의 장이 불가피하게 주민등록번호가 포함된 자료를 처리할 수 있는 경우가 <u>아닌</u> 것은?

① 임원의 결격사유 확인에 관한 사무

② 부실 지방공기업 임원의 선임 등에 관한 사무

③ 사업에 수반되는 사용료 할인 또는 감면에 관한 사무

④ 주택사업 중 저소득 취약계층을 위한 주거복지사업에 관한 사무

해임 등에 관한 사무이다.

영 제78조의3(고유식별정보의 처리) 지방자치단체의 장, 공사의 사장 또는 공단의 이사장은 다음 각 호의 사무를 수행하기 위하여 불가피한 경우 「개인정보 보호법 시행령」에 따른 주민등록번호가 포함된 자료를 처리할 수 있다.

1. 법 제2조제1항 및 제2항에 따른 사업을 하는데 필요한 부동산 거래 관련 사무와 이에 수반되는 자료의 열람 · 복사 · 등본 및 사본 교부 등에 관한 사무
2. 법 제2조제1항 및 제2항에 따른 사업에 수반되는 사용료 할인 또는 감면에 관한 사무
3. 법 제2조제1항제7호에 따른 주택사업 중 저소득 취약계층을 위한 주거복지사업에 관한 사무
4. 법 제58조에 따른 임원의 임명 등에 관한 사무
5. 법 제60조에 따른 임원의 결격사유 확인에 관한 사무
6. 법 제63조에 따른 직원의 임면에 관한 사무
7. 법 제78조의2에 따른 부실 지방공기업 임원의 해임 등에 관한 사무

34 2년 이하의 징역 또는 2천만원 이하의 벌금에 처하는 경우가 <u>아닌</u> 것은?

① 회계에 관한 자료의 제출 요구를 거부 · 방해 · 기피하는 경우

② 회사의 업무와 재산상태에 대한 조사 및 관련 자료의 제출 요구를 거부 · 방해 · 기피하는 경우

③ 회계감사인 또는 그에 소속된 공인회계사가 회계감사 보고서에 적어야 할 사항을 적지 아니하거나 거짓으로 적은 경우

④ 회계감사인에게 거짓 자료를 제시하거나 거짓이나 그 밖의 부정한 방법으로 회계감사인의 정상적인 회계감사를 방해한 경우

③번은 3년 이하의 징역 또는 3천만원 이하의 벌금이다.

법 제81조(벌칙)

④ 「상법」에 규정된 자나 공사 · 공단의 임원 및 그 밖에 회계업무를 담당하는 자가 다음 각 호의 어느 하나에 해당하는 행위를 하면 2년 이하의 징역 또는 2천만원 이하의 벌금에 처한다.

1. 회계감사인에게 거짓 자료를 제시하거나 거짓이나 그 밖의 부정한 방법으로 회계감사인의 정상적인 회계감사를 방해한 경우
2. 다음 각 목의 어느 하나에 해당하는 회계감사인의 요구 또는 조사를 거부 · 방해 · 기피하는 경우
   가. 회계에 관한 장부와 서류의 열람 또는 복사 요구
   나. 회계에 관한 자료의 제출 요구
   다. 회사의 업무와 재산상태에 대한 조사 및 관련 자료의 제출 요구
3. 회계감사인에게 결산서를 제출하지 아니한 경우

35 과태료 부과기준이 옳지 <u>않은</u> 것은?

① 업무검사를 정당한 사유 없이 거부한 경우 1차 위반:
  50만원

② 회계검사에 필요한 자료를 지정기일까지 제출하지
  않거나 거부한 경우 1차 위반: 40만원

③ 재산검사원의 검사장 또는 사무소출입을 방해한 경우
  1차 위반: 30만원

④ 업무검사원이 요구한 자료를 지정기일까지 제출하지
  않은 경우 1차 위반: 30만원

25만원이다.
지방공기업법 시행령 [별표 2]
과태료의 부과기준(제79조 관련)
 1. 업무검사를 정당한 사유 없이 거부한 경우 1차 위반: 50
  만원
 2. 회계검사에 필요한 자료를 지정기일까지 제출하지 않거나
  거부한 경우 1차 위반: 40만원
 3. 재산검사원의 검사장 또는 사무소출입을 방해한 경우 1차
  위반: 30만원
 4. 업무검사원이 요구한 자료를 지정기일까지 제출하지 않은
  경우 1차 위반: 25만원

도시철도법 및 시행령

CHAPTER 1-1

총칙

담당부서　국토교통부(철도투자개발과)

- **도시철도법** : 법률
- **도시철도법 시행령** : 대통령령

📄 법 제1조(목적)

이 법은 도시교통권역의 원활한 교통 소통을 위하여 도시철도의 건설을 촉진하고 그 운영을 합리화하며 도시철도차량 등을 효율적으로 관리함으로써 도시교통의 발전과 도시교통 이용자의 안전 및 편의 증진에 이바지함을 목적으로 한다.

📄 영 제1조(목적)

이 영은 「도시철도법」에서 위임된 사항과 그 시행에 필요한 사항을 규정함을 목적으로 한다.

📄 법 제2조(정의)

이 법에서 사용하는 용어의 뜻은 다음과 같다.

1. "도시교통권역"이란 「도시교통정비 촉진법」 제4조에 따라 지정·고시된 교통권역(交通圈域)을 말한다.
2. "도시철도"란 도시교통의 원활한 소통을 위하여 도시교통권역에서 건설·운영하는 철도·모노레일·노면전차(路面電車)·선형유도전동기(線形誘導電動機)·자기부상열차(磁氣浮上列車) 등 궤도(軌道)에 의한 교통시설 및 교통수단을 말한다.
3. "도시철도시설"이란 다음 각 목의 어느 하나에 해당하는 시설(부지를 포함한다)을 말한다.
   가. 도시철도의 선로(線路), 역사(驛舍) 및 역 시설(물류시설, 환승시설 및 역사와 같은 건물에 있는 판매시설·업무시설·근린생활시설·숙박시설·문화 및 집회시설 등을 포함한다)
   나. 선로 및 도시철도차량을 보수·정비하기 위한 선로보수기지, 차량정비기지, 차량유치시설, 창고시설 및 기지시설
   다. 도시철도의 전철전력설비, 정보통신설비, 신호 및 열차제어설비
   라. 도시철도 기술의 개발·시험 및 연구를 위한 시설
   마. 도시철도 경영연수 및 철도전문인력을 양성하기 위한 교육훈련시설

바. 그 밖에 도시철도의 건설, 유지보수 및 운영을 위한 시설로서 대통령령으로 정하는 시설

4. "도시철도사업"이란 도시철도건설사업, 도시철도운송사업 및 도시철도부대사업을 말한다.

5. "도시철도건설사업"이란 새로운 도시철도시설의 건설, 기존 도시철도시설의 성능 및 기능 향상을 위한 개량, 도시철도시설의 증설 및 도시철도시설의 건설 시 수반되는 용역 업무 등에 해당하는 사업을 말한다.

6. "도시철도운송사업"이란 도시철도와 관련된 다음 각 목의 어느 하나에 해당하는 사업을 말한다.

　가. 도시철도시설을 이용한 여객 및 화물 운송

　나. 도시철도차량의 정비 및 열차의 운행 관리

　다. 삭제

6의2. "도시철도부대사업"이란 도시철도시설 · 도시철도차량 · 도시철도부지 등을 활용한 다음 각 목의 어느 하나에 해당하는 사업을 말한다.

　가. 도시철도와 다른 교통수단의 연계운송사업

　나. 도시철도 차량 · 장비와 도시철도용품의 제작 · 판매 · 정비 및 임대사업

　다. 도시철도시설의 유지 · 보수 등 국가 · 지방자치단체 또는 공공법인 등으로부터 위탁받은 사업

　라. 역세권 및 도시철도시설 · 부지를 활용한 개발 · 운영 사업으로서 대통령령으로 정하는 사업

　마. 「국가통합교통체계효율화법」에 따른 복합환승센터 개발사업으로서 대통령령으로 정하는 사업

　바. 「물류정책기본법」에 따른 물류사업으로서 대통령령으로 정하는 사업

　사. 「관광진흥법」에 따른 관광사업으로서 대통령령으로 정하는 사업

　아. 「옥외광고물 등의 관리와 옥외광고산업 진흥에 관한 법률」에 따른 옥외광고사업으로서 대통령령으로 정하는 사업

　자. 가목부터 아목까지의 사업과 관련한 조사 · 연구, 정보화, 기술 개발 및 인력 양성에 관한 사업

　차. 가목부터 자목까지의 사업에 딸린 사업으로서 대통령령으로 정하는 사업

7. "도시철도건설자"란 도시철도건설사업을 하는 자로서 제7조제1항에 따라 도시철도사업계획의 승인을 받은 자를 말한다.

8. "도시철도운영자"란 도시철도운송사업을 하는 자로서 국가, 지방자치단체 및 제26조에 따라 도시철도운송사업 면허를 받은 자(제11호에 따른 민자도시철도운영자를 포함한다)를 말한다.

9. "도시철도종사자"란 도시철도차량의 운전 · 운행관리 및 정비 업무, 도시철도 이용자를 상대로 하는 승무 및 역무서비스 업무, 도시철도시설의 유지보수 업무, 그 밖에 도시철도차량의 안전운행 또는 질서유지에 관한 업무에 종사하는 자를 말한다.

10. "민자도시철도"란 「사회기반시설에 대한 민간투자법」 제2조제6호에 따른 민간투자사업으로 건설하는 도시철도를 말한다.

11. "민자도시철도운영자"란 민자도시철도에 대하여 「사회기반시설에 대한 민간투자법」 제26조제1항에 따라 관리운영권을 설정받은 자를 말한다.

영 제2조(도시철도시설)

「도시철도법」(이하 "법"이라 한다) 제2조제3호바목에서 "대통령령으로 정하는 시설"이란 다음 각 호의 어느 하나에 해당하는 시설을 말한다.

1. 도시철도의 건설 및 유지보수에 필요한 자재(資材)를 가공·조립·운반 또는 보관하기 위하여 해당 사업기간 동안 사용되는 시설
2. 도시철도의 건설 및 유지보수를 위한 공사에 사용되는 진입도로, 주차장, 야적장, 토석채취장 및 사토장(捨土場)과 그 설치 또는 운영에 필요한 시설
3. 도시철도의 건설 및 유지보수를 위하여 해당 사업기간 동안 사용되는 장비와 그 장비의 정비·점검 또는 수리를 위한 시설
4. 그 밖에 도시철도 안전 관련 시설, 안내시설 등 도시철도의 건설·유지보수 및 운영을 위하여 필요한 시설로서 국토교통부장관이 정하는 시설

영 제2조의2(도시철도부대사업)

① 법 제2조제6호의2라목에서 "대통령령으로 정하는 사업"이란 다음 각 호의 사업을 말한다.

법 제2조제6호의2라목 : 역세권 개발·운영 사업

  1. 「역세권의 개발 및 이용에 관한 법률」 제2조제2호에 따른 역세권개발사업

  2. 도시철도 이용객을 위한 편의시설의 설치·운영사업

② 법 제2조제6호의2마목에서 "대통령령으로 정하는 사업"이란 「국가통합교통체계효율화법」 제2조제15호에 따른 복합환승센터의 개발사업을 말한다.　법 제2조제6호의2마목 : 복합환승센터 개발사업

③ 법 제2조제6호의2바목에서 "대통령령으로 정하는 사업"이란 다음 각 호의 사업을 말한다.

법 제2조제6호의2바목 : 「물류정책기본법」에 따른 물류사업

  1. 「물류정책기본법 시행령」 별표 1에 따른 물류사업 중 도시철도운영이나 도시철도와 다른 교통수단과의 연계수송을 위한 사업

  2. 「물류정책기본법 시행령」 별표 1에 따른 물류시설운영업 중 도시철도시설 또는 도시철도부지를 활용하는 사업

  3. 「물류정책기본법 시행령」 별표 1에 따른 물류서비스업 중 도시철도시설 또는 도시철도부지를 활용하는 사업

④ 법 제2조제6호의2사목에서 "대통령령으로 정하는 사업"이란 「관광진흥법」 제3조에서 정한 관광사업(카지노업은 제외한다)으로서 도시철도운영과 관련된 사업을 말한다.

법 제2조제6호의2사목 : 「관광진흥법」에 따른 관광사업

⑤ 법 제2조제6호의2아목에서 "대통령령으로 정하는 사업"이란 「옥외광고물 등의 관리와 옥외광고산업 진흥에 관한 법률」 제2조제3호에 따른 옥외광고사업으로서 같은 법 시행령 제2조제1항제1호다목에 따른 도시철도역 또는 같은 항 제2호가목에 따른 도시철도차량에 광고물이나 게시시설을 제작·표시·설치하거나 옥외광고를 대행하는 사업을 말한다.

> 법 제2조제6호의2아목 : 「옥외광고물 등의 관리와 옥외광고산업 진흥에 관한 법률」에 따른 옥외광고사업

⑥ 법 제2조제6호의2차목에서 "대통령령으로 정하는 사업"이란 다음 각 호의 사업을 말한다.

> 법 제2조제6호의2차목 : 도시철도부대사업에 딸린 사업

1. 「엔지니어링산업 진흥법」 제2조제3호에 따른 엔지니어링사업 중 도시철도운영과 관련한 사업
2. 도시철도운영과 관련한 정기간행물 사업, 정보매체 사업
3. 그 밖에 도시철도운영의 전문성과 효율성을 높이기 위하여 필요한 사업

법 제3조(적용 범위)

이 법은 다음 각 호의 도시철도에 대하여 적용한다.

1. 국가가 이 법에 따라 건설 또는 운영하는 도시철도
2. 제7조제1항에 따라 도시철도사업계획의 승인을 받은 지방자치단체, 도시철도사업을 위하여 「지방공기업법」에 따라 설립된 지방공사(이하 "도시철도공사"라 한다) 또는 다른 법인이 이 법에 따라 건설 또는 운영하는 도시철도
3. 제24조 또는 제42조에 따라 국가나 지방자치단체로부터 도시철도건설사업 또는 도시철도운송사업을 위탁받은 법인이 건설 또는 운영하는 도시철도

법 제3조의2(국가 및 지방자치단체의 책무) 암기 : 홍생불

국가 및 지방자치단체는 도시철도 이용자의 권익보호를 위하여 다음 각 호의 시책을 강구하여야 한다.
1. 도시철도 이용자의 권익보호를 위한 홍보·교육 및 연구
2. 도시철도 이용자의 생명·신체 및 재산상의 위해 방지
3. 도시철도 이용자의 불만 및 피해에 대한 신속·공정한 구제조치
4. 그 밖에 도시철도 이용자 보호와 관련된 사항

법 제4조(다른 법률과의 관계)

도시철도의 안전에 관하여는 「철도안전법」을 적용한다.

도시철도의 건설

법 제5조(도시철도망구축계획의 수립 등)

① 특별시장 · 광역시장 · 특별자치시장 · 도지사 및 특별자치도지사(이하 "시 · 도지사"라 한다)는 관할 도시교통권역에서 도시철도를 건설 · 운영하려면 관계 시 · 도지사와 협의하여 10년 단위의 도시철도망구축계획(이하 "도시철도망계획"이라 한다)을 수립하여야 한다. 이를 변경하려는 경우에도 또한 같다.

② 도시철도망계획에는 다음 각 호의 사항이 포함되어야 한다.

　　1. 해당 도시교통권역의 특성 · 교통상황 및 장래의 교통수요 예측

　　2. 도시철도망의 중기 · 장기 건설계획

　　3. 다른 교통수단과 연계한 교통체계의 구축

　　4. 필요한 재원(財源)의 조달방안과 투자 우선순위

　　5. 그 밖에 체계적인 도시철도망 구축을 위하여 필요한 사항으로서 국토교통부령으로 정하는 사항

③ 도시철도망계획은 다음 각 호의 계획과 조화를 이루도록 수립되어야 한다.

　　1. 「국가통합교통체계효율화법」 제4조에 따른 국가기간교통망계획

　　2. 「국가통합교통체계효율화법」 제6조에 따른 중기 교통시설투자계획

　　3. 「대도시권 광역교통 관리에 관한 특별법」 제3조에 따른 대도시권 광역교통기본계획

　　4. 「대도시권 광역교통 관리에 관한 특별법」 제3조의2에 따른 대도시권 광역교통시행계획

　　5. 「도시교통정비 촉진법」 제5조에 따른 도시교통정비 기본계획

　　6. 「도시교통정비 촉진법」 제8조에 따른 도시교통정비 중기계획

　　7. 「대중교통의 육성 및 이용촉진에 관한 법률」 제5조에 따른 대중교통기본계획

④ 시 · 도지사는 도시철도망계획을 수립하거나 변경하려면 국토교통부장관의 승인을 받아야 한다.

⑤ 국토교통부장관은 도시철도망계획의 내용 중 필요한 사항을 조정하여 관계 행정기관의 장과 협의한 후 「국가통합교통체계효율화법」 제106조에 따른 국가교통위원회의 심의를 거쳐 승인하고, 이를 관보에 고시하여야 한다. 다만, 대통령령으로 정하는 경미한 사항의 변경을 승인하는 경우에는 국가교통위원회의 심의 및 관보에의 고시를 생략한다.

⑥ 시 · 도지사는 도시철도망계획이 수립된 날부터 5년마다 도시철도망계획의 타당성을 재검토하여 필요한 경우 이를 변경하여야 한다.

📑 영 제3조(도시철도망구축계획 및 노선별 도시철도기본계획의 제출)

특별시장 · 광역시장 · 특별자치시장 · 도지사 및 특별자치도지사(이하 "시 · 도지사"라 한다)는 법
제5조제1항에 따른 도시철도망구축계획(이하 "도시철도망계획"이라 한다) 또는 법 제6조제1항에 따른
노선별 도시철도기본계획(이하 "기본계획"이라 한다)을 수립하였을 때에는 이를 해당 계획의 계획기간이
시작되는 해의 전년도 2월 말일까지 국토교통부장관에게 제출하여야 한다.

📑 영 제4조(도시철도망계획 중 경미한 사항 변경)

① 법 제5조제5항 단서에서 "대통령령으로 정하는 경미한 사항의 변경"이란 다음 각 호의 어느 하나에
　해당하는 변경을 말한다.
　　1. 도시철도망계획에 포함된 도시철도 노선별 노선 연장을 100분의 10 범위에서 변경하는 것
　　2. 도시철도망계획에 포함된 도시철도 노선별 사업기간을 3년의 범위에서 변경하는 것
② 국토교통부장관은 제1항 각 호에 따른 경미한 사항의 변경을 승인하였을 때에는 지체 없이 그 내용을 관계
　행정기관의 장에게 통보하여야 한다.

📑 법 제6조(노선별 도시철도기본계획의 수립 등)

① 시 · 도지사는 도시철도망계획에 포함된 도시철도 노선 중 건설을 추진하려는 노선에 대해서는 관계
　시 · 도지사와 협의하여 노선별 도시철도기본계획(이하 "기본계획"이라 한다)을 수립하여야 한다. 이를
　변경하려는 경우에도 또한 같다. 다만, 민자도시철도의 경우에는 시 · 도지사가 국토교통부장관과
　협의하여 기본계획의 수립을 생략할 수 있다.
② 기본계획에는 다음 각 호의 사항이 포함되어야 한다.
　　1. 해당 도시교통권역의 특성 · 교통상황 및 장래의 교통수요 예측
　　2. 도시철도의 건설 및 운영의 경제성 · 재무성 분석과 그 밖의 타당성의 평가
　　3. 노선명(路線名), 노선 연장, 기점(起點) · 종점(終點), 정거장 위치, 차량기지 등 개략적인 노선망(路線網)
　　4. 사업기간 및 총사업비
　　5. 지방자치단체의 재원 분담비율을 포함한 자금의 조달방안 및 운용계획
　　6. 건설기간 중 도시철도건설사업 지역의 도로교통대책
　　7. 다른 교통수단과의 연계 수송체계 구축에 관한 사항
　　8. 그 밖에 필요한 사항으로서 국토교통부령으로 정하는 사항
③ 시 · 도지사는 기본계획의 내용 중 대통령령으로 정하는 주요 사항에 대하여는 국토교통부장관과 협의한
　후 공청회를 열어 주민 및 관계 전문가 등으로부터 의견을 듣고 해당 지방의회의 의견을 들어 기본계획을
　국토교통부장관에게 제출하여야 한다. 다만, 대통령령으로 정하는 경미한 사항을 변경하려는 경우에는
　사전협의, 공청회, 지방의회 의견청취의 절차를 생략할 수 있다.

④ 국토교통부장관은 제3항에 따라 기본계획을 제출받으면 건설 노선, 사업기간, 총사업비, 지방자치단체의
재원 분담비율을 포함한 자금의 조달방안 등 필요한 사항을 조정하여 관계 행정기관의 장과 협의를 거쳐
기본계획을 승인하여야 한다.

⑤ 국토교통부장관은 제4항에 따라 기본계획을 승인하면 이를 관보에 고시하여야 한다. 다만, 대통령령으로
정하는 경미한 사항의 변경을 승인하는 경우에는 그러하지 아니하다.

영 제5조(기본계획의 주요 사항)

법 제6조제3항 본문에서 "대통령령으로 정하는 주요 사항"이란 다음 각 호의 어느 하나에 해당하는 사항을
말한다.

1. 법 제6조제2항제2호부터 제5호까지에 해당하는 사항 타당성평가, 개략적인 노선망, 총사업비, 자금의 조달방안 등
2. 도시철도의 건설 방식
3. 도시철도차량의 종류 및 운행계획

영 제6조(기본계획 중 경미한 사항 변경)

① 법 제6조제3항 단서에서 "대통령령으로 정하는 경미한 사항을 변경하려는 경우" 및 같은 조 제5항
단서에서 "대통령령으로 정하는 경미한 사항의 변경"이란 각각 다음 각 호의 어느 하나에 해당하는 변경을
말한다.
   1. 노선 연장을 100분의 10 범위에서 변경하는 것
   2. 사업기간을 1년의 범위에서 변경하는 것
   3. 총사업비를 100분의 10 범위에서 변경하는 것

② 국토교통부장관은 제1항 각 호에 따른 경미한 사항의 변경을 승인하였을 때에는 지체 없이 그 내용을 관계
행정기관의 장에게 통보하여야 한다.

법 제7조(사업계획의 승인 등)

① 기본계획에 따라 도시철도를 건설하려는 자는 대통령령으로 정하는 바에 따라 도시철도사업계획(이하
"사업계획"이라 한다)을 수립하여 국토교통부장관의 승인을 받아야 한다. 이를 변경하려는 경우에도 또한
같다.

② 기본계획에 따라 도시철도를 건설하려는 자가 제1항에 따라 사업계획의 승인을 신청할 때에는 미리 그
뜻을 공고(公告)하고 관계 서류의 사본을 20일 이상 일반인이 열람할 수 있게 하여야 한다. 이 경우
도시철도시설 부지에 편입되는 토지의 소유자 및 「공익사업을 위한 토지 등의 취득 및 보상에 관한 법률」
제2조제5호에 따른 관계인(이하 "소유자등"이라 한다)에게 그 사실을 통보하여야 한다. 다만, 소유자등을
알 수 없거나 주소 불명(不明) 등 대통령령으로 정하는 경우에는 통보하지 아니할 수 있다.

③ 소유자등은 사업계획의 승인을 신청하는 자에게 제2항에 따른 열람 기간에 의견서를 제출할 수 있다.

④ 사업계획의 승인을 신청하는 자는 제3항에 따라 제출된 의견이 타당하다고 인정하면 사업계획 승인신청 내용에 이를 반영하여야 하고, 반영하지 아니한 의견은 신청서에 첨부하여야 한다.

⑤ 국토교통부장관은 사업계획을 승인할 때 제4항에 따라 첨부된 의견이 타당하다고 인정할 때에는 이를 반영하여야 한다.

⑥ 국토교통부장관은 제1항에 따라 사업계획을 승인하면 이를 관보에 고시하여야 한다.

⑦ 지방자치단체의 장은 제1항에 따른 사업계획 승인 내용 중 도시·군관리계획 결정사항이 포함되어 있는 경우에는 「국토의 계획 및 이용에 관한 법률」 제32조 및 「토지이용규제 기본법」 제8조에 따라 지형도면의 고시 등 필요한 조치를 하여야 한다.

⑧ 제6조제1항 후단에 따라 기본계획 중 사업기간 또는 사업비에 관한 사항을 변경한 경우에는 제1항에 따른 사업계획의 변경승인을 받은 것으로 본다.

📋 영 제7조(도시철도사업계획의 승인신청)

법 제7조제1항에 따라 도시철도사업계획(이하 "사업계획"이라 한다)의 승인을 신청하려는 자는 사업계획 승인신청서에 다음 각 호의 서류를 첨부하여 시·도지사를 거쳐 국토교통부장관에게 제출하여야 한다.

1. 공사시행계획서 및 공사 종류별 공정계획서
2. 도시철도 건설의 기본설계서
3. 다음 각 목의 축적에 따른 계획평면도 및 종단면도
   가. 축척 500분의 1부터 2만5천분의 1까지의 것[노선의 실측도면(實測圖面)에 표시한 것을 말한다]
   나. 축척 200분의 1부터 5천분의 1까지의 것
4. 도시철도시설의 개요
5. 연도별 투자계획 및 재원조달계획에 관한 서류
6. 도시철도 건설기간 중 건설지역의 도로교통대책에 관한 서류
7. 교통영향평가 및 환경영향평가에 대한 관계 행정기관의 장과의 협의 결과에 관한 서류
8. 법 제7조제2항에 따른 사업계획의 공고 결과 제출된 의견 중 사업계획에 반영하지 아니한 의견을 적은 서류
9. 법 제8조제2항에 따른 관계 행정기관의 장과의 협의에 필요한 서류
10. 법 제9조·제10조·제15조 및 제16조에 따른 토지의 지하부분 사용, 토지·물건 및 권리(「공익사업을 위한 토지 등의 취득 및 보상에 관한 법률」 제3조에 따른 토지·물건 및 권리를 말한다. 이하 "토지등"이라 한다)의 수용 및 사용, 공사장애물의 이전 등에 따른 매수·보상계획 및 이주대책에 관한 서류
11. 수용하거나 사용할 토지등의 소재지·지번(地番)·지목(地目) 및 면적을 적은 서류
12. 도시철도 부지를 표시한 도면(축척 500분의 1부터 5천분의 1까지의 것만 해당한다)

영 제8조(사업계획 승인신청의 공고 등)

① 법 제7조제2항에 따라 사업계획의 승인을 신청하기 전에 그 뜻을 공고하려는 자는 다음 각 호의 사항을 해당 지역에서 발간되는 일간신문과 특별시 · 광역시 · 특별자치시 · 도 및 특별자치도(이하 "시 · 도"라 한다) 공보에 각각 한 번 이상 공고하여야 한다.

  1. 신청인의 성명 · 주소(법인인 경우에는 법인의 명칭 · 주소와 대표자의 성명 · 주소를 말한다)
  2. 도시철도 부지의 위치
  3. 노선의 기점 · 종점, 정거장 위치, 차량기지 위치
  4. 도시철도 건설의 착공 예정일 및 준공 예정일
  5. 제2항에 따른 관계 서류 사본을 열람할 수 있는 일시 및 장소

② 법 제7조제2항에 따라 일반인이 열람할 수 있게 하여야 하는 관계 서류는 제7조제3호나목 · 제11호 및 제12호에 해당하는 서류를 말한다.　제7조제3호나목 · 제11호 및 제12호 : 계획평면도,면적등을 적은 서류,도면 등

③ 법 제7조제2항 단서에서 "소유자등을 알 수 없거나 주소 불명(不明) 등 대통령령으로 정하는 경우"란 다음 각 호의 어느 하나에 해당하는 경우를 말한다.

  1. 소유자등을 알 수 없는 경우
  2. 소유자등의 주소 · 거소, 그 밖에 통보할 장소를 알 수 없는 경우

④ 법 제7조제6항에 따른 고시는 같은 조 제1항에 따라 사업계획을 승인한 날부터 7일 이내에 하여야 한다.

　법 제7조제6항에 따른 고시 : 도시철도사업계획 승인 후 관보 고시

법 제8조(다른 법률에 따른 인가 · 허가등의 의제)

① 도시철도를 건설하려는 자가 제7조제1항에 따라 사업계획의 승인 또는 변경승인을 받은 경우에는 다음 각 호의 협의 · 승인 · 허가 · 인가 · 동의 · 해제 · 결정 · 신고 · 지정 · 면허 · 심의 등(이하 "인가 · 허가등"이라 한다)에 관하여 국토교통부장관이 인가 · 허가등의 관계 행정기관의 장과 미리 협의한 사항에 대해서는 해당 인가 · 허가등이 있는 것으로 보고, 제7조제6항에 따라 사업계획의 승인 또는 변경승인 고시를 한 경우에는 관계 법률에 따른 인가 · 허가등의 고시 또는 공고가 있는 것으로 본다.

  1. 「건설기술관리법」 제5조에 따른 건설기술심의위원회의 심의
  2. 「건축법」 제4조에 따른 건축위원회의 심의, 같은 법 제11조에 따른 건축허가, 같은 법 제14조에 따른 건축신고, 같은 법 제20조에 따른 가설건축물(假設建築物)의 건축허가, 같은 법 제29조에 따른 공용건축물의 건축 협의
  3. 「공유수면 관리 및 매립에 관한 법률」 제8조에 따른 공유수면의 점용 · 사용허가, 같은 법 제10조에 따른 협의 또는 승인, 같은 법 제17조에 따른 점용 · 사용 실시계획의 승인 또는 신고, 같은 법 제28조에 따른 매립면허, 같은 법 제35조에 따른 협의 또는 승인, 같은 법 제38조에 따른 매립실시계획의 승인

4. 「국토의 계획 및 이용에 관한 법률」 제30조에 따른 도시·군관리계획의 결정(같은 법 제2조제6호에 따른 기반시설의 경우만 해당한다), 같은 법 제86조에 따른 도시·군계획시설사업 시행자의 지정, 같은 법 제88조에 따른 도시·군계획시설사업 실시계획의 인가

5. 「군사기지 및 군사시설 보호법」 제9조제1항제1호에 따른 통제보호구역 등에의 출입허가, 같은 법 제13조에 따른 행정기관의 허가등에 관한 협의

6. 「농지법」 제34조에 따른 농지전용의 허가 또는 협의

7. 「도로법」 제36조에 따른 도로공사 시행의 허가, 같은 법 제61조에 따른 도로 점용허가

8. 「대기환경보전법」 제23조, 「물환경보전법」 제33조 및 「소음·진동관리법」 제8조에 따른 배출시설의 설치 허가 또는 신고

9. 「사도법」 제4조에 따른 사도(私道) 개설의 허가

10. 「사방사업법」 제14조에 따른 사방지에서의 벌채 등의 허가, 같은 법 제20조에 따른 사방지 지정의 해제

11. 「산업집적활성화 및 공장설립에 관한 법률」 제13조에 따른 공장설립등의 승인(철도건설사업에 직접 필요한 공사용 시설로서 건설기간에 설치되는 공장만 해당한다)

12. 「산지관리법」 제14조에 따른 산지전용허가, 같은 법 제15조에 따른 산지전용신고, 같은 법 제15조의2에 따른 산지일시사용허가·신고, 「산림자원의 조성 및 관리에 관한 법률」 제36조제1항 및 제5항에 따른 입목벌채등의 허가 및 신고

13. 「소방시설 설치 및 관리에 관한 법률」 제6조제1항에 따른 건축허가등의 동의

14. 「수도법」 제52조에 따른 전용상수도 인가, 같은 법 제54조에 따른 전용공업용수도 인가

15. 「자연공원법」 제71조제1항에 따른 공원관리청과의 협의(같은 법 제23조에 따른 공원구역에서의 행위허가에 관한 것만 해당한다)

16. 「장사 등에 관한 법률」 제27조제1항에 따른 무연분묘(無緣墳墓)의 개장(改葬) 허가

17. 「전기사업법」 제61조에 따른 전기사업용전기설비 공사계획의 인가 또는 신고, 「전기안전관리법」 제8조에 따른 자가용전기설비 공사계획의 인가 또는 신고

18. 「초지법」 제21조의2에 따른 초지에서의 형질변경 등 같은 조 각 호의 행위에 대한 허가, 같은 법 제23조에 따른 초지전용의 허가 또는 협의

19. 「폐기물관리법」 제29조에 따른 폐기물처리시설 설치의 승인 또는 신고

20. 「하수도법」 제16조에 따른 공공하수도 사업의 허가, 같은 법 제24조에 따른 공공하수도의 점용허가

21. 「하천법」 제30조에 따른 하천공사 시행의 허가, 같은 법 제33조에 따른 하천의 점용허가, 같은 법 제50조에 따른 하천수의 사용허가

② 국토교통부장관이 제7조제1항에 따라 사업계획을 승인 또는 변경승인할 때에는 제1항 각 호에 해당하는 내용이 있는 경우 관계 행정기관의 장과 미리 협의하여야 한다.

③ 삭제

④ 국토교통부장관 또는 시·도지사는 제2항에 따른 협의를 위하여 대통령령으로 정하는 바에 따라 일괄협의회를 개최하여야 한다. 이 경우 관계 행정기관의 장은 소속 공무원을 일괄협의회에 참석하게 하여야 한다.

⑤ 제1항·제2항 및 제4항에서 규정한 사항 외에 인가·허가등 의제의 기준 및 효과 등에 관하여는 「행정기본법」 제24조부터 제26조까지를 준용한다.

영 제9조(일괄협의회)

① 국토교통부장관 또는 시·도지사는 법 제8조제4항에 따라 일괄협의회를 개최하려는 경우에는 회의 개최일 7일 전까지 회의 개최 사실을 관계 행정기관의 장에게 알려야 한다.

② 제1항에 따라 통지를 받은 관계 행정기관의 장은 일괄협의회의 회의에서 법 제8조제1항에 따른 인가·허가등(이하 이 조에서 "인가·허가등"이라 한다)의 의제에 대한 의견을 제출하여야 한다. 다만, 관계 행정기관의 장은 법령 검토 및 사실 확인 등을 위한 추가 검토가 필요하여 해당 인가·허가등에 대한 의견을 일괄협의회의 회의에서 제출하기 곤란한 경우에는 일괄협의회의 회의를 개최한 날부터 5일 이내에 그 의견을 제출할 수 있다.

③ 제1항 및 제2항에서 규정한 사항 외에 일괄협의회의 운영 등에 필요한 사항은 국토교통부장관 또는 시·도지사가 정한다.

법 제9조(지하부분에 대한 보상 등)

① 도시철도건설자가 도시철도건설사업을 위하여 타인 토지의 지하부분을 사용하려는 경우에는 그 토지의 이용 가치, 지하의 깊이 및 토지 이용을 방해하는 정도 등을 고려하여 보상한다.

② 제1항에 따른 지하부분 사용에 대한 구체적인 보상의 기준 및 방법에 관한 사항은 대통령령으로 정한다.

영 제10조(지하부분 사용에 대한 보상기준)

① 법 제9조제1항에 따른 토지의 지하부분 사용에 대한 보상대상은 도시철도시설의 건설 및 보호를 위하여 사용되는 토지의 지하부분으로 한다.

② 법 제9조제1항에 따른 토지의 지하부분 사용에 대한 보상금액은 다음 제1호의 면적에 제2호의 적정가격과 제3호의 입체이용저해율을 곱하여 산정한 금액으로 한다.
  1. 법 제12조에 따른 구분지상권 설정 또는 이전 면적
  2. 제3항에 따른 해당 토지(지하부분의 면적과 수직으로 대응하는 지표의 토지를 말한다)의 적정가격

3. 도시철도건설사업으로 인하여 해당 토지의 이용을 방해하는 정도에 따른 다음 각 목의 이용저해율을 합산한 것(이하 "입체이용저해율"이라 한다)으로서 별표 1에 따라 산정되는 입체이용저해율

> 별표1 입체이용저해율의 산정기준은 기존 시험범위 제외입니다. 당해 공고문 시험범위를 꼭 참고하시기 바랍니다

　　가. 건물의 이용저해율

　　나. 지하부분의 이용저해율

　　다. 건물 및 지하부분을 제외한 그 밖의 이용저해율

③ 제2항제2호에 따른 해당 토지의 적정가격은 「부동산 가격공시에 관한 법률」 제3조에 따른 표준지공시지가를 기준으로 하여 「감정평가 및 감정평가사에 관한 법률」에 따른 감정평가법인등 중 시·도지사가 지정하는 감정평가법인등이 평가한 가액(價額)으로 한다.

영 제11조(지하부분 사용에 대한 보상방법 등)

① 도시철도건설자가 법 제9조제1항에 따라 토지의 지하부분 사용에 대한 보상을 할 때에는 토지소유자에게 개인마다 일시불로 보상금액을 지급하여야 한다.

② 도시철도건설자는 제1항에 따라 보상한 보상금액, 보상면적 및 토지의 지하부분 사용의 세부 내용을 관할 지방자치단체의 장에게 통보하여야 한다.

법 제10조(토지 등의 수용 또는 사용)

① 도시철도건설자는 도시철도건설사업을 위하여 필요하면 「공익사업을 위한 토지 등의 취득 및 보상에 관한 법률」 제3조에 따른 토지·물건 및 권리(이하 "토지등"이라 한다)를 수용 또는 사용할 수 있다.

② 제7조제1항에 따른 사업계획의 승인과 같은 조 제6항에 따른 고시는 「공익사업을 위한 토지 등의 취득 및 보상에 관한 법률」 제20조제1항 및 제22조에 따른 사업인정 및 사업인정고시로 보며, 재결신청(裁決申請)의 기한은 같은 법 제23조제1항 및 제28조제1항에도 불구하고 제7조제1항에 따라 승인을 받은 사업계획에서 정한 도시철도사업기간의 종료일로 한다.

③ 토지등의 수용 또는 사용에 관하여는 이 법에 규정이 있는 경우를 제외하고는 「공익사업을 위한 토지 등의 취득 및 보상에 관한 법률」을 준용한다.

📄 법 제11조(국유지 · 공유지의 처분 제한 등)

① 국가나 지방자치단체 소유의 토지로서 도시철도건설사업에 필요한 토지는 도시철도건설사업 목적 외의 목적으로 매각하거나 양여(讓與)할 수 없다.

② 제1항에 따른 토지는 「국유재산법」 제33조, 제39조 및 제44조와 「공유재산 및 물품 관리법」 제29조 및 제36조에도 불구하고 도시철도건설자에게 무상양여(無償讓與)하거나 수의계약으로 매각할 수 있다.

📄 법 제12조(구분지상권의 설정등기 등)

① 도시철도건설자는 토지의 지하부분 사용이 필요한 경우에는 해당 부분에 대하여 구분지상권(區分地上權)을 설정하거나 이전하여야 한다.

② 도시철도건설자는 「공익사업을 위한 토지 등의 취득 및 보상에 관한 법률」에 따라 구분지상권을 설정하거나 이전하는 내용으로 수용 또는 사용의 재결을 받은 경우에는 「부동산등기법」 제99조를 준용하여 단독으로 그 구분지상권의 설정등기 또는 이전등기를 신청할 수 있다.

③ 토지의 지하부분 사용에 관한 구분지상권의 등기절차에 관하여 필요한 사항은 대법원규칙으로 정한다.

④ 제1항과 제2항에 따른 구분지상권의 존속기간은 「민법」 제281조에도 불구하고 도시철도시설이 존속하는 날까지로 한다.

📄 법 제13조(행위 제한)

도시철도건설자가 지하부분 사용에 대하여 보상을 한 후에는 소유자등은 보상받은 지하부분의 범위에서 도시철도시설의 안전을 해칠 우려가 있는 다음 각 호의 행위를 할 수 없다.

1. 인공구조물의 신축(新築) · 개축(改築) 또는 증축(增築)
2. 땅을 파거나 뚫는 행위

📄 법 제14조(토지에의 출입 등)

① 도시철도건설자는 도시철도건설사업을 위하여 필요하면 다음 각 호에 해당하는 행위를 할 수 있다. 기출
   1. 타인의 토지에 출입하는 행위
   2. 타인의 토지를 일시 사용하는 행위
   3. 나무 · 흙 · 돌 또는 그 밖의 장애물을 변경하거나 제거하는 행위
② 제1항의 경우에는 「국토의 계획 및 이용에 관한 법률」 제130조 및 제131조를 준용한다.

📄 법 제15조(공사장애물의 이전 등에 관한 협의 등)

① 도시철도건설자는 도시철도건설사업에 지장을 주는 장애물을 이전함으로써 생기는 손실이나 그 밖에 공사를 시행함으로써 생기는 손실의 보상에 대하여 소유자등과 협의하여야 한다.

② 제1항에 따른 협의를 할 수 없거나 협의가 성립되지 아니한 경우에는 그 소유자등 및 도시철도건설자는 「공익사업을 위한 토지 등의 취득 및 보상에 관한 법률」 제51조에 따라 관할 토지수용위원회에 재결을 신청할 수 있다.

③ 도시철도건설자는 제2항에 따른 재결이 있는 경우에는 그 공사장애물의 이전 등에 대한 보상금을 공탁(供託)하고 공사장애물 이전 등을 할 수 있다.

📄 법 제16조(이주대책 등)

도시철도건설사업의 시행에 필요한 토지 등을 제공함으로써 생활근거를 잃게 되는 자를 위한 이주대책(移住對策) 등에 관하여는 「공익사업을 위한 토지 등의 취득 및 보상에 관한 법률」에서 정하는 바에 따른다.

📄 법 제17조(피해 건축물의 개축 시 주차장의 설치기준)

도시철도건설사업으로 피해를 입은 건축물을 개축하는 경우 기존 건축물에 설치되었던 규모와 같은 크기의 주차장을 설치하는 경우에는 이를 「주차장법」 제19조에 따른 부설주차장 설치기준에 적합한 것으로 본다.

📄 법 제18조(도시철도의 건설 및 운전)

도시철도의 건설 및 운전에 관한 사항은 국토교통부령으로 정한다.

📄 법 제18조의2(노면전차의 건설 · 운전 및 전용로의 설치 등)

① 도시철도건설자는 노면전차를 도로에 건설하는 경우 다음 각 호의 노면전차 전용도로 또는 전용차로를 설치하여야 한다.

   1. 노면전차 전용도로: 노면전차만이 통행할 수 있도록 분리대, 연석, 그 밖에 이와 유사한 시설물에 의하여 차도 및 보도와 구분하여 설치한 노면전차도로

   2. 노면전차 전용차로: 차도의 일정 부분을 노면전차만 통행하도록 안전표지 등으로 다른 자동차 등이 통행하는 차로와 구분한 차로

② 제1항에도 불구하고 노면전차 전용도로 또는 전용차로의 설치로 인하여 도로 교통이 현저하게 혼잡해질 우려가 있는 등 국토교통부령으로 정하는 사유에 해당하는 경우에는 노면전차와 다른 자동차 등이 함께 통행하는 혼용차로를 설치할 수 있다.

③ 제1항에 따른 노면전차 전용도로와 전용차로 및 제2항에 따른 혼용차로의 설치와 노면전차의 건설 · 운전 등에 필요한 사항은 국토교통부령으로 정한다.

법 제19조(도시철도의 건설 및 운영을 위한 자금조달)

도시철도의 건설 및 운영에 필요한 자금은 다음 각 호의 재원 및 방법으로 조달한다.

1. 도시철도건설자 또는 도시철도운영자의 자기자금(自己資金)
2. 도시철도를 건설 · 운영하여 생긴 수익금
3. 제20조에 따른 도시철도채권의 발행
4. 국가 또는 지방자치단체로부터의 차입 및 보조
5. 국가 및 지방자치단체 외의 자(외국 정부 및 외국인을 포함한다)로부터의 차입 · 출자 및 기부
6. 「역세권의 개발 및 이용에 관한 법률」에 따른 역세권개발사업으로 생긴 수익금
7. 도시철도부대사업으로 발생하는 수익금

법 제20조(도시철도채권의 발행)

① 국가, 지방자치단체 및 도시철도공사는 도시철도채권을 발행할 수 있다.
② 지방자치단체의 장은 제1항에 따른 도시철도채권을 발행하기 위하여 행정안전부장관의 승인을 받으려는 경우에는 미리 국토교통부장관과 협의하여야 한다.
③ 도시철도공사는 도시철도채권을 발행하려면 관계 지방자치단체의 장 및 국토교통부장관과 협의하여야 한다.
④ 도시철도채권의 원금 및 이자의 소멸시효(消滅時效)는 상환일(償還日)부터 기산(起算)하여 5년으로 한다.
⑤ 도시철도채권은 기본계획이 확정된 연도부터 그 연도의 도시철도 운영수입금이 그 연도의 도시철도 운영비용(원리금 상환액을 포함한다)을 최초로 초과하는 연도까지 발행할 수 있다.

영 제12조(도시철도채권의 발행절차)

① 국가가 법 제20조제1항에 따라 도시철도채권을 발행하려면 국토교통부장관이 다음 각 호의 사항을 명시하여 그 발행을 재정경제부장관 및 기획예산처장관에게 요청하여야 한다.
  1. 발행 금액
  2. 발행 방법
  3. 발행 조건
  4. 상환 방법 및 절차
  5. 그 밖에 도시철도채권의 발행을 위하여 필요한 사항

② 국가 · 지방자치단체 또는 도시철도공사(도시철도사업을 위하여 「지방공기업법」에 따라 설립된 지방공사를 말한다. 이하 같다)가 법 제20조제1항에 따라 도시철도채권을 발행하려면 다음 각 호의 사항을 공고하여야 한다.

  1. 발행 총액

  2. 발행 기간

  3. 도시철도채권의 이율

  4. 원금 상환의 방법 및 시기

  5. 이자 지급의 방법 및 시기

③ 지방자치단체의 장이 법 제20조제2항에 따라 행정안전부장관의 승인을 받거나 국토교통부장관과 협의하는 경우와 도시철도공사가 같은 조 제3항에 따라 관계 지방자치단체의 장 및 국토교통부장관과 협의하는 경우에는 각각 제1항 각 호의 사항을 명시하여 승인 또는 협의를 요청하여야 한다.

📑 영 제13조(도시철도채권의 발행 방법 및 이율)

① 법 제20조에 따른 도시철도채권은 「주식 · 사채 등의 전자등록에 관한 법률」에 따라 전자등록하여 발행한다.

② 도시철도채권의 이율은 다음 각 호와 같다.

  1. 국가가 발행하는 경우: 재정경제부장관 및 기획예산처장관이 국토교통부장관과 협의하여 정하는 이율

  2. 지방자치단체가 발행하는 경우: 연 10퍼센트의 범위에서 해당 지방자치단체의 조례로 정하는 이율

  3. 도시철도공사가 발행하는 경우: 연 10퍼센트의 범위에서 관계 지방자치단체의 장과 협의하여 해당 도시철도공사의 규칙으로 정하는 이율

📑 법 제21조(도시철도채권의 매입)

① 다음 각 호의 자 중 대통령령으로 정하는 자는 도시철도채권을 매입하여야 한다.

  1. 국가나 지방자치단체로부터 면허 · 허가 · 인가를 받는 자

  2. 국가나 지방자치단체에 등기 · 등록을 신청하는 자. 다만, 「자동차관리법」 제3조에 따른 자동차로서 국토교통부령으로 정하는 경형자동차(이륜자동차는 제외한다)의 등록을 신청하는 자는 제외한다.

  3. 국가, 지방자치단체 또는 「공공기관의 운영에 관한 법률」 제4조에 따른 공공기관과 건설도급계약(建設都給契約)을 체결하는 자

  4. 도시철도건설자 또는 도시철도운영자와 도시철도 건설 · 운영에 필요한 건설도급계약, 용역계약 또는 물품구매계약을 체결하는 자

② 제1항에 따른 도시철도채권의 매입 금액과 절차 등에 관하여 필요한 사항은 대통령령으로 정한다.

영 제14조(도시철도채권의 매입 대상 및 금액)

법 제21조에 따른 도시철도채권의 매입 대상 및 대상별 매입 금액은 별표 2에서 정한 범위에서 시·도의 조례로 정한다. 별표2 도시철도채권의 매입 대상 등은 기존 시험범위 제외입니다. 당해 공고문 시험범위를 꼭 참고하시기 바랍니다

영 제15조(도시철도채권의 사무취급기관 등)

① 국가가 발행하는 도시철도채권의 매출 및 상환업무의 사무취급기관은 「한국은행법」에 따른 한국은행으로 한다.

② 지방자치단체 및 도시철도공사가 발행하는 도시철도채권의 매출 및 상환업무의 사무취급기관은 해당 지방자치단체가 지정하는 금융기관 또는 「자본시장과 금융투자업에 관한 법률」 제294조에 따라 설립된 한국예탁결제원으로 한다.

③ 제1항과 제2항에 따른 도시철도채권의 사무취급기관(이하 "사무취급기관"이라 한다)이 도시철도채권을 매출할 때에는 도시철도채권 매입확인증(이하 "매입확인증"이라 한다)을 매입자에게 발급하여야 한다.

④ 사무취급기관은 도시철도채권 매입확인증 발행대장을 갖추어 두고, 매입확인증의 발급에 관한 사항을 적어야 한다.

⑤ 도시철도채권 매입자가 매입확인증을 멸실 또는 도난 등의 사유로 분실한 경우에 그 매입자가 해당 매입확인증을 매입한 목적에 사용하지 아니하였음을 해당 도시철도채권을 발행한 자가 확인한 경우에만 이를 재발급할 수 있다.

⑥ 사무취급기관이 제5항에 따라 매입확인증을 재발급할 때에는 그 매입확인증에 재발급 표시를 하여야 하고, 매입확인증 재발급대장에 재발급한 사실을 적어야 한다.

⑦ 제3항부터 제6항까지의 규정에 따른 도시철도채권의 매출 등은 전자적으로 처리할 수 있다. 이 경우 전자적 처리의 절차 및 방법은 해당 도시철도채권을 발행한 국가, 지방자치단체 또는 도시철도공사가 정한다.

영 제16조(도시철도채권 발행원부의 비치)

사무취급기관은 도시철도채권 발행원부를 갖추어 두고, 다음 각 호의 사항을 적어야 한다.

1. 도시철도채권 매입자의 성명·주소 및 주민등록번호
2. 도시철도채권의 금액
3. 도시철도채권의 이율
4. 도시철도채권의 발행일 및 상환일

📄 법 제22조(정부 지원 등)

① 정부는 지방자치단체나 도시철도공사가 시행하는 도시철도건설사업을 위하여 재정적 지원이 필요하다고 인정되면 소요자금(所要資金)의 일부를 보조하거나 융자할 수 있다.

② 정부는 제3조제3호에 따른 법인이 시행하는 도시철도건설사업을 위하여 필요하다고 인정되면 소요자금의 일부를 융자할 수 있다.

③ 정부는 도시철도기술의 발전을 위하여 대통령령으로 정하는 도시철도기술을 연구하는 기관 또는 단체(이하 "연구기관등"이라 한다)에 보조 등 재정적 지원을 할 수 있다.

④ 지방자치단체는 제1항에 따라 정부의 지원을 받은 경우 도시철도기술의 발전을 위하여 대통령령으로 정하는 바에 따라 연구기관등에 보조하거나 출연(出捐)할 수 있다.

⑤ 정부는 지방자치단체, 도시철도공사 또는 제3조제3호에 따른 법인이 건설·운영하고 있는 도시철도의 승강장에 전동차 출입문과 연동되어 열리고 닫히는 승하차용 출입문 설비를 설치하기 위한 소요자금의 일부를 보조할 수 있다.

⑥ 정부는 민자도시철도로 인한 지방자치단체의 재정상 부담을 경감할 수 있도록 행정적 지원을 할 수 있다.

⑦ 정부는 도시철도 이용자의 안전을 위하여 도시철도운영자가 국토교통부령으로 정하는 노후화된 도시철도차량을 교체하는 경우 필요한 소요자금의 일부를 보조할 수 있다.

📑 영 제17조(도시철도기술연구기관)

법 제22조제3항에서 "대통령령으로 정하는 도시철도기술을 연구하는 기관 또는 단체"란 다음 각 호의 기관, 법인 또는 단체를 말한다.

1. 「과학기술분야 정부출연연구기관 등의 설립·운영 및 육성에 관한 법률」 제8조에 따라 설립된 다음 각 목의 기관
   가. 한국철도기술연구원
   나. 한국전자통신연구원
   다. 한국기계연구원
   라. 한국전기연구원
   마. 한국생산기술연구원
2. 그 밖에 도시철도기술의 육성·발전을 위하여 국토교통부장관이 필요하다고 인정하는 법인 또는 단체

📑 영 제18조(보조금 또는 출연금의 지급 등)

① 제17조에 따른 기관, 법인 또는 단체가 법 제22조제4항에 따라 보조금이나 출연금을 지급받으려면 보조금 또는 출연금의 지급신청서에 사업계획서와 예산집행계획서를 첨부하여 지방자치단체의 장에게 제출하여야 한다.

② 제1항에 따른 신청을 받은 지방자치단체의 장은 해당 사업계획 및 예산집행계획이 타당하다고 인정하는
　경우에는 보조금이나 출연금을 지급할 수 있다.
③ 제2항에 따라 보조금이나 출연금을 지급받은 기관 또는 단체가 다음 각 호의 어느 하나에 해당할 때에는
　해당 보조사업 또는 출연사업의 실적을 적은 보고서를 작성하여 지방자치단체의 장에게 제출하여야 한다.
　1. 보조사업 또는 출연사업을 완료하였을 때
　2. 보조사업 또는 출연사업의 폐지를 승인받았을 때
　3. 회계연도가 끝났을 때

📄 법 제23조(지원자금의 목적 외 사용금지 등)

① 도시철도건설자는 제22조에 따라 지급받은 지원자금을 그 지원 목적 외의 용도로 사용하지 못한다.
② 정부는 도시철도건설자가 지급받은 지원자금을 그 지원 목적 외의 용도로 사용하거나 부정한 방법으로
　제22조에 따른 지원자금을 지급받은 경우에는 지급받은 지원자금을 회수한다.

📄 법 제24조(도시철도건설사업의 위탁)

① 국가나 지방자치단체가 도시철도건설자인 경우에는 도시철도건설사업을 법인에 위탁할 수 있다. 이 경우
　지방자치단체인 도시철도건설자는 국토교통부장관의 승인을 받아야 한다.
② 제1항의 위탁에 필요한 사항은 대통령령으로 정한다.
③ 제1항에 따라 수탁자가 건설한 도시철도의 시설물(도시철도의 차량·기계·기구 등을 포함한다. 이하
　같다)은 위탁한 국가 또는 지방자치단체에 귀속(歸屬)한다.
④ 제3항에 따른 도시철도 시설물의 귀속절차는 대통령령으로 정한다.
⑤ 제1항에 따라 도시철도건설사업을 수탁한 자는 그 건설에 관하여 책임을 진다.

📋 영 제19조(도시철도건설사업의 위탁승인신청 등)

① 지방자치단체인 도시철도건설자가 법 제24조제1항 후단에 따라 국토교통부장관의 승인을 받으려면 미리 위탁받을 법인과 협의한 후 위탁의 내용과 기간 등 위탁사항을 명시한 위탁승인 신청서를 국토교통부장관에게 제출하여야 한다.

② 법 제24조제1항에 따라 도시철도건설사업을 위탁받은 수탁법인(이하 이 조 및 제20조에서 "건설사업수탁법인"이라 한다)은 도시철도건설사업을 시행하기 전에 다음 각 호의 사항에 대하여 도시철도건설사업을 위탁한 국가 또는 지방자치단체의 승인을 받아야 한다. 승인받은 사항을 변경하려는 경우에도 또한 같다.

  1. 도시철도건설사업 계획

  2. 도시철도시설의 설계 등 도시철도 건설에 관한 각종 설계

  3. 도시철도 건설공사의 계약 및 관리 · 감독에 관한 사항

③ 건설사업수탁법인이 도시철도 건설공사를 준공하였을 때에는 해당 도시철도건설사업을 위탁한 국가 또는 지방자치단체의 준공검사를 받아야 한다.

④ 국가나 지방자치단체는 건설사업수탁법인이 시행하는 도시철도건설사업에 대하여 필요한 지시를 할 수 있다.

📋 영 제20조(도시철도 시설물의 귀속절차)

① 건설사업수탁법인은 법 제24조제3항에 따라 국가 또는 지방자치단체에 귀속되는 도시철도의 시설물의 목록을 작성하여 국가 또는 지방자치단체에 제출하여야 한다.

② 법 제24조제3항에 따라 국가 또는 지방자치단체에 귀속되는 도시철도의 시설물은 도시철도 건설공사의 준공과 동시에 국가 또는 지방자치단체에 귀속된다.

📄 법 제25조(도시철도의 연계망 구축)

① 지방자치단체는 도시철도 노선망이 유기적인 기능을 발휘할 수 있도록 도시철도 노선 간 또는 도시철도 노선과 철도 노선 간 연계망 구축을 위하여 노력하여야 한다.

② 국가는 필요한 경우 지방자치단체 간의 도시철도 연계망 구축에 필요한 재원의 일부를 예산의 범위에서 지원할 수 있다.

도시철도운송사업 등

📄 법 제26조(면허 등)

① 국가 또는 지방자치단체가 아닌 법인으로서 도시철도운송사업을 하려는 자는 국토교통부령으로 정하는 바에 따라 도시철도운송사업계획을 제출하여 시 · 도지사에게 면허를 받아야 한다.

② 도시철도운송사업의 사업구간이 인접한 시 · 도에 걸쳐있는 경우에는 해당 시 · 도지사 간 협의에 따라 면허를 줄 시 · 도지사를 정하되 협의가 성립되지 아니한 경우에는 국토교통부장관이 조정할 수 있다. 이 경우 시 · 도지사는 특별한 사유가 없으면 국토교통부장관의 조정에 따라야 한다.

③ 시 · 도지사는 제1항에 따라 면허를 주기 전 도시철도운송사업계획에 대하여 국토교통부장관과 미리 협의하여야 한다.

④ 시 · 도지사는 제1항에 따라 면허를 줄 때에는 도시교통의 원활화와 이용자의 안전 및 편의 증진을 위하여 필요한 조건을 붙일 수 있다.

📄 법 제27조(면허의 기준)

도시철도운송사업의 면허기준은 다음 각 호와 같다.

1. 해당 사업이 도시교통의 수송수요에 적합할 것
2. 해당 사업을 수행하는 데 필요한 도시철도차량 및 운영인력 등이 국토교통부령으로 정하는 기준에 맞을 것

📄 법 제28조(결격사유)

① 임원 중에 다음 각 호의 어느 하나에 해당하는 사람이 있는 법인은 도시철도운송사업의 면허를 받을 수 없다.

   1. 피성년후견인 또는 피한정후견인
   2. 파산선고를 받고 복권되지 아니한 사람
   3. 이 법 또는 대통령령으로 정하는 철도 및 도시철도 관계 법령을 위반하여 금고 이상의 실형을 선고받고 그 집행이 끝나거나(끝난 것으로 보는 경우를 포함한다) 면제된 날부터 2년이 지나지 아니한 사람
   4. 이 법 또는 대통령령으로 정하는 철도 및 도시철도 관계 법령을 위반하여 금고 이상의 형의 집행유예를 선고받고 그 유예기간 중에 있는 사람

② 이 법에 따라 도시철도운송사업의 면허가 취소된 후 그 취소일부터 2년이 지나지 아니한 법인은 도시철도운송사업의 면허를 받을 수 없다. 다만, 제1항제1호 및 제2호에 해당하여 제37조제1항제3호에 따라 도시철도운송사업의 면허가 취소된 경우는 제외한다.

📋 영 제21조(철도 및 도시철도 관계 법령)

법 제28조제1항제3호 및 제4호에서 "대통령령으로 정하는 철도 및 도시철도 관계 법령"이란 각각 다음 각 호의 법령을 말한다.

1. 「건널목 개량촉진법」
2. 「지방공기업법」
3. 「철도의 건설 및 철도시설 유지관리에 관한 법률」
4. 「철도사업법」
5. 「철도산업발전기본법」
6. 「철도안전법」
7. 「한국철도공사법」
8. 「국가철도공단법」
9. 「항공 · 철도 사고조사에 관한 법률」

📋 법 제28조의2(도시철도부대사업의 승인 등)

① 도시철도운영자는 도시철도의 건설 및 운영에 드는 자금을 충당하기 위하여 시 · 도지사의 승인을 받아 도시철도부대사업을 할 수 있다.
② 제1항에 따른 승인의 절차 등에 필요한 사항은 국토교통부령으로 정한다.

📋 법 제29조(도시철도공사의 설립 등 협의)

지방자치단체가 「지방공기업법」 제49조에 따라 도시철도공사를 설립하려는 경우에는 미리 국토교통부장관과 협의하여야 한다.

법 제30조(운송개시의 의무)

① 제26조제1항에 따라 도시철도운송사업의 면허를 받은 자(이하 "도시철도운송사업자"라 한다)는
시 · 도지사가 정하는 날짜 또는 기간 내에 운송을 개시하여야 한다. 다만, 천재지변이나 그 밖의 불가피한
사유로 시 · 도지사가 정하는 날짜 또는 기간 내에 운송을 개시할 수 없는 경우에는 시 · 도지사의 승인을
받아 날짜를 연기하거나 기간을 연장할 수 있다.

② 시 · 도지사가 제1항 단서에 따라 운송개시 변경의 승인을 할 때에는 국토교통부장관과 미리 협의하여야
한다.

법 제31조(운임의 신고 등)

① 도시철도운송사업자는 도시철도의 운임을 정하거나 변경하는 경우에는 원가(原價)와 버스 등 다른
교통수단 운임과의 형평성 등을 고려하여 시 · 도지사가 정한 범위에서 운임을 정하여 시 · 도지사에게
신고하여야 하며, 신고를 받은 시 · 도지사는 그 내용을 검토하여 이 법에 적합하면 신고를 받은 날부터
국토교통부령으로 정하는 기간 이내에 신고를 수리하여야 한다.

② 도시철도운영자는 도시철도의 운임을 정하거나 변경하는 경우 그 사항을 시행 1주일 이전에 예고하는 등
도시철도 이용자에게 불편이 없도록 필요한 조치를 하여야 한다.

영 제22조(도시철도운임의 조정 및 협의 등)

① 시 · 도지사는 법 제31조제1항에 따른 도시철도 운임의 범위를 정하려면 해당 시 · 도에 <u>운임조정위원회</u>를
설치하여 도시철도 운임의 범위에 관한 의견을 들어야 한다.

② 제1항에 따른 운임조정위원회는 민간위원이 전체 위원의 2분의 1 이상이어야 한다.

③ 법 제26조제1항에 따라 도시철도운송사업의 면허를 받은 자(이하 "도시철도운송사업자"라 한다)가 해당
도시철도를 「한국철도공사법」에 따라 설립된 한국철도공사(이하 "한국철도공사"라 한다)가 운영하는
철도 또는 다른 도시철도운영자가 운영하는 도시철도와 연결하여 운행하려는 경우에는 법 제31조제1항에
따라 도시철도의 운임을 신고하기 전에 그 운임 및 시행 시기에 관하여 미리 한국철도공사 또는 다른
도시철도운영자와 협의하여야 한다.

④ 시 · 도지사는 법 제31조제1항에 따라 운임의 신고를 받으면 신고받은 사항을 재정경제부장관,
국토교통부장관 및 기획예산처장관에게 각각 통보하여야 한다.

법 제32조(도시철도운송약관)

도시철도운영자는 도시철도운송약관을 정하여야 하고, 도시철도운송사업자인 도시철도운영자는 이를
시 · 도지사에게 신고하여야 하며, 신고를 받은 시 · 도지사는 그 내용을 검토하여 이 법에 적합하면 신고를 받은
날부터 국토교통부령으로 정하는 기간 이내에 신고를 수리하여야 한다. 이를 변경하려는 경우에도 또한 같다.

📑 법 제33조(도시철도운송사업계획의 변경)

① 도시철도운송사업자는 도시철도운송사업계획을 변경하려는 경우에는 시 · 도지사에게 신고하여야 하며, 신고를 받은 시 · 도지사는 그 내용을 검토하여 이 법에 적합하면 신고를 받은 날부터 국토교통부령으로 정하는 기간 이내에 신고를 수리하여야 한다.

② 시 · 도지사는 도시철도운송사업자로부터 도시철도운송사업계획에 대한 변경신고를 받거나 소관 도시철도운송사업계획을 변경한 경우에는 지체 없이 국토교통부장관에게 알려야 한다.

📑 법 제34조(연락운송)

① 도시철도운영자가 다른 도시철도운영자 또는 「철도사업법」 제2조제8호에 따른 철도사업자(이하 이 조에서 "철도사업자"라 한다)와 연계하여 운송을 하는 경우 노선의 연결, 도시철도시설 운영의 분담, 운임수입의 배분, 승객의 갈아타기 등에 관한 사항은 당사자 간의 협의로 정한다.

② 제1항에 따른 협의가 성립되지 아니하거나 협의 결과를 해석하는 데 분쟁이 있을 때에는 당사자의 신청을 받아 국토교통부장관이 결정한다.

③ 도시철도운영자 또는 철도사업자는 운임수입의 배분에 관한 사항에 대하여 해당 운임수입이 발생한 날이 속하는 연도의 다음 연도 12월 31일까지 제1항에 따른 협의를 완료하거나 제2항에 따른 결정을 신청하여야 한다. 다만, 운임수입의 배분과 관련되는 모든 도시철도운영자 및 철도사업자가 동의하는 경우에는 1회에 한하여 6개월의 범위에서 그 기간을 연장할 수 있다.

④ 도시철도운영자 또는 철도사업자가 운임수입을 배분하는 경우에는 제1항에 따른 협의가 완료된 날(국토교통부장관이 제2항에 따라 운임수입의 배분을 결정한 경우에는 그 결정이 있은 날을 말한다)에서 30일이 경과한 날부터 운임수입을 배분하는 날까지의 기간에 대하여 배분하여야 하는 운임수입에 대한 이자를 가산하여 지급하여야 한다.

📑 법 제35조(사업의 양도 · 양수 등)

① 도시철도운송사업자가 도시철도운송사업을 양도 · 양수하거나 합병하려는 경우에는 시 · 도지사의 인가를 받아야 한다.

② 시 · 도지사는 제1항에 따라 인가를 하려면 미리 국토교통부장관과 협의하여야 한다.

③ 제1항에 따른 인가가 있는 때에는 도시철도운송사업을 양수한 자는 도시철도운송사업을 양도한 자의 도시철도운송사업자로서의 지위를 승계하며, 합병으로 설립되거나 존속하는 법인은 합병으로 소멸되는 법인의 도시철도운송사업자로서의 지위를 승계한다.

① 도시철도운송사업자가 사업의 전부 또는 일부를 휴업 또는 폐업하려면 국토교통부령으로 정하는 바에 따라 시 · 도지사의 허가를 받아야 한다. 다만, 선로 또는 교량의 파괴, 도시철도시설의 개량, 그 밖의 정당한 사유로 인한 휴업의 경우에는 국토교통부령으로 정하는 바에 따라 시 · 도지사에게 신고하여야 하며, 신고를 받은 시 · 도지사는 그 내용을 검토하여 이 법에 적합하면 신고를 받은 날부터 국토교통부령으로 정하는 기간 이내에 신고를 수리하여야 한다.

② 시 · 도지사가 제1항 본문에 따라 허가하려는 경우에는 미리 국토교통부장관과 협의하여야 한다.

③ 제1항에 따른 휴업기간은 6개월을 넘지 못한다. 다만, 제1항 단서에 따른 휴업의 경우에는 해당 사유가 소멸할 때까지 휴업할 수 있다.

④ 제1항에 따라 허가를 받거나 신고한 휴업기간 중이라도 휴업 사유가 소멸되었을 때에는 시 · 도지사에게 신고하고 사업을 재개(再開)할 수 있다. 이 경우 신고를 받은 시 · 도지사는 그 내용을 검토하여 이 법에 적합하면 신고를 받은 날부터 국토교통부령으로 정하는 기간 이내에 신고를 수리하여야 한다.

⑤ 도시철도운영자는 도시철도운송사업의 전부 또는 일부를 휴업 또는 폐업하려는 경우에는 대통령령으로 정하는 바에 따라 휴업 또는 폐업하는 사업의 내용과 기간 등을 인터넷 홈페이지, 역 등 일반인이 보기 쉬운 곳에 게시하여야 한다.

📋 **영 제23조(사업의 휴업 · 폐업 내용의 게시)**

도시철도운송사업자는 법 제36조제1항 본문에 따라 휴업 또는 폐업의 허가를 받은 경우에는 휴업 또는 폐업 시작일 5일 이전에 법 제36조제5항에 따라 다음 각 호의 사항을 인터넷 홈페이지와 관계 역 · 영업소 및 사업소의 일반인이 보기 쉬운 곳에 게시하여야 한다. 다만, 법 제36조제1항 단서에 따라 휴업을 신고하는 경우에는 해당 휴업 사유가 발생하였을 때에 즉시 게시하여야 한다.

1. 휴업 또는 폐업하는 도시철도운송사업의 내용 및 그 사유
2. 휴업기간(휴업하는 경우만 해당한다)
3. 대체교통수단의 안내
4. 그 밖에 휴업 또는 폐업과 관련하여 도시철도운송사업자가 일반인에게 알려야 할 필요성이 있다고 인정하는 사항

📋 **법 제37조(면허의 취소 등)**

① 시 · 도지사는 도시철도운송사업자가 다음 각 호의 어느 하나에 해당하는 경우에는 그 면허를 취소하거나 6개월 이내의 기간을 정하여 그 사업의 정지를 명할 수 있다. 다만, 제1호에 해당하는 경우에는 그 면허를 취소하여야 한다.

  1. 거짓이나 그 밖의 부정한 방법으로 제26조에 따른 도시철도운송사업 면허를 받은 경우

2. 제27조에 따른 도시철도운송사업의 면허기준을 위반한 경우

3. 도시철도운송사업자가 제28조의 결격사유에 해당하는 경우. 다만, 법인의 임원 중에 그 사유에 해당하는 사람이 있는 경우로서 3개월 이내에 그 임원을 개임(改任)하였을 때에는 제외한다.

4. 제30조제1항을 위반하여 시·도지사가 정한 날짜 또는 기간 내에 운송을 개시하지 아니한 경우

5. 제35조에 따른 인가를 받지 아니하고 양도·양수하거나 합병한 경우

6. 제36조제1항에 따른 허가를 받지 아니하거나 신고를 하지 아니하고 도시철도운송사업을 휴업 또는 폐업하거나 같은 조 제3항에 따른 휴업기간이 지난 후에도 도시철도운송사업을 재개하지 아니한 경우

7. 제39조의 사업개선명령을 따르지 아니한 경우

8. 제41조제1항을 위반하여 도시철도차량에 폐쇄회로 텔레비전을 설치하지 아니한 경우

9. 사업경영의 불확실 또는 자산상태의 현저한 불량이나 그 밖의 사유로 사업을 계속함이 적합하지 아니한 경우

② 제1항에 따른 행정처분의 세부기준은 위반행위의 종류와 위반 정도 등을 고려하여 국토교통부령으로 정한다.

③ 시·도지사는 제1항에 따라 도시철도운송사업의 면허를 취소하거나 사업의 정지를 명할 때에는 청문을 하여야 한다.

📑 법 제38조(과징금의 부과)

① 시·도지사는 도시철도운송사업자가 제37조제1항 각 호의 어느 하나에 해당하여 사업정지처분을 하여야 할 경우로서 해당 사업의 정지가 그 사업의 이용자 등에게 심한 불편을 주거나 공익을 해칠 우려가 있을 때에는 대통령령으로 정하는 바에 따라 사업정지처분을 갈음하여 <u>2천만원</u> 이하의 과징금을 부과할 수 있다.

② 제1항에 따른 과징금을 내야 할 자가 납부기한까지 과징금을 내지 아니하면 「지방세징수법」에 따른 지방세 체납처분의 예에 따라 징수한다.

③ 제1항과 제2항에 따라 징수한 과징금은 <u>다음 각 호의 용도</u>로만 사용하여야 한다.

1. 도시철도 관련 시설의 확충 및 정비

2. 도시철도기술의 연구개발

3. 도시철도 이용자의 서비스 개선사업

4. 도시철도종사자의 양성·교육훈련이나 그 밖에 자질 향상을 위한 교육훈련시설의 건설 및 운영

5. 도시철도운송사업의 경영개선이나 그 밖에 도시철도운송사업의 발전을 위하여 필요한 사항

④ 제1항에 따른 과징금을 부과하는 위반행위의 종류, 위반 정도 등에 따른 과징금의 금액, 그 밖에 필요한 사항은 대통령령으로 정한다.

📋 **영 제24조(과징금의 부과 및 납부)**

① 법 제38조제1항에 따라 과징금을 부과하는 위반행위의 종류와 과징금의 금액은 별표 3과 같다.

② 시·도지사는 사업의 규모, 사업지역의 특수성, 위반행위의 정도 및 횟수 등을 고려하여 제1항에 따른 과징금의 금액을 2분의 1 범위에서 늘리거나 줄일 수 있다. 이 경우 과징금을 늘리는 경우에도 과징금의 총액은 법 제38조제1항의 금액을 넘을 수 없다. 법 제38조제1항 : 2천만원 이하

③ 시·도지사는 법 제38조제1항에 따라 과징금을 부과하려면 그 위반행위의 종류와 해당 과징금의 금액을 명시하여 이를 낼 것을 서면으로 알려야 한다.

④ 제3항에 따른 통지를 받은 자는 통지를 받은 날부터 20일 이내에 시·도지사가 정하는 수납기관에 과징금을 내야 한다.

⑤ 제4항에 따라 과징금을 받은 수납기관은 과징금을 낸 자에게 과징금 영수증을 발급하고, 시·도지사에게 영수확인통지서를 보내야 한다.

도시철도법 시행령 [별표 3]
위반행위의 종류와 과징금의 금액(제24조제1항 관련)

위반행위	근거 법조문	과징금
1. 법 제27조에 따른 도시철도운송사업의 면허기준을 위반한 경우	법 제37조제1항제2호	500만원
2. 도시철도운송사업자가 법 제28조의 결격사유에 해당하는 경우. 다만, 법인의 임원 중에 그 사유에 해당하는 사람이 있는 경우로서 3개월 이내에 그 임원을 개임하였을 때에는 제외한다.	법 제37조제1항제3호	500만원
3. 법 제30조제1항을 위반하여 시·도지사가 정한 날짜 또는 기간 내에 운송을 개시하지 않은 경우	법 제37조제1항제4호	300만원
4. 법 제35조에 따른 인가를 받지 않고 양도·양수하거나 합병한 경우	법 제37조제1항제5호	300만원
5. 법 제36조제1항에 따른 허가를 받지 않거나 신고를 하지 않고 도시철도운송사업을 휴업하거나 같은 조 제3항에 따른 휴업기간이 지난 후에도 도시철도운송사업을 재개하지 않은 경우	법 제37조제1항제6호	500만원
6. 법 제39조의 사업개선명령을 따르지 않은 경우	법 제37조제1항제7호	300만원
7. 사업경영의 불확실 또는 자산상태의 현저한 불량이나 그 밖의 사유로 사업을 계속함이 적합하지 않은 경우	법 제37조제1항제8호	500만원

📑 법 제39조(사업개선명령)

시 · 도지사는 도시교통의 원활화와 도시철도 이용자의 안전 및 편의 증진을 위하여 필요하다고 인정하면 도시철도운송사업자에게 다음 각 호의 사항을 명할 수 있다.

1. 도시철도운송사업계획 및 도시철도운송약관의 변경
2. 운임의 조정
3. 도시철도차량이나 그 밖의 시설의 개선
4. 도시철도 노선의 연락운송
5. 도시철도차량 및 도시철도 사고에 관한 손해배상을 위한 보험에의 가입
6. 안전운송의 확보 및 서비스의 향상을 위하여 필요한 조치
7. 도시철도종사자의 양성 및 자질 향상을 위한 교육

📑 법 제40조(명의대여의 금지)

도시철도운영자는 타인에게 자신의 상호를 사용하여 도시철도운송사업을 경영하게 하여서는 아니 된다.

📑 법 제41조(폐쇄회로 텔레비전의 설치 · 운영)

① 도시철도운영자는 범죄 예방 및 교통사고 상황 파악을 위하여 도시철도차량에 대통령령으로 정하는 기준에 따라 폐쇄회로 텔레비전을 설치하여야 한다.
② 도시철도운영자는 승객이 폐쇄회로 텔레비전 설치를 **쉽게** 인식할 수 있도록 대통령령으로 정하는 바에 따라 안내판 설치 등 필요한 조치를 하여야 한다.
③ 도시철도운영자는 설치 목적과 다른 목적으로 폐쇄회로 텔레비전을 임의로 조작하거나 다른 곳을 비춰서는 아니 되며, 녹음기능은 사용할 수 없다.
④ 도시철도운영자는 다음 각 호의 어느 하나에 해당하는 경우 외에는 폐쇄회로 텔레비전으로 촬영한 영상기록을 이용하거나 다른 자에게 제공하여서는 아니 된다.
　1. 범죄 예방 및 교통사고 상황 파악을 위하여 필요한 경우
　2. 범죄의 수사와 공소의 제기 및 유지에 필요한 경우
　3. 법원의 재판업무수행을 위하여 필요한 경우
⑤ 도시철도운영자는 폐쇄회로 텔레비전 운영으로 얻은 영상기록이 분실 · 도난 · 유출 · 변조 또는 훼손되지 아니하도록 폐쇄회로 텔레비전의 운영 · 관리 지침을 마련하여야 한다.

📋 영 제25조(폐쇄회로 텔레비전의 설치기준)

법 제41조제1항에 따른 폐쇄회로 텔레비전의 설치 기준은 다음 각 호와 같다. 기출

1. 해당 도시철도차량 내에 사각지대가 없도록 설치할 것

2. 해상도는 범죄 예방 및 교통사고 상황 파악에 지장이 없도록 할 것

3. 도시철도를 이용하는 승객 누구나 쉽게 인식할 수 있는 위치에 설치할 것

📋 영 제26조(폐쇄회로 텔레비전의 안내판 설치 등)

① 도시철도운영자는 법 제41조제2항에 따라 승객이 도시철도차량 내 폐쇄회로 텔레비전의 설치를 쉽게 인식할 수 있도록 폐쇄회로 텔레비전이 설치된 위치 부근에 다음 각 호의 사항이 포함된 안내판을 설치하여야 한다. 이 경우 안내판에는 한글과 영문을 함께 표기하여야 한다.
   1. 설치 목적
   2. 설치 장소
   3. 촬영 범위
   4. 촬영 시간
   5. 담당 부서, 책임자 및 연락처
   6. 그 밖에 도시철도운영자가 필요하다고 인정하는 사항
② 도시철도운영자는 법 제41조제2항에 따라 도시철도차량에 폐쇄회로 텔레비전이 설치되었다는 사실을 주기적인 안내방송 등을 통하여 승객에게 알려야 한다.

📄 법 제41조의2(보안요원의 배치 · 운영)

도시철도운영자는 승객의 안전 확보와 편의 증진을 위하여 역사 및 도시철도차량에 보안요원을 배치하여 운영할 수 있다.

📄 법 제42조(도시철도운송사업의 위탁)

① 국가나 지방자치단체가 도시철도운영자인 경우에는 도시철도운송사업을 법인에 위탁할 수 있다.
② 제1항에 따라 제2조제6호가목 또는 나목의 사업을 위탁받은 법인은 제26조에 따라 도시철도운송사업 면허를 받아야 한다.   제2조제6호가목 또는 나목 : 도시철도운송사업(여객 운송, 열차 운행 관리 등)
③ 제1항의 위탁에 필요한 사항은 대통령령으로 정한다.

📋 영 제27조(도시철도운송사업의 위탁)

① 지방자치단체인 도시철도운영자가 법 제42조제1항에 따라 도시철도운송사업을 법인에 위탁하는 경우에는 그 사실을 국토교통부장관에게 통보하여야 한다.

② 법 제42조제1항에 따라 도시철도운송사업을 위탁받은 수탁법인(이하 이 조에서 "운송사업수탁법인"이라 한다)은 도시철도운송사업을 시행하기 전에 다음 각 호의 사항에 대하여 도시철도운송사업을 위탁한 국가 또는 지방자치단체의 승인을 받아야 한다. 승인받은 사항을 변경하는 경우에도 또한 같다.

  1. 연도별 도시철도운송사업의 계획 및 결산
  2. 운송사업수탁법인의 정관의 제정 또는 변경에 관한 사항
  3. 도시철도운송사업에 필요한 시설의 유지관리 계획에 관한 사항

③ 국가나 지방자치단체는 운송사업수탁법인이 시행하는 도시철도운송사업에 대하여 필요한 지시를 할 수 있다.

📄 법 제43조(「철도사업법」의 준용)

① 도시철도운영자의 준수사항, 도시철도종사자의 준수사항, 도시철도차량 관리에 대한 책임, 도시철도 서비스 향상 등에 관하여는 「철도사업법」 제10조, 제20조, 제22조 및 제26조부터 제33조까지의 규정을 준용한다. 이 경우 "철도"는 "도시철도"로, "철도사업자"는 "도시철도운영자"로, "철도사업약관"은 "도시철도운송약관"으로, "철도운수종사자"는 "도시철도종사자"로, "철도차량"은 "도시철도차량"으로 본다.

② 민자도시철도의 관리에 관하여는 「철도사업법」 제25조 및 제25조의2부터 제25조의6까지를 준용한다. 이 경우 "국토교통부장관"은 "지방자치단체의 장"으로, "민자철도"는 "민자도시철도"로, "민자철도사업자"는 "민자도시철도운영자"로, "국세강제징수의 예"는 "「지방세징수법」에 따른 지방세 체납처분의 예"로, "철도사업"은 "도시철도사업"으로, "국가"는 "지방자치단체"로, "국회 소관 상임위원회"는 "지방의회"로 본다.

보칙

📄 법 제44조(감독 등)

① 국토교통부장관은 도시철도건설자 및 도시철도운영자(국가는 제외한다. 이하 이 조 및 제45조에서 같다)를 감독한다.

② 국토교통부장관은 필요하다고 인정하면 도시철도건설자 및 도시철도운영자에게 업무에 관하여 감독상 필요한 명령을 할 수 있다.

③ 시 · 도지사는 국가 · 지방자치단체나 도시철도공사가 아닌 도시철도건설자 및 도시철도운영자에 대하여 제1항 및 제2항의 감독 및 명령을 할 수 있다.

📄 법 제45조(보고 및 검사)

① 국토교통부장관은 필요하다고 인정하면 도시철도건설자 및 도시철도운영자로 하여금 그 업무 및 자산 상태에 관하여 보고를 하게 하거나 소속 공무원에게 도시철도건설자 및 도시철도운영자의 사무소나 그 밖의 사업소에 출입하여 업무 상황 또는 장부 · 서류나 그 밖에 필요한 물건을 검사하게 할 수 있다.

② 국가 · 지방자치단체나 도시철도공사가 아닌 도시철도건설자 및 도시철도운영자에 대한 경우에는 시 · 도지사가 도시철도건설자 및 도시철도운영자로 하여금 보고를 하게 하거나 도시철도건설자 및 도시철도운영자를 검사할 수 있다.

③ 제1항 및 제2항에 따라 사무소나 그 밖의 사업소에 출입하여 검사를 하는 공무원은 그 권한을 표시하는 증표를 지니고 관계인에게 보여주어야 한다.

📄 법 제46조(권한의 위임)

이 법에 따른 국토교통부장관의 권한은 대통령령으로 정하는 바에 따라 그 일부를 「대도시권 광역교통 관리에 관한 특별법」 제9조의2에 따른 대도시권광역교통위원장 또는 시 · 도지사에게 위임할 수 있다.

📋 영 제28조(권한의 위임)

① 국토교통부장관은 법 제46조에 따라 다음 각 호의 권한(도시철도운송사업 사업구간의 전부 또는 일부가 「대도시권 광역교통 관리에 관한 특별법」 제2조제1호에 따른 대도시권 안에 있는 경우에 한정한다)을 「대도시권 광역교통 관리에 관한 특별법」 제8조에 따른 대도시권광역교통위원회에 위임한다.

1. 법 제6조제1항 단서에 따른 기본계획 수립의 생략 협의, 같은 조 제3항에 본문에 따른 기본계획 중 주요 사항에 대한 협의 및 기본계획의 접수, 같은 조 제4항에 따른 기본계획의 승인, 같은 조 제5항 본문에 따른 기본계획의 고시

2. 법 제7조제1항에 따른 사업계획의 승인 및 변경 승인, 같은 조 제6항에 따른 고시(제2항에 따라 시·도지사에게 위임한 권한은 제외한다)

3. 법 제8조제2항에 따른 인·허가 의제 등에 관한 협의 및 같은 조 제4항 전단에 따른 일괄협의회의 개최

4. 법 제20조제2항 및 제3항에 따른 도시철도채권 발행 협의

5. 법 제22조에 따른 지원 법 제22조 : 정부 지원

6. 법 제23조제2항에 따른 지원자금의 회수 법 제23조제2항 : 지원자금의 목적 외 사용금지

7. 법 제24조제1항 후단에 따른 도시철도건설사업의 위탁 승인

8. 법 제25조제2항에 따른 도시철도 연계망 구축 지원

9. 법 제26조제2항 전단에 따른 도시철도운송사업계획의 조정 및 같은 조 제3항에 따른 도시철도운송사업계획에 관한 협의

10. 법 제30조제2항에 따른 운송개시 변경 승인의 협의

11. 법 제33조제2항에 따른 도시철도운송사업계획 변경 신고 및 변경의 접수

12. 법 제34조제2항에 따른 연락운송 분쟁에 대한 결정

13. 법 제35조제2항에 따른 도시철도운송사업 양도·양수 및 합병 인가 협의

14. 법 제36조제2항에 따른 도시철도운송사업 휴업 및 폐업 허가 협의

15. 법 제44조제1항 및 제2항에 따른 도시철도건설자 및 도시철도운영자에 대한 감독 및 명령

16. 법 제45조제1항에 따른 도시철도건설자 및 도시철도운영자에 대한 보고요구 및 검사

17. 제12조제1항 및 제2항에 따른 도시철도채권 발행 요청 및 공고

18. 제13조제2항제1호에 따른 도시철도채권 이율에 대한 협의

② 국토교통부장관은 법 제46조에 따라 다음 각 호의 권한을 시·도지사에게 위임한다.

1. 도시철도건설자가 지방자치단체나 도시철도공사인 경우에 해당 도시철도건설자에 대한 다음 각 목의 권한

　가. 법 제7조제1항 후단에 따른 사업계획의 변경사항 중 다음의 어느 하나에 해당하는 사항에 관한 변경승인 법 제7조 : 도시철도사업계획의 승인 등

　　1) 노선 연장을 100분의 10의 범위에서 변경

　　2) 도시철도 부지를 100분의 10의 범위에서 변경과 그 범위에서의 도시철도시설의 위치 등의 변경

　나. 가목의 변경사항에 대한 법 제7조제6항에 따른 고시

2. 국가 · 지방자치단체나 도시철도공사가 아닌 도시철도건설자에 대한 다음 각 목의 권한

　　가. 법 제7조제1항에 따른 승인 및 변경승인

　　나. 법 제7조제6항에 따른 고시

③ 시 · 도지사는 제2항에 따라 위임받은 업무를 처리하였을 때에는 그 내용을 지체 없이 국토교통부장관에게 보고하여야 한다.

📑 영 제29조(규제의 재검토)

국토교통부장관은 제14조 및 별표 2에 따른 도시철도채권의 매입 대상 및 대상별 매입 금액에 대하여 2023년 1월 1일을 기준으로 3년마다(매 3년이 되는 해의 기준일과 같은 날 전까지를 말한다) 그 타당성을 검토하여 개선 등의 조치를 해야 한다.

벌칙

📄 법 제47조(벌칙)

① 다음 각 호의 어느 하나에 해당하는 자는 2년 이하의 징역 또는 2천만원 이하의 벌금에 처한다. 키워드 : 운송사업

1. 제26조에 따른 면허를 받지 아니하고 도시철도운송사업을 경영한 자

2. 거짓이나 그 밖의 부정한 방법으로 제26조에 따른 도시철도운송사업의 면허를 받은 자

3. 제37조에 따른 사업정지 기간에 도시철도운송사업을 경영한 자

4. 제40조를 위반하여 타인에게 자신의 상호를 대여한 자

5. 제43조에 따라 준용되는 「철도사업법」 제31조를 위반하여 도시철도운영자의 공동활용에 관한 요청을 정당한 사유 없이 거부한 자 「철도사업법」 제31조 : 철도시설의 공동 활용

② 다음 각 호의 어느 하나에 해당하는 자는 1년 이하의 징역 또는 1천만원 이하의 벌금에 처한다. 키워드 : CCTV

1. 제41조제3항을 위반하여 설치 목적과 다른 목적으로 폐쇄회로 텔레비전을 임의로 조작하거나 다른 곳을 비춘 자 또는 녹음기능을 사용한 자

2. 제41조제4항을 위반하여 영상기록을 목적 외의 용도로 이용하거나 다른 자에게 제공한 자

③ 다음 각 호의 어느 하나에 해당하는 자는 1천만원 이하의 벌금에 처한다. 키워드 : 명령

1. 제39조에 따른 사업개선명령을 위반한 자

2. 제43조에 따라 준용되는 「철도사업법」 제28조제3항을 위반하여 우수서비스마크 또는 이와 유사한 표지를 도시철도차량 등에 붙이거나 인증사실을 홍보한 자

3. 제44조제2항에 따른 감독상 필요한 명령을 위반한 자 제44조제2항 : 국토교통부장관의 감독

📄 법 제48조(양벌규정)

법인의 대표자나 법인 또는 개인의 대리인, 사용인, 그 밖의 종업원이 그 법인 또는 개인의 업무에 관하여 제47조의 어느 하나에 해당하는 위반행위를 하면 그 행위자를 벌하는 외에 그 법인 또는 개인에게도 해당 조문의 벌금형을 과(科)한다. 다만, 법인 또는 개인이 그 위반행위를 방지하기 위하여 해당 업무에 관하여 상당한 주의와 감독을 게을리하지 아니한 경우에는 그러하지 아니하다.

📋 법 제49조(과태료)

① 제43조에 따라 준용되는 「철도사업법」 제32조제1항 또는 제2항을 위반하여 회계를 구분하여 경리하지 아니한 자에게는 500만원 이하의 과태료를 부과한다.

② 제41조제1항을 위반하여 도시철도차량에 폐쇄회로 텔레비전을 설치하지 아니한 자에게는 300만원 이하의 과태료를 부과한다.

③ 다음 각 호에 해당하는 자에게는 100만원 이하의 과태료를 부과한다.

  1. 제43조에 따라 준용되는 「철도사업법」 제20조제2항부터 제4항까지에 따른 준수사항을 위반한 자

  「철도사업법」 제20조제2항부터 제4항 : 철도사업자의 준수사항

  2. 제43조에 따라 준용되는 「철도사업법」 제25조제2항을 위반하여 도시철도차량의 점검ㆍ정비에 관한 책임자를 선임하지 아니한 자

④ 제43조에 따라 준용되는 「철도사업법」 제22조를 위반한 도시철도종사자 및 그가 소속된 도시철도운영자에게는 50만원 이하의 과태료를 부과한다.   「철도사업법」 제22조 : 철도운수종사자의 준수사항

📋 법 제50조(과태료 규정의 적용 특례)

제49조의 과태료에 관한 규정을 적용할 때 제38조에 따라 과징금을 부과한 행위에 대해서는 과태료를 부과할 수 없다.

영 제1조(목적)   **OX 1**   이 영은 「도시철도법」에서 위임된 사항과 그 시행에 필요한 사항을 규정함을 목적으로 한다.   O | X

법 제2조(정의)   **OX 2**   "도시철도건설자"란 도시철도건설사업을 하는 자로서 도시철도사업계획의 승인을 받은 자를 말한다.   O | X

법 제2조(정의)   **OX 3**   "도시철도시설" 해당 시설과 부지를 포함한 것들을 말한다.   O | X

법 제2조(정의)   **OX 4**   도시철도차량의 정비 및 열차의 운행 관리는 도시철도부대사업에 해당한다.   O | X

영 제2조의2(도시철도 부대사업)   **OX 5**   도시철도 이용객을 위한 편의시설의 설치 · 운영사업은 역세권 및 도시철도시설 · 부지를 활용한 개발 · 운영 사업으로서 대통령령으로 정하는 사업에 해당한다.   O | X

법 제3조(적용범위)   **OX 6**   국가나 지방자치단체로부터 도시철도건설사업 또는 도시철도운송사업을 위탁받은 법인이 건설 또는 운영하는 도시철도는 도시철도법의 적용범위에 해당한다.   O | X

법 제3조의2(국가 및 지방자치단체의 책무)   **OX 7**   국가 및 지방자치단체는 도시철도 이용자의 권익보호를 위하여 도시철도 이용자의 불만 및 피해에 대한 신속 · 공정한 구제조치 시책을 강구하여야 한다.   O | X

해 OX4   도시철도운송사업이다.

답 OX1 **O**   OX2 **O**   OX3 **O**   OX4 **X**   OX5 **O**   OX6 **O**   OX7 **O**

법 제5조(도시철도망구축 **OX 8** 특별시장·광역시장·특별자치시장·도지사 및 특별자치도지사는 관할 도
계획의 수립 등) 시교통권역에서 도시철도를 건설·운영하려면 관계 시·도지사와 협의하여
1년 단위의 도시철도망구축계획을 수립하여야 한다. O | X

법 제5조(도시철도망구축 **OX 9** 시·도지사는 도시철도망계획이 수립된 날부터 1년마다 도시철도망계획의
계획의 수립 등) 타당성을 재검토하여 필요한 경우 이를 변경하여야 한다. O | X

영 제3조(도시철도망구축 **OX 10** 도시철도망구축계획 또는 노선별 도시철도기본계획을 수립하였을 때에는 이
계획 및 노선별 도시철도 를 해당 계획의 계획기간이 시작되는 해의 전년도 3월 말일까지 국토교통부장
기본계획의 제출) 관에게 제출하여야 한다. O | X

영 제4조(도시철도망계획 **OX 11** 도시철도망계획에 포함된 도시철도 노선별 노선 연장을 100분의 20 범위에서
중 경미한 사항 변경) 변경하는 것은 대통령령으로 정하는 도시철도망계획 중 경미한 사항의 변경
에 해당한다. O | X

법 제6조(노선별 도시철 **OX 12** 민자도시철도의 경우에는 시·도지사가 국토교통부장관과 협의하여 노선별
도기본계획의 수립 등) 도시철도기본계획의 수립을 생략할 수 있다. O | X

법 제6조(노선별 도시철 **OX 13** 국토교통부장관은 노선별 도시철도기본계획을 승인하면 이를 관보에 고시하
도기본계획의 수립 등) 여야 한다. O | X

영 제6조(기본계획 중 **OX 14** 사업기간을 2년의 범위에서 변경하는 것은 기본계획의 경미한 사항 변경에 해
경미한 사항 변경) 당한다. O | X

법 제7조(사업계획의 **OX 15** 기본계획에 따라 도시철도를 건설하려는 자는 대통령령으로 정하는 바에 따라
승인 등) 도시철도사업계획을 수립하여 행정안전부장관의 승인을 받아야 한다.
O | X

해 OX8 10년 단위
OX9 5년이다.
OX10 2월 말이다.
OX11 100분의 10 범위
OX14 1년이다.
OX15 국토교통부장관이다.

답 OX8 X   OX9 X   OX10 X   OX11 X   OX12 O   OX13 O   OX14 X   OX15 X

| 법 제7조(사업계획의 승인 등) | **OX 16** | 지방자치단체의 장은 사업계획 승인 내용 중 도시·군관리계획 결정사항이 포함되어 있는 경우에는 「국토의 계획 및 이용에 관한 법률」 및 「토지이용규제기본법」에 따라 지형도면의 고시 등 필요한 조치를 하여야 한다. **O\|X** |

영 제9조(일괄협의회) **OX 17** 관계 행정기관의 장은 법령 검토 및 사실 확인 등을 위한 추가 검토가 필요하여 해당 인가·허가등에 대한 의견을 일괄협의회의 회의에서 제출하기 곤란한 경우에는 일괄협의회의 회의를 개최한 날부터 5일 이내에 그 의견을 제출할 수 있다. **O\|X**

영 제10조(지하부분 사용에 대한 보상기준) **OX 18** 토지의 지하부분 사용에 대한 보상금액에서 적정가격은 지하부분의 면적과 수평으로 대응하는 지표의 토지의 적정가격을 말한다. **O\|X**

영 제10조(지하부분 사용에 대한 보상기준) **OX 19** 토지의 지하부분 사용에 대한 보상금액에서 입체이용저해율은 건물의 이용저해율, 지하부분의 이용저해율 및 건물 및 지하부분을 제외한 그 밖의 이용저해율을 합산한 것을 의미한다. **O\|X**

영 제11조(지하부분 사용에 대한 보상방법 등) **OX 20** 도시철도건설자가 토지의 지하부분 사용에 대한 보상을 할 때에는 토지소유자에게 개인마다 일시불로 보상금액을 지급하여야 한다. **O\|X**

법 제10조(토지 등의 수용 또는 사용) **OX 21** 사업계획의 승인과 고시는 「공익사업을 위한 토지 등의 취득 및 보상에 관한 법률」에 따른 사업인정 및 사업인정고시로 보며, 재결신청의 기한은 승인을 받은 사업계획에서 정한 도시철도사업기간의 종료일로 한다. **O\|X**

법 제11조(국유지·공유지의 처분 제한 등) **OX 22** 국가나 지방자치단체 소유의 토지로서 도시철도건설사업에 필요한 토지는 도시철도건설사업 목적 외의 목적으로 매각하거나 양여할 수 없다. **O\|X**

법 제12조(구분지상권의 설정등기 등) **OX 23** 구분지상권의 존속기간은 「민법」에도 불구하고 도시철도시설이 존속하는 날까지로 한다. **O\|X**

해 **OX18** 수직으로 대응하는

답 **OX16** O **OX17** O **OX18** X **OX19** O **OX20** O **OX21** O **OX22** O **OX23** O

법 제14조(토지에의
출입 등)

OX24 도시철도건설자는 도시철도건설사업을 위하여 타인의 토지에 출입하거나
타인의 토지를 일시 사용할 수 있다. `O|X`

법 제17조(피해 건축물의
개축 시 주차장의
설치기준)

OX25 도시철도건설사업으로 피해를 입은 건축물을 개축하는 경우 기존 건축물에
설치되었던 규모와 같은 크기의 주차장을 설치하는 경우에는 이를 「주차장법」
에 따른 부설주차장 설치기준에 적합한 것으로 본다. `O|X`

법 제20조(도시철도
채권의 발행)

OX26 도시철도공사는 도시철도채권을 발행하려면 관계 지방자치단체의 장 및 행정
안전부장관과 협의하여야 한다. `O|X`

영 제12조(도시철도
채권의 발행절차)

OX27 국가 · 지방자치단체 또는 도시철도공사가 도시철도채권을 발행하려면 발행
기간, 도시철도채권의 이율, 원금 상환의 방법 및 시기를 공고하여야 한다. `O|X`

영 제13조(도시철도채권
의 발행 방법 및 이율)

OX28 도시철도채권은 「주식 · 사채 등의 전자등록에 관한 법률」에 따라 전자등록
하여 발행한다. `O|X`

법 제22조(정부 지원 등)

OX29 정부는 지방자치단체나 도시철도공사가 시행하는 도시철도건설사업을 위하
여 재정적 지원이 필요하다고 인정되면 소요자금의 일부를 보조하거나 융자할
수 있다. `O|X`

영 제17조(도시철도기술
연구기관)

OX30 한국철도기술연구원, 한국전자통신연구원 등은 대통령령으로 정하는 도시철도
기술을 연구하는 기관 또는 단체에 해당한다. `O|X`

법 제23조(지원자금의
목적 외 사용금지 등)

OX31 정부는 도시철도건설자가 지급받은 지원자금을 그 지원 목적 외의 용도로 사
용하거나 부정한 방법으로 지원자금을 지급받은 경우에는 지급받은 지원자금
을 회수한다. `O|X`

해 OX26　국토교통부장관

정 OX24 O　OX25 O　OX26 X　OX27 O　OX28 O　OX29 O　OX30 O　OX31 O

영 제20조(도시철도 시설물의 귀속절차)	**OX32** 국가 또는 지방자치단체에 귀속되는 도시철도의 시설물은 도시철도 건설공사의 착공과 동시에 국가 또는 지방자치단체에 귀속된다. ○ X
법 제26조(면허 등)	**OX33** 도시철도운송사업의 사업구간이 인접한 시·도에 걸쳐있는 경우에는 해당 시·도지사 간 협의에 따라 면허를 줄 시·도지사를 정하되 협의가 성립되지 아니한 경우에는 국토교통부장관이 조정할 수 있다. ○ X
법 제27조(면허의 기준)	**OX34** 해당 사업이 도시교통의 수송수요에 적합한지 여부는 도시철도운송사업의 면허 기준이다. ○ X
법 제28조의2(도시철도 부대사업의 승인 등)	**OX35** 도시철도운영자는 도시철도의 건설 및 운영에 드는 자금을 충당하기 위하여 시·도지사의 승인을 받아 도시철도부대사업을 할 수 있다. ○ X
법 제30조(운송개시의 의무)	**OX36** 시·도지사가 제1항 단서(천재지변 등) 에 따라 운송개시 변경의 승인을 할 때에는 국토교통부장관과 미리 협의하여야 한다. ○ X
법 제31조(운임의 신고 등)	**OX37** 도시철도운영자는 도시철도의 운임을 정하거나 변경하는 경우 그 사항을 시행 5일 이전에 예고하는 등 도시철도 이용자에게 불편이 없도록 필요한 조치를 하여야 한다. ○ X
법 제33조(도시철도 운송사업계획의 변경)	**OX38** 시·도지사는 도시철도운송사업자로부터 도시철도운송사업계획에 대한 변경신고를 받거나 소관 도시철도운송사업계획을 변경한 경우에는 지체 없이 국토교통부장관에게 알려야 한다. ○ X
법 제34조(연락운송)	**OX39** 도시철도운영자 또는 철도사업자가 운임수입을 배분하는 경우에는 제1항에 따른 협의가 완료된 날에서 30일이 경과한 날부터 운임수입을 배분하는 날까지의 기간에 대하여 배분하여야 하는 운임수입에 대한 이자를 가산하여 지급하여야 한다. ○ X

해 OX32 준공과 동시에 국가 또는 지방자치단체에 귀속
　　OX37 1주일 이전

답 OX32 X　OX33 O　OX34 O　OX35 O　OX36 O　OX37 X　OX38 O　OX39 O

| 법 제36조(사업의 휴업·폐업) | **OX40** 휴업기간은 6개월을 넘지 못한다. (다만, 선로 또는 교량의 파괴, 도시철도시설의 개량, 그 밖의 정당한 사유로 인한 휴업의 경우 제외) O\|X |

| 영 제23조(사업의 휴업·폐업 내용의 게시) | **OX41** 도시철도운송사업자는 휴업 또는 폐업하는 경우 휴업 또는 폐업하는 도시철도운송사업의 내용 및 대체교통수단의 안내 등을 게시해야 한다. O\|X |

| 법 제37조(면허의 취소 등) | **OX42** 시·도지사는 도시철도운송사업자가 거짓이나 그 밖의 부정한 방법으로 도시철도운송사업 면허를 받은 경우 6개월 이내의 기간을 정하여 그 사업의 정지를 명할 수 있다. O\|X |

| 법 제38조(과징금의 부과) | **OX43** 사업정지처분을 갈음하여 부과한 과징금으로 도시철도종사자의 양성·교육훈련이나 그 밖에 자질 향상을 위한 교육훈련시설의 건설 및 운영 용도로 사용할 수 있다. O\|X |

| 영 제24조(과징금의 부과 및 납부) | **OX44** 시·도지사는 사업의 규모, 사업지역의 특수성, 위반행위의 정도 및 횟수 등을 고려하여 과징금의 금액을 2분의 1 범위에서 늘리거나 줄일 수 있다. O\|X |

| 법 제39조(사업개선명령) | **OX45** 시·도지사는 필요하다고 인정하면 도시철도운송사업자에게 도시철도차량이나 그 밖의 시설의 개선이나 도시철도 노선의 연락운송을 명할 수 있다. O\|X |

| 법 제41조(폐쇄회로 텔레비전의 설치·운영) | **OX46** 도시철도운영자는 설치 목적과 다른 목적으로 폐쇄회로 텔레비전을 임의로 조작하거나 다른 곳을 비춰서는 아니 되며, 녹음기능은 사용할 수 없다. O\|X |

| 법 제41조(폐쇄회로 텔레비전의 설치·운영) | **OX47** 도시철도운영자는 법원의 재판업무수행을 위하여 필요한 경우 촬영한 영상기록을 이용하거나 다른 자에게 제공할 수 있다. O\|X |

해 **OX42** 면허를 취소하여야 한다 (강행규정)

답 **OX40** O   **OX41** O   **OX42** X   **OX43** O   **OX44** O   **OX45** O   **OX46** O   **OX47** O

영 제25조(폐쇄회로 텔레비전의 설치기준)

OX 48 폐쇄회로 텔레비전은 도시철도를 이용하는 승객이 쉽게 인식할 수 없는 위치에 설치해야 한다. ☐ O | X

영 제26조(폐쇄회로 텔레비전의 안내판 설치 등)

OX 49 도시철도운영자는 폐쇄회로 텔레비전이 설치된 위치 부근에 담당 부서, 책임자 및 연락처가 포함된 안내판을 설치하여야 한다. ☐ O | X

법 제41조의2(보안요원의 배치 · 운영)

OX 50 도시철도운영자는 승객의 안전 확보와 편의 증진을 위하여 역사 및 도시철도차량에 보안요원을 배치하여 운영할 수 있다. ☐ O | X

법 제44조(감독 등)

OX 51 국토교통부장관은 도시철도건설자 및 도시철도운영자를 감독한다. ☐ O | X

법 제47조(벌칙)

OX 52 법을 위반하여 타인에게 자신의 상호를 대여한 도시철도운영자는 1년 이하의 징역 또는 1천만원 이하의 벌금에 처한다. ☐ O | X

법 제47조(벌칙)

OX 53 시 · 도지사의 사업개선명령을 위반한 자는 2년 이하의 징역 또는 2천만원 이하의 벌금에 처한다. ☐ O | X

해 OX48 쉽게 인식할 수 있는 위치에 설치
OX52 2년 이하의 징역 또는 2천만원 이하의 벌금
OX53 1천만원 이하의 벌금에 처한다.

답 OX48 X OX49 O OX50 O OX51 O OX52 X OX53 X

법 제2조(정의)　　**빈칸1**　"도시철도사업"이란 도시철도(　　　　　　　　)사업, 도시철도운송사업 및 도시철도부대사업을 말한다.

법 제2조(정의)　　**빈칸2**　모노레일 · 노면전차 · 선형유도전동기 · 자기부상열차는 (　　　　　) 철도에 해당한다.

법 제2조(정의)　　**빈칸3**　(　　　　　　)란 도시철도운송사업을 하는 자로서 국가, 지방자치단체 및 도시철도운송사업 면허를 받은 자를 말한다.

법 제2조(정의)　　**빈칸4**　"도시철도부대사업"이란 도시철도시설 · 도시철도차량 · 도시철도부지 등을 활용한 다음 각 목의 어느 하나에 해당하는 사업을 말한다.
가. 도시철도와 다른 교통수단의 (　　　　　　)
나. 도시철도 차량 · 장비와 (　　　　　)의 제작 · 판매 · 정비 및 임대사업

법 제2조(정의)　　**빈칸5**　"도시철도종사자"란 도시철도차량의 운전 · (　　　　　)관리 및 정비 업무, 도시철도 이용자를 상대로 하는 (　　　　　)서비스 업무, 도시철도시설의 유지보수 업무, 그 밖에 도시철도차량의 안전운행 또는 질서유지에 관한 업무에 종사하는 자를 말한다.

영 제2조의2(도시철도부대사업)　　**빈칸6**　도시철도부대사업 중 "대통령령으로 정하는 사업"이란 「관광진흥법」에서 정한 도시철도운영과 관련된 관광사업 중 (　　　　　)업을 제외한다.

| 법 제4조(다른 법률과의 관계) | **빈칸7** | 도시철도의 안전에 관하여는 (　　　　　　　) 을 적용한다. |

| 법 제5조 | **빈칸8** | 특별시장·광역시장·특별자치시장·도지사 및 특별자치도지사는 관할 도시교통권역에서 도시철도를 건설·운영하려면 관계 시·도지사와 협의하여 10년 년 단위의 (　　　　　　)계획을 수립하여야 한다. |

| 법 제5조(도시철도망구축계획의 수립 등) | **빈칸9** | 도시철도망계획에는 필요한 재원의 (　　　　)방안 과 투자 (　　　　) 가 포함되어야 한다. |

| 법 제5조(도시철도망구축계획의 수립 등) | **빈칸10** | 시·도지사는 도시철도망계획을 수립하거나 변경하려면 (　　　　)장관의 승인을 받아야 한다. |

| 법 제5조(도시철도망구축계획의 수립 등) | **빈칸11** | 국토교통부장관은 도시철도망계획의 내용 중 필요한 사항을 조정하여 관계 행정기관의 장과 협의한 후 「국가통합교통체계효율화법」 에 따른 (　　　　　　)의 심의를 거쳐 승인하고, 이를 관보에 고시하여야 한다. |

| 법 제6조(노선별 도시철도기본계획의 수립 등) | **빈칸12** | 기본계획에는 다음 각 호의 사항이 포함되어야 한다.
3. (　　　), 노선 연장, 기점·종점, 정거장 위치, 차량기지 등 개략적인 노선망
6. 건설기간 중 도시철도건설사업 지역의 (　　　)대책
8. 그 밖에 필요한 사항으로서 (　　　)령으로 정하는 사항 |

| 법 제6조(노선별 도시철도기본계획의 수립 등) | **빈칸13** | 시·도지사는 도시철도망계획에 포함된 도시철도 노선 중 건설을 추진하려는 노선에 대해서는 관계 시·도지사와 협의하여 (　　　　　　) 계획을 수립하여야 한다. |

| 법 제6조(노선별 도시철 | **빈칸 14** | 국토교통부장관은 노선별 도시철도기본계획을 제출받으면 건설 노선, (　　　　　　)기간, 총사업비, (　　　　　　　　)의 재원 분담비율을 포함한 자금의 조달방안 등 필요한 사항을 조정하여 관계 행정기관의 장과 협의를 거쳐 기본계획을 승인하여야 한다. |

법 제6조(노선별 도시철도기본계획의 수립 등)

빈칸 14

국토교통부장관은 노선별 도시철도기본계획을 제출받으면 건설 노선, (　　　　　　)기간, 총사업비, (　　　　　　　　)의 재원 분담비율을 포함한 자금의 조달방안 등 필요한 사항을 조정하여 관계 행정기관의 장과 협의를 거쳐 기본계획을 승인하여야 한다.

법 제6조(노선별 도시철도기본계획의 수립 등)

빈칸 15

시 · 도지사는 노선별 도시철도기본계획의 내용 중 대통령령으로 정하는 경미한 사항을 변경하려는 경우에는 (　　　　　　), 공청회, 지방의회 의견청취의 절차를 생략할 수 있다.

영 제5조(기본계획의 주요 사항)

빈칸 16

"대통령령으로 정하는 주요 사항"이란 다음 각 호의 어느 하나에 해당하는 사항을 말한다.

중략

2. 도시철도의 (　　　　　　) 방식

3. 도시철도차량의 (　　　　　　) 및 운행계획

영 제6조(기본계획 중 경미한 사항 변경)

빈칸 17

(　　　　　　)장관은 노선별 도시철도기본계획의 경미한 사항의 변경을 승인하였을 때에는 지체 없이 그 내용을 관계 행정기관의 장에게 통보하여야 한다.

법 제7조(사업계획의 승인 등)

빈칸 18

기본계획에 따라 도시철도를 건설하려는 자는 대통령령으로 정하는 바에 따라 (　　　　　　)계획을 수립하여 국토교통부장관의 승인을 받아야 한다.

법 제7조(사업계획의 승인 등)

빈칸 19

기본계획에 따라 도시철도를 건설하려는 자가 사업계획의 승인을 신청할 때에는 미리 그 뜻을 공고하고 관계 서류의 사본을 (　　　　　　)일 이상 일반인이 열람할 수 있게 하여야 한다.

빈칸14　사업기간, 지방자치단체　　빈칸15　사전협의　　빈칸16　건설 방식, 종류

빈칸17　국토교통부장관　　빈칸18　도시철도사업계획　　빈칸19　20일

법 제7조(사업계획의 승인 등)	빈칸20	노선별 도시철도기본계획 중 (　　　　) 또는 (　　　　)에 관한 사항을 변경한 경우에는 도시철도사업계획의 변경승인을 받은 것으로 본다.
영 제8조(사업계획 승인 신청의 공고 등)	빈칸21	도시철도사업계획 승인 후 관보 고시는 사업계획을 승인한 날부터 (　　　)일 이내에 하여야 한다.
영 제9조(일괄협의회)	빈칸22	국토교통부장관 또는 시·도지사는 일괄협의회를 개최하려는 경우에는 회의 개최일 (　　　)일 전까지 회의 개최 사실을 관계 행정기관의 장에게 알려야 한다.
법 제8조(다른 법률에 따른 인가·허가등의 의제)	빈칸23	국토교통부장관 또는 시·도지사는 다른 법률에 따른 인가·허가등의 의제 협의를 위하여 대통령령으로 정하는 바에 따라 (　　　　　)를 개최하여야 한다.
법 제9조(지하부분에 대한 보상 등)	빈칸24	지하부분 사용에 대한 구체적인 보상의 기준 및 방법에 관한 사항은 (　　　)령으로 정한다.
영 제10조(지하부분 사용에 대한 보상기준)	빈칸25	토지의 지하부분 사용에 대한 보상금액에서 면적은 (　　　) 설정 또는 이전 면적으로 한다.
법 제11조(국유지·공유지의 처분 제한 등)	빈칸26	(　　　　)는 「국유재산법」과 「공유재산 및 물품 관리법」에도 불구하고 도시철도건설자에게 무상양여하거나 수의계약으로 매각할 수 있다.
법 제12조(구분지상권의 설정등기 등)	빈칸27	도시철도건설자는 토지의 지하부분 사용이 필요한 경우에는 해당 부분에 대하여 (　　　)권을 설정하거나 이전하여야 한다.

빈칸20	사업기간, 사업비	빈칸21	7일	빈칸22	7일
빈칸23	일괄협의회	빈칸24	대통령령	빈칸25	구분지상권
빈칸26	토지	빈칸27	구분지상권		

법 제12조(구분지상권의 설정등기 등)

빈칸 28 토지의 지하부분 사용에 관한 구분지상권의 등기절차에 관하여 필요한 사항은 (　　　　　　　)으로 정한다.

법 제13조(행위 제한)

빈칸 29 도시철도건설자가 지하부분 사용에 대하여 보상을 한 후에는 소유자등은 보상받은 지하부분의 범위에서 인공구조물의 (　　　　) · (　　　　) 또는 (　　　　)을 할 수 없다.

법 제15조(공사장애물의 이전 등에 관한 협의 등)

빈칸 30 협의를 할 수 없거나 협의가 성립되지 아니한 경우에는 그 소유자등 및 도시철도건설자는 「공익사업을 위한 토지 등의 취득 및 보상에 관한 법률」에 따라 관할 (　　　　　　)에 재결을 신청할 수 있다.

법 제18조(도시철도의 건설 및 운전)

빈칸 31 도시철도의 건설 및 운전에 관한 사항은 (　　　　)령으로 정한다.

법 제18조의2(노면전차의 건설 · 운전 및 전용로의 설치 등)

빈칸 32
1. 노면전차 (　　　　) : 노면전차만이 통행할 수 있도록 분리대, 연석, 그 밖에 이와 유사한 시설물에 의하여 차도 및 보도와 구분하여 설치한 노면전차도로
2. 노면전차 (　　　　) : 차도의 일정 부분을 노면전차만 통행하도록 안전표지 등으로 다른 자동차 등이 통행하는 차로와 구분한 차로

법 제19조(도시철도의 건설 및 운영을 위한 자금 조달)

빈칸 33 도시철도의 건설 및 운영에 필요한 자금은 다음 각 호의 재원 및 방법으로 조달한다.
1. 도시철도건설자 또는 도시철도운영자의 (　　　　)
2. 도시철도를 건설 · 운영하여 생긴 (　　　　)
3. (　　　　)의 발행

빈칸28　대법원규칙　　　빈칸29　신축 · 개축 또는 증축　　　빈칸30　토지수용위원회

빈칸31　국토교통부령　　　빈칸32　1. 전용도로, 2.전용차로　　　빈칸33　자기자금, 수익금, 도시철도채권

법 제20조(도시철도채권의 발행)	**빈칸34**	국가, (　　　　　) 및 (　　　　　)는 도시철도채권을 발행할 수 있다.
법 제20조(도시철도채권의 발행)	**빈칸35**	도시철도채권의 원금 및 이자의 소멸시효는 상환일부터 기산하여 (　　　　)년으로 한다.
영 제12조(도시철도채권의 발행절차)	**빈칸36**	국가가 도시철도채권을 발행하려면 발행 (　　　　), 발행 (　　　　), 발행 (　　　　) 등을 명시하여 재정경제부장관 및 기획예산처장관에게 요청하여야 한다.
영 제12조(도시철도채권의 발행절차)	**빈칸37**	국가가 도시철도채권을 발행하려면 국토교통부장관이 다음 각 호의 사항을 명시하여 그 발행을 (　　　　) 및 (　　　　)에게 요청하여야 한다.
법 제21조(도시철도채권의 매입)	**빈칸38**	다음 각 호의 자 중 대통령령으로 정하는 자는 도시철도채권을 매입하여야 한다. 1. 국가나 지방자치단체로부터 (　　　　) · 허가 · 인가를 받는 자 3. 국가, 지방자치단체 또는 「공공기관의 운영에 관한 법률」에 따른 공공기관과 (　　　　)계약을 체결하는 자
법 제21조(도시철도채권의 매입)	**빈칸39**	도시철도채권의 매입 금액과 절차 등에 관하여 필요한 사항은 (　　　　)령으로 정한다.
영 제15조(도시철도채권의 사무취급기관 등)	**빈칸40**	국가가 발행하는 도시철도채권의 매출 및 상환업무의 사무취급기관은 (　　　　)으로 한다.

빈칸34 지방자치단체, 도시철도공사	빈칸35 5년	빈칸36 금액, 방법, 조건
빈칸37 재정경제부장관, 기획예산처장관	빈칸38 면허, 건설도급계약	빈칸39 대통령령
빈칸40 한국은행		

영 제16조(도시철도채권 **빈칸41** 사무취급기관은 도시철도채권 발행원부를 갖추어 두고 다음 각 호의 사항을
발행원부의 비치) 적어야 한다.

    1. 도시철도채권 매입자의 성명ㆍ주소 및 (　　　　　　)

    2. 도시철도채권의 (　　　　　)

법 제22조(정부 지원 등) **빈칸42** (　　　　　　)는 정부의 지원을 받은 경우 도시철도기술의 발전을 위하여 대
통령령으로 정하는 바에 따라 연구기관등에 보조하거나 출연할 수 있다.

영 제18조(보조금 또는 **빈칸43** 기관, 법인 또는 단체가 보조금이나 출연금을 지급받으려면 보조금 또는 출연
출연금의 지급 등) 금의 지급신청서에 사업계획서와 예산집행계획서를 첨부하여 (　　　　　　)
에게 제출하여야 한다.

영 제18조(보조금 또는 **빈칸44** 보조금이나 출연금을 지급받은 기관 또는 단체가
출연금의 지급 등)

    1. 보조사업 또는 출연사업을 (　　　　　)하였을 때

    2. 보조사업 또는 출연사업의 (　　　　　)를 승인받았을 때

    3. 회계연도가 (　　　　　) 때

해당 보조사업 또는 출연사업의 실적을 적은 보고서를 작성하여 지방자치단
체의 장에게 제출하여야 한다.

법 제24조(도시철도건설 **빈칸45** 국가나 지방자치단체가 도시철도건설자인 경우에는 도시철도건설사업을
사업의 위탁) 법인에 위탁할 수 있다. 이 경우 지방자치단체인 도시철도건설자는
(　　　　　　　)의 승인을 받아야 한다.

법 제24조(도시철도건설 **빈칸46** 도시철도건설사업의 위탁에 필요한 사항은 (　　　　　)령으로 정한다.
사업의 위탁)

빈칸41 주민등록번호, 금액	빈칸42 지방자치단체	빈칸43 지방자치단체의 장
빈칸44 완료, 폐지, 끝났을 때	빈칸45 국토교통부장관	빈칸46 대통령령

영 제19조(도시철도건설 사업의 위탁승인신청 등)	**빈칸47**	건설사업수탁법인이 도시철도 건설공사를 준공하였을 때에는 해당 도시철도건설사업을 위탁한 국가 또는 지방자치단체의 (　　　　)검사를 받아야 한다.
법 제25조(도시철도의 연계망 구축)	**빈칸48**	(　　　　)는 도시철도 노선망이 유기적인 기능을 발휘할 수 있도록 도시철도 노선 간 또는 도시철도 노선과 철도 노선 간 연계망 구축을 위하여 노력하여야 한다.
법 제26조(면허 등)	**빈칸49**	국가 또는 지방자치단체가 아닌 법인으로서 도시철도운송사업을 하려는 자는 국토교통부령으로 정하는 바에 따라 도시철도운송사업계획을 제출하여 (　　　　)에게 면허를 받아야 한다.
법 제26조(면허 등)	**빈칸50**	시·도지사는 면허를 주기 전 도시철도운송사업계획에 대하여 (　　　　) 장관과 미리 협의하여야 한다.
법 제27조(면허의 기준)	**빈칸51**	도시철도운송사업의 면허기준 : 해당 사업을 수행하는 데 필요한 도시철도 차량 및 운영인력 등이 (　　　　)령으로 정하는 기준에 맞을 것
법 제28조(결격사유)	**빈칸52**	임원 중에 다음 각 호의 어느 하나에 해당하는 사람이 있는 법인은 도시철도운송사업의 면허를 받을 수 없다. 1. 피성년후견인 또는 (　　　　) 3. 이 법 또는 대통령령으로 정하는 철도 및 도시철도 관계 법령을 위반하여 금고 이상의 실형을 선고받고 그 집행이 끝나거나 면제된 날부터 (　　　　)년이 지나지 아니한 사람

🔑 빈칸47 준공검사	빈칸48 지방자치단체	빈칸49 시·도지사
빈칸50 국토교통부장관	빈칸51 국토교통부령	빈칸52 피한정후견인, 2년

법 제28조(결격사유)	**빈칸53**	이 법에 따라 도시철도운송사업의 면허가 취소된 후 그 취소일부터 ( )년이 지나지 아니한 법인은 도시철도운송사업의 면허를 받을 수 없다.
영 제21조(철도 및 도시철도 관계 법령)	**빈칸54**	도시철도운송사업의 면허 결격사유에 해당하는 철도 및 도시철도 관계 법령이란 각각 다음 각 호의 법령을 말한다. 1. 「( ) 개량촉진법」 2. 「지방( )법」
법 제28조의2(도시철도 부대사업의 승인 등)	**빈칸55**	도시철도부대사업의 승인의 절차 등에 필요한 사항은 ( )령으로 정한다.
법 제29조(도시철도공사의 설립 등 협의)	**빈칸56**	지방자치단체가 「지방공기업법」에 따라 도시철도공사를 설립하려는 경우에는 미리 ( )과 협의하여야 한다.
법 제30조(운송개시의 의무)	**빈칸57**	도시철도운송사업의 면허를 받은 자는 ( )가 정하는 날짜 또는 기간 내에 운송을 개시하여야 한다.
법 제31조(운임의 신고 등)	**빈칸58**	도시철도운송사업자는 도시철도의 운임을 정하거나 변경하는 경우에는 원가와 버스 등 다른 교통수단 운임과의 형평성 등을 고려하여 시·도지사가 정한 범위에서 운임을 정하여 ( )에게 신고하여야 한다.
영 제22조(도시철도운임의 조정 및 협의 등)	**빈칸59**	시·도지사는 도시철도 운임의 범위를 정하려면 해당 시·도에 ( ) 위원회를 설치하여 도시철도 운임의 범위에 관한 의견을 들어야 한다.
영 제22조(도시철도운임의 조정 및 협의 등)	**빈칸60**	운임조정위원회는 민간위원이 전체 위원의 ( )이상이어야 한다.

빈칸53 2년	빈칸54 건널목 , 지방공기업법	빈칸55 국토교통부령
빈칸56 국토교통부장관	빈칸57 시·도지사	빈칸58 시·도지사
빈칸59 운임조정위원회	빈칸60 2분의 1	

| 법 제32조(도시철도
운송약관) | **빈칸61** | 도시철도운영자는 도시철도운송약관을 정하여야 하고, 도시철도운송사업자인 도시철도운영자는 이를 ( )에게 신고하여야 한다. |

| 법 제34조(연락운송) | **빈칸62** | 도시철도운영자가 다른 도시철도운영자 또는 「철도사업법」에 따른 철도사업자와 연계하여 운송을 하는 경우 노선의 연결, 도시철도시설 운영의 분담, 운임수입의 배분, 승객의 갈아타기 등에 관한 사항은 ( ) 로 정한다. |

| 법 제34조(연락운송) | **빈칸63** | 연락운송 당사자 간 협의가 성립되지 아니하거나 협의 결과를 해석하는 데 분쟁이 있을 때에는 당사자의 신청을 받아 ( )장관이 결정한다. |

| 법 제34조(연락운송) | **빈칸64** | 운임수입의 배분과 관련되는 모든 도시철도운영자 및 철도사업자가 동의하는 경우에는 1회에 한하여 ( )의 범위에서 그 기간을 연장할 수 있다. |

| 법 제35조(사업의
양도 · 양수 등) | **빈칸65** | 인가가 있는 때에는 도시철도운송사업을 ( )한 자는 도시철도운송사업을 ( )한 자의 도시철도운송사업자로서의 지위를 승계하며, 합병으로 설립되거나 ( )하는 법인은 합병으로 ( ) 되는 법인의 도시철도운송사업자로서의 지위를 승계한다. |

| 법 제36조(사업의
휴업 · 폐업) | **빈칸66** | 시 · 도지사가 사업의 휴업 · 폐업을 허가하려는 경우에는 미리 ( )과 협의하여야 한다. |

| 영 제23조(사업의 휴업 · 폐업 내용의 게시) | **빈칸67** | 도시철도운송사업자는 휴업 또는 폐업의 허가를 받은 경우에는 휴업 또는 폐업 시작일 ( )일 이전에 사업의 휴업 · 폐업 내용을 인터넷 홈페이지와 관계 역 · 영업소 및 사업소의 일반인이 보기 쉬운 곳에 게시하여야 한다. |

📋 빈칸61	시 · 도지사	빈칸62	당사자 간의 협의	빈칸63	국토교통부장관
빈칸64	6개월	빈칸65	양수, 양도, 존속, 소멸	빈칸66	국토교통부장관
빈칸67	5일				

법 제37조(면허의 취소 등)	**빈칸68**	시 · 도지사는 도시철도운송사업자가 다음 각 호의 어느 하나에 해당하는 경우에는 그 면허를 취소하거나 (　　　　　)개월 이내의 기간을 정하여 그 사업의 정지를 명할 수 있다.
법 제37조(면허의 취소 등)	**빈칸69**	시 · 도지사는 도시철도운송사업의 면허를 취소하거나 사업의 정지를 명할 때에는 (　　　　　)을 하여야 한다.
법 제38조(과징금의 부과)	**빈칸70**	시 · 도지사는 사업정지처분을 갈음하여(　　　　　)원 이하의 과징금을 부과할 수 있다.
영 제24조(과징금의 부과 및 납부)	**빈칸71**	과징금 납부 통지를 받은 날부터 (　　　　　)일 이내에 시 · 도지사가 정하는 수납기관에 과징금을 내야 한다.
도시철도법 시행령 [별표 3]	**빈칸72**	도시철도운송사업의 면허기준을 위반한 경우 과징금은 (　　　　　)만원이다.
법 제41조(폐쇄회로 텔레비전의 설치 · 운영)	**빈칸73**	도시철도운영자는 범죄 예방 및 교통사고 상황 파악을 위하여 도시철도차량에 (　　　　　)령으로 정하는 기준에 따라 폐쇄회로 텔레비전을 설치하여야 한다.
영 제27조(도시철도운송사업의 위탁)	**빈칸74**	지방자치단체인 도시철도운영자가 도시철도운송사업을 법인에 위탁하는 경우에는 그 사실을 (　　　　　)장관에게 통보하여야 한다.
법 제45조(보고 및 검사)	**빈칸75**	사무소나 그 밖의 사업소에 출입하여 검사를 하는 공무원은 그 권한을 표시하는 (　　　　　)를 지니고 관계인에게 보여주어야 한다.

빈칸68	6개월	빈칸69	청문	빈칸70	2천만원
빈칸71	20일	빈칸72	500만원	빈칸73	대통령령
빈칸74	국토교통부장관	빈칸75	증표		

영 제28조(권한의 위임)　　**빈칸 76**　일괄협의회의 개최,연락운송 분쟁에 대한 결정 등은 (　　　　　　　　　)
위임 사항이다.

영 제29조(규제의 재검
토)　　**빈칸 77**　국토교통부장관은 도시철도채권의 매입 대상 및 대상별 매입 금액에 대하여
2023년 1월 1일을 기준으로 (　　　　　　)년마다 그 타당성을 검토하여 개선
등의 조치를 해야 한다.

빈칸 76　대도시권광역교통위원회　　　빈칸 77　3년

01 도시철도법 제정 목적에 해당하지 <u>않는</u> 것은?

① 도시철도차량 등을 효율적으로 관리함
② 도시교통 이용자의 안전에 이바지함
③ 도시권역의 환경오염 저감 및 친환경 정책 실현에 기여함
④ 도시철도의 건설을 촉진함

> **법 제1조(목적)** 이 법은 도시교통권역의 원활한 교통 소통을 위하여 도시철도의 건설을 촉진하고 그 운영을 합리화하며 도시철도차량 등을 효율적으로 관리함으로써 도시교통의 발전과 도시교통 이용자의 안전 및 편의 증진에 이바지함을 목적으로 한다.

02 도시철도에 해당하지 <u>않는</u> 것은?

① 모노레일
② 선형유도전동기
③ 간선철도
④ 노면전차

> **법 제2조(정의)**
> 2. "도시철도"란 도시교통의 원활한 소통을 위하여 도시교통권역에서 건설·운영하는 철도·모노레일·노면전차·선형유도전동기·자기부상열차 등 궤도에 의한 교통시설 및 교통수단을 말한다.

03 용어의 정의로 <u>틀린</u> 것은?

① "도시철도운영자"란 도시철도운송사업을 하는 자로서 국가, 지방자치단체 및 도시철도운송사업 면허를 받은 자를 말한다.
② "도시철도종사자"란 승무 및 역무서비스를 제외한 도시철도차량의 운전·운행관리 및 정비 업무에 종사하는 자를 말한다.
③ "민자도시철도"란 「사회기반시설에 대한 민간투자법」에 따른 민간투자사업으로 건설하는 도시철도를 말한다.
④ "도시철도건설자"란 도시철도건설사업을 하는 자로서 도시철도사업계획의 승인을 받은 자를 말한다.

> **법 제2조(정의)** 이 법에서 사용하는 용어의 뜻은 다음과 같다.
> 7. "도시철도건설자"란 도시철도건설사업을 하는 자로서 제7조제1항에 따라 도시철도사업계획의 승인을 받은 자를 말한다.
> 8. "도시철도운영자"란 도시철도운송사업을 하는 자로서 국가, 지방자치단체 및 제26조에 따라 도시철도운송사업 면허를 받은 자(제11호에 따른 민자도시철도운영자를 포함한다)를 말한다.
> 9. "도시철도종사자"란 도시철도차량의 운전·운행관리 및 정비 업무, 도시철도 이용자를 상대로 하는 승무 및 역무서비스 업무, 도시철도시설의 유지보수 업무, 그 밖에 도시철도차량의 안전운행 또는 질서유지에 관한 업무에 종사하는 자를 말한다.
> 10. "민자도시철도"란 「사회기반시설에 대한 민간투자법」 제2조제6호에 따른 민간투자사업으로 건설하는 도시철도를 말한다.

04 도시철도부대사업에 해당하지 <u>않는</u> 것은?

① 도시철도와 다른 교통수단의 연계운송사업

② 도시철도 차량·장비와 도시철도용품의 제작·판매·정비 및 임대사업

③ 도시철도시설을 이용한 여객 및 화물 운송

④ 「국가통합교통체계효율화법」에 따른 복합환승센터 개발사업으로서 대통령령으로 정하는 사업

> 도시철도시설을 이용한 여객 및 화물 운송은 도시철도운송사업이다.
> **법 제2조(정의)**
> 6의2. "도시철도부대사업"이란 도시철도시설·도시철도차량·도시철도부지 등을 활용한 다음 각 목의 어느 하나에 해당하는 사업을 말한다.
> 　가. 도시철도와 다른 교통수단의 연계운송사업
> 　나. 도시철도 차량·장비와 도시철도용품의 제작·판매·정비 및 임대사업
> 　마. 「국가통합교통체계효율화법」에 따른 복합환승센터 개발사업으로서 대통령령으로 정하는 사업

05 도시철도법에 따른 도시철도종사자에 해당하지 <u>않는</u> 것은?

① 도시철도시설의 유지보수 업무에 종사하는 자

② 도시철도차량의 질서유지에 관한 업무에 종사하는 자

③ 도시철도 이용자를 상대로 하는 역무서비스 업무에 종사하는 자

④ 도시철도 관련 연구개발 업무에 종사하는 자

> **법 제2조(정의)**
> 9. "도시철도종사자"란 도시철도차량의 운전·운행관리 및 정비 업무, 도시철도 이용자를 상대로 하는 승무 및 역무서비스 업무, 도시철도시설의 유지보수 업무, 그 밖에 도시철도차량의 안전운행 또는 질서유지에 관한 업무에 종사하는 자를 말한다.

06 도시철도망구축계획의 수립 단위로 옳은 것은?

① 1년

② 2년

③ 5년

④ 10년

> **법 제5조(도시철도망구축계획의 수립 등)**
> ① 특별시장·광역시장·특별자치시장·도지사 및 특별자치도지사는 관할 도시교통권역에서 도시철도를 건설·운영하려면 관계 시·도지사와 협의하여 10년 단위의 도시철도망구축계획을 수립하여야 한다. 이를 변경하려는 경우에도 또한 같다.

07 도시철도망구축계획의 수립 시 어느 기관의 심의를 거쳐야 하는가?

① 국가균형발전위원회

② 국가교통위원회

③ 교통안전위원회

④ 철도산업위원회

> **법 제5조(도시철도망구축계획의 수립 등)**
> 국토교통부장관은 도시철도망계획의 내용 중 필요한 사항을 조정하여 관계 행정기관의 장과 협의한 후 「국가통합교통체계효율화법」에 따른 국가교통위원회의 심의를 거쳐 승인하고, 이를 관보에 고시하여야 한다.

08 빈칸에 들어갈 숫자가 올바르게 짝지어진 것은?

영 제4조(도시철도망계획 중 경미한 사항 변경)
① "대통령령으로 정하는 경미한 사항의 변경"이란 다음 각 호의 어느 하나에 해당하는 변경을 말한다.
1. 도시철도망계획에 포함된 도시철도 노선별 노선 연장을 100분의 (　　　) 범위에서 변경하는 것
2. 도시철도망계획에 포함된 도시철도 노선별 사업기간을 (　　　)년의 범위에서 변경하는 것

① 10-1년

② 10-3년

③ 20-5년

④ 5-1년

영 제4조(도시철도망계획 중 경미한 사항 변경)
① "대통령령으로 정하는 경미한 사항의 변경"이란 다음 각 호의 어느 하나에 해당하는 변경을 말한다.
1. 도시철도망계획에 포함된 도시철도 노선별 노선 연장을 100분의 10 범위에서 변경하는 것
2. 도시철도망계획에 포함된 도시철도 노선별 사업기간을 3년의 범위에서 변경하는 것

09 노선별 도시철도기본계획에 포함되어야 하는 사항이 <u>아닌</u> 것은?

① 노선명, 노선 연장, 기점·종점, 정거장 위치, 차량기지 등 개략적인 노선망

② 도시철도 운영기관 조직·정원 계획

③ 사업기간 및 총사업비

④ 해당 도시교통권역의 특성·교통상황 및 장래의 교통수요 예측

법 제6조(노선별 도시철도기본계획의 수립 등)
② 기본계획에는 다음 각 호의 사항이 포함되어야 한다.
1. 해당 도시교통권역의 특성·교통상황 및 장래의 교통수요 예측
2. 도시철도의 건설 및 운영의 경제성·재무성 분석과 그 밖의 타당성의 평가
3. 노선명, 노선 연장, 기점·종점, 정거장 위치, 차량기지 등 개략적인 노선망
4. 사업기간 및 총사업비
5. 지방자치단체의 재원 분담비율을 포함한 자금의 조달방안 및 운용계획
6. 건설기간 중 도시철도건설사업 지역의 도로교통대책
7. 다른 교통수단과의 연계 수송체계 구축에 관한 사항
8. 그 밖에 필요한 사항으로서 국토교통부령으로 정하는 사항

10 도시철도망계획에 포함된 도시철도 노선 중 건설을 추진하려는 노선에 대해서 수립하여야 하는 계획은?

① 노선별 도시철도기본계획

② 도시철도망구축계획

③ 도시철도 중장기 발전계획

④ 철도산업발전 기본계획

법 제6조(노선별 도시철도기본계획의 수립 등)
① 시·도지사는 도시철도망계획에 포함된 도시철도 노선 중 건설을 추진하려는 노선에 대해서는 관계 시·도지사와 협의하여 노선별 도시철도기본계획을 수립하여야 한다.

11 노선별 도시철도기본계획에서 대통령령으로 정하는 주요 사항에 해당하지 <u>않는</u> 것은?

① 도시철도차량의 종류

② 도시철도건설사업 지역의 도로교통대책

③ 도시철도차량의 운행계획

④ 도시철도의 건설 방식

> **영 제5조(기본계획의 주요 사항)** "대통령령으로 정하는 주요 사항"이란 다음 각 호의 어느 하나에 해당하는 사항을 말한다.
> 1. 법 제6조제2항제2호부터 제5호까지에 해당하는 사항
> 2. 도시철도의 건설 방식
> 3. 도시철도차량의 종류 및 운행계획
>
> • 법 제6조제2항제2호부터 제5호까지에 해당하는 사항:
> 2. 도시철도의 건설 및 운영의 경제성 · 재무성 분석과 그 밖의 타당성의 평가
> 3. 노선명, 노선 연장, 기점 · 종점, 정거장 위치, 차량기지 등 개략적인 노선망
> 4. 사업기간 및 총사업비
> 5. 지방자치단체의 재원 분담비율을 포함한 자금의 조달 방안 및 운용계획

12 노선별 도시철도기본계획에 따라 도시철도를 건설하려는 자가 수립하여야 하는 계획의 이름은?

① 도시철도기본설계계획

② 도시철도 노선별 운영계획

③ 도시철도망 확충계획

④ 도시철도사업계획

> **법 제7조(사업계획의 승인 등)**
> ① 기본계획에 따라 도시철도를 건설하려는 자는 대통령령으로 정하는 바에 따라 도시철도사업계획을 수립하여 국토교통부장관의 승인을 받아야 한다.

13 다른 법률에 따른 인가 등을 의제하여 사업계획 승인 시 협의를 위해 개최해야 하는 것은?

① 일괄협의회

② 통합협의회

③ 공동협의회

④ 인 · 허가협의회

> **법 제8조(다른 법률에 따른 인가 · 허가등의 의제)**
> ④ 국토교통부장관 또는 시 · 도지사는 제2항에 따른 협의를 위하여 대통령령으로 정하는 바에 따라 일괄협의회를 개최하여야 한다.

14 도시철도의 건설 및 운전에 관한 사항은 무엇으로 하는가?

① 대통령령

② 국토교통부령

③ 행정안전부령

④ 도시철도운전규칙

> **법 제18조(도시철도의 건설 및 운전)** 도시철도의 건설 및 운전에 관한 사항은 국토교통부령으로 정한다.

15 도시철도의 건설에 필요한 자금을 조달하는 재원과 방법으로 명시되지 <u>않은</u> 것은?

① 「역세권의 개발 및 이용에 관한 법률」에 따른 역세권개발사업으로 생긴 수익금

② 도시철도채권의 발행

③ 도시철도 운영권 담보 설정금

④ 도시철도건설자 또는 도시철도운영자의 자기자금

> **법 제19조(도시철도의 건설 및 운영을 위한 자금조달)**
> 도시철도의 건설 및 운영에 필요한 자금은 다음 각 호의 재원 및 방법으로 조달한다.
> 1. 도시철도건설자 또는 도시철도운영자의 자기자금
> 2. 도시철도를 건설·운영하여 생긴 수익금
> 3. 도시철도채권의 발행
> 4. 국가 또는 지방자치단체로부터의 차입 및 보조
> 5. 국가 및 지방자치단체 외의 자(외국 정부 및 외국인을 포함한다)로부터의 차입·출자 및 기부
> 6. 「역세권의 개발 및 이용에 관한 법률」에 따른 역세권개발사업으로 생긴 수익금
> 7. 도시철도부대사업으로 발생하는 수익금

16 도시철도채권을 발행할 수 <u>없는</u> 기관은?

① 지방자치단체

② 도시철도공사

③ 국가

④ 국토교통부

> **법 제20조(도시철도채권의 발행)**
> ① 국가, 지방자치단체 및 도시철도공사는 도시철도채권을 발행할 수 있다.

17 도시철도채권의 발행에 대한 설명으로 <u>틀린</u> 것은?

① 도시철도채권은 기본계획이 확정된 연도부터 그 연도의 도시철도 운영수입금이 그 연도의 도시철도 운영비용을 최초로 초과하는 연도까지 발행할 수 있다.

② 국가, 지방자치단체 및 도시철도공사는 도시철도채권을 발행할 수 있다.

③ 도시철도채권의 원금 및 이자의 소멸시효는 상환일부터 기산하여 1년으로 한다.

④ 도시철도공사는 도시철도채권을 발행하려면 관계 지방자치단체의 장 및 국토교통부장관과 협의하여야 한다.

> 5년이다.
> **법 제20조(도시철도채권의 발행)**
> ① 국가, 지방자치단체 및 도시철도공사는 도시철도채권을 발행할 수 있다.
> ② 지방자치단체의 장은 제1항에 따른 도시철도채권을 발행하기 위하여 행정안전부장관의 승인을 받으려는 경우에는 미리 국토교통부장관과 협의하여야 한다.
> ③ 도시철도공사는 도시철도채권을 발행하려면 관계 지방자치단체의 장 및 국토교통부장관과 협의하여야 한다.
> ④ 도시철도채권의 원금 및 이자의 소멸시효는 상환일부터 기산하여 5년으로 한다.
> ⑤ 도시철도채권은 기본계획이 확정된 연도부터 그 연도의 도시철도 운영수입금이 그 연도의 도시철도 운영비용(원리금 상환액을 포함한다)을 최초로 초과하는 연도까지 발행할 수 있다.

18 도시철도채권을 매입하여야 하는 자가 <u>아닌</u> 것은?

① 도시철도운영자와 도시철도 건설 · 운영에 필요한 건설도급계약을 체결하는 자

② 국가와 건설도급계약을 체결하는 자

③ 국가에 경형자동차의 등록을 신청하는 자

④ 국가나 지방자치단체로부터 면허를 받는 자

법 제21조(도시철도채권의 매입)
① 다음 각 호의 자 중 대통령령으로 정하는 자는 도시철도채권을 매입하여야 한다.
1. 국가나 지방자치단체로부터 면허 · 허가 · 인가를 받는 자
2. 국가나 지방자치단체에 등기 · 등록을 신청하는 자. 다만, 「자동차관리법」에 따른 자동차로서 국토교통부령으로 정하는 경형자동차(이륜자동차는 제외한다)의 등록을 신청하는 자는 제외한다.
3. 국가, 지방자치단체 또는 「공공기관의 운영에 관한 법률」에 따른 공공기관과 건설도급계약을 체결하는 자
4. 도시철도건설자 또는 도시철도운영자와 도시철도 건설 · 운영에 필요한 건설도급계약, 용역계약 또는 물품구매계약을 체결하는 자

19 도시철도채권 발행원부에 적어야 하는 사항이 <u>아닌</u> 것은?

① 도시철도채권의 금액

② 도시철도채권 매입자의 주민등록번호

③ 도시철도채권의 목적

④ 도시철도채권의 상환일

영 제16조(도시철도채권 발행원부의 비치) 사무취급기관은 도시철도채권 발행원부를 갖추어 두고, 다음 각 호의 사항을 적어야 한다.
1. 도시철도채권 매입자의 성명 · 주소 및 주민등록번호
2. 도시철도채권의 금액
3. 도시철도채권의 이율
4. 도시철도채권의 발행일 및 상환일

20 대통령령으로 정하는 도시철도기술을 연구하는 기관 또는 단체에 해당하지 <u>않는</u> 것은?

① 한국철도기술연구원

② 한국생산기술연구원

③ 한국건설기술연구원

④ 한국전자통신연구원

영 제17조(도시철도기술연구기관) "대통령령으로 정하는 도시철도기술을 연구하는 기관 또는 단체"란 다음 각 호의 기관, 법인 또는 단체를 말한다.
1. 「과학기술분야 정부출연연구기관 등의 설립 · 운영 및 육성에 관한 법률」에 따라 설립된 다음 각 목의 기관
   가. 한국철도기술연구원
   나. 한국전자통신연구원
   다. 한국기계연구원
   라. 한국전기연구원
   마. 한국생산기술연구원
2. 그 밖에 도시철도기술의 육성 · 발전을 위하여 국토교통부장관이 필요하다고 인정하는 법인 또는 단체

21 보조금이나 출연금을 지급받은 기관 또는 단체가 실적을 적은 보고서를 제출하여야 하는 경우가 <u>아닌</u> 것은?

① 출연사업을 완료하였을 때

② 출연사업의 폐지를 승인받았을 때

③ 회계연도가 시작될 때

④ 보조사업의 폐지를 승인받았을 때

회계연도가 끝났을 때
영 제18조(보조금 또는 출연금의 지급 등)
③ 제2항에 따라 보조금이나 출연금을 지급받은 기관 또는 단체가 다음 각 호의 어느 하나에 해당할 때에는 해당 보조사업 또는 출연사업의 실적을 적은 보고서를 작성하여 지방자치단체의 장에게 제출하여야 한다.
1. 보조사업 또는 출연사업을 완료하였을 때
2. 보조사업 또는 출연사업의 폐지를 승인받았을 때
3. 회계연도가 끝났을 때

22 도시철도운송사업을 하려는 자는 누구에게 면허를 받아야 하는가?

① 국가

② 지방자치단체

③ 국토교통부장관

④ 시 · 도지사

법 제26조(면허 등)
① 국가 또는 지방자치단체가 아닌 법인으로서 도시철도운송사업을 하려는 자는 국토교통부령으로 정하는 바에 따라 도시철도운송사업계획을 제출하여 시 · 도지사에게 면허를 받아야 한다.

23 도시철도운송사업의 면허 결격사유에 해당하지 않는 것은?

① 임원 중 철도 관계 법령을 위반하여 금고 이상의 형의 집행유예를 선고받고 그 유예기간 중에 있는 사람이 있는 법인

② 임원 중 피성년후견인이 있는 법인

③ 임원 중 파산선고를 받고 복권된 지 2년이 지나지 아니한 사람이 있는 법인

④ 임원 중 도시철도 관계 법령을 위반하여 금고 이상의 실형을 선고받고 그 집행이 끝난 날부터 2년이 지나지 아니한 사람이 있는 법인

복권 시 즉시 결격사유에서 제외된다.
법 제28조(결격사유)
① 임원 중에 다음 각 호의 어느 하나에 해당하는 사람이 있는 법인은 도시철도운송사업의 면허를 받을 수 없다.
1. 피성년후견인 또는 피한정후견인
2. 파산선고를 받고 복권되지 아니한 사람
3. 이 법 또는 대통령령으로 정하는 철도 및 도시철도 관계 법령을 위반하여 금고 이상의 실형을 선고받고 그 집행이 끝나거나(끝난 것으로 보는 경우를 포함한다) 면제된 날부터 2년이 지나지 아니한 사람
4. 이 법 또는 대통령령으로 정하는 철도 및 도시철도 관계 법령을 위반하여 금고 이상의 형의 집행유예를 선고받고 그 유예기간 중에 있는 사람

24 도시철도운송사업의 면허 결격사유에 해당하는 철도 및 도시철도 관계 법령에 해당하지 않는 것은?

① 「철도사업법」

② 「교통안전법」

③ 「건널목 개량촉진법」

④ 「항공 · 철도 사고조사에 관한 법률」

영 제21조(철도 및 도시철도 관계 법령) 법 제28조제1항제3호 및 제4호에서 "대통령령으로 정하는 철도 및 도시철도 관계 법령"이란 각각 다음 각 호의 법령을 말한다.

1. 「건널목 개량촉진법」
2. 「지방공기업법」
3. 「철도의 건설 및 철도시설 유지관리에 관한 법률」
4. 「철도사업법」
5. 「철도산업발전기본법」
6. 「철도안전법」
7. 「한국철도공사법」
8. 「국가철도공단법」
9. 「항공 · 철도 사고조사에 관한 법률」

25 지방자치단체가 도시철도공사를 설립하려는 경우에 필수적으로 협의해야 하는 대상은?

① 대통령

② 국토교통부장관

③ 시 · 도지사

④ 행정안전부장관

법 제29조(도시철도공사의 설립 등 협의) 지방자치단체가 「지방공기업법」 제49조에 따라 도시철도공사를 설립하려는 경우에는 미리 국토교통부장관과 협의하여야 한다.

정답 22 ④ 23 ③ 24 ② 25 ②

26 도시철도운영자는 운임을 정하거나 변경하는 경우 그 사항을 며칠 전에 예고해야 하는가?

① 즉시

② 3일전

③ 5일전

④ 7일전

법 제31조(운임의 신고 등)
도시철도운영자는 도시철도의 운임을 정하거나 변경하는 경우 그 사항을 시행 1주일 이전에 예고하는 등 도시철도 이용자에게 불편이 없도록 필요한 조치를 하여야 한다.

27 시 · 도지사가 도시철도 운임의 범위를 정할 때 의견을 들어야 하는 기관은?

① 지방공기업정책위원회

② 도시철도운영협의회

③ 운임조정위원회

④ 운임협의위원회

영 제22조(도시철도운임의 조정 및 협의 등)
① 시 · 도지사는 도시철도 운임의 범위를 정하려면 해당 시 · 도에 운임조정위원회를 설치하여 도시철도 운임의 범위에 관한 의견을 들어야 한다.

28 도시철도운송사업자가 사업의 휴업 · 폐업하는 경우 게시하여야 하는 사항이 <u>아닌</u> 것은?

① 휴업기간(휴업하는 경우만 해당한다)

② 휴업·폐업 승인 번호

③ 휴업 또는 폐업하는 도시철도운송사업의 내용 및 그 사유

④ 대체교통수단의 안내

영 제23조(사업의 휴업 · 폐업 내용의 게시) 도시철도운송사업자는 휴업 또는 폐업 시작일 5일 이전에 다음 각 호의 사항을 인터넷 홈페이지와 관계 역 · 영업소 및 사업소의 일반인이 보기 쉬운 곳에 게시하여야 한다. 다만, 법 제36조제1항 단서에 따라 휴업을 신고하는 경우에는 해당 휴업 사유가 발생하였을 때에 즉시 게시하여야 한다.

1. 휴업 또는 폐업하는 도시철도운송사업의 내용 및 그 사유
2. 휴업기간(휴업하는 경우만 해당한다)
3. 대체교통수단의 안내
4. 그 밖에 휴업 또는 폐업과 관련하여 도시철도운송사업자가 일반인에게 알려야 할 필요성이 있다고 인정하는 사항

29 도시철도운송사업자의 면허를 취소하거나 정지를 명할 수 있는 경우가 <u>아닌</u> 것은?

① 법에 따른 도시철도운송사업의 면허기준을 위반한 경우

② 법을 위반하여 도시철도차량에 폐쇄회로 텔레비전을 설치하지 아니한 경우

③ 자산상태의 현저한 불량으로 사업을 계속함이 적합하지 아니한 경우

④ 도시철도 노선 이용률이 3년 연속 감소한 경우

법 제37조(면허의 취소 등)
① 시 · 도지사는 도시철도운송사업자가 다음 각 호의 어느 하나에 해당하는 경우에는 그 면허를 취소하거나 6개월 이내의 기간을 정하여 그 사업의 정지를 명할 수 있다. 다만, 제1호에 해당하는 경우에는 그 면허를 취소하여야 한다.
1. 거짓이나 그 밖의 부정한 방법으로 도시철도운송사업 면허를 받은 경우
2. 도시철도운송사업의 면허기준을 위반한 경우
3. 도시철도운송사업자가 결격사유에 해당하는 경우. 다만, 법인의 임원 중에 그 사유에 해당하는 사람이 있는 경우로서 3개월 이내에 그 임원을 개임하였을 때에는 제외한다.
4. 시 · 도지사가 정한 날짜 또는 기간 내에 운송을 개시하지 아니한 경우
5. 인가를 받지 아니하고 양도 · 양수하거나 합병한 경우
6. 허가를 받지 아니하거나 신고를 하지 아니하고 도시철도운송사업을 휴업 또는 폐업하거나 휴업기간이 지난 후에도 도시철도운송사업을 재개하지 아니한 경우
7. 사업개선명령을 따르지 아니한 경우
8. 도시철도차량에 폐쇄회로 텔레비전을 설치하지 아니한 경우
9. 사업경영의 불확실 또는 자산상태의 현저한 불량이나 그 밖의 사유로 사업을 계속함이 적합하지 아니한 경우

30 시 · 도지사가 명할 수 있는 도시철도운송사업자 최대 사업 정지 기간은?

① 3개월

② 6개월

③ 1년

④ 2년

법 제37조(면허의 취소 등)
① 시 · 도지사는 도시철도운송사업자가 다음 각 호의 어느 하나에 해당하는 경우에는 그 면허를 취소하거나 6개월 이내의 기간을 정하여 그 사업의 정지를 명할 수 있다.

31 도시철도운송사업 정지처분을 갈음하여 부과할 수 있는 최대 과징금은?

① 1천만원 이하

② 2천만원 이하

③ 1억원 미만

④ 1억원 이하

법 제38조(과징금의 부과)
① 시 · 도지사는 도시철도운송사업자가 사업정지처분을 하여야 할 경우로서 해당 사업의 정지가 그 사업의 이용자 등에게 심한 불편을 주거나 공익을 해칠 우려가 있을 때에는 대통령령으로 정하는 바에 따라 사업정지처분을 갈음하여 2천만원 이하의 과징금을 부과할 수 있다.

정답　29 ④　30 ②　31 ②

32 시 · 도지사가 사업정지처분을 갈음하여 징수한 과징금으로 사용할 수 없는 것은?

① 도시철도기술의 연구개발

② 도시철도종사자의 근무여건 개선사업

③ 도시철도종사자의 교육훈련을 위한 교육훈련시설의 건설

④ 도시철도운송사업의 경영개선

법 제38조(과징금의 부과)
③ 제1항과 제2항에 따라 징수한 과징금은 다음 각 호의 용도로만 사용하여야 한다.
1. 도시철도 관련 시설의 확충 및 정비
2. 도시철도기술의 연구개발
3. 도시철도 이용자의 서비스 개선사업
4. 도시철도종사자의 양성 · 교육훈련이나 그 밖에 자질 향상을 위한 교육훈련시설의 건설 및 운영
5. 도시철도운송사업의 경영개선이나 그 밖에 도시철도운송사업의 발전을 위하여 필요한 사항

33 위반행위의 종류와 과징금의 금액이 잘못 짝지어진 것은?

① 시 · 도지사가 정한 날짜 또는 기간 내에 운송을 개시하지 않은 경우 : 300만원

② 인가를 받지 않고 양도 · 양수하거나 합병한 경우 : 300만원

③ 사업개선명령을 따르지 않은 경우 : 500만원

④ 도시철도운송사업의 면허기준을 위반한 경우 : 500만원

300만원이다.
도시철도법 시행령 [별표 3]
위반행위의 종류와 과징금의 금액(제24조제1항 관련)
1. 시 · 도지사가 정한 날짜 또는 기간 내에 운송을 개시하지 않은 경우 : 300만원
2. 인가를 받지 않고 양도 · 양수하거나 합병한 경우 : 300만원
3. 사업개선명령을 따르지 않은 경우 : 300만원
4. 도시철도운송사업의 면허기준을 위반한 경우 : 500만원

34 폐쇄회로 텔레비전의 안내판에 포함되지 않을 수 있는 것은?

① 담당 부서

② 설치 목적

③ 보관 주기

④ 촬영 범위

영 제26조(폐쇄회로 텔레비전의 안내판 설치 등)
① 도시철도운영자는 승객이 도시철도차량 내 폐쇄회로 텔레비전의 설치를 쉽게 인식할 수 있도록 폐쇄회로 텔레비전이 설치된 위치 부근에 다음 각 호의 사항이 포함된 안내판을 설치하여야 한다. 이 경우 안내판에는 한글과 영문을 함께 표기하여야 한다.

1. 설치 목적
2. 설치 장소
3. 촬영 범위
4. 촬영 시간
5. 담당 부서, 책임자 및 연락처
6. 그 밖에 도시철도운영자가 필요하다고 인정하는 사항

35 국토교통부장관이 대도시권광역교통위원회에 위임할 수 있는 권한이 아닌 것은?

① 도시철도 연계망 구축 지원

② 도시철도운송사업 휴업 및 폐업 허가 협의

③ 도시철도채권 이율에 대한 협의

④ 도시철도 노선 연장 100분의 10의 범위에서 변경 승인

④번은 시 · 도지사 위임 사항이다.
영 제28조(권한의 위임)
① 국토교통부장관은 다음 각 호의 권한(도시철도운송사업 사업구간의 전부 또는 일부가 「대도시권 광역교통 관리에 관한 특별법」에 따른 대도시권 안에 있는 경우에 한정한다)을 「대도시권 광역교통 관리에 관한 특별법」에 따른 대도시권광역교통위원회에 위임한다.
8. 법 제25조제2항에 따른 도시철도 연계망 구축 지원
14. 법 제36조제2항에 따른 도시철도운송사업 휴업 및 폐업 허가 협의
18. 제13조제2항제1호에 따른 도시철도채권 이율에 대한 협의

---

36 2년 이하의 징역 또는 2천만원 이하의 벌금대상
이 <u>아닌</u> 것은?

① 타인에게 자신의 상호를 대여한 자

② 사업개선명령을 위반한 자

③ 도시철도운영자의 공동활용에 관한 요청을 정당한
  사유 없이 거부한 자

④ 면허를 받지 아니하고 도시철도운송사업을 경영한 자

법 제47조(벌칙)
① 다음 각 호의 어느 하나에 해당하는 자는 2년 이하의 징역
  또는 2천만원 이하의 벌금에 처한다.
 1. 제26조에 따른 면허를 받지 아니하고 도시철도운송사업
  을 경영한 자
 4. 제40조를 위반하여 타인에게 자신의 상호를 대여한 자
 5. 제43조에 따라 준용되는 「철도사업법」 제31조를 위반하
  여 도시철도운영자의 공동활용에 관한 요청을 정당한 사
  유 없이 거부한 자
③ 다음 각 호의 어느 하나에 해당하는 자는 1천만원 이하의
  벌금에 처한다.
 1. 제39조에 따른 사업개선명령을 위반한 자

37 처벌의 강도가 가장 높은 경우는?

① 사업정지 기간에 도시철도운송사업을 경영한 자

② 설치 목적과 다른 목적으로 폐쇄회로 텔레비전을
  임의로 조작한 자

③ 법을 위반하여 우수서비스마크 또는 이와 유사한 표
  지를 도시철도차량 등에 붙이거나 인증사실을 홍보
  한 자

④ 국토교통부장관의 감독상 필요한 명령을 위반한 자

법 제47조(벌칙)
① 다음 각 호의 어느 하나에 해당하는 자는 2년 이하의 징역
  또는 2천만원 이하의 벌금에 처한다.
 3. 제37조에 따른 사업정지 기간에 도시철도운송사업을 경영
  한 자
② 다음 각 호의 어느 하나에 해당하는 자는 1년 이하의 징역
  또는 1천만원 이하의 벌금에 처한다.
 1. 제41조제3항을 위반하여 설치 목적과 다른 목적으로 폐쇄
  회로 텔레비전을 임의로 조작하거나 다른 곳을 비춘 자 또
  는 녹음기능을 사용한 자
③ 다음 각 호의 어느 하나에 해당하는 자는 1천만원 이하의
  벌금에 처한다.
 2. 제43조에 따라 준용되는 「철도사업법」 제28조제3항을 위
  반하여 우수서비스마크 또는 이와 유사한 표지를 도시철
  도차량 등에 붙이거나 인증사실을 홍보한 자
 3. 제44조제2항에 따른 감독상 필요한 명령을 위반한 자

01 도시철도건설사업에 해당하지 <u>않는</u> 것은?

① 기존 도시철도시설 개량

② 도시철도시설의 건설 시 수반되는 용역 업무

③ 도시철도시설의 증설

④ 기존 도시철도 시설 임대

법 제2조(정의)
5. "도시철도건설사업"이란 새로운 도시철도시설의 건설, 기존 도시철도시설의 성능 및 기능 향상을 위한 개량, 도시철도시설의 증설 및 도시철도시설의 건설 시 수반되는 용역 업무 등에 해당하는 사업을 말한다.

02 대통령령으로 정하는 도시철도시설에 해당하지 <u>않는</u> 것은?

① 도시철도의 건설에 필요한 자재를 가공하기 위하여 해당 사업기간 동안 사용되는 시설

② 도시철도의 유지보수를 위하여 해당 사업기간이 끝난 후 사용됐던 장비를 위한 시설

③ 도시철도의 건설을 위한 공사에 사용되는 진입도로와 그 설치 또는 운영에 필요한 시설

④ 그 밖에 도시철도의 건설을 위하여 필요한 시설로서 국토교통부장관이 정하는 시설

해당 사업기간 중에 사용되어야 한다.
영 제2조(도시철도시설) 「도시철도법」에서 "대통령령으로 정하는 시설"이란 다음 각 호의 어느 하나에 해당하는 시설을 말한다.

1. 도시철도의 건설 및 유지보수에 필요한 자재를 가공·조립·운반 또는 보관하기 위하여 해당 사업기간 동안 사용되는 시설
2. 도시철도의 건설 및 유지보수를 위한 공사에 사용되는 진입도로, 주차장, 야적장, 토석채취장 및 사토장과 그 설치 또는 운영에 필요한 시설
3. 도시철도의 건설 및 유지보수를 위하여 해당 사업기간 동안 사용되는 장비와 그 장비의 정비·점검 또는 수리를 위한 시설
4. 그 밖에 도시철도 안전 관련 시설, 안내시설 등 도시철도의 건설·유지보수 및 운영을 위하여 필요한 시설로서 국토교통부장관이 정하는 시설

03 도시철도부대사업중 물류사업으로서 대통령령으로 정하는 사업에 해당하지 <u>않는</u> 것은?

① 「물류정책기본법 시행령」에 따른 물류시설운영업 중 도시철도시설을 활용하는 사업

② 「물류정책기본법 시행령」에 따른 물류서비스업 중 도시철도부지를 활용하는 사업

③ 「물류정책기본법 시행령」에 따른 물류서비스운영업 중 도시철도시설을 활용하는 사업

④ 「물류정책기본법 시행령」에 따른 물류사업 중 도시철도운영이나 도시철도와 다른 교통수단과의 연계수송을 위한 사업

> 물류서비스운영업은 해당되지 않는다.
> **영 제2조의2(도시철도부대사업)**
> ③ 법 제2조제6호의2바목에서 "대통령령으로 정하는 사업" 이란 다음 각 호의 사업을 말한다.
> 1. 「물류정책기본법 시행령」 별표 1에 따른 물류사업 중 도시철도운영이나 도시철도와 다른 교통수단과의 연계수송을 위한 사업
> 2. 「물류정책기본법 시행령」 별표 1에 따른 물류시설운영업 중 도시철도시설 또는 도시철도부지를 활용하는 사업
> 3. 「물류정책기본법 시행령」 별표 1에 따른 물류서비스업 중 도시철도시설 또는 도시철도부지를 활용하는 사업

04 대통령령으로 정하는 도시철도부대사업에 딸린 사업에 해당하지 <u>않는</u> 것은?

① 도시철도차량의 정비 및 열차의 운행 관리

② 도시철도운영과 관련한 정기간행물 사업

③ 도시철도운영과 관련한 정보매체 사업

④ 엔지니어링사업 중 도시철도운영과 관련한 사업

> ①번은 도시철도운송사업이다.
> **영 제2조의2(도시철도부대사업)**
> ⑥ 법 제2조제6호의2차목에서 "대통령령으로 정하는 사업" 이란 다음 각 호의 사업을 말한다.
>
> 법 제2조제6호의2차목 : 도시철도부대사업에 딸린 사업
>
> 1. 「엔지니어링산업 진흥법」 제2조제3호에 따른 엔지니어링사업 중 도시철도운영과 관련한 사업
> 2. 도시철도운영과 관련한 정기간행물 사업, 정보매체 사업
> 3. 그 밖에 도시철도운영의 전문성과 효율성을 높이기 위하여 필요한 사업

05 도시철도망계획과 조화를 이루지 않아도 되는 계획은?

① 「국가통합교통체계효율화법」에 따른 중기 교통시설투자계획

② 「대도시권 광역교통 관리에 관한 특별법」에 따른 대도시권 광역교통시행계획

③ 「국가통합교통체계효율화법」에 따른 국가기간교통망계획

④ 「도시교통정비 촉진법」에 따른 도시교통정비 단기계획

도시교통정비 기본계획 중기계획과 조화를 이뤄야 한다.
법 제5조(도시철도망구축계획의 수립 등)
③ 도시철도망계획은 다음 각 호의 계획과 조화를 이루도록 수립되어야 한다.
1. 「국가통합교통체계효율화법」 제4조에 따른 국가기간교통망계획
2. 「국가통합교통체계효율화법」 제6조에 따른 중기 교통시설투자계획
3. 「대도시권 광역교통 관리에 관한 특별법」 제3조에 따른 대도시권 광역교통기본계획
4. 「대도시권 광역교통 관리에 관한 특별법」 제3조의2에 따른 대도시권 광역교통시행계획
5. 「도시교통정비 촉진법」 제5조에 따른 도시교통정비 기본계획
6. 「도시교통정비 촉진법」 제8조에 따른 도시교통정비 중기계획
7. 「대중교통의 육성 및 이용촉진에 관한 법률」 제5조에 따른 대중교통기본계획

06 시 · 도지사가 노선별 도시철도기본계획 주요 사항 변경 시 거쳐야 하는 절차를 모두 고른 것은?

ㄱ. 국토교통부장관과 사전협의
ㄴ. 주민 등으로부터 의견청취
ㄷ. 지방의회 의견청취

① ㄱ
② ㄱ, ㄷ
③ ㄴ, ㄷ
④ 모두

법 제6조(노선별 도시철도기본계획의 수립 등)
③ 시 · 도지사는 기본계획의 내용 중 대통령령으로 정하는 주요 사항에 대하여는 국토교통부장관과 협의한 후 공청회를 열어 주민 및 관계 전문가 등으로부터 의견을 듣고 해당 지방의회의 의견을 들어 기본계획을 국토교통부장관에게 제출하여야 한다. 다만, 대통령령으로 정하는 경미한 사항을 변경하려는 경우에는 사전협의, 공청회, 지방의회 의견청취의 절차를 생략할 수 있다.

07 도시철도사업계획 승인을 신청하려는 자가 제출하여야 하는 서류가 <u>아닌</u> 것은?

① 연도별 투자계획 및 재원조달계획에 관한 서류

② 교통영향평가에 대한 관계 행정기관의 장과의 협의 결과에 관한 서류

③ 사업계획의 공고 결과 제출된 의견 중 사업계획에 반영된 의견을 적은 서류

④ 공사시행계획서 및 공사 종류별 공정계획서

> 사업계획의 공고 결과 제출된 의견 중 사업계획에 반영하지 아니한 의견을 적은 서류
> **영 제7조(도시철도사업계획의 승인신청)** 도시철도사업계획의 승인을 신청하려는 자는 사업계획 승인신청서에 다음 각 호의 서류를 첨부하여 시 · 도지사를 거쳐 국토교통부장관에게 제출하여야 한다.
> 1. 공사시행계획서 및 공사 종류별 공정계획서
> 5. 연도별 투자계획 및 재원조달계획에 관한 서류
> 7. 교통영향평가 및 환경영향평가에 대한 관계 행정기관의 장과의 협의 결과에 관한 서류
> 8. 사업계획의 공고 결과 제출된 의견 중 사업계획에 반영하지 아니한 의견을 적은 서류

08 사업계획 승인신청 전에 공고하여야 하는 사항이 <u>아닌</u> 것은?

① 도시철도 부지의 위치

② 도시철도 건설의 착공 예정일 및 준공 예정일

③ 신청인의 성명 · 주소(법인인 경우에는 법인의 명칭 · 주소와 대표자의 성명 · 주소)

④ 도시철도 건설의 재원조달계획

> **영 제8조(사업계획 승인신청의 공고 등)**
> ① 사업계획의 승인을 신청하기 전에 그 뜻을 공고하려는 자는 다음 각 호의 사항을 해당 지역에서 발간되는 일간신문과 특별시 · 광역시 · 특별자치시 · 도 및 특별자치도공보에 각각 한 번 이상 공고하여야 한다.
> 1. 신청인의 성명 · 주소(법인인 경우에는 법인의 명칭 · 주소와 대표자의 성명 · 주소를 말한다)
> 2. 도시철도 부지의 위치
> 3. 노선의 기점 · 종점, 정거장 위치, 차량기지 위치
> 4. 도시철도 건설의 착공 예정일 및 준공 예정일
> 5. 관계 서류 사본을 열람할 수 있는 일시 및 장소

09 도시철도를 건설하려는 자의 사업계획 승인 시 <u>다른</u> 법률에 따라 인가 · 허가등이 의제되지 <u>않는</u> 경우는?

① 「폐기물관리법」에 따른 폐기물처리시설 설치의 승인 또는 신고

② 「하천법」에 따른 하천공사 시행의 허가, 하천의 점용허가, 하천수의 사용허가

③ 「옥외광고물 등의 관리와 옥외광고산업 진흥에 관한 법률」에 따른 옥외광고물 허가

④ 「건설기술관리법」에 따른 건설기술심의위원회의 심의

법 제8조(다른 법률에 따른 인가 · 허가등의 의제)
① 도시철도를 건설하려는 자가 사업계획의 승인 또는 변경승인을 받은 경우에는 다음 각 호의 협의 · 승인 · 허가 · 인가 · 동의 · 해제 · 결정 · 신고 · 지정 · 면허 · 심의 등에 관하여 국토교통부장관이 인가 · 허가등의 관계 행정기관의 장과 미리 협의한 사항에 대해서는 해당 인가 · 허가등이 있는 것으로 보고, 사업계획의 승인 또는 변경승인 고시를 한 경우에는 관계 법률에 따른 인가 · 허가등의 고시 또는 공고가 있는 것으로 본다.
1. 「건설기술관리법」에 따른 건설기술심의위원회의 심의
19. 「폐기물관리법」에 따른 폐기물처리시설 설치의 승인 또는 신고
21. 「하천법」에 따른 하천공사 시행의 허가, 하천의 점용허가, 하천수의 사용허가

10 도시철도건설자가 지하부분 보상할 때 고려하지 <u>않는</u> 것은?

① 지하의 깊이

② 토지 이용을 방해하는 정도

③ 도시철도 건설에 따른 기대이익

④ 토지의 이용 가치

법 제9조(지하부분에 대한 보상 등) 도시철도건설자가 도시철도건설사업을 위하여 타인 토지의 지하부분을 사용하려는 경우에는 그 토지의 이용 가치, 지하의 깊이 및 토지 이용을 방해하는 정도 등을 고려하여 보상한다.

11 지하부분 보상금액 산정 식은?

① 면적 X 공시지가 X 입체이용저해율

② 면적 X 공시지가 ÷ 입체이용저해율

③ 면적 X 적정가격 X 입체이용저해율

④ 면적 X 적정가격 ÷ 입체이용저해율

영 제10조(지하부분 사용에 대한 보상기준)
② 토지의 지하부분 사용에 대한 보상금액은 다음 제1호의 면적에 제2호의 적정가격과 제3호의 입체이용저해율을 곱하여 산정한 금액으로 한다.

12 도시철도채권의 이율로 옳은 것은?

① 국가가 발행하는 경우: 연 10퍼센트의 범위에서 해당 지방자치단체의 조례로 정하는 이율

② 지방자치단체가 발행하는 경우: 재정경제부장관 및 기획예산처장관이 국토교통부장관과 협의하여 정하는 이율

③ 지방자치단체가 발행하는 경우: 연 10퍼센트의 범위에서 관계 지방자치단체의 장과 협의하여 해당 도시철도공사의 규칙으로 정하는 이율

④ 도시철도공사가 발행하는 경우: 연 10퍼센트의 범위에서 관계 지방자치단체의 장과 협의하여 해당 도시철도공사의 규칙으로 정하는 이율

영 제13조(도시철도채권의 발행 방법 및 이율)
② 도시철도채권의 이율은 다음 각 호와 같다.
1. 국가가 발행하는 경우: 재정경제부장관 및 기획예산처장관이 국토교통부장관과 협의하여 정하는 이율
2. 지방자치단체가 발행하는 경우: 연 10퍼센트의 범위에서 해당 지방자치단체의 조례로 정하는 이율
3. 도시철도공사가 발행하는 경우: 연 10퍼센트의 범위에서 관계 지방자치단체의 장과 협의하여 해당 도시철도공사의 규칙으로 정하는 이율

13 도시철도채권에 관한 내용으로 **틀린** 것은?

① 국가가 발행하는 도시철도채권의 매출 및 상환업무의 사무취급기관은 「한국은행법」에 따른 한국은행으로 한다.

② 도시철도채권 매입자가 매입확인증을 멸실 또는 도난 등의 사유로 분실한 경우에 그 매입자가 해당 매입확인증을 매입한 목적에 사용하였음을 해당 도시철도채권을 발행한 자가 확인한 경우에만 이를 재발급할 수 있다.

③ 지방자치단체 및 도시철도공사가 발행하는 도시철도채권의 매출 및 상환업무의 사무취급기관은 해당 지방자치단체가 지정하는 금융기관 또는 「자본시장과 금융투자업에 관한 법률」에 따라 설립된 한국예탁결제원으로 한다.

④ 사무취급기관이 매입확인증을 재발급할 때에는 그 매입확인증에 재발급 표시를 하여야 하고, 매입확인증 재발급대장에 재발급한 사실을 적어야 한다.

> 사용하지 아니하였음을 확인한 경우에만 재발급 가능하다.
> **영 제15조(도시철도채권의 사무취급기관 등)**
> ① 국가가 발행하는 도시철도채권의 매출 및 상환업무의 사무취급기관은 「한국은행법」에 따른 한국은행으로 한다.
> ② 지방자치단체 및 도시철도공사가 발행하는 도시철도채권의 매출 및 상환업무의 사무취급기관은 해당 지방자치단체가 지정하는 금융기관 또는 「자본시장과 금융투자업에 관한 법률」에 따라 설립된 한국예탁결제원으로 한다.
> ⑤ 도시철도채권 매입자가 매입확인증을 멸실 또는 도난 등의 사유로 분실한 경우에 그 매입자가 해당 매입확인증을 매입한 목적에 사용하지 아니하였음을 해당 도시철도채권을 발행한 자가 확인한 경우에만 이를 재발급할 수 있다.
> ⑥ 사무취급기관이 제5항에 따라 매입확인증을 재발급할 때에는 그 매입확인증에 재발급 표시를 하여야 하고, 매입확인증 재발급대장에 재발급한 사실을 적어야 한다.

14 국가나 지방자치단체가 도시철도건설자인 경우에는 건설사업을 법인에 위탁할 수 있다. 이 경우 건설에 관하여 책임을 갖는 자는?

① 국가

② 지방자치단체

③ 시 · 도지사

④ 도시철도건설사업을 수탁한 자

> **법 제24조(도시철도건설사업의 위탁)**
> ① 국가나 지방자치단체가 도시철도건설자인 경우에는 도시철도건설사업을 법인에 위탁할 수 있다. 이 경우 지방자치단체인 도시철도건설자는 국토교통부장관의 승인을 받아야 한다.
> ⑤ 제1항에 따라 도시철도건설사업을 수탁한 자는 그 건설에 관하여 책임을 진다.

15 도시철도건설사업을 위탁받은 수탁법인이 시행하기 전 국가 또는 지방자치단체의 승인을 받아야 하는 사항이 **아닌** 것은?

① 도시철도 건설에 관한 각종 설계

② 도시철도건설사업 계획

③ 도시철도 건설공사의 계약에 관한 사항

④ 도시철도 건설과 운영 인력의 통합 관리에 관한 사항

> **영 제19조(도시철도건설사업의 위탁승인신청 등)**
> ② 도시철도건설사업을 위탁받은 수탁법인은 도시철도건설사업을 시행하기 전에 다음 각 호의 사항에 대하여 도시철도건설사업을 위탁한 국가 또는 지방자치단체의 승인을 받아야 한다. 승인받은 사항을 변경하려는 경우에도 또한 같다.
> 1. 도시철도건설사업 계획
> 2. 도시철도시설의 설계 등 도시철도 건설에 관한 각종 설계
> 3. 도시철도 건설공사의 계약 및 관리 · 감독에 관한 사항

16 시 · 도지사가 운임의 신고를 받을 때 통보하여야 하는 기관이 <u>아닌</u> 것은?

① 재정경제부장관

② 국토교통부장관

③ 행정안전부장관

④ 기획예산처장관

영 제22조(도시철도운임의 조정 및 협의 등)
④ 시 · 도지사는 운임의 신고를 받으면 신고받은 사항을 재정경제부장관, 국토교통부장관 및 기획예산처장관에게 각각 통보하여야 한다.

17 도시철도운영자 또는 철도사업자가 연락운송 운임수입의 배분에 관한 사항에 대하여 협의를 완료하여야 하는 시점은?

① 해당 운임수입이 발생한 날이 속하는 연도의 1월 31일

② 해당 운임수입이 발생한 날이 속하는 연도의 12월 31일

③ 해당 운임수입이 발생한 날이 속하는 연도의 다음 연도 1월 31일

④ 해당 운임수입이 발생한 날이 속하는 연도의 다음 연도 12월 31일

법 제34조(연락운송)
도시철도운영자 또는 철도사업자는 운임수입의 배분에 관한 사항에 대하여 해당 운임수입이 발생한 날이 속하는 연도의 다음 연도 12월 31일까지 협의를 완료하여야 한다.

18 위반행위의 종류와 과징금의 금액이 올바르게 짝지어진 것을 모두 고르시오.

ㄱ. 도시철도운송사업의 면허기준을 위반한 경우: 500만원
ㄴ. 시 · 도지사가 정한 날짜 또는 기간 내에 운송을 개시하지 않은 경우: 500만원
ㄷ. 인가를 받지 않고 양도 · 양수하거나 합병한 경우: 300만원
ㄹ. 허가를 받지 않거나 신고를 하지 않고 도시철도운송사업을 휴업하거나 휴업기간이 지난 후에도 도시철도운송사업을 재개하지 않은 경우: 300만원
ㅁ. 사업개선명령을 따르지 않은 경우: 500만원
ㅂ. 사업경영의 불확실 또는 자산상태의 현저한 불량이나 그 밖의 사유로 사업을 계속함이 적합하지 않은 경우: 500만원

① ㄱ, ㅁ

② ㄱ, ㄷ, ㅂ

③ ㄱ, ㄷ, ㄹ, ㅂ

④ 모두

도시철도법 시행령 [별표 3]
위반행위의 종류와 과징금의 금액(제24조제1항 관련)

ㄱ. 도시철도운송사업의 면허기준을 위반한 경우 : 500만원
ㄴ. 시 · 도지사가 정한 날짜 또는 기간 내에 운송을 개시하지 않은 경우 : 300만원
ㄷ. 인가를 받지 않고 양도 · 양수하거나 합병한 경우 : 300만원
ㄹ. 허가를 받지 않거나 신고를 하지 않고 도시철도운송사업을 휴업하거나 휴업기간이 지난 후에도 도시철도운송사업을 재개하지 않은 경우 : 500만원
ㅁ. 사업개선명령을 따르지 않은 경우 : 300만원
ㅂ. 사업경영의 불확실 또는 자산상태의 현저한 불량이나 그 밖의 사유로 사업을 계속함이 적합하지 않은 경우 : 500만원

정답   16 ③   17 ④   18 ②

19 도시철도운송사업을 위탁받은 수탁법인이 국가 또는 지방자치단체의 승인을 받아야 하는 사항이 <u>아닌</u> 것은?

① 운송사업수탁법인의 정관의 제정에 관한 사항

② 도시철도운송사업에 필요한 시설의 유지관리 계획에 관한 사항

③ 도시철도 기본계획의 수립 및 변경

④ 연도별 도시철도운송사업의 계획

> **영 제27조(도시철도운송사업의 위탁)**
> ② 도시철도운송사업을 위탁받은 수탁법인은 도시철도운송사업을 시행하기 전에 다음 각 호의 사항에 대하여 도시철도운송사업을 위탁한 국가 또는 지방자치단체의 승인을 받아야 한다. 승인받은 사항을 변경하는 경우에도 또한 같다.
> 1. 연도별 도시철도운송사업의 계획 및 결산
> 2. 운송사업수탁법인의 정관의 제정 또는 변경에 관한 사항
> 3. 도시철도운송사업에 필요한 시설의 유지관리 계획에 관한 사항

20 국토교통부장관이 시·도지사에게 위임할 수 있는 권한이 <u>아닌</u> 것은?

① 도시철도건설자가 지방자치단체인 경우 노선 연장을 100분의 10의 범위에서 변경승인

② 도시철도건설자가 도시철도공사인 경우 도시철도 부지를 100분의 5의 범위에서 변경승인

③ 국가·지방자치단체나 도시철도공사가 아닌 도시철도건설자에 대한 사업계획 승인 및 변경승인

④ 국가·지방자치단체나 도시철도공사가 아닌 도시철도건설자에 대한 사업계획 승인 고시

> 100분의 10의 범위이다.
> **영 제28조(권한의 위임)**
> ② 국토교통부장관은 법 제46조에 따라 다음 각 호의 권한을 시·도지사에게 위임한다.
> 1. 도시철도건설자가 지방자치단체나 도시철도공사인 경우에 해당 도시철도건설자에 대한 다음 각 목의 권한
>   가. 법 제7조제1항 후단에 따른 사업계획의 변경사항 중 다음의 어느 하나에 해당하는 사항에 관한 변경승인
>   1) 노선 연장을 100분의 10의 범위에서 변경
>   2) 도시철도 부지를 100분의 10의 범위에서 변경과 그 범위에서의 도시철도시설의 위치 등의 변경
>   나. 가목의 변경사항에 대한 법 제7조제6항에 따른 고시
> 2. 국가·지방자치단체나 도시철도공사가 아닌 도시철도건설자에 대한 다음 각 목의 권한
>   가. 법 제7조제1항에 따른 승인 및 변경승인
>   나. 법 제7조제6항에 따른 고시

21 다음 중 과태료 부과 대상이 <u>아닌</u> 것은?

① 법을 위반하여 회계를 구분하여 경리하지 아니한 자

② 도시철도차량의 점검 · 정비에 관한 책임자를 선임하지 아니한 자

③ 타인에게 자신의 도시철도 상호를 대여한 자

④ 도시철도차량에 폐쇄회로 텔레비전을 설치하지 아니한 자

법 제47조(벌칙)

① 다음 각 호의 어느 하나에 해당하는 자는 2년 이하의 징역 또는 2천만원 이하의 벌금에 처한다.

 4. 제40조를 위반하여 타인에게 자신의 상호를 대여한 자

법 제49조(과태료)

① 제43조에 따라 준용되는 「철도사업법」 제32조제1항 또는 제2항을 위반하여 회계를 구분하여 경리하지 아니한 자에게는 500만원 이하의 과태료를 부과한다.

② 제41조제1항을 위반하여 도시철도차량에 폐쇄회로 텔레비전을 설치하지 아니한 자에게는 300만원 이하의 과태료를 부과한다.

③ 다음 각 호에 해당하는 자에게는 100만원 이하의 과태료를 부과한다.

 1. 제43조에 따라 준용되는 「철도사업법」 제20조제2항부터 제4항까지에 따른 준수사항을 위반한 자

 2. 제43조에 따라 준용되는 「철도사업법」 제25조제2항을 위반하여 도시철도차량의 점검 · 정비에 관한 책임자를 선임하지 아니한 자

④ 제43조에 따라 준용되는 「철도사업법」 제22조를 위반한 도시철도종사자 및 그가 소속된 도시철도운영자에게는 50만원 이하의 과태료를 부과한다.

정답 21 ③

PART 3

철도안전법 및 시행령

총칙

철도안전법 담당부서	국토교통부(철도안전정책과)
철도안전법 시행령 담당부서	국토교통부(철도운행안전과, 철도안전정책과)

- **철도안전법** : 법률
- **철도안전법 시행령** : 대통령령

📄 법 제1조(목적)

이 법은 철도안전을 확보하기 위하여 필요한 사항을 규정하고 철도안전 관리체계를 확립함으로써 공공복리의 증진에 이바지함을 목적으로 한다.

📄 영 제1조(목적)

이 영은 「철도안전법」에서 위임된 사항과 그 시행에 필요한 사항을 규정함을 목적으로 한다.

📄 법 제2조(정의)

이 법에서 사용하는 용어의 뜻은 다음과 같다.

1. "철도"란 「철도산업발전기본법」(이하 "기본법"이라 한다) 제3조제1호에 따른 철도를 말한다.
2. "전용철도"란 「철도사업법」 제2조제5호에 따른 전용철도를 말한다.
3. "철도시설"이란 기본법 제3조제2호에 따른 철도시설을 말한다.
4. "철도운영"이란 기본법 제3조제3호에 따른 철도운영을 말한다.
5. "철도차량"이란 기본법 제3조제4호에 따른 철도차량을 말한다.

5의2. "철도용품"이란 철도시설 및 철도차량 등에 사용되는 부품·기기·장치 등을 말한다.

6. "열차"란 선로를 운행할 목적으로 철도운영자가 편성하여 열차번호를 부여한 철도차량을 말한다.
7. "선로"란 철도차량을 운행하기 위한 궤도와 이를 받치는 노반(路盤) 또는 인공구조물로 구성된 시설을 말한다.
8. "철도운영자"란 철도운영에 관한 업무를 수행하는 자를 말한다.
9. "철도시설관리자"란 철도시설의 건설 또는 관리에 관한 업무를 수행하는 자를 말한다.

10. "철도종사자"란 다음 각 목의 어느 하나에 해당하는 사람을 말한다.

    가. 철도차량의 운전업무에 종사하는 사람(이하 "운전업무종사자"라 한다)

    나. 철도차량의 운행을 집중 제어·통제·감시하는 업무(이하 "관제업무"라 한다)에 종사하는 사람

    다. 여객에게 승무(乘務) 서비스를 제공하는 사람(이하 "여객승무원"이라 한다)

    라. 여객에게 역무(驛務) 서비스를 제공하는 사람(이하 "여객역무원"이라 한다)

    마. 철도차량의 운행선로 또는 그 인근에서 철도시설의 건설 또는 관리와 관련한 작업의 협의·지휘·감독·안전관리 등의 업무에 종사하도록 철도운영자 또는 철도시설관리자가 지정한 사람(이하 "작업책임자"라 한다)

    바. 철도차량의 운행선로 또는 그 인근에서 철도시설의 건설 또는 관리와 관련한 작업의 일정을 조정하고 해당 선로를 운행하는 열차의 운행일정을 조정하는 사람(이하 "철도운행안전관리자"라 한다)

    사. 그 밖에 철도운영 및 철도시설관리와 관련하여 철도차량의 안전운행 및 질서유지와 철도차량 및 철도시설의 점검·정비 등에 관한 업무에 종사하는 사람으로서 대통령령으로 정하는 사람

11. "철도사고"란 철도운영 또는 철도시설관리와 관련하여 사람이 죽거나 다치거나 물건이 파손되는 사고로 국토교통부령으로 정하는 것을 말한다.

12. "철도준사고"란 철도안전에 중대한 위해를 끼쳐 철도사고로 이어질 수 있었던 것으로 국토교통부령으로 정하는 것을 말한다.

13. "운행장애"란 철도사고 및 철도준사고 외에 철도차량의 운행에 지장을 주는 것으로서 국토교통부령으로 정하는 것을 말한다.

14. "철도차량정비"란 철도차량(철도차량을 구성하는 부품·기기·장치를 포함한다)을 점검·검사, 교환 및 수리하는 행위를 말한다.

15. "철도차량정비기술자"란 철도차량정비에 관한 자격, 경력 및 학력 등을 갖추어 제24조의2에 따라 국토교통부장관의 인정을 받은 사람을 말한다.

영 제2조(정의)

이 영에서 사용하는 용어의 뜻은 다음 각 호와 같다.

1. "정거장"이란 여객의 승하차(여객 이용시설 및 편의시설을 포함한다), 화물의 적하(積荷), 열차의 조성(組成: 철도차량을 연결하거나 분리하는 작업을 말한다), 열차의 교차통행 또는 대피를 목적으로 사용되는 장소를 말한다. **기출**

2. "선로전환기"란 철도차량의 운행선로를 변경시키는 기기를 말한다.

영 제3조(안전운행 또는 질서유지 철도종사자)

「철도안전법」(이하 "법"이라 한다) 제2조제10호사목에서 "대통령령으로 정하는 사람"이란 다음 각 호의 어느 하나에 해당하는 사람을 말한다.

1. 철도사고, 철도준사고 및 운행장애(이하 "철도사고등"이라 한다)가 발생한 현장에서 조사 · 수습 · 복구 등의 업무를 수행하는 사람
2. 철도차량의 운행선로 또는 그 인근에서 철도시설의 건설 또는 관리와 관련된 작업의 현장감독업무를 수행하는 사람
3. 철도시설 또는 철도차량을 보호하기 위한 순회점검업무 또는 경비업무를 수행하는 사람
4. 정거장에서 철도신호기 · 선로전환기 또는 조작판 등을 취급하거나 열차의 조성업무를 수행하는 사람
5. 철도에 공급되는 전력의 원격제어장치를 운영하는 사람
6. 「사법경찰관리의 직무를 수행할 자와 그 직무범위에 관한 법률」 제5조제11호에 따른 철도경찰 사무에 종사하는 국가공무원
7. 철도차량 및 철도시설의 점검 · 정비 업무에 종사하는 사람

법 제3조(다른 법률과의 관계)

철도안전에 관하여 다른 법률에 특별한 규정이 있는 경우를 제외하고는 이 법에서 정하는 바에 따른다.

법 제3조의2(조약과의 관계)

국제철도(대한민국을 포함한 둘 이상의 국가에 걸쳐 운행되는 철도를 말한다)를 이용한 화물 및 여객 운송에 관하여 대한민국과 외국 간 체결된 조약에 이 법과 다른 규정이 있는 때에는 그 조약의 규정에 따른다. 다만, 이 법의 규정내용이 조약의 안전기준보다 강화된 기준을 포함하는 때에는 그러하지 아니하다.

법 제4조(국가 등의 책무)

① 국가와 지방자치단체는 국민의 생명 · 신체 및 재산을 보호하기 위하여 철도안전시책을 마련하여 성실히 추진하여야 한다.
② 철도운영자 및 철도시설관리자(이하 "철도운영자등"이라 한다)는 철도운영이나 철도시설관리를 할 때에는 법령에서 정하는 바에 따라 철도안전을 위하여 필요한 조치를 하고, 국가나 지방자치단체가 시행하는 철도안전시책에 적극 협조하여야 한다.

철도안전 관리체계

📄 법 제5조(철도안전 종합계획)

① 국토교통부장관은 5년마다 철도안전에 관한 종합계획(이하 "철도안전 종합계획"이라 한다)을 수립하여야 한다.

② 철도안전 종합계획에는 다음 각 호의 사항이 포함되어야 한다.

1. 철도안전 종합계획의 추진 목표 및 방향
2. 철도안전에 관한 시설의 확충, 개량 및 점검 등에 관한 사항
3. 철도차량의 정비 및 점검 등에 관한 사항
4. 철도안전 관계 법령의 정비 등 제도개선에 관한 사항
5. 철도안전 관련 전문 인력의 양성 및 수급관리에 관한 사항
6. 철도종사자의 안전 및 근무환경 향상에 관한 사항
7. 철도안전 관련 교육훈련에 관한 사항
8. 철도안전 관련 연구 및 기술개발에 관한 사항
9. 그 밖에 철도안전에 관한 사항으로서 국토교통부장관이 필요하다고 인정하는 사항

③ 국토교통부장관은 철도안전 종합계획을 수립할 때에는 미리 관계 중앙행정기관의 장 및 철도운영자등과 협의한 후 기본법 제6조제1항에 따른 철도산업위원회의 심의를 거쳐야 한다. 수립된 철도안전 종합계획을 변경(대통령령으로 정하는 경미한 사항의 변경은 제외한다)할 때에도 또한 같다.

④ 국토교통부장관은 철도안전 종합계획을 수립하거나 변경하기 위하여 필요하다고 인정하면 관계 중앙행정기관의 장 또는 특별시장 · 광역시장 · 특별자치시장 · 도지사 · 특별자치도지사(이하 "시 · 도지사"라 한다)에게 관련 자료의 제출을 요구할 수 있다. 자료 제출 요구를 받은 관계 중앙행정기관의 장 또는 시 · 도지사는 특별한 사유가 없으면 이에 따라야 한다.

⑤ 국토교통부장관은 제3항에 따라 철도안전 종합계획을 수립하거나 변경하였을 때에는 이를 관보에 고시하여야 한다.

영 제4조(철도안전 종합계획의 경미한 변경)

법 제5조제3항 후단에서 "대통령령으로 정하는 경미한 사항의 변경"이란 다음 각 호의 어느 하나에 해당하는 변경을 말한다.

1. 법 제5조제1항에 따른 철도안전 종합계획(이하 "철도안전 종합계획"이라 한다)에서 정한 총사업비를 원래 계획의 100분의 10 이내에서의 변경
2. 철도안전 종합계획에서 정한 시행기한 내에 단위사업의 시행시기의 변경
3. 법령의 개정, 행정구역의 변경 등과 관련하여 철도안전 종합계획을 변경하는 등 당초 수립된 철도안전 종합계획의 기본방향에 영향을 미치지 아니하는 사항의 변경

법 제6조(시행계획)

① 국토교통부장관, 시·도지사 및 철도운영자등은 철도안전 종합계획에 따라 소관별로 철도안전 종합계획의 단계적 시행에 필요한 연차별 시행계획(이하 "시행계획"이라 한다)을 수립·추진하여야 한다.
② 시행계획의 수립 및 시행절차 등에 관하여 필요한 사항은 대통령령으로 정한다.

영 제5조(시행계획 수립절차 등)

① 법 제6조에 따라 특별시장·광역시장·특별자치시장·도지사 또는 특별자치도지사(이하 "시·도지사"라 한다)와 철도운영자 및 철도시설관리자(이하 "철도운영자등"이라 한다)는 다음 연도의 시행계획을 매년 10월 말까지 국토교통부장관에게 제출하여야 한다.
② 시·도지사 및 철도운영자등은 전년도 시행계획의 추진실적을 매년 2월 말까지 국토교통부장관에게 제출하여야 한다.
③ 국토교통부장관은 제1항에 따라 시·도지사 및 철도운영자등이 제출한 다음 연도의 시행계획이 철도안전 종합계획에 위반되거나 철도안전 종합계획을 원활하게 추진하기 위하여 보완이 필요하다고 인정될 때에는 시·도지사 및 철도운영자등에게 시행계획의 수정을 요청할 수 있다.
④ 제3항에 따른 수정 요청을 받은 시·도지사 및 철도운영자등은 특별한 사유가 없는 한 이를 시행계획에 반영하여야 한다.

법 제6조의2(철도안전투자의 공시)

① 철도운영자는 철도차량의 교체, 철도시설의 개량 등 철도안전 분야에 투자(이하 이 조에서 "철도안전투자"라 한다)하는 예산 규모를 매년 공시하여야 한다.
② 제1항에 따른 철도안전투자의 공시 기준, 항목, 절차 등에 필요한 사항은 국토교통부령으로 정한다.

📄 법 제7조(안전관리체계의 승인)

① 철도운영자등(전용철도의 운영자는 제외한다. 이하 이 조 및 제8조에서 같다)은 철도운영을 하거나 철도시설을 관리하려는 경우에는 인력, 시설, 차량, 장비, 운영절차, 교육훈련 및 비상대응계획 등 철도 및 철도시설의 안전관리에 관한 유기적 체계(이하 "안전관리체계"라 한다)를 갖추어 국토교통부장관의 승인을 받아야 한다.

② 전용철도의 운영자는 자체적으로 안전관리체계를 갖추고 지속적으로 유지하여야 한다.

③ 철도운영자등은 제1항에 따라 승인받은 안전관리체계를 변경(제5항에 따른 안전관리기준의 변경에 따른 안전관리체계의 변경을 포함한다. 이하 이 조에서 같다)하려는 경우에는 국토교통부장관의 변경승인을 받아야 한다. 다만, 국토교통부령으로 정하는 경미한 사항을 변경하려는 경우에는 국토교통부장관에게 신고하여야 한다.

④ 국토교통부장관은 제1항 또는 제3항 본문에 따른 안전관리체계의 승인 또는 변경승인의 신청을 받은 경우에는 해당 안전관리체계가 제5항에 따른 안전관리기준에 적합한지를 검사한 후 승인 여부를 결정하여야 한다.

⑤ 국토교통부장관은 철도안전경영, 위험관리, 사고 조사 및 보고, 내부점검, 비상대응계획, 비상대응훈련, 교육훈련, 안전정보관리, 운행안전관리, 차량·시설의 유지관리(차량의 기대수명에 관한 사항을 포함한다) 등 철도운영 및 철도시설의 안전관리에 필요한 기술기준을 정하여 고시하여야 한다.

⑥ 제1항부터 제5항까지의 규정에 따른 승인절차, 승인방법, 검사기준, 검사방법, 신고절차 및 고시방법 등에 관하여 필요한 사항은 국토교통부령으로 정한다.

📄 법 제8조(안전관리체계의 유지 등)

① 철도운영자등은 철도운영을 하거나 철도시설을 관리하는 경우에는 제7조에 따라 승인받은 안전관리체계를 지속적으로 유지하여야 한다.

② 국토교통부장관은 안전관리체계 위반 여부 확인 및 철도사고 예방 등을 위하여 철도운영자등이 제1항에 따른 안전관리체계를 지속적으로 유지하는지 다음 각 호의 검사를 통해 국토교통부령으로 정하는 바에 따라 점검·확인할 수 있다.

  1. 정기검사: 철도운영자등이 국토교통부장관으로부터 승인 또는 변경승인 받은 안전관리체계를 지속적으로 유지하는지를 점검·확인하기 위하여 정기적으로 실시하는 검사

  2. 수시검사: 철도운영자등이 철도사고 및 운행장애 등을 발생시키거나 발생시킬 우려가 있는 경우에 안전관리체계 위반사항 확인 및 안전관리체계 위해요인 사전예방을 위해 수행하는 검사

③ 국토교통부장관은 제2항에 따른 검사 결과 안전관리체계가 지속적으로 유지되지 아니하거나 그 밖에 철도안전을 위하여 필요하다고 인정하는 경우에는 국토교통부령으로 정하는 바에 따라 시정조치를 명할 수 있다.

법 제9조(승인의 취소 등)

① 국토교통부장관은 안전관리체계의 승인을 받은 철도운영자등이 다음 각 호의 어느 하나에 해당하는
경우에는 그 승인을 취소하거나 6개월 이내의 기간을 정하여 업무의 제한이나 정지를 명할 수 있다. 다만,
제1호에 해당하는 경우에는 그 승인을 취소하여야 한다.
1. 거짓이나 그 밖의 부정한 방법으로 승인을 받은 경우
2. 제7조제3항을 위반하여 변경승인을 받지 아니하거나 변경신고를 하지 아니하고 안전관리체계를
   변경한 경우
3. 제8조제1항을 위반하여 안전관리체계를 지속적으로 유지하지 아니하여 철도운영이나 철도시설의
   관리에 중대한 지장을 초래한 경우
4. 제8조제3항에 따른 시정조치명령을 정당한 사유 없이 이행하지 아니한 경우

② 제1항에 따른 승인 취소, 업무의 제한 또는 정지의 기준 및 절차 등에 관하여 필요한 사항은
국토교통부령으로 정한다.

법 제9조의2(과징금)

① 국토교통부장관은 제9조제1항에 따라 철도운영자등에 대하여 업무의 제한이나 정지를 명하여야 하는
경우로서 그 업무의 제한이나 정지가 철도 이용자 등에게 심한 불편을 주거나 그 밖에 공익을 해할 우려가
있는 경우에는 업무의 제한이나 정지를 갈음하여 <u>30억원</u> 이하의 과징금을 부과할 수 있다.
② 제1항에 따라 과징금을 부과하는 위반행위의 종류, 과징금의 부과기준 및 징수방법, 그 밖에 필요한 사항은
대통령령으로 정한다.
③ 국토교통부장관은 제1항에 따른 과징금을 내야 할 자가 납부기한까지 과징금을 내지 아니하는 경우에는
국세 체납처분의 예에 따라 징수한다.

영 제6조(안전관리체계 관련 과징금의 부과기준)

법 제9조의2제2항에 따른 과징금을 부과하는 위반행위의 종류와 과징금의 금액은 별표 1과 같다.

철도안전법 시행령 [별표 1]

안전관리체계 관련 과징금의 부과기준(제6조 관련)

1. 일반기준

가. 위반행위의 횟수에 따른 과징금의 가중된 부과기준은 최근 2년간 같은 위반행위로 과징금 부과처분을 받은 경우에 적용한다. 이 경우 기간의 계산은 위반행위에 대하여 과징금 부과처분을 받은 날과 그 처분 후 다시 같은 위반행위를 하여 적발된 날을 기준으로 한다.

나. 가목에 따라 가중된 부과처분을 하는 경우 가중처분의 적용 차수는 그 위반행위 전 부과처분 차수(가목에 따른 기간 내에 과징금 부과처분이 둘 이상 있었던 경우에는 높은 차수를 말한다)의 다음 차수로 한다.

다. 위반행위가 둘 이상인 경우로서 각 처분내용이 모두 업무정지인 경우에는 각 처분기준에 따른 과징금을 합산한 금액을 넘지 않는 범위에서 무거운 처분기준에 해당하는 과징금 금액의 2분의 1의 범위에서 가중할 수 있다.

라. 국토교통부장관은 다음의 어느 하나에 해당하는 경우에는 제2호의 개별기준에 따른 과징금 금액의 2분의 1 범위에서 그 금액을 줄일 수 있다. 다만, 과징금을 체납하고 있는 위반행위자의 경우에는 그렇지 않다.
1) 위반행위가 사소한 부주의나 오류로 인한 것으로 인정되는 경우
2) 위반행위자가 법 위반상태를 시정하거나 해소하기 위한 노력이 인정되는 경우
3) 그 밖에 사업 규모, 사업 지역의 특수성, 위반행위의 정도, 위반행위의 동기와 그결과 및 위반 횟수 등을 고려하여 과징금 금액을 줄일 필요가 있다고 인정되는 경우

마. 국토교통부장관은 다음의 어느 하나에 해당하는 경우에는 제2호의 개별기준에 따른 과징금 금액의 2분의 1 범위에서 그 금액을 늘릴 수 있다. 다만, 법 제9조의2제1항에 따른 과징금 금액의 상한을 넘을 경우 상한금액으로 한다.
1) 위반의 내용 및 정도가 중대하여 공중에게 미치는 피해가 크다고 인정되는 경우
2) 법 위반상태의 기간이 6개월 이상인 경우
3) 그 밖에 사업 규모, 사업 지역의 특수성, 위반행위의 정도, 위반행위의 동기와 그결과 및 위반 횟수 등을 고려하여 과징금 금액을 늘릴 필요가 있다고 인정되는 경우

(단위 : 백만원)

위반행위	근거 법조문	과징금 금액
가. 법 제7조제3항을 위반하여 변경승인을 받지 않고 안전관리체계를 변경한 경우		
1) 1차 위반		120
2) 2차 위반	법 제9조 제1항제2호	240
3) 3차 위반		480
4) 4차 이상 위반		960
나. 법 제7조제3항을 위반하여 변경신고를 하지 않고 안전관리체계를 변경한 경우		
1) 1차 위반		경고
2) 2차 위반	법 제9조 제1항제2호	120
3) 3차 이상 위반		240
다. 법 제8조제1항을 위반하여 안전관리체계 를 지속적으로 유지하지 않아 철도운영이 나 철도시설의 관리에 중대한 지장을 초래한 경우		
1) 철도사고로 인한 사망자 수		
가) 1명 이상 3명 미만		360
나) 3명 이상 5명 미만		720
다) 5명 이상 10명 미만		1,440
라) 10명 이상		2,160
2) 철도사고로 인한 중상자 수	법 제9조 제1항제3호	
가) 5명 이상 10명 미만		180
나) 10명 이상 30명 미만		360
다) 30명 이상 50명 미만		720
라) 50명 이상 100명 미만		1,440
마) 100명 이상		2,160
3) 철도사고 또는 운행장애로 인한 재산피해액		
가) 5억원 이상 10억원 미만		180
나) 10억원 이상 20억원 미만		360
다) 20억원 이상		720
라. 법 제8조제3항에 따른 시정조치명령을 정당한 사유 없이 이행하지 않은 경우		
1) 1차 위반		240
2) 2차 위반	법 제9조 제1항제4호	480
3) 3차 위반		960
4) 4차 이상 위반		1,920

> **비고**
>
> 1. "사망자"란 철도사고가 발생한 날부터 30일 이내에 그 사고로 사망한 사람을 말한다.
> 2. "중상자"란 철도사고로 인해 부상을 입은 날부터 7일 이내 실시된 의사의 최초진단결과 24시간 이상 입원 치료가 필요한 상해를 입은 사람(의식불명, 시력상실을 포함)를 말한다.
> 3. "재산피해액"이란 시설피해액(인건비와 자재비등 포함), 차량피해액(인건비와 자재비등 포함), 운임환불 등을 포함한 직접 손실액을 말한다.
> 4. 위 표의 다목 1)부터 3)까지의 규정에 따른 과징금을 부과하는 경우에 사망자, 중상자, 재산피해가 동시에 발생한 경우는 각각의 과징금을 합산하여 부과한다. 다만, 합산한 금액이 법 제9조의2제1항에 따른 과징금 금액의 상한을 초과하는경우에는 법 제9조의2제1항에 따른 상한금액을 과징금으로 부과한다.
> 5. 위 표 및 제4호에 따른 과징금 금액이 해당 철도운영자등의 전년도(위반행위가발생한 날이 속하는 해의 직전 연도를 말한다) 매출액의 100분의 4를 초과하는경우에는 전년도 매출액의 100분의 4에 해당하는 금액을 과징금으로 부과한다.

📋 영 제7조(과징금의 부과 및 납부)

① 국토교통부장관은 법 제9조의2제1항에 따라 과징금을 부과할 때에는 그 위반행위의 종류와 해당 과징금의 금액을 명시하여 이를 납부할 것을 서면으로 통지하여야 한다.

② 제1항에 따라 통지를 받은 자는 통지를 받은 날부터 20일 이내에 국토교통부장관이 정하는 수납기관에 과징금을 내야 한다.

③ 제2항에 따라 과징금을 받은 수납기관은 그 과징금을 낸 자에게 영수증을 내주어야 한다.

④ 과징금의 수납기관은 제2항에 따른 과징금을 받으면 지체 없이 그 사실을 국토교통부장관에게 통보하여야 한다.

📋 영 제8조 삭제

📋 영 제9조 삭제

📋 법 제9조의3(철도운영자등에 대한 안전관리 수준평가)

① 국토교통부장관은 철도운영자등의 자발적인 안전관리를 통한 철도안전 수준의 향상을 위하여 철도운영자등의 안전관리 수준에 대한 평가를 실시할 수 있다.

② 국토교통부장관은 제1항에 따른 안전관리 수준평가를 실시한 결과 그 평가결과가 미흡한 철도운영자등에 대하여 제8조제2항에 따른 검사를 시행하거나 같은 조 제3항에 따른 시정조치 등 개선을 위하여 필요한 조치를 명할 수 있다.

③ 제1항에 따른 안전관리 수준평가의 대상, 기준, 방법, 절차 등에 필요한 사항은 국토교통부령으로 정한다.

① 국토교통부장관은 제9조의3에 따른 안전관리 수준평가 결과에 따라 철도운영자등을 대상으로 철도안전 우수운영자를 지정할 수 있다.

② 제1항에 따른 철도안전 우수운영자로 지정을 받은 자는 철도차량, 철도시설이나 관련 문서 등에 철도안전 우수운영자로 지정되었음을 나타내는 표시를 할 수 있다.

③ 제1항에 따른 지정을 받은 자가 아니면 철도차량, 철도시설이나 관련 문서 등에 우수운영자로 지정되었음을 나타내는 표시를 하거나 이와 유사한 표시를 하여서는 아니 된다.

④ 국토교통부장관은 제3항을 위반하여 우수운영자로 지정되었음을 나타내는 표시를 하거나 이와 유사한 표시를 한 자에 대하여 해당 표시를 제거하게 하는 등 필요한 시정조치를 명할 수 있다.

⑤ 제1항에 따른 철도안전 우수운영자 지정의 대상, 기준, 방법, 절차 등에 필요한 사항은 국토교통부령으로 정한다.

철도종사자의 안전관리

📋 법 제10조(철도차량 운전면허)

① 철도차량을 운전하려는 사람은 국토교통부장관으로부터 철도차량 운전면허(이하 "운전면허"라 한다)를 받아야 한다. 다만, 제16조에 따른 교육훈련 또는 제17조에 따른 운전면허시험을 위하여 철도차량을 운전하는 경우 등 대통령령으로 정하는 경우에는 그러하지 아니하다.

② 「도시철도법」 제2조제2호에 따른 노면전차를 운전하려는 사람은 제1항에 따른 운전면허 외에 「도로교통법」 제80조에 따른 운전면허(연습운전면허는 제외한다)를 받아야 한다.

③ 제1항에 따른 운전면허는 대통령령으로 정하는 바에 따라 철도차량의 종류별로 받아야 한다.

📋 영 제10조(운전면허 없이 운전할 수 있는 경우)

① 법 제10조제1항 단서에서 "대통령령으로 정하는 경우"란 다음 각 호의 어느 하나에 해당하는 경우를 말한다.

1. 법 제16조제3항에 따른 철도차량 운전에 관한 전문 교육훈련기관(이하 "운전교육훈련기관"이라 한다)에서 실시하는 운전교육훈련을 받기 위하여 철도차량을 운전하는 경우

2. 법 제17조제1항에 따른 운전면허시험(이하 이 조에서"운전면허시험"이라 한다)을 치르기 위하여 철도차량을 운전하는 경우

3. 철도차량을 제작 · 조립 · 정비하기 위한 공장 안의 선로에서 철도차량을 운전하여 이동하는 경우

4. 철도사고등을 복구하기 위하여 열차운행이 중지된 선로에서 사고복구용 특수차량을 운전하여 이동하는 경우

② 제1항제1호 또는 제2호에 해당하는 경우에는 해당 철도차량에 운전교육훈련을 담당하는 사람이나 운전면허시험에 대한 평가를 담당하는 사람을 승차시켜야 하며, 국토교통부령으로 정하는 표지를 해당 철도차량의 앞면 유리에 붙여야 한다.

📋 영 제11조(운전면허 종류)

① 법 제10조제3항에 따른 철도차량의 종류별 운전면허는 다음 각 호와 같다.

   1. 고속철도차량 운전면허

   2. 제1종 전기차량 운전면허

   3. 제2종 전기차량 운전면허

   4. 디젤차량 운전면허

   5. 철도장비 운전면허

   6. 노면전차(路面電車) 운전면허

② 제1항 각 호에 따른 운전면허(이하 "운전면허"라 한다)를 받은 사람이 운전할 수 있는 철도차량의 종류는 국토교통부령으로 정한다.

📋 법 제11조(운전면허의 결격사유 등)

① 다음 각 호의 어느 하나에 해당하는 사람은 운전면허를 받을 수 없다. 기출

   1. 19세 미만인 사람

   2. 철도차량 운전상의 위험과 장해를 일으킬 수 있는 정신질환자 또는 뇌전증환자로서 대통령령으로 정하는 사람

   3. 철도차량 운전상의 위험과 장해를 일으킬 수 있는 약물(「마약류 관리에 관한 법률」 제2조제1호에 따른 마약류 및 「화학물질관리법」 제22조제1항에 따른 환각물질을 말한다. 이하 같다) 또는 알코올 중독자로서 대통령령으로 정하는 사람

   4. 두 귀의 청력 또는 두 눈의 시력을 완전히 상실한 사람

   5. 운전면허가 취소된 날부터 2년이 지나지 아니하였거나 운전면허의 효력정지기간 중인 사람

② 국토교통부장관은 제1항에 따른 결격사유의 확인을 위하여 개인정보를 보유하고 있는 기관의 장에게 해당 정보의 제공을 요청할 수 있다. 이 경우 요청을 받은 기관의 장은 특별한 사유가 없으면 이에 따라야 한다.

③ 제2항에 따라 요청하는 대상기관과 개인정보의 내용 및 제공방법 등에 필요한 사항은 대통령령으로 정한다.

📋 영 제12조(운전면허를 받을 수 없는 사람)

법 제11조제1항제2호 및 제3호에서 "대통령령으로 정하는 사람"이란 해당 분야 전문의가 정상적인 운전을 할 수 없다고 인정하는 사람을 말한다.

영 제12조의2(운전면허의 결격사유 관련 개인정보의 제공 요청)

① 국토교통부장관은 법 제11조제2항 전단에 따라 운전면허의 결격사유 확인을 위하여 다음 각 호의 기관의 장에게 해당 기관이 보유하고 있는 개인정보의 제공을 요청할 수 있다.

    1. 보건복지부장관

    2. 병무청장

    3. 시 · 도지사 또는 시장 · 군수 · 구청장(자치구의 구청장을 말한다. 이하 같다)

    4. 육군참모총장, 해군참모총장, 공군참모총장 또는 해병대사령관

② 국토교통부장관이 법 제11조제2항 전단에 따라 이 조 제1항 각 호의 대상기관의 장에게 요청할 수 있는 개인정보의 내용은 별표 1의2와 같다.

③ 제1항 각 호의 대상기관의 장은 법 제11조제2항 후단에 따라 개인정보를 제공하는 경우에는 국토교통부령으로 정하는 서식에 따라 서면 또는 전자적 방법으로 제공해야 한다.

철도안전법 시행령 [별표 1의2]

운전면허의 결격사유 확인을 위하여 요청할 수 있는 개인정보의 내용(제12조의2제2항 관련)

보유기관	개인정보의 내용	근거 법조문
1. 보건복지부장관 또는 시 · 도지사	마약류 중독자로 판명되거나 마약류 중독으로 치료보호 기관에서 치료 중인 사람에 대한 자료	「마약류 관리에 관한 법률」 제40조
2. 병무청장	정신질환 및 뇌전증으로 신체등급 이 5급 또는 6급으로 판정된 사람 에 대한 자료	「병역법」 제12조
3. 특별자치시장 · 특별 자치도지사 · 시장 · 군수 또는 구청장	가. 시각장애인 또는 청각장애인으로 등록된 사람에 대 한 자료	「장애인복지법」 제 32조
	나. 정신질환으로 6개월 이상 입 원 · 치료 중인 사람에 대한 자료	「정신건강증진 및 정 신질환자 복지 서비스 지원에 관한 법률」 제43조 및 제44조
4. 육군참모총장, 해군참모 총장, 공군참모총장 또는 해병대사령관	군 재직 중 정신질환 또는 뇌전증으로 전역 조치된 사람 에 대한 자료	「군인사법」 제37조

법 제12조(운전면허의 신체검사)

① 운전면허를 받으려는 사람은 철도차량 운전에 적합한 신체상태를 갖추고 있는지를 판정받기 위하여 국토교통부장관이 실시하는 신체검사에 합격하여야 한다.

② 국토교통부장관은 제1항에 따른 신체검사를 제13조에 따른 의료기관에서 실시하게 할 수 있다.

③ 제1항에 따른 신체검사의 합격기준, 검사방법 및 절차 등에 관하여 필요한 사항은 국토교통부령으로 정한다.

📄 법 제13조(신체검사 실시 의료기관)

제12조제1항에 따른 신체검사를 실시할 수 있는 의료기관은 다음 각 호와 같다.

1. 「의료법」 제3조제2항제1호가목의 의원
2. 「의료법」 제3조제2항제3호가목의 병원
3. 「의료법」 제3조제2항제3호마목의 종합병원

📄 법 제14조 삭제

📄 법 제15조(운전적성검사)

① 운전면허를 받으려는 사람은 철도차량 운전에 적합한 적성을 갖추고 있는지를 판정받기 위하여
   국토교통부장관이 실시하는 적성검사(이하 "운전적성검사"라 한다)에 합격하여야 한다.
② 운전적성검사에 불합격한 사람 또는 운전적성검사 과정에서 부정행위를 한 사람은 다음 각 호의 구분에
   따른 기간 동안 운전적성검사를 받을 수 없다.
  1. 운전적성검사에 불합격한 사람: 검사일부터 3개월
  2. 운전적성검사 과정에서 부정행위를 한 사람: 검사일부터 1년
③ 운전적성검사의 합격기준, 검사의 방법 및 절차 등에 관하여 필요한 사항은 국토교통부령으로 정한다.
④ 국토교통부장관은 운전적성검사에 관한 전문기관(이하 "운전적성검사기관"이라 한다)을 지정하여
   운전적성검사를 하게 할 수 있다.
⑤ 운전적성검사기관의 지정기준, 지정절차 등에 관하여 필요한 사항은 대통령령으로 정한다.
⑥ 운전적성검사기관은 정당한 사유 없이 운전적성검사 업무를 거부하여서는 아니 되고, 거짓이나 그 밖의
   부정한 방법으로 운전적성검사 판정서를 발급하여서는 아니 된다.

📄 영 제13조(운전적성검사기관 지정절차)

① 법 제15조제4항에 따른 운전적성검사에 관한 전문기관(이하 "운전적성검사기관"이라 한다)으로 지정을
   받으려는 자는 국토교통부장관에게 지정 신청을 하여야 한다.
② 국토교통부장관은 제1항에 따라 운전적성검사기관 지정 신청을 받은 경우에는 제14조에 따른 지정기준을
   갖추었는지 여부, 운전적성검사기관의 운영계획, 운전업무종사자의 수급상황 등을 종합적으로 심사한 후
   그 지정 여부를 결정하여야 한다.
③ 국토교통부장관은 제2항에 따라 운전적성검사기관을 지정한 경우에는 그 사실을 관보에 고시하여야 한다.
④ 제1항부터 제3항까지의 규정에 따른 운전적성검사기관 지정절차에 관한 세부적인 사항은
   국토교통부령으로 정한다.

📋 영 제14조(운전적성검사기관 지정기준)

① 운전적성검사기관의 지정기준은 다음 각 호와 같다.
1. 운전적성검사 업무의 통일성을 유지하고 운전적성검사 업무를 원활히 수행하는데 필요한 상설 전담조직을 갖출 것
2. 운전적성검사 업무를 수행할 수 있는 전문검사인력을 3명 이상 확보할 것
3. 운전적성검사 시행에 필요한 사무실, 검사장과 검사 장비를 갖출 것
4. 운전적성검사기관의 운영 등에 관한 업무규정을 갖출 것

② 제1항에 따른 운전적성검사기관 지정기준에 관한 세부적인 사항은 국토교통부령으로 정한다.

📋 영 제15조(운전적성검사기관의 변경사항 통지)

① 운전적성검사기관은 그 명칭·대표자·소재지나 그 밖에 운전적성검사 업무의 수행에 중대한 영향을 미치는 사항의 변경이 있는 경우에는 해당 사유가 발생한 날부터 15일 이내에 국토교통부장관에게 그 사실을 알려야 한다.

② 국토교통부장관은 제1항에 따라 통지를 받은 때에는 그 사실을 관보에 고시하여야 한다.

📋 법 제15조의2(운전적성검사기관의 지정취소 및 업무정지)

① 국토교통부장관은 운전적성검사기관이 다음 각 호의 어느 하나에 해당할 때에는 지정을 취소하거나 6개월 이내의 기간을 정하여 업무의 정지를 명할 수 있다. 다만, 제1호 및 제2호에 해당할 때에는 지정을 취소하여야 한다.
1. 거짓이나 그 밖의 부정한 방법으로 지정을 받았을 때
2. 업무정지 명령을 위반하여 그 정지기간 중 운전적성검사 업무를 하였을 때
3. 제15조제5항에 따른 지정기준에 맞지 아니하게 되었을 때
4. 제15조제6항을 위반하여 정당한 사유 없이 운전적성검사 업무를 거부하였을 때
5. 제15조제6항을 위반하여 거짓이나 그 밖의 부정한 방법으로 운전적성검사 판정서를 발급하였을 때

② 제1항에 따른 지정취소 및 업무정지의 세부기준 등에 관하여 필요한 사항은 국토교통부령으로 정한다.

③ 국토교통부장관은 제1항에 따라 지정이 취소된 운전적성검사기관이나 그 기관의 설립·운영자 및 임원이 그 지정이 취소된 날부터 2년이 지나지 아니하고 설립·운영하는 검사기관을 운전적성검사기관으로 지정하여서는 아니 된다.

📄 법 제16조(운전교육훈련)

① 운전면허를 받으려는 사람은 철도차량의 안전한 운행을 위하여 국토교통부장관이 실시하는 운전에 필요한 지식과 능력을 습득할 수 있는 교육훈련(이하 "운전교육훈련"이라 한다)을 받아야 한다.

② 운전교육훈련의 기간, 방법 등에 관하여 필요한 사항은 국토교통부령으로 정한다.

③ 국토교통부장관은 철도차량 운전에 관한 전문 교육훈련기관(이하 "운전교육훈련기관"이라 한다)을 지정하여 운전교육훈련을 실시하게 할 수 있다.

④ 운전교육훈련기관의 지정기준, 지정절차 등에 관하여 필요한 사항은 대통령령으로 정한다.

⑤ 운전교육훈련기관의 지정취소 및 업무정지 등에 관하여는 제15조제6항 및 제15조의2를 준용한다. 이 경우 "운전적성검사기관"은 "운전교육훈련기관"으로, "운전적성검사 업무"는 "운전교육훈련 업무"로, "제15조제5항"은 "제16조제4항"으로, "운전적성검사 판정서"는 "운전교육훈련 수료증"으로 본다.

📄 영 제16조(운전교육훈련기관 지정절차)

① 운전교육훈련기관으로 지정을 받으려는 자는 국토교통부장관에게 지정 신청을 하여야 한다.

② 국토교통부장관은 제1항에 따라 운전교육훈련기관의 지정 신청을 받은 경우에는 제17조에 따른 지정기준을 갖추었는지 여부, 운전교육훈련기관의 운영계획 및 운전업무종사자의 수급 상황 등을 종합적으로 심사한 후 그 지정 여부를 결정하여야 한다.

③ 국토교통부장관은 제2항에 따라 운전교육훈련기관을 지정한 때에는 그 사실을 관보에 고시하여야 한다.

④ 제1항부터 제3항까지의 규정에 따른 운전교육훈련기관의 지정절차에 관한 세부적인 사항은 국토교통부령으로 정한다.

📄 영 제17조(운전교육훈련기관 지정기준)

① 운전교육훈련기관 지정기준은 다음 각 호와 같다.
  1. 운전교육훈련 업무 수행에 필요한 상설 전담조직을 갖출 것
  2. 운전면허의 종류별로 운전교육훈련 업무를 수행할 수 있는 전문인력을 확보할 것
  3. 운전교육훈련 시행에 필요한 사무실 · 교육장과 교육 장비를 갖출 것
  4. 운전교육훈련기관의 운영 등에 관한 업무규정을 갖출 것

② 제1항에 따른 운전교육훈련기관 지정기준에 관한 세부적인 사항은 국토교통부령으로 정한다.

영 제18조(운전교육훈련기관의 변경사항 통지)

① 운전교육훈련기관은 그 명칭 · 대표자 · 소재지나 그 밖에 운전교육훈련 업무의 수행에 중대한 영향을 미치는 사항의 변경이 있는 경우에는 해당 사유가 발생한 날부터 15일 이내에 국토교통부장관에게 그 사실을 알려야 한다.

② 국토교통부장관은 제1항에 따라 통지를 받은 경우에는 그 사실을 관보에 고시하여야 한다.

법 제17조(운전면허시험)

① 운전면허를 받으려는 사람은 국토교통부장관이 실시하는 철도차량 운전면허시험(이하 "운전면허시험"이라 한다)에 합격하여야 한다.

② 운전면허시험은 제11조제1항제2호부터 제5호까지의 결격사유에 해당하지 아니하는 사람으로서 제12조에 따른 신체검사 및 운전적성검사에 합격한 후 운전교육훈련을 받은 사람이 응시할 수 있다.

③ 운전면허시험의 과목, 절차 등에 관하여 필요한 사항은 국토교통부령으로 정한다.

법 제18조(운전면허증의 발급 등)

① 국토교통부장관은 운전면허시험에 합격한 사람이 철도차량 운전면허증(이하 "운전면허증"이라 한다) 발급일을 기준으로 제11조제1항 각 호의 결격사유에 해당하지 아니하는 경우에는 국토교통부령으로 정하는 바에 따라 운전면허증을 발급하여야 한다.

② 제1항에 따라 운전면허증을 발급받은 사람(이하 "운전면허 취득자"라 한다)이 운전면허증을 잃어버렸거나 운전면허증이 헐어서 쓸 수 없게 되었을 때 또는 운전면허증의 기재사항이 변경되었을 때에는 국토교통부령으로 정하는 바에 따라 운전면허증의 재발급이나 기재사항의 변경을 신청할 수 있다.

법 제19조(운전면허의 갱신)

① 운전면허의 유효기간은 10년으로 한다.

② 운전면허 취득자로서 제1항에 따른 유효기간 이후에도 그 운전면허의 효력을 유지하려는 사람은 운전면허의 유효기간 만료 전에 국토교통부령으로 정하는 바에 따라 운전면허의 갱신을 받아야 한다.

③ 국토교통부장관은 제2항 및 제5항에 따라 운전면허의 갱신을 신청한 사람이 다음 각 호의 어느 하나에 해당하는 경우에는 운전면허증을 갱신하여 발급하여야 한다.

  1. 운전면허의 갱신을 신청하는 날 전 10년 이내에 국토교통부령으로 정하는 철도차량의 운전업무에 종사한 경력이 있거나 국토교통부령으로 정하는 바에 따라 이와 같은 수준 이상의 경력이 있다고 인정되는 경우

  2. 국토교통부령으로 정하는 교육훈련을 받은 경우

④ 운전면허 취득자가 제2항에 따른 운전면허의 갱신을 받지 아니하면 그 운전면허의 유효기간이 만료되는 날의 다음 날부터 그 운전면허의 효력이 정지된다.

⑤ 제4항에 따라 운전면허의 효력이 정지된 사람이 6개월의 범위에서 대통령령으로 정하는 기간 내에 운전면허의 갱신을 신청하여 운전면허의 갱신을 받지 아니하면 그 기간이 만료되는 날의 다음 날부터 그 운전면허는 효력을 잃는다.

⑥ 국토교통부장관은 운전면허 취득자에게 그 운전면허의 유효기간이 만료되기 전에 국토교통부령으로 정하는 바에 따라 운전면허의 갱신에 관한 내용을 통지하여야 한다.

⑦ 국토교통부장관은 제5항에 따라 운전면허의 효력이 실효된 사람이 운전면허를 다시 받으려는 경우 대통령령으로 정하는 바에 따라 그 절차의 일부를 면제할 수 있다.

영 제19조(운전면허 갱신 등)

① 법 제19조제4항에 따라 운전면허의 효력이 정지된 사람이 제2항에 따른 기간 내에 운전면허 갱신을 받은 경우 해당 운전면허의 유효기간은 갱신 받기 전 운전면허의 유효기간 만료일 다음 날부터 기산한다.

② 법 제19조제5항에서 "대통령령으로 정하는 기간"이란 6개월을 말한다.

영 제20조(운전면허 취득절차의 일부 면제)

법 제19조제7항에 따라 운전면허의 효력이 실효된 사람이 운전면허가 실효된 날부터 3년 이내에 실효된 운전면허와 동일한 운전면허를 취득하려는 경우에는 다음 각 호의 구분에 따라 운전면허 취득절차의 일부를 면제한다.

1. 법 제19조제3항 각 호에 해당하지 아니하는 경우: 법 제16조에 따른 운전교육훈련 면제
2. 법 제19조제3항 각 호에 해당하는 경우: 법 제16조에 따른 운전교육훈련과 법 제17조에 따른 운전면허시험 중 필기시험 면제

법 제19조의2(운전면허증의 대여 등 금지)

누구든지 운전면허증을 다른 사람에게 빌려주거나 빌리거나 이를 알선하여서는 아니 된다.

법 제20조(운전면허의 취소 · 정지 등)

① 국토교통부장관은 운전면허 취득자가 다음 각 호의 어느 하나에 해당할 때에는 운전면허를 취소하거나 1년 이내의 기간을 정하여 운전면허의 효력을 정지시킬 수 있다. 다만, 제1호부터 제4호까지의 규정에 해당할 때에는 운전면허를 취소하여야 한다.

1. 거짓이나 그 밖의 부정한 방법으로 운전면허를 받았을 때

2. 제11조제1항제2호부터 제4호까지의 규정에 해당하게 되었을 때　제11조 : 결격사유

3. 운전면허의 효력정지기간 중 철도차량을 운전하였을 때

4. 제19조의2를 위반하여 운전면허증을 다른 사람에게 빌려주었을 때

5. 철도차량을 운전 중 고의 또는 중과실로 철도사고를 일으켰을 때

5의2. 제40조의2제1항 또는 제5항을 위반하였을 때　제40조 : 철도종사자 준수사항

6. 제41조제1항을 위반하여 술을 마시거나 약물을 사용한 상태에서 철도차량을 운전하였을 때

7. 제41조제2항을 위반하여 술을 마시거나 약물을 사용한 상태에서 업무를 하였다고 인정할 만한 상당한 이유가 있음에도 불구하고 국토교통부장관 또는 시 · 도지사의 확인 또는 검사를 거부하였을 때

8. 이 법 또는 이 법에 따라 철도의 안전 및 보호와 질서유지를 위하여 한 명령 · 처분을 위반하였을 때

② 국토교통부장관이 제1항에 따라 운전면허의 취소 및 효력정지 처분을 하였을 때에는 국토교통부령으로 정하는 바에 따라 그 내용을 해당 운전면허 취득자와 운전면허 취득자를 고용하고 있는 철도운영자등에게 통지하여야 한다.

③ 제2항에 따른 운전면허의 취소 또는 효력정지 통지를 받은 운전면허 취득자는 그 통지를 받은 날부터 15일 이내에 운전면허증을 국토교통부장관에게 반납하여야 한다.

④ 국토교통부장관은 제3항에 따라 운전면허의 효력이 정지된 사람으로부터 운전면허증을 반납받았을 때에는 보관하였다가 정지기간이 끝나면 즉시 돌려주어야 한다.

⑤ 제1항에 따른 취소 및 효력정지 처분의 세부기준 및 절차는 그 위반의 유형 및 정도에 따라 국토교통부령으로 정한다.

⑥ 국토교통부장관은 국토교통부령으로 정하는 바에 따라 운전면허의 발급, 갱신, 취소 등에 관한 자료를 유지 · 관리하여야 한다.

📄 법 제21조(운전업무 실무수습)

철도차량의 운전업무에 종사하려는 사람은 국토교통부령으로 정하는 바에 따라 실무수습을 이수하여야 한다.

📄 법 제21조의2(무자격자의 운전업무 금지 등)

철도운영자등은 운전면허를 받지 아니하거나(제20조에 따라 운전면허가 취소되거나 그 효력이 정지된 경우를 포함한다) 제21조에 따른 실무수습을 이수하지 아니한 사람을 철도차량의 운전업무에 종사하게 하여서는 아니 된다.

📋 법 제21조의3(관제자격증명)

① 관제업무에 종사하려는 사람은 국토교통부장관으로부터 철도교통관제사 자격증명(이하 "관제자격증명"이라 한다)을 받아야 한다.

② 관제자격증명은 대통령령으로 정하는 바에 따라 관제업무의 종류별로 받아야 한다.

📋 영 제20조의2(관제자격증명의 종류)

법 제21조의3제1항에 따른 철도교통관제사 자격증명(이하 "관제자격증명"이라 한다)은 같은 조 제2항에 따라 다음 각 호의 구분에 따른 관제업무의 종류별로 받아야 한다.

1. 「도시철도법」 제2조제2호에 따른 도시철도 차량에 관한 관제업무: 도시철도 관제자격증명

2. 철도차량에 관한 관제업무(제1호에 따른 도시철도 차량에 관한 관제업무를 포함한다): 철도 관제자격증명

📋 법 제21조의4(관제자격증명의 결격사유)

관제자격증명의 결격사유에 관하여는 제11조를 준용한다. 이 경우 "운전면허"는 "관제자격증명"으로, "철도차량 운전"은 "관제업무"로 본다.

📋 법 제21조의5(관제자격증명의 신체검사)

① 관제자격증명을 받으려는 사람은 관제업무에 적합한 신체상태를 갖추고 있는지 판정받기 위하여 국토교통부장관이 실시하는 신체검사에 합격하여야 한다.

② 제1항에 따른 신체검사의 방법 및 절차 등에 관하여는 제12조 및 제13조를 준용한다. 이 경우 "운전면허"는 "관제자격증명"으로, "철도차량 운전"은 "관제업무"로 본다.

📋 법 제21조의6(관제적성검사)

① 관제자격증명을 받으려는 사람은 관제업무에 적합한 적성을 갖추고 있는지 판정받기 위하여 국토교통부장관이 실시하는 적성검사(이하 "관제적성검사"라 한다)에 합격하여야 한다.

② 관제적성검사의 방법 및 절차 등에 관하여는 제15조제2항 및 제3항을 준용한다. 이 경우 "운전적성검사"는 "관제적성검사"로 본다.

③ 국토교통부장관은 관제적성검사에 관한 전문기관(이하 "관제적성검사기관"이라 한다)을 지정하여 관제적성검사를 하게 할 수 있다.

④ 관제적성검사기관의 지정기준 및 지정절차 등에 필요한 사항은 대통령령으로 정한다.

⑤ 관제적성검사기관의 지정취소 및 업무정지 등에 관하여는 제15조제6항 및 제15조의2를 준용한다. 이 경우 "운전적성검사기관"은 "관제적성검사기관"으로, "운전적성검사"는 "관제적성검사"로, "제15조제5항"은 "제21조의6제4항"으로 본다.

영 제20조의3(관제적성검사기관의 지정절차 등)

법 제21조의6제3항에 따른 관제적성검사에 관한 전문기관(이하 "관제적성검사기관"이라 한다)의 지정절차, 지정기준 및 변경사항 통지에 관하여는 제13조부터 제15조까지의 규정을 준용한다. 이 경우 "운전적성검사기관"은 "관제적성검사기관"으로, "운전업무종사자"는 "관제업무종사자"로, "운전적성검사"는 "관제적성검사"로 본다.

법 제21조의7(관제교육훈련)

① 관제자격증명을 받으려는 사람은 관제업무의 안전한 수행을 위하여 국토교통부장관이 실시하는 관제업무에 필요한 지식과 능력을 습득할 수 있는 교육훈련(이하 "관제교육훈련"이라 한다)을 받아야 한다. 다만, 다음 각 호의 어느 하나에 해당하는 사람에게는 국토교통부령으로 정하는 바에 따라 관제교육훈련의 일부를 면제할 수 있다.
  1.「고등교육법」 제2조에 따른 학교에서 국토교통부령으로 정하는 관제업무 관련 교과목을 이수한 사람
  2. 다음 각 목의 어느 하나에 해당하는 업무에 대하여 5년 이상의 경력을 취득한 사람
    가. 철도차량의 운전업무
    나. 철도신호기 · 선로전환기 · 조작판의 취급업무
  3. 관제자격증명을 받은 후 제21조의3제2항에 따른 다른 종류의 관제자격증명을 받으려는 사람
② 관제교육훈련의 기간 및 방법 등에 필요한 사항은 국토교통부령으로 정한다.
③ 국토교통부장관은 관제업무에 관한 전문 교육훈련기관(이하 "관제교육훈련기관"이라 한다)을 지정하여 관제교육훈련을 실시하게 할 수 있다.
④ 관제교육훈련기관의 지정기준 및 지정절차 등에 필요한 사항은 대통령령으로 정한다.
⑤ 관제교육훈련기관의 지정취소 및 업무정지 등에 관하여는 제15조제6항 및 제15조의2를 준용한다. 이 경우 "운전적성검사기관"은 "관제교육훈련기관"으로, "운전적성검사"는 "관제교육훈련"으로, "제15조제5항"은 "제21조의7제4항"으로, "운전적성검사 판정서"는 "관제교육훈련 수료증"으로 본다.

영 제20조의4 (관제교육훈련기관의 지정절차 등)

법 제21조의7제3항에 따른 관제업무에 관한 전문 교육훈련기관(이하 "관제교육훈련기관"이라 한다)의
지정절차, 지정기준 및 변경사항 통지에 관하여는 제16조부터 제18조까지의 규정을 준용한다. 이 경우
"운전교육훈련기관"은 "관제교육훈련기관"으로, "운전업무종사자"는 "관제업무종사자"로, "운전교육훈련"은
"관제교육훈련"으로 본다.

법 제21조의8 (관제자격증명시험)

① 관제자격증명을 받으려는 사람은 관제업무에 필요한 지식 및 실무역량에 관하여 국토교통부장관이
　 실시하는 학과시험 및 실기시험(이하 "관제자격증명시험"이라 한다)에 합격하여야 한다.

② 관제자격증명시험은 제21조의4에 따라 준용되는 제11조제1항제2호부터 제5호까지의 결격사유에
　 해당하지 아니하는 사람으로서 제21조의5에 따른 신체검사와 관제적성검사에 합격한 후 관제교육훈련을
　 받은 사람이 응시할 수 있다.

③ 국토교통부장관은 다음 각 호의 어느 하나에 해당하는 사람에게는 국토교통부령으로 정하는 바에 따라
　 관제자격증명시험의 일부를 면제할 수 있다.

　 1. 운전면허를 받은 사람

　 2. 삭제

　 3. 관제자격증명을 받은 후 제21조의3제2항에 따른 다른 종류의 관제자격증명에 필요한 시험에
　　　 응시하려는 사람

④ 관제자격증명시험의 과목, 방법 및 절차 등에 필요한 사항은 국토교통부령으로 정한다.

법 제21조의9 (관제자격증명서의 발급 및 관제자격증명의 갱신 등)

관제자격증명서의 발급 및 관제자격증명의 갱신 등에 관하여는 제18조 및 제19조를 준용한다. 이 경우
"운전면허시험"은 "관제자격증명시험"으로, "운전면허"는 "관제자격증명"으로, "운전면허증"은
"관제자격증명서"로, "철도차량의 운전업무"는 "관제업무"로 본다.

영 제20조의5 (관제자격증명 갱신 및 취득절차의 일부 면제)

관제자격증명의 갱신 및 취득절차의 일부 면제에 관하여는 제19조 및 제20조를 준용한다. 이 경우
"운전면허"는 "관제자격증명"으로, "운전교육훈련"은 "관제교육훈련"으로, "운전면허시험 중 필기시험"은
"관제자격증명시험 중 학과시험"으로 본다.

📄 법 제21조의10 (관제자격증명서의 대여 등 금지)

누구든지 관제자격증명서를 다른 사람에게 빌려주거나 빌리거나 이를 알선하여서는 아니 된다.

📄 법 제21조의11 (관제자격증명의 취소 · 정지 등)

① 국토교통부장관은 관제자격증명을 받은 사람이 다음 각 호의 어느 하나에 해당할 때에는 관제자격증명을
취소하거나 1년 이내의 기간을 정하여 관제자격증명의 효력을 정지시킬 수 있다. 다만, 제1호부터
제4호까지의 어느 하나에 해당할 때에는 관제자격증명을 취소하여야 한다.
  1. 거짓이나 그 밖의 부정한 방법으로 관제자격증명을 취득하였을 때
  2. 제21조의4에서 준용하는 제11조제1항제2호부터 제4호까지의 어느 하나에 해당하게 되었을 때
     제21조의4 : 관제자격증명의 결격사유
  3. 관제자격증명의 효력정지 기간 중에 관제업무를 수행하였을 때
  4. 제21조의10을 위반하여 관제자격증명서를 다른 사람에게 빌려주었을 때
  5. 관제업무 수행 중 고의 또는 중과실로 철도사고의 원인을 제공하였을 때
  6. 제40조의2제2항을 위반하였을 때   제40조의2 : 관제업무종사자의 준수사항
  7. 제41조제1항을 위반하여 술을 마시거나 약물을 사용한 상태에서 관제업무를 수행하였을 때
  8. 제41조제2항을 위반하여 술을 마시거나 약물을 사용한 상태에서 관제업무를 하였다고 인정할 만한
     상당한 이유가 있음에도 불구하고 국토교통부장관 또는 시 · 도지사의 확인 또는 검사를 거부하였을 때
② 제1항에 따른 관제자격증명의 취소 또는 효력정지의 기준 및 절차 등에 관하여는 제20조제2항부터
제6항까지를 준용한다. 이 경우 "운전면허"는 "관제자격증명"으로, "운전면허증"은 "관제자격증명서"로
본다.

📄 법 제22조 (관제업무 실무수습)

관제업무에 종사하려는 사람은 국토교통부령으로 정하는 바에 따라 실무수습을 이수하여야 한다.

📄 법 제22조의2 (무자격자의 관제업무 금지 등)

철도운영자등은 관제자격증명을 받지 아니하거나(제21조의11에 따라 관제자격증명이 취소되거나 그 효력이
정지된 경우를 포함한다) 제22조에 따른 실무수습을 이수하지 아니한 사람을 관제업무에 종사하게 하여서는
아니 된다.

① 철도차량 운전·관제업무 등 대통령령으로 정하는 업무에 종사하는 철도종사자는 정기적으로 신체검사와
　적성검사를 받아야 한다.

② 제1항에 따른 신체검사·적성검사의 시기, 방법 및 합격기준 등에 관하여 필요한 사항은
　국토교통부령으로 정한다.

③ 철도운영자등은 제1항에 따른 업무에 종사하는 철도종사자가 같은 항에 따른 신체검사·적성검사에
　불합격하였을 때에는 그 업무에 종사하게 하여서는 아니 된다.

④ 제1항에 따른 업무에 종사하는 철도종사자로서 적성검사에 불합격한 사람 또는 적성검사 과정에서
　부정행위를 한 사람은 제15조제2항 각 호의 구분에 따른 기간 동안 적성검사를 받을 수 없다.

⑤ 철도운영자등은 제1항에 따른 신체검사와 적성검사를 제13조에 따른 신체검사 실시 의료기관 및
　운전적성검사기관·관제적성검사기관에 각각 위탁할 수 있다.

📋 **영 제21조(신체검사 등을 받아야 하는 철도종사자)**

법 제23조제1항에서 "대통령령으로 정하는 업무에 종사하는 철도종사자"란 다음 각 호의 어느 하나에
해당하는 철도종사자를 말한다.

암기 : 운전관제신선조

1. 운전업무종사자
2. 관제업무종사자
3. 정거장에서 철도신호기·선로전환기 및 조작판 등을 취급하는 업무를 수행하는 사람

📋 **법 제24조(철도종사자에 대한 안전 및 직무교육)**

① 철도운영자등 또는 철도운영자등과의 계약에 따라 철도운영이나 철도시설 등의 업무에 종사하는
　사업주(이하 이 조에서 "사업주"라 한다)는 자신이 고용하고 있는 철도종사자에 대하여 정기적으로
　철도안전에 관한 교육을 실시하여야 한다.

② 철도운영자등은 자신이 고용하고 있는 철도종사자가 적정한 직무수행을 할 수 있도록 정기적으로
　직무교육을 실시하여야 한다.

③ 철도운영자등은 제1항에 따른 사업주의 안전교육 실시 여부를 확인하여야 하고, 확인 결과 사업주가
　안전교육을 실시하지 아니한 경우 안전교육을 실시하도록 조치하여야 한다.

④ 제1항 및 제2항에 따라 철도운영자등 및 사업주가 실시하여야 하는 교육의 대상, 내용 및 그 밖에 필요한
　사항은 국토교통부령으로 정한다.

📄 법 제24조의2(철도차량정비기술자의 인정 등)

① 철도차량정비기술자로 인정을 받으려는 사람은 국토교통부장관에게 자격 인정을 신청하여야 한다.

② 국토교통부장관은 제1항에 따른 신청인이 대통령령으로 정하는 자격, 경력 및 학력 등 철도차량정비기술자의 인정 기준에 해당하는 경우에는 철도차량정비기술자로 인정하여야 한다.

③ 국토교통부장관은 제1항에 따른 신청인을 철도차량정비기술자로 인정하면 철도차량정비기술자로서의 등급 및 경력 등에 관한 증명서(이하 "철도차량정비경력증"이라 한다)를 그 철도차량정비기술자에게 발급하여야 한다.

④ 제1항부터 제3항까지의 규정에 따른 인정의 신청, 철도차량정비경력증의 발급 및 관리 등에 필요한 사항은 국토교통부령으로 정한다.

📄 영 제21조의2(철도차량정비기술자의 인정 기준)

법 제24조의2제2항에 따른 철도차량정비기술자의 인정 기준은 별표 1의3과 같다.

철도안전법 시행령 [별표 1의3]
철도차량정비기술자의 인정 기준(제21조의2 관련) 

1. 철도차량정비기술자는 자격, 경력 및 학력에 따라 등급별로 구분하여 인정하되, 등급별 세부기준은 다음 표와 같다.

등급구분	역량지수
1등급 철도차량정비기술자	80점 이상
2등급 철도차량정비기술자	60점 이상 80점 미만
3등급 철도차량정비기술자	40점 이상 60점 미만
4등급 철도차량정비기술자	10점 이상 40점 미만

2. 제1호에 따른 역량지수의 계산식은 다음과 같다.

$$역량지수 = 자격별\ 경력점수 + 학력점수$$

가. 자격별 경력점수

국가기술자격 구분	점수
기술사 및 기능장	10점/년
기사	8점/년
산업기사	7점/년
기능사	6점/년
국가기술자격증이 없는 경우	3점/년

1) 철도차량정비기술자의 자격별 경력에 포함되는 「국가기술자격법」에 따른 국가기술자격의 종목은 국토교통부장관이 정하여 고시한다. 이 경우 둘 이상의 다른 종목 국가기술자격을 보유한 사람의 경우 그 중 점수가 높은 종목의 경력점수만 인정한다.

2) 경력점수는 다음 업무를 수행한 기간에 따른 점수의 합을 말하며, 마) 및 바)의 경력의 경우 100분의 50을 인정한다.

　　가) 철도차량의 부품·기기·장치 등의 마모·손상, 변화 상태 및 기능을 확인하는 등 철도차량 점검 및 검사에 관한 업무

　　나) 철도차량의 부품·기기·장치 등의 수리, 교체, 개량 및 개조 등 철도차량 정비 및 유지관리에 관한 업무

　　다) 철도차량 정비 및 유지관리 등에 관한 계획수립 및 관리 등에 관한 행정 업무

　　라) 철도차량의 안전에 관한 계획수립 및 관리, 철도차량의 점검·검사, 철도 차량에 대한 설계·기술검토·규격관리 등에 관한 행정업무

　　마) 철도차량 부품의 개발 등 철도차량 관련 연구 업무 및 철도관련 학과 등에서의 강의 업무

　　바) 그 밖에 기계설비·장치 등의 정비와 관련된 업무

3) 2)를 적용할 때 다음의 어느 하나에 해당하는 경력은 제외한다.

　　가) 18세 미만인 기간의 경력(국가기술자격을 취득한 이후의 경력은 제외한다)

　　나) 주간학교 재학 중의 경력(「직업교육훈련 촉진법」 제9조에 따른 현장실습계약에 따라 산업체에 근무한 경력은 제외한다)

　　다) 이중취업으로 확인된 기간의 경력

　　라) 철도차량정비업무 외의 경력으로 확인된 기간의 경력

4) 경력점수는 월 단위까지 계산한다. 이 경우 월 단위의 기간으로 산입되지 않는 일수의 합이 30일 이상인 경우 1개월로 본다.

학력 구분	점수	
	철도차량정비 관련 학과	철도차량정비 관련 학과 외의 학과
석사 이상	25점	10점
학사	20점	9점
전문학사(3년제)	15점	8점
전문학사(2년제)	10점	7점
고등학교 졸업	5점	

1) "철도차량정비 관련 학과"란 철도차량 유지보수와 관련된 학과 및 기계·전기·전자·통신 관련 학과를 말한다. 다만, 대상이 되는 학력점수가 둘 이상 인 경우 그 중 점수가 높은 학력점수에 따른다.

2) 철도차량정비 관련 학과의 학위 취득자 및 졸업자의 학력 인정 범위는 다음과 같다.

　　가) 석사 이상

　　　　(1) 「고등교육법」에 따른 학교에서 철도차량정비 관련 학과의 석사 또는 박사 학위과정을 이수하고 졸업한 사람

　　　　(2) 그 밖에 관계 법령에 따라 국내 또는 외국에서 (1)과 같은 수준 이상의 학력이 있다고 인정되는 사람

　　나) 학사

　　　　(1) 「고등교육법」에 따른 학교에서 철도차량정비 관련 학과의 학사 학위과정을 이수하고 졸업한 사람

　　　　(2) 그 밖에 관계 법령에 따라 국내 또는 외국에서 (1)과 같은 수준의 학력이 있다고 인정되는 사람

　　다) 전문학사(3년제)

　　　　(1) 「고등교육법」에 따른 학교에서 철도차량정비 관련 학과의 전문학사 학위과정을 이수하고 졸업한 사람(철도차량정비 관련 학과의 학위과정 3년 을 이수한 사람을 포함한다)

　　　　(2) 그 밖의 관계 법령에 따라 국내 또는 외국에서 (1)과 같은 수준의 학력이 있다고 인정되는 사람

라) 전문학사(2년제)

  (1) 「고등교육법」에 따른 4년제 대학, 2년제 대학 또는 전문대학에서 2년이상 철도차량정비 관련 학과의 교육과정을 이수한 사람

  (2) 그 밖에 관계 법령에 따라 국내 또는 외국에서 (1)과 같은 수준의 학력이 있다고 인정되는 사람

마) 고등학교 졸업

  (1) 「초ㆍ중등교육법」에 따른 해당 학교에서 철도차량정비 관련 학과의 고등학교 과정을 이수하고 졸업한 사람

  (2) 그 밖에 관계 법령에 따라 국내 또는 외국에서 (1)과 같은 수준의 학력이 있다고 인정되는 사람

3) 철도차량정비 관련 학과 외의 학위 취득자 및 졸업자의 학력 인정 범위는 다음과 같다.

가) 석사 이상

  (1) 「고등교육법」에 따른 학교에서 석사 또는 박사 학위과정을 이수하고 졸업한 사람

  (2) 그 밖에 관계 법령에 따라 국내 또는 외국에서 (1)과 같은 수준 이상의 학력이 있다고 인정되는 사람

나) 학사

  (1) 「고등교육법」에 따른 학교에서 학사 학위과정을 이수하고 졸업한 사람

  (2) 그 밖에 관계 법령에 따라 국내 또는 외국에서 (1)과 같은 수준의 학력 이 있다고 인정되는 사람

다) 전문학사(3년제)

  (1) 「고등교육법」에 따른 학교에서 전문학사 학위과정을 이수하고 졸업한 사람(전문학사 학위과정 3년을 이수한 사람을 포함한다)

  (2) 그 밖의 관계 법령에 따라 국내 또는 외국에서 (1)과 같은 수준의 학력 이 있다고 인정되는 사람

라) 전문학사(2년제)

  (1) 「고등교육법」에 따른 4년제 대학, 2년제 대학 또는 전문대학에서 2년 이상 교육과정을 이수한 사람

  (2) 그 밖에 관계 법령에 따라 국내 또는 외국에서 (1)과 같은 수준의 학력 이 있다고 인정되는 사람

마) 고등학교 졸업

  (1) 「초ㆍ중등교육법」에 따른 해당 학교에서 고등학교 과정을 이수하고 졸업한 사람

  (2) 그 밖에 관계 법령에 따라 국내 또는 외국에서 (1)과 같은 수준의 학력이 있다고 인정되는 사람

법 제24조의3(철도차량정비기술자의 명의 대여금지 등)

① 철도차량정비기술자는 자기의 성명을 사용하여 다른 사람에게 철도차량정비 업무를 수행하게 하거나 철도차량정비경력증을 빌려 주어서는 아니 된다.

② 누구든지 다른 사람의 성명을 사용하여 철도차량정비 업무를 수행하거나 다른 사람의 철도차량정비경력증을 빌려서는 아니 된다.

③ 누구든지 제1항이나 제2항에서 금지된 행위를 알선해서는 아니 된다.

① 철도차량정비기술자는 업무 수행에 필요한 소양과 지식을 습득하기 위하여 대통령령으로 정하는 바에 따라 국토교통부장관이 실시하는 교육·훈련(이하 "정비교육훈련"이라 한다)을 받아야 한다.

② 국토교통부장관은 철도차량정비기술자를 육성하기 위하여 철도차량정비 기술에 관한 전문 교육훈련기관(이하 "정비교육훈련기관"이라 한다)을 지정하여 정비교육훈련을 실시하게 할 수 있다.

③ 정비교육훈련기관의 지정기준 및 절차 등에 필요한 사항은 대통령령으로 정한다.

④ 정비교육훈련기관은 정당한 사유 없이 정비교육훈련 업무를 거부하여서는 아니 되고, 거짓이나 그 밖의 부정한 방법으로 정비교육훈련 수료증을 발급하여서는 아니 된다.

⑤ 정비교육훈련기관의 지정취소 및 업무정지 등에 관하여는 제15조의2를 준용한다. 이 경우 "운전적성검사기관"은 "정비교육훈련기관"으로, "운전적성검사 업무"는 "정비교육훈련 업무"로, "제15조제5항"은 "제24조의4제3항"으로, "제15조제6항"은 "제24조의4제4항"으로, "운전적성검사 판정서"는 "정비교육훈련 수료증"으로 본다.

영 제21조의3(정비교육훈련 실시기준)

① 법 제24조의4제1항에 따른 정비교육훈련(이하 "정비교육훈련"이라 한다)의 실시기준은 다음 각 호와 같다.
  1. 교육내용 및 교육방법: 철도차량정비에 관한 법령, 기술기준 및 정비기술 등 실무에 관한 이론 및 실습 교육
  2. 교육시간: 철도차량정비업무의 수행기간 5년마다 35시간 이상
② 제1항에서 정한 사항 외에 정비교육훈련에 필요한 구체적인 사항은 국토교통부령으로 정한다.

영 제21조의4(정비교육훈련기관 지정기준 및 절차)

① 법 제24조의4제2항에 따른 정비교육훈련기관(이하 "정비교육훈련기관"이라 한다)의 지정기준은 다음 각 호와 같다.
  1. 정비교육훈련 업무 수행에 필요한 상설 전담조직을 갖출 것
  2. 정비교육훈련 업무를 수행할 수 있는 전문인력을 확보할 것
  3. 정비교육훈련에 필요한 사무실, 교육장 및 교육 장비를 갖출 것
  4. 정비교육훈련기관의 운영 등에 관한 업무규정을 갖출 것
② 정비교육훈련기관으로 지정을 받으려는 자는 제1항에 따른 지정기준을 갖추어 국토교통부장관에게 정비교육훈련기관 지정 신청을 해야 한다.
③ 국토교통부장관은 제2항에 따라 정비교육훈련기관 지정 신청을 받으면 제1항에 따른 지정기준을 갖추었는지 여부 및 철도차량정비기술자의 수급 상황 등을 종합적으로 심사한 후 그 지정 여부를 결정해야 한다.

④ 국토교통부장관은 정비교육훈련기관을 지정한 때에는 다음 각 호의 사항을 관보에 고시해야 한다.

1. 정비교육훈련기관의 명칭 및 소재지

2. 대표자의 성명

3. 그 밖에 정비교육훈련에 중요한 영향을 미친다고 국토교통부장관이 인정하는 사항

⑤ 제1항부터 제4항까지에서 규정한 사항 외에 정비교육훈련기관의 지정기준 및 절차 등에 관한 세부적인 사항은 국토교통부령으로 정한다.

영 제21조의5(정비교육훈련기관의 변경사항 통지 등)

① 정비교육훈련기관은 제21조의4제4항 각 호의 사항이 변경된 때에는 그 사유가 발생한 날부터 15일 이내에 국토교통부장관에게 그 내용을 통지해야 한다.

② 국토교통부장관은 제1항에 따른 통지를 받은 때에는 그 내용을 관보에 고시해야 한다.

법 제24조의5(철도차량정비기술자의 인정취소 등)

① 국토교통부장관은 철도차량정비기술자가 다음 각 호의 어느 하나에 해당하는 경우 그 인정을 취소하여야 한다.

1. 거짓이나 그 밖의 부정한 방법으로 철도차량정비기술자로 인정받은 경우

2. 제24조의2제2항에 따른 자격기준에 해당하지 아니하게 된 경우

3. 철도차량정비 업무 수행 중 고의로 철도사고의 원인을 제공한 경우

② 국토교통부장관은 철도차량정비기술자가 다음 각 호의 어느 하나에 해당하는 경우 1년의 범위에서 철도차량정비기술자의 인정을 정지시킬 수 있다.

1. 다른 사람에게 철도차량정비경력증을 빌려 준 경우

2. 철도차량정비 업무 수행 중 중과실로 철도사고의 원인을 제공한 경우

철도차량 운행안전 및 철도 보호

법 제39조(철도차량의 운행)

열차의 편성, 철도차량 운전 및 신호방식 등 철도차량의 안전운행에 필요한 사항은 국토교통부령으로 정한다.

법 제39조의2(철도교통관제)

① 철도차량을 운행하는 자는 국토교통부장관이 지시하는 이동·출발·정지 등의 명령과 운행 기준·방법·절차 및 순서 등에 따라야 한다.

② 국토교통부장관은 철도차량의 안전하고 효율적인 운행을 위하여 철도시설의 운용상태 등 철도차량의 운행과 관련된 조언과 정보를 철도종사자 또는 철도운영자등에게 제공할 수 있다.

③ 국토교통부장관은 철도차량의 안전한 운행을 위하여 철도시설 내에서 사람, 자동차 및 철도차량의 운행제한 등 필요한 안전조치를 취할 수 있다.

④ 제1항부터 제3항까지의 규정에 따라 국토교통부장관이 행하는 업무의 대상, 내용 및 절차 등에 관하여 필요한 사항은 국토교통부령으로 정한다.

법 제39조의3(영상기록장치의 설치·운영 등)

① 철도운영자등은 철도차량의 운행상황 기록, 교통사고 상황 파악, 안전사고 방지, 범죄 예방 등을 위하여 다음 각 호의 철도차량 또는 철도시설에 영상기록장치를 설치·운영하여야 한다. 이 경우 영상기록장치의 설치 기준, 방법 등은 대통령령으로 정한다.

1. 철도차량 중 대통령령으로 정하는 동력차 및 객차
2. 승강장 등 대통령령으로 정하는 안전사고의 우려가 있는 역 구내
3. 대통령령으로 정하는 차량정비기지
4. 변전소 등 대통령령으로 정하는 안전확보가 필요한 철도시설
5. 「건널목 개량촉진법」 제2조제3호에 따른 건널목으로서 대통령령으로 정하는 안전확보가 필요한 건널목

② 철도운영자등은 제1항에 따라 영상기록장치를 설치하는 경우 운전업무종사자, 여객 등이 쉽게 인식할 수 있도록 대통령령으로 정하는 바에 따라 안내판 설치 등 필요한 조치를 하여야 한다.

③ 철도운영자등은 설치 목적과 다른 목적으로 영상기록장치를 임의로 조작하거나 다른 곳을 비추어서는
아니 되며, 운행기간 외에는 영상기록(음성기록을 포함한다. 이하 같다)을 하여서는 아니 된다.
④ 철도운영자등은 다음 각 호의 어느 하나에 해당하는 경우 외에는 영상기록을 이용하거나 다른 자에게
제공하여서는 아니 된다.
　1. 교통사고 상황 파악을 위하여 필요한 경우
　2. 범죄의 수사와 공소의 제기 및 유지에 필요한 경우
　3. 법원의 재판업무수행을 위하여 필요한 경우
⑤ 철도운영자등은 영상기록장치에 기록된 영상이 분실ㆍ도난ㆍ유출ㆍ변조 또는 훼손되지 아니하도록
대통령령으로 정하는 바에 따라 영상기록장치의 운영ㆍ관리 지침을 마련하여야 한다.
⑥ 영상기록장치의 설치ㆍ관리 및 영상기록의 이용ㆍ제공 등은 「개인정보 보호법」에 따라야 한다.
⑦ 제4항에 따른 영상기록의 제공과 그 밖에 영상기록의 보관 기준 및 보관 기간 등에 필요한 사항은
국토교통부령으로 정한다.

📑 영 제30조(영상기록장치 설치대상)

① 법 제39조의3제1항제1호에서 "대통령령으로 정하는 동력차 및 객차"란 다음 각 호의 동력차 및 객차를
말한다.
　1. 열차의 맨 앞에 위치한 동력차로서 운전실 또는 운전설비가 있는 동력차
　2. 승객 설비를 갖추고 여객을 수송하는 객차
② 법 제39조의3제1항제2호에서 "승강장 등 대통령령으로 정하는 안전사고의 우려가 있는 역 구내"란
승강장, 대합실 및 승강설비를 말한다.
③ 법 제39조의3제1항제3호에서 "대통령령으로 정하는 차량정비기지"란 다음 각 호의 차량정비기지를
말한다.
　1. 「철도사업법」 제4조의2제1호에 따른 고속철도차량을 정비하는 차량정비기지
　2. 철도차량을 중정비(철도차량을 완전히 분해하여 검수ㆍ교환하거나 탈선ㆍ화재 등으로 중대하게 훼손된
　　철도차량을 정비하는 것을 말한다)하는 차량정비기지
　3. 대지면적이 3천제곱미터 이상인 차량정비기지
④ 법 제39조의3제1항제4호에서 "변전소 등 대통령령으로 정하는 안전확보가 필요한 철도시설"이란 다음 각
호의 철도시설을 말한다.
　1. 변전소(구분소를 포함한다), 무인기능실(전철전력설비, 정보통신설비, 신호 또는 열차 제어설비 운영과
　　관련된 경우만 해당한다)
　2. 노선이 분기되는 구간에 설치된 분기기(선로전환기를 포함한다), 역과 역 사이에 설치된 건넘선
　3. 「통합방위법」 제21조제4항에 따라 국가중요시설로 지정된 교량 및 터널
　4. 「철도의 건설 및 철도시설 유지관리에 관한 법률」 제2조제2호에 따른 고속철도에 설치된 길이
　　1킬로미터 이상의 터널

⑤ 법 제39조의3제1항제5호에서 "대통령령으로 정하는 안전확보가 필요한 건널목"이란 「건널목 개량촉진법」 제4조제1항에 따라 개량건널목으로 지정된 건널목(같은 법 제6조에 따라 입체교차화 또는 구조 개량된 건널목은 제외한다)을 말한다.

영 제30조의2(영상기록장치의 설치 기준 및 방법)

법 제39조의3제1항에 따른 영상기록장치의 설치 기준 및 방법은 별표 4의4와 같다.

영 제31조(영상기록장치 설치 안내)

철도운영자등은 법 제39조의3제2항에 따라 운전업무종사자 및 여객 등 「개인정보 보호법」 제2조제3호에 따른 정보주체가 쉽게 인식할 수 있는 운전실 및 객차 출입문 등에 다음 각 호의 사항이 표시된 안내판을 설치해야 한다.

1. 영상기록장치의 설치 목적
2. 영상기록장치의 설치 위치, 촬영 범위 및 촬영 시간
3. 영상기록장치 관리 책임 부서, 관리책임자의 성명 및 연락처
4. 그 밖에 철도운영자등이 필요하다고 인정하는 사항

영 제32조(영상기록장치의 운영 · 관리 지침)

철도운영자등은 법 제39조의3제5항에 따라 영상기록장치에 기록된 영상이 분실 · 도난 · 유출 · 변조 또는 훼손되지 않도록 다음 각 호의 사항이 포함된 영상기록장치 운영 · 관리 지침을 마련해야 한다.

1. 영상기록장치의 설치 근거 및 설치 목적
2. 영상기록장치의 설치 대수, 설치 위치 및 촬영 범위
3. 관리책임자, 담당 부서 및 영상기록에 대한 접근 권한이 있는 사람
4. 영상기록의 촬영 시간, 보관기간, 보관장소 및 처리방법
5. 철도운영자등의 영상기록 확인 방법 및 장소
6. 정보주체의 영상기록 열람 등 요구에 대한 조치
7. 영상기록에 대한 접근 통제 및 접근 권한의 제한 조치
8. 영상기록을 안전하게 저장 · 전송할 수 있는 암호화 기술의 적용 또는 이에 상응하는 조치
9. 영상기록 침해사고 발생에 대응하기 위한 접속기록의 보관 및 위조 · 변조 방지를 위한 조치
10. 영상기록에 대한 보안프로그램의 설치 및 갱신
11. 영상기록의 안전한 보관을 위한 보관시설의 마련 또는 잠금장치의 설치 등 물리적 조치
12. 그 밖에 영상기록장치의 설치 · 운영 및 관리에 필요한 사항

📑 **영 제33조** 삭제

📑 **영 제34조** 삭제

📑 **영 제35조** 삭제

📑 **영 제36조** 삭제

📑 **영 제37조** 삭제

📑 **영 제38조** 삭제

📑 **영 제39조** 삭제

📑 **영 제40조** 삭제

📑 **영 제41조** 삭제

📑 **영 제42조** 삭제

📑 **영 제43조** 삭제

📑 법 제40조(열차운행의 일시 중지)

① 철도운영자는 다음 각 호의 어느 하나에 해당하는 경우로서 열차의 안전운행에 지장이 있다고 인정하는 경우에는 열차운행을 일시 중지할 수 있다.
  1. 지진, 태풍, 폭우, 폭설 등 천재지변 또는 악천후로 인하여 재해가 발생하였거나 재해가 발생할 것으로 예상되는 경우
  2. 그 밖에 열차운행에 중대한 장애가 발생하였거나 발생할 것으로 예상되는 경우
② 철도종사자는 철도사고 및 운행장애의 징후가 발견되거나 발생 위험이 높다고 판단되는 경우에는 관제업무종사자에게 열차운행을 일시 중지할 것을 요청할 수 있다. 이 경우 요청을 받은 관제업무종사자는 특별한 사유가 없으면 즉시 열차운행을 중지하여야 한다.
③ 철도종사자는 제2항에 따른 열차운행의 중지 요청과 관련하여 고의 또는 중대한 과실이 없는 경우에는 민사상 책임을 지지 아니한다.
④ 누구든지 제2항에 따라 열차운행의 중지를 요청한 철도종사자에게 이를 이유로 불이익한 조치를 하여서는 아니 된다.

📄 법 제40조의2(철도종사자의 준수사항)

① 운전업무종사자는 철도차량의 운전업무 수행 중 다음 각 호의 사항을 준수하여야 한다.

    1. 철도차량 출발 전 국토교통부령으로 정하는 조치 사항을 이행할 것

    2. 국토교통부령으로 정하는 철도차량 운행에 관한 안전 수칙을 준수할 것

② 관제업무종사자는 관제업무 수행 중 다음 각 호의 사항을 준수하여야 한다.

    1. 국토교통부령으로 정하는 바에 따라 운전업무종사자 등에게 열차 운행에 관한 정보를 제공할 것

    2. 철도사고, 철도준사고 및 운행장애(이하 "철도사고등"이라 한다) 발생 시 국토교통부령으로 정하는 조치 사항을 이행할 것

③ 작업책임자는 철도차량의 운행선로 또는 그 인근에서 철도시설의 건설 또는 관리와 관련된 작업 수행 중 다음 각 호의 사항을 준수하여야 한다.

    1. 국토교통부령으로 정하는 바에 따라 작업 수행 전에 작업원을 대상으로 안전교육을 실시할 것

    2. 국토교통부령으로 정하는 작업안전에 관한 조치 사항을 이행할 것

④ 철도운행안전관리자는 철도차량의 운행선로 또는 그 인근에서 철도시설의 건설 또는 관리와 관련된 작업 수행 중 다음 각 호의 사항을 준수하여야 한다.

    1. 작업일정 및 열차의 운행일정을 작업수행 전에 조정할 것

    2. 제1호의 작업일정 및 열차의 운행일정을 작업과 관련하여 관할 역의 관리책임자(정거장에서 철도신호기·선로전환기 또는 조작판 등을 취급하는 사람을 포함한다. 이하 이 조에서 같다) 및 관제업무종사자와 협의하여 조정할 것

    3. 국토교통부령으로 정하는 열차운행 및 작업안전에 관한 조치 사항을 이행할 것

⑤ 철도사고등이 발생하는 경우 해당 철도차량의 운전업무종사자와 여객승무원은 철도사고등의 현장을 이탈하여서는 아니 되며, 철도차량 내 안전 및 질서유지를 위하여 승객 구호조치 등 국토교통부령으로 정하는 후속조치를 이행하여야 한다. 다만, 의료기관으로의 이송이 필요한 경우 등 국토교통부령으로 정하는 경우에는 그러하지 아니하다.

⑥ 철도운행안전관리자와 관할 역의 관리책임자 및 관제업무종사자는 제4항제2호에 따른 협의를 거친 경우에는 그 협의 내용을 국토교통부령으로 정하는 바에 따라 작성·보관하여야 한다.

📄 법 제40조의3(철도종사자의 흡연 금지)

철도종사자(제21조에 따른 운전업무 실무수습을 하는 사람을 포함한다)는 업무에 종사하는 동안에는 열차 내에서 흡연을 하여서는 아니 된다.

📄 법 제41조(철도종사자의 음주 제한 등)

① 다음 각 호의 어느 하나에 해당하는 철도종사자(실무수습 중인 사람을 포함한다)는 술(「주세법」 제3조제1호에 따른 주류를 말한다. 이하 같다)을 마시거나 약물을 사용한 상태에서 업무를 하여서는 아니 된다.

　1. 운전업무종사자

　2. 관제업무종사자

　3. 여객승무원

　4. 작업책임자

　5. 철도운행안전관리자

　6. 정거장에서 철도신호기 · 선로전환기 및 조작판 등을 취급하거나 열차의 조성(組成: 철도차량을
　　 연결하거나 분리하는 작업을 말한다)업무를 수행하는 사람

　7. 철도차량 및 철도시설의 점검 · 정비 업무에 종사하는 사람

② 국토교통부장관 또는 시 · 도지사(「도시철도법」 제3조제2호에 따른 도시철도 및 같은 법 제24조에 따라
　 지방자치단체로부터 도시철도의 건설과 운영의 위탁을 받은 법인이 건설 · 운영하는 도시철도만 해당한다.
　 이하 이 조, 제42조, 제45조, 제46조 및 제82조제6항에서 같다)는 철도안전과 위험방지를 위하여
　 필요하다고 인정하거나 제1항에 따른 철도종사자가 술을 마시거나 약물을 사용한 상태에서 업무를
　 하였다고 인정할 만한 상당한 이유가 있을 때에는 철도종사자에 대하여 술을 마셨거나 약물을
　 사용하였는지 확인 또는 검사할 수 있다. 이 경우 그 철도종사자는 국토교통부장관 또는 시 · 도지사의
　 확인 또는 검사를 거부하여서는 아니 된다.

③ 제2항에 따른 확인 또는 검사 결과 철도종사자가 술을 마시거나 약물을 사용하였다고 판단하는 기준은
　 다음 각 호의 구분과 같다.

　1. 술: 혈중 알코올농도가 0.02퍼센트(제1항제4호부터 제6호까지의 철도종사자는 0.03퍼센트) 이상인 경우

> 4. 작업책임자 5. 철도운행안전관리자
> 6. 정거장에서 철도신호기 · 선로전환기 및 조작판 등을 취급하거나 열차의 조성업무를 수행하는 사람)

　2. 약물: 양성으로 판정된 경우

④ 제2항에 따른 확인 또는 검사의 방법 · 절차 등에 관하여 필요한 사항은 대통령령으로 정한다.

📄 영 제43조의2(철도종사자의 음주 등에 대한 확인 또는 검사)

① 삭제

② 법 제41조제2항에 따른 술을 마셨는지에 대한 확인 또는 검사는 호흡측정기 검사의 방법으로 실시하고,
　 검사 결과에 불복하는 사람에 대해서는 그 철도종사자의 동의를 받아 혈액 채취 등의 방법으로 다시
　 측정할 수 있다.

③ 법 제41조제2항에 따른 약물을 사용하였는지에 대한 확인 또는 검사는 소변 검사 또는 모발 채취 등의
　 방법으로 실시한다.

④ 제2항 및 제3항에 따른 확인 또는 검사의 세부절차와 방법 등 필요한 사항은 국토교통부장관이 정한다.

📄 법 제42조(위해물품의 휴대 금지)

① 누구든지 무기, 화약류, 허가물질, 제한물질, 금지물질, 유해화학물질 또는 인화성이 높은 물질 등
공중(公衆)이나 여객에게 위해를 끼치거나 끼칠 우려가 있는 물건 또는 물질(이하 "위해물품"이라 한다)을
열차에서 휴대하거나 적재(積載)할 수 없다. 다만, 국토교통부장관 또는 시 · 도지사의 허가를 받은 경우
또는 국토교통부령으로 정하는 특정한 직무를 수행하기 위한 경우에는 그러하지 아니하다.
② 위해물품의 종류, 휴대 또는 적재 허가를 받은 경우의 안전조치 등에 관하여 필요한 세부사항은
국토교통부령으로 정한다.

📄 법 제43조(위험물의 운송위탁 및 운송 금지)

누구든지 점화류(點火類) 또는 점폭약류(點爆藥類)를 붙인 폭약, 니트로글리세린, 건조한 기폭약(起爆藥),
뇌홍질화연(雷汞窒化鉛)에 속하는 것 등 대통령령으로 정하는 위험물의 운송을 위탁할 수 없으며,
철도운영자는 이를 철도로 운송할 수 없다.

📘 영 제44조(운송위탁 및 운송 금지 위험물 등)

법 제43조에서 "점화류(點火類) 또는 점폭약류(點爆藥類)를 붙인 폭약, 니트로글리세린, 건조한
기폭약(起爆藥), 뇌홍질화연(雷汞窒化鉛)에 속하는 것 등 대통령령으로 정하는 위험물"이란 다음 각 호의
위험물을 말한다.

1. 점화 또는 점폭약류를 붙인 폭약
2. 니트로글리세린
3. 건조한 기폭약
4. 뇌홍질화연에 속하는 것
5. 그 밖에 사람에게 위해를 주거나 물건에 손상을 줄 수 있는 물질로서 국토교통부장관이 정하여 고시하는
   위험물

📄 법 제44조(위험물의 운송 등)

① 대통령령으로 정하는 위험물(이하 "위험물"이라 한다)의 운송을 위탁하여 철도로 운송하려는 자와 이를
운송하는 철도운영자(이하 "위험물취급자"라 한다)는 국토교통부령으로 정하는 바에 따라 철도운행상의
위험 방지 및 인명(人命) 보호를 위하여 위험물을 안전하게 포장 · 적재 · 관리 · 운송(이하
"위험물취급"이라 한다)하여야 한다.
② 위험물의 운송을 위탁하여 철도로 운송하려는 자는 위험물을 안전하게 운송하기 위하여 철도운영자의
안전조치 등에 따라야 한다.

📄 영 제45조(운송취급주의 위험물)

법 제44조제1항에서 "대통령령으로 정하는 위험물"이란 다음 각 호의 어느 하나에 해당하는 것으로서 국토교통부령으로 정하는 것을 말한다.　암기 : 폭마인용유

1. 철도운송 중 폭발할 우려가 있는 것
2. 마찰 · 충격 · 흡습(吸濕) 등 주위의 상황으로 인하여 발화할 우려가 있는 것
3. 인화성 · 산화성 등이 강하여 그 물질 자체의 성질에 따라 발화할 우려가 있는 것
4. 용기가 파손될 경우 내용물이 누출되어 철도차량 · 레일 · 기구 또는 다른 화물 등을 부식시키거나 침해할 우려가 있는 것
5. 유독성 가스를 발생시킬 우려가 있는 것
6. 그 밖에 화물의 성질상 철도시설 · 철도차량 · 철도종사자 · 여객 등에 위해나 손상을 끼칠 우려가 있는 것

📄 법 제44조의2(위험물 포장 및 용기의 검사 등)

① 위험물을 철도로 운송하는 데 사용되는 포장 및 용기(부속품을 포함한다. 이하 이 조에서 같다)를 제조 · 수입하여 판매하려는 자 또는 이를 소유하거나 임차하여 사용하는 자는 국토교통부장관이 실시하는 포장 및 용기의 안전성에 관한 검사에 합격하여야 한다.

② 제1항에 따른 위험물 포장 및 용기의 검사의 합격기준 · 방법 및 절차 등에 필요한 사항은 국토교통부령으로 정한다.

③ 국토교통부장관은 제1항에도 불구하고 다음 각 호의 어느 하나에 해당하는 경우에는 국토교통부령으로 정하는 바에 따라 위험물 포장 및 용기의 안전성에 관한 검사의 전부 또는 일부를 면제할 수 있다.

　1.「고압가스 안전관리법」 제17조에 따른 검사에 합격하거나 검사가 생략된 경우

　2.「선박안전법」 제41조제2항에 따른 검사에 합격한 경우

　3.「항공안전법」 제71조제1항에 따른 검사에 합격한 경우

　4. 대한민국이 체결한 협정 또는 대한민국이 가입한 협약에 따라 검사하여 외국 정부 등이 발행한 증명서가 있는 경우

　5. 그 밖에 국토교통부령으로 정하는 경우

④ 국토교통부장관은 위험물 포장 및 용기에 관한 전문검사기관(이하 "위험물 포장 · 용기검사기관"이라 한다)을 지정하여 제1항에 따른 검사를 하게 할 수 있다.

⑤ 위험물 포장 · 용기검사기관의 지정 기준 · 절차 등에 필요한 사항은 국토교통부령으로 정한다.

⑥ 국토교통부장관은 위험물 포장 · 용기검사기관이 다음 각 호의 어느 하나에 해당하는 경우에는 그 지정을 취소하거나 6개월 이내의 기간을 정하여 그 업무의 전부 또는 일부의 정지를 명할 수 있다. 다만, 제1호 또는 제2호에 해당하는 경우에는 그 지정을 취소하여야 한다.

　1. 거짓이나 그 밖의 부정한 방법으로 위험물 포장 · 용기검사기관으로 지정받은 경우

　2. 업무정지 기간 중에 제1항에 따른 검사 업무를 수행한 경우

3. 제2항에 따른 포장 및 용기의 검사방법 · 합격기준 등을 위반하여 제1항에 따른 검사를 한 경우

4. 제5항에 따른 지정기준에 맞지 아니하게 된 경우

⑦ 제6항에 따른 처분의 세부기준 등에 필요한 사항은 국토교통부령으로 정한다.

📄 법 제44조의3(위험물취급에 관한 교육 등)

① 위험물취급자는 자신이 고용하고 있는 종사자(철도로 운송하는 위험물을 취급하는 종사자에 한정한다)가
위험물취급에 관하여 국토교통부장관이 실시하는 교육(이하 "위험물취급안전교육"이라 한다)을 받도록
하여야 한다. 다만, 종사자가 다음 각 호의 어느 하나에 해당하는 경우에는 위험물취급안전교육의 전부
또는 일부를 면제할 수 있다.

1. 제24조제1항에 따른 철도안전에 관한 교육을 통하여 위험물취급에 관한 교육을 이수한 철도종사자

2. 「화학물질관리법」 제33조에 따른 유해화학물질 안전교육을 이수한 유해화학물질 취급 담당자

3. 「위험물안전관리법」 제28조에 따른 안전교육을 이수한 위험물의 안전관리와 관련된 업무를 수행하는 자

4. 「고압가스 안전관리법」 제23조에 따른 안전교육을 이수한 운반책임자

5. 그 밖에 국토교통부령으로 정하는 경우

② 제1항에 따른 교육의 대상 · 내용 · 방법 · 시기 등 위험물취급안전교육에 필요한 사항은 국토교통부령으로
정한다.

③ 국토교통부장관은 제1항에 따른 교육을 효율적으로 하기 위하여 위험물취급안전교육을 수행하는
전문교육기관(이하 "위험물취급전문교육기관"이라 한다)을 지정하여 위험물취급안전교육을 실시하게 할
수 있다.

④ 교육시설 · 장비 및 인력 등 위험물취급전문교육기관의 지정기준 및 운영 등에 필요한 사항은
국토교통부령으로 정한다.

⑤ 국토교통부장관은 위험물취급전문교육기관이 다음 각 호의 어느 하나에 해당하는 경우에는 그 지정을
취소하거나 6개월 이내의 기간을 정하여 그 업무의 전부 또는 일부의 정지를 명할 수 있다. 다만, 제1호
또는 제2호에 해당하는 경우에는 그 지정을 취소하여야 한다.

1. 거짓이나 그 밖의 부정한 방법으로 위험물취급전문교육기관으로 지정받은 경우

2. 업무정지 기간 중에 위험물취급안전교육을 수행한 경우

3. 제4항에 따른 지정기준에 맞지 아니하게 된 경우

⑥ 제5항에 따른 처분의 세부기준 및 절차 등에 필요한 사항은 국토교통부령으로 정한다.

📑 법 제45조(철도보호지구에서의 행위제한 등)

① 철도경계선(가장 바깥쪽 궤도의 끝선을 말한다)으로부터 30미터 이내[「도시철도법」 제2조제2호에 따른 도시철도 중 노면전차(이하 "노면전차"라 한다)의 경우에는 10미터 이내]의 지역(이하 "철도보호지구"라 한다)에서 다음 각 호의 어느 하나에 해당하는 행위를 하려는 자는 대통령령으로 정하는 바에 따라 국토교통부장관 또는 시·도지사에게 신고하여야 한다.

   1. 토지의 형질변경 및 굴착(掘鑿)

   2. 토석, 자갈 및 모래의 채취

   3. 건축물의 신축·개축(改築)·증축 또는 인공구조물의 설치

   4. 나무의 식재(대통령령으로 정하는 경우만 해당한다)

   5. 그 밖에 철도시설을 파손하거나 철도차량의 안전운행을 방해할 우려가 있는 행위로서 대통령령으로 정하는 행위

② 노면전차 철도보호지구의 바깥쪽 경계선으로부터 20미터 이내의 지역에서 굴착, 인공구조물의 설치 등 철도시설을 파손하거나 철도차량의 안전운행을 방해할 우려가 있는 행위로서 대통령령으로 정하는 행위를 하려는 자는 대통령령으로 정하는 바에 따라 국토교통부장관 또는 시·도지사에게 신고하여야 한다.

③ 국토교통부장관 또는 시·도지사는 철도차량의 안전운행 및 철도 보호를 위하여 필요하다고 인정할 때에는 제1항 또는 제2항의 행위를 하는 자에게 그 행위의 금지 또는 제한을 명령하거나 대통령령으로 정하는 필요한 조치를 하도록 명령할 수 있다.

④ 국토교통부장관 또는 시·도지사는 철도차량의 안전운행 및 철도 보호를 위하여 필요하다고 인정할 때에는 토지, 나무, 시설, 건축물, 그 밖의 공작물(이하 "시설등"이라 한다)의 소유자나 점유자에게 다음 각 호의 조치를 하도록 명령할 수 있다.

   1. 시설등이 시야에 장애를 주면 그 장애물을 제거할 것

   2. 시설등이 붕괴하여 철도에 위해(危害)를 끼치거나 끼칠 우려가 있으면 그 위해를 제거하고 필요하면 방지시설을 할 것

   3. 철도에 토사 등이 쌓이거나 쌓일 우려가 있으면 그 토사 등을 제거하거나 방지시설을 할 것

⑤ 철도운영자등은 철도차량의 안전운행 및 철도 보호를 위하여 필요한 경우 국토교통부장관 또는 시·도지사에게 제3항 또는 제4항에 따른 해당 행위 금지·제한 또는 조치 명령을 할 것을 요청할 수 있다.

영 제46조(철도보호지구에서의 행위 신고절차)

① 법 제45조제1항에 따라 신고하려는 자는 해당 행위의 목적, 공사기간 등이 기재된 신고서에
　설계도서(필요한 경우에 한정한다) 등을 첨부하여 국토교통부장관 또는 시 · 도지사에게 제출하여야 한다.
　신고한 사항을 변경하는 경우에도 또한 같다.

② 국토교통부장관 또는 시 · 도지사는 제1항에 따라 신고나 변경신고를 받은 경우에는 신고인에게 법
　제45조제3항에 따른 행위의 금지 또는 제한을 명령하거나 제49조에 따른 안전조치(이하
　"안전조치등"이라 한다)를 명령할 필요성이 있는지를 검토하여야 한다.

③ 국토교통부장관 또는 시 · 도지사는 제2항에 따른 검토 결과 안전조치등을 명령할 필요가 있는 경우에는
　제1항에 따른 신고를 받은 날부터 30일 이내에 신고인에게 그 이유를 분명히 밝히고 안전조치등을
　명하여야 한다.

④ 제1항부터 제3항까지에서 규정한 사항 외에 철도보호지구에서의 행위에 대한 신고와 안전조치등에
　관하여 필요한 세부적인 사항은 국토교통부장관이 정하여 고시한다.

영 제47조(철도보호지구에서의 나무 식재)

법 제45조제1항제4호에서 "대통령령으로 정하는 경우"란 다음 각 호의 어느 하나에 해당하는 경우를 말한다.

1. 철도차량 운전자의 전방 시야 확보에 지장을 주는 경우
2. 나뭇가지가 전차선이나 신호기 등을 침범하거나 침범할 우려가 있는 경우
3. 호우나 태풍 등으로 나무가 쓰러져 철도시설물을 훼손시키거나 열차의 운행에 지장을 줄 우려가 있는 경우

영 제48조(철도보호지구에서의 안전운행 저해행위 등)

법 제45조제1항제5호에서 "대통령령으로 정하는 행위"란 다음 각 호의 어느 하나에 해당하는 행위를 말한다.

1. 폭발물이나 인화물질 등 위험물을 제조 · 저장하거나 전시하는 행위
2. 철도차량 운전자 등이 선로나 신호기를 확인하는 데 지장을 주거나 줄 우려가 있는 시설이나 설비를
　설치하는 행위
3. 철도신호등(鐵道信號燈)으로 오인할 우려가 있는 시설물이나 조명 설비를 설치하는 행위
4. 전차선로에 의하여 감전될 우려가 있는 시설이나 설비를 설치하는 행위
5. 시설 또는 설비가 선로의 위나 밑으로 횡단하거나 선로와 나란히 되도록 설치하는 행위
6. 그 밖에 열차의 안전운행과 철도 보호를 위하여 필요하다고 인정하여 국토교통부장관이 정하여 고시하는 행위

📋 영 제48조의2(노면전차의 안전운행 저해행위 등)

① 법 제45조제2항에서 "대통령령으로 정하는 행위"란 다음 각 호의 어느 하나에 해당하는 행위를 말한다.

   1. 깊이 10미터 이상의 굴착

   2. 다음 각 목의 어느 하나에 해당하는 것을 설치하는 행위

      가. 「건설기계관리법」 제2조제1항제1호에 따른 건설기계 중 최대높이가 10미터 이상인 건설기계

      나. 높이가 10미터 이상인 인공구조물

   3. 「위험물안전관리법」 제2조제1항제1호에 따른 위험물을 같은 항 제2호에 따른 지정수량 이상 제조·저장하거나 전시하는 행위

② 법 제45조제2항에 따른 신고절차에 관하여는 제46조제1항부터 제4항까지의 규정을 준용한다. 이 경우 "법 제45조제1항"은 "법 제45조제2항"으로, "철도보호지구"는 "노면전차 철도보호지구의 바깥쪽 경계선으로부터 20미터 이내의 지역"으로 본다.

📋 영 제49조(철도 보호를 위한 안전조치)

법 제45조제3항에서 "대통령령으로 정하는 필요한 조치"란 다음 각 호의 어느 하나에 해당하는 조치를 말한다.

1. 공사로 인하여 약해질 우려가 있는 지반에 대한 보강대책 수립·시행

2. 선로 옆의 제방 등에 대한 흙막이공사 시행

3. 굴착공사에 사용되는 장비나 공법 등의 변경

4. 지하수나 지표수 처리대책의 수립·시행

5. 시설물의 구조 검토·보강

6. 먼지나 티끌 등이 발생하는 시설·설비나 장비를 운용하는 경우 방진막, 물을 뿌리는 설비 등 분진방지시설 설치

7. 신호기를 가리거나 신호기를 보는데 지장을 주는 시설이나 설비 등의 철거

8. 안전울타리나 안전통로 등 안전시설의 설치

9. 그 밖에 철도시설의 보호 또는 철도차량의 안전운행을 위하여 필요한 안전조치

📋 법 제46조(손실보상)

① 국토교통부장관, 시·도지사 또는 철도운영자등은 제45조제3항 또는 제4항에 따른 행위의 금지·제한 또는 조치 명령으로 인하여 손실을 입은 자가 있을 때에는 그 손실을 보상하여야 한다.

② 제1항에 따른 손실의 보상에 관하여는 국토교통부장관, 시·도지사 또는 철도운영자등이 그 손실을 입은 자와 협의하여야 한다.

③ 제2항에 따른 협의가 성립되지 아니하거나 협의를 할 수 없을 때에는 대통령령으로 정하는 바에 따라
「공익사업을 위한 토지 등의 취득 및 보상에 관한 법률」에 따른 관할 토지수용위원회에 재결(裁決)을
신청할 수 있다.

④ 제3항의 재결에 대한 이의신청에 관하여는 「공익사업을 위한 토지 등의 취득 및 보상에 관한 법률」
제83조부터 제86조까지의 규정을 준용한다.

영 제50조(손실보상)

① 법 제46조에 따른 행위의 금지 또는 제한으로 인하여 손실을 받은 자에 대한 손실보상 기준 등에 관하여는
「공익사업을 위한 토지 등의 취득 및 보상에 관한 법률」 제68조, 제70조제2항 · 제5항, 제71조, 제75조,
제75조의2, 제76조, 제77조 및 제78조제6항부터 제8항까지의 규정을 준용한다.

② 법 제46조제3항에 따른 재결신청에 대해서는 「공익사업을 위한 토지 등의 취득 및 보상에 관한 법률」
제80조제2항을 준용한다.

법 제47조(여객열차에서의 금지행위)

① 여객(무임승차자를 포함한다. 이하 이 조에서 같다)은 여객열차에서 다음 각 호의 어느 하나에 해당하는
행위를 하여서는 아니 된다.

1. 정당한 사유 없이 국토교통부령으로 정하는 여객출입 금지장소에 출입하는 행위

2. 정당한 사유 없이 운행 중에 비상정지버튼을 누르거나 철도차량의 옆면에 있는 승강용 출입문을 여는
등 철도차량의 장치 또는 기구 등을 조작하는 행위

3. 여객열차 밖에 있는 사람을 위험하게 할 우려가 있는 물건을 여객열차 밖으로 던지는 행위

4. 흡연하는 행위

5. 철도종사자와 여객 등에게 성적(性的) 수치심을 일으키는 행위

6. 술을 마시거나 약물을 복용하고 다른 사람에게 위해를 주는 행위

7. 그 밖에 공중이나 여객에게 위해를 끼치는 행위로서 국토교통부령으로 정하는 행위

② 여객은 여객열차에서 다른 사람을 폭행하여 열차운행에 지장을 초래하여서는 아니 된다.

③ 운전업무종사자, 여객승무원 또는 여객역무원은 제1항 또는 제2항의 금지행위를 한 사람에 대하여 필요한
경우 다음 각 호의 조치를 할 수 있다.

1. 금지행위의 제지

2. 금지행위의 녹음 · 녹화 또는 촬영

④ 철도운영자는 국토교통부령으로 정하는 바에 따라 제1항 각 호 및 제2항에 따른 여객열차에서의
금지행위에 관한 사항을 여객에게 안내하여야 한다.

📄 법 제48조(철도 보호 및 질서유지를 위한 금지행위)

① 누구든지 정당한 사유 없이 철도 보호 및 질서유지를 해치는 다음 각 호의 어느 하나에 해당하는 행위를 하여서는 아니 된다.

1. 철도시설 또는 철도차량을 파손하여 철도차량 운행에 위험을 발생하게 하는 행위
2. 철도차량을 향하여 돌이나 그 밖의 위험한 물건을 던져 철도차량 운행에 위험을 발생하게 하는 행위
3. 궤도의 중심으로부터 양측으로 폭 3미터 이내의 장소에 철도차량의 안전 운행에 지장을 주는 물건을 방치하는 행위
4. 철도교량 등 국토교통부령으로 정하는 시설 또는 구역에 국토교통부령으로 정하는 폭발물 또는 인화성이 높은 물건 등을 쌓아 놓는 행위
5. 선로(철도와 교차된 도로는 제외한다) 또는 국토교통부령으로 정하는 철도시설에 철도운영자등의 승낙 없이 출입하거나 통행하는 행위. 다만, 「도로교통법」 제5조에 따른 신호 또는 지시에 따라 노면전차의 선로를 통행하는 경우는 제외한다.
6. 역시설 등 공중이 이용하는 철도시설 또는 철도차량에서 폭언 또는 고성방가 등 소란을 피우는 행위
7. 철도시설에 국토교통부령으로 정하는 유해물 또는 열차운행에 지장을 줄 수 있는 오물을 버리는 행위
8. 역시설 또는 철도차량에서 노숙(露宿)하는 행위
9. 열차운행 중에 타고 내리거나 정당한 사유 없이 승강용 출입문의 개폐를 방해하여 열차운행에 지장을 주는 행위
10. 정당한 사유 없이 열차 승강장의 비상정지버튼을 작동시켜 열차운행에 지장을 주는 행위
11. 그 밖에 철도시설 또는 철도차량에서 공중의 안전을 위하여 질서유지가 필요하다고 인정되어 국토교통부령으로 정하는 금지행위

② 제1항의 금지행위를 한 사람에 대한 조치에 관하여는 제47조제3항을 준용한다.

📄 법 제48조의2(여객 등의 안전 및 보안)

① 국토교통부장관은 철도차량의 안전운행 및 철도시설의 보호를 위하여 필요한 경우에는 「사법경찰관리의 직무를 수행할 자와 그 직무범위에 관한 법률」 제5조제11호에 규정된 사람(이하 "철도특별사법경찰관리"라 한다)으로 하여금 여객열차에 승차하는 사람의 신체ㆍ휴대물품 및 수하물에 대한 보안검색을 실시하게 할 수 있다.

② 국토교통부장관은 제1항의 보안검색 정보 및 그 밖의 철도보안ㆍ치안 관리에 필요한 정보를 효율적으로 활용하기 위하여 철도보안정보체계를 구축ㆍ운영하여야 한다.

③ 국토교통부장관은 철도보안ㆍ치안을 위하여 필요하다고 인정하는 경우에는 차량 운행정보 등을 철도운영자에게 요구할 수 있고, 철도운영자는 정당한 사유 없이 그 요구를 거절할 수 없다.

④ 국토교통부장관은 철도보안정보체계를 운영하기 위하여 철도차량의 안전운행 및 철도시설의 보호에 필요한 최소한의 정보만 수집ㆍ관리하여야 한다.

⑤ 제1항에 따른 보안검색의 실시방법과 절차 및 보안검색장비 종류 등에 필요한 사항과 제2항에 따른
철도보안정보체계 및 제3항에 따른 정보 확인 등에 필요한 사항은 국토교통부령으로 정한다.

📄 법 제48조의3(보안검색장비의 성능인증 등)

① 제48조의2제1항에 따른 보안검색을 하는 경우에는 국토교통부장관으로부터 성능인증을 받은
보안검색장비를 사용하여야 한다.

② 제1항에 따른 성능인증을 위한 기준 · 방법 · 절차 등 운영에 필요한 사항은 국토교통부령으로 정한다.

③ 국토교통부장관은 제1항에 따른 성능인증을 받은 보안검색장비의 운영, 유지관리 등에 관한 기준을
정하여 고시하여야 한다.

④ 국토교통부장관은 제1항에 따라 성능인증을 받은 보안검색장비가 운영 중에 계속하여 성능을 유지하고
있는지를 확인하기 위하여 국토교통부령으로 정하는 바에 따라 정기적으로 또는 수시로 점검을
실시하여야 한다.

⑤ 국토교통부장관은 제1항에 따른 성능인증을 받은 보안검색장비가 다음 각 호의 어느 하나에 해당하는
경우에는 그 인증을 취소할 수 있다. 다만, 제1호에 해당하는 때에는 그 인증을 취소하여야 한다.
1. 거짓이나 그 밖의 부정한 방법으로 인증을 받은 경우
2. 보안검색장비가 제2항에 따른 성능인증 기준에 적합하지 아니하게 된 경우

📄 법 제48조의4(시험기관의 지정 등)

① 국토교통부장관은 제48조의3에 따른 성능인증을 위하여 보안검색장비의 성능을 평가하는 시험(이하
"성능시험"이라 한다)을 실시하는 기관(이하 "시험기관"이라 한다)을 지정할 수 있다.

② 제1항에 따라 시험기관의 지정을 받으려는 법인이나 단체는 국토교통부령으로 정하는 지정기준을 갖추어
국토교통부장관에게 지정신청을 하여야 한다.

③ 국토교통부장관은 제1항에 따라 시험기관으로 지정받은 법인이나 단체가 다음 각 호의 어느 하나에
해당하는 경우에는 그 지정을 취소하거나 1년 이내의 기간을 정하여 그 업무의 전부 또는 일부의 정지를
명할 수 있다. 다만, 제1호 또는 제2호에 해당하는 때에는 그 지정을 취소하여야 한다.
1. 거짓이나 그 밖의 부정한 방법을 사용하여 시험기관으로 지정을 받은 경우
2. 업무정지 명령을 받은 후 그 업무정지 기간에 성능시험을 실시한 경우
3. 정당한 사유 없이 성능시험을 실시하지 아니한 경우
4. 제48조의3제2항에 따른 기준 · 방법 · 절차 등을 위반하여 성능시험을 실시한 경우
5. 제48조의4제2항에 따른 시험기관 지정기준을 충족하지 못하게 된 경우
6. 성능시험 결과를 거짓으로 조작하여 수행한 경우

④ 국토교통부장관은 인증업무의 전문성과 신뢰성을 확보하기 위하여 제48조의3에 따른 보안검색장비의
성능 인증 및 점검 업무를 대통령령으로 정하는 기관(이하 "인증기관"이라 한다)에 위탁할 수 있다.

영 제50조의2(인증업무의 위탁)

국토교통부장관은 법 제48조의4제4항에 따라 법 제48조의3에 따른 보안검색장비의 성능 인증 및 점검 업무를 한국철도기술연구원에 위탁한다.

법 제48조의5(직무장비의 휴대 및 사용 등)

① 철도특별사법경찰관리는 이 법 및 「사법경찰관리의 직무를 수행할 자와 그 직무범위에 관한 법률」 제6조제9호에 따른 직무를 수행하기 위하여 필요하다고 인정되는 상당한 이유가 있을 때에는 합리적으로 판단하여 필요한 한도에서 직무장비를 사용할 수 있다.

② 제1항에서의 "직무장비"란 철도특별사법경찰관리가 휴대하여 범인검거와 피의자 호송 등의 직무수행에 사용하는 수갑, 포승, 가스분사기, 가스발사총(고무탄 발사겸용인 것을 포함한다. 이하 같다), 전자충격기, 경비봉을 말한다.

③ 철도특별사법경찰관리가 제1항에 따라 직무수행 중 직무장비를 사용할 때 사람의 생명이나 신체에 위해를 끼칠 수 있는 직무장비(가스분사기, 가스발사총 및 전자충격기를 말한다)를 사용하는 경우에는 사전에 필요한 안전교육과 안전검사를 받은 후 사용하여야 한다.

④ 제2항 및 제3항에 따른 직무장비의 사용기준, 안전교육과 안전검사 등에 관하여 필요한 사항은 국토교통부령으로 정한다.

법 제49조(철도종사자의 직무상 지시 준수)

① 열차 또는 철도시설을 이용하는 사람은 이 법에 따라 철도의 안전 · 보호와 질서유지를 위하여 하는 철도종사자의 직무상 지시에 따라야 한다.

② 누구든지 폭행 · 협박으로 철도종사자의 직무집행을 방해하여서는 아니 된다.

영 제51조(철도종사자의 권한표시)

① 법 제49조에 따른 철도종사자는 복장 · 모자 · 완장 · 증표 등으로 그가 직무상 지시를 할 수 있는 사람임을 표시하여야 한다.

② 철도운영자등은 철도종사자가 제1항에 따른 표시를 할 수 있도록 복장 · 모자 · 완장 · 증표 등의 지급 등 필요한 조치를 하여야 한다. 암기 : 복모완증

📄 **법 제50조(사람 또는 물건에 대한 퇴거 조치 등)**

철도종사자는 다음 각 호의 어느 하나에 해당하는 사람 또는 물건을 열차 밖이나 대통령령으로 정하는 지역 밖으로 퇴거시키거나 철거할 수 있다.

1. 제42조를 위반하여 여객열차에서 위해물품을 휴대한 사람 및 그 위해물품

2. 제43조를 위반하여 운송 금지 위험물을 운송위탁하거나 운송하는 자 및 그 위험물

3. 제45조제3항 또는 제4항에 따른 행위 금지 · 제한 또는 조치 명령에 따르지 아니하는 사람 및 그 물건

    제45조 : 철도보호지구에서의 행위제한

4. 제47조제1항 또는 제2항을 위반하여 금지행위를 한 사람 및 그 물건   제47조 : 여객열차에서의 금지행위

5. 제48조제1항을 위반하여 금지행위를 한 사람 및 그 물건   제48조 : 철도 보호 및 질서유지를 위한 금지행위

6. 제48조의2에 따른 보안검색에 따르지 아니한 사람

7. 제49조를 위반하여 철도종사자의 직무상 지시를 따르지 아니하거나 직무집행을 방해하는 사람

📄 **영 제52조(퇴거지역의 범위)**

법 제50조 각 호 외의 부분에서 "대통령령으로 정하는 지역"이란 다음 각 호의 어느 하나에 해당하는 지역을 말한다.

1. 정거장

2. 철도신호기 · 철도차량정비소 · 통신기기 · 전력설비 등의 설비가 설치되어 있는 장소의 담장이나 경계선 안의 지역

3. 화물을 적하하는 장소의 담장이나 경계선 안의 지역

📄 **영 제53조** 삭제

📄 **영 제54조** 삭제

📄 **영 제55조** 삭제

철도사고조사 · 처리

📄 **법 제51조** 삭제

📄 **법 제52조** 삭제

📄 **법 제53조** 삭제

📄 **법 제54조** 삭제

📄 **법 제55조** 삭제

📄 **법 제56조** 삭제

📄 **법 제57조** 삭제

📄 **법 제58조** 삭제

📄 **법 제59조** 삭제

📄 **법 제60조(철도사고등의 발생 시 조치)**

① 철도운영자등은 철도사고등이 발생하였을 때에는 사상자 구호, 유류품(遺留品) 관리, 여객 수송 및 철도시설 복구 등 인명피해 및 재산피해를 최소화하고 열차를 정상적으로 운행할 수 있도록 필요한 조치를 하여야 한다.

② 철도사고등이 발생하였을 때의 사상자 구호, 여객 수송 및 철도시설 복구 등에 필요한 사항은 대통령령으로 정한다.

③ 국토교통부장관은 제61조에 따라 사고 보고를 받은 후 필요하다고 인정하는 경우에는 철도운영자등에게 사고 수습 등에 관하여 필요한 지시를 할 수 있다. 이 경우 지시를 받은 철도운영자등은 특별한 사유가 없으면 지시에 따라야 한다.

📋 영 제56조(철도사고등의 발생 시 조치사항)

법 제60조제2항에 따라 철도사고등이 발생한 경우 철도운영자등이 준수하여야 하는 사항은 다음 각 호와
같다.

1. 사고수습이나 복구작업을 하는 경우에는 <u>인명의 구조와 보호</u>에 가장 우선순위를 둘 것
2. 사상자가 발생한 경우에는 법 제7조제1항에 따른 안전관리체계에 포함된 비상대응계획에서 정한
   절차(이하 "비상대응절차"라 한다)에 따라 응급처치, 의료기관으로 긴급이송, 유관기관과의 협조 등 필요한
   조치를 신속히 할 것
3. 철도차량 운행이 곤란한 경우에는 비상대응절차에 따라 대체교통수단을 마련하는 등 필요한 조치를 할 것

📄 법 제61조(철도사고등 의무보고)

① 철도운영자등은 사상자가 많은 사고 등 대통령령으로 정하는 철도사고등이 발생하였을 때에는
   국토교통부령으로 정하는 바에 따라 즉시 국토교통부장관에게 보고하여야 한다.
② 철도운영자등은 제1항에 따른 철도사고등을 제외한 철도사고등이 발생하였을 때에는 국토교통부령으로
   정하는 바에 따라 사고 내용을 조사하여 그 결과를 국토교통부장관에게 보고하여야 한다.

📋 영 제57조(국토교통부장관에게 즉시 보고하여야 하는 철도사고 등)

법 제61조제1항에서 "사상자가 많은 사고 등 대통령령으로 정하는 철도사고등"이란 다음 각 호의 어느
하나에 해당하는 사고를 말한다.

1. 열차의 충돌이나 탈선사고
2. 철도차량이나 열차에서 화재가 발생하여 운행을 중지시킨 사고
3. 철도차량이나 열차의 운행과 관련하여 3명 이상 사상자가 발생한 사고
4. 철도차량이나 열차의 운행과 관련하여 5천만원 이상의 재산피해가 발생한 사고

📋 영 제58조 삭제

법 제61조의2(철도차량 등에 발생한 고장 등 보고 의무)

① 제26조 또는 제27조에 따라 철도차량 또는 철도용품에 대하여 형식승인을 받거나 제26조의3 또는
제27조의2에 따라 철도차량 또는 철도용품에 대하여 제작자승인을 받은 자는 그 승인받은 철도차량 또는
철도용품이 설계 또는 제작의 결함으로 인하여 국토교통부령으로 정하는 고장, 결함 또는 기능장애가
발생한 것을 알게 된 경우에는 국토교통부령으로 정하는 바에 따라 국토교통부장관에게 그 사실을
보고하여야 한다.
② 제38조의7에 따라 철도차량 정비조직인증을 받은 자가 철도차량을 운영하거나 정비하는 중에
국토교통부령으로 정하는 고장, 결함 또는 기능장애가 발생한 것을 알게 된 경우에는 국토교통부령으로
정하는 바에 따라 국토교통부장관에게 그 사실을 보고하여야 한다.

법 제61조의3(철도안전 자율보고)

① 철도안전을 해치거나 해칠 우려가 있는 사건 · 상황 · 상태 등(이하 "철도안전위험요인"이라 한다)을
발생시켰거나 철도안전위험요인이 발생한 것을 안 사람 또는 철도안전위험요인이 발생할 것이
예상된다고 판단하는 사람은 국토교통부장관에게 그 사실을 보고할 수 있다.
② 국토교통부장관은 제1항에 따른 보고(이하 "철도안전 자율보고"라 한다)를 한 사람의 의사에 반하여
보고자의 신분을 공개해서는 아니 되며, 철도안전 자율보고를 사고예방 및 철도안전 확보 목적 외의 다른
목적으로 사용해서는 아니 된다.
③ 누구든지 철도안전 자율보고를 한 사람에 대하여 이를 이유로 신분이나 처우와 관련하여 불이익한 조치를
하여서는 아니 된다.
④ 제1항부터 제3항까지에서 규정한 사항 외에 철도안전 자율보고에 포함되어야 할 사항, 보고 방법 및
절차는 국토교통부령으로 정한다.

법 제62조 삭제

법 제63조 삭제

법 제64조 삭제

법 제65조 삭제

법 제66조 삭제

법 제67조 삭제

보칙

💡 4장 및 해당 시행령 부분은 기존 시험범위 제외입니다. 당해 공고문 시험범위를 꼭 참고하시기 바랍니다.

📄 법 제73조(보고 및 검사)

① 국토교통부장관이나 관계 지방자치단체는 다음 각 호의 어느 하나에 해당하는 경우 대통령령으로 정하는 바에 따라 철도관계기관등에 대하여 필요한 사항을 보고하게 하거나 자료의 제출을 명할 수 있다.

1. 철도안전 종합계획 또는 시행계획의 수립 또는 추진을 위하여 필요한 경우

1의2. 제6조의2제1항에 따른 철도안전투자의 공시가 적정한지를 확인하려는 경우

2. 제8조제2항에 따른 점검·확인을 위하여 필요한 경우 제8조제2항 : 안전관리체계 유지 검사

2의2. 제9조의3제1항에 따른 안전관리 수준평가를 위하여 필요한 경우

3. 운전적성검사기관, 관제적성검사기관, 운전교육훈련기관, 관제교육훈련기관, 안전전문기관, 정비교육훈련기관, 정밀안전진단기관, 인증기관, 시험기관, 위험물 포장·용기검사기관 및 위험물취급전문교육기관의 업무 수행 또는 지정기준 부합 여부에 대한 확인이 필요한 경우

4. 철도운영자등의 제21조의2, 제22조의2 또는 제23조제3항에 따른 철도종사자 관리의무 준수 여부에 대한 확인이 필요한 경우

4의2. 제31조제4항에 따른 조치의무 준수 여부를 확인하려는 경우 제31조제4항 : 형식승인 등의 사후관리(4장)

5. 제38조제2항에 따른 검토를 위하여 필요한 경우 4장 제38조제2항 : 종합시험운행(4장)

5의2. 제38조의9에 따른 준수사항 이행 여부를 확인하려는 경우 제38조의9 : 인증정비조직의 준수사항(4장)

6. 제40조에 따라 철도운영자가 열차운행을 일시 중지한 경우로서 그 결정 근거 등의 적정성에 대한 확인이 필요한 경우

7. 제44조제2항에 따른 철도운영자의 안전조치 등이 적정한지에 대한 확인이 필요한 경우
   제44조제2항 : 위험물의 운송

7의2. 제44조의2제1항에 따라 위험물 포장 및 용기의 안전성에 대한 확인이 필요한 경우

7의3. 제44조의3제1항에 따른 철도로 운송하는 위험물을 취급하는 종사자의 위험물취급안전교육 이수 여부에 대한 확인이 필요한 경우

8. 제61조에 따른 보고와 관련하여 사실 확인 등이 필요한 경우 제61조 : 철도사고등 의무보고

9. 제68조, 제69조제2항 또는 제70조에 따른 시책을 마련하기 위하여 필요한 경우
   제68조 : 철도안전기술의 진흥 등(7장)

10. 제72조의2제1항에 따른 비용의 지원을 결정하기 위하여 필요한 경우

제72조의2제1항 : 철도횡단교량 개축 지원(7장)

② 국토교통부장관이나 관계 지방자치단체는 제1항 각 호의 어느 하나에 해당하는 경우 소속 공무원으로 하여금 철도관계기관등의 사무소 또는 사업장에 출입하여 관계인에게 질문하게 하거나 서류를 검사하게 할 수 있다.

③ 제2항에 따라 출입·검사를 하는 공무원은 국토교통부령으로 정하는 바에 따라 그 권한을 표시하는 증표를 지니고 이를 관계인에게 보여주어야 한다.

④ 제3항에 따른 증표에 관하여 필요한 사항은 국토교통부령으로 정한다.

영 제61조(보고 및 검사)

① 국토교통부장관 또는 관계 지방자치단체의 장은 법 제73조제1항에 따라 보고 또는 자료의 제출을 명할 때에는 7일 이상의 기간을 주어야 한다. 다만, 공무원이 철도사고등이 발생한 현장에 출동하는 등 긴급한 상황인 경우에는 그러하지 아니하다.

② 국토교통부장관은 법 제73조제2항에 따른 검사 등의 업무를 효율적으로 수행하기 위하여 특히 필요하다고 인정하는 경우에는 철도안전에 관한 전문가를 위촉하여 검사 등의 업무에 관하여 자문에 응하게 할 수 있다.

법 제74조(수수료)

① 이 법에 따른 교육훈련, 면허, 검사, 진단, 성능인증 및 성능시험 등을 신청하는 자는 국토교통부령으로 정하는 수수료를 내야 한다. 다만, 이 법에 따라 국토교통부장관의 지정을 받은 운전적성검사기관, 관제적성검사기관, 운전교육훈련기관, 관제교육훈련기관, 정비교육훈련기관, 정밀안전진단기관, 인증기관, 시험기관, 안전전문기관, 위험물 포장·용기검사기관 및 위험물취급전문교육기관(이하 이 조에서 "대행기관"이라 한다) 또는 제77조제2항에 따라 업무를 위탁받은 기관(이하 이 조에서 "수탁기관"이라 한다)의 경우에는 대행기관 또는 수탁기관이 정하는 수수료를 대행기관 또는 수탁기관에 내야 한다.

② 제1항 단서에 따라 수수료를 정하려는 대행기관 또는 수탁기관은 그 기준을 정하여 국토교통부장관의 승인을 받아야 한다. 승인받은 사항을 변경하려는 경우에도 또한 같다.

국토교통부장관은 다음 각 호의 어느 하나에 해당하는 처분을 하는 경우에는 청문을 하여야 한다.

1. 제9조제1항에 따른 안전관리체계의 승인 취소
2. 제15조의2에 따른 운전적성검사기관의 지정취소(제16조제5항, 제21조의6제5항, 제21조의7제5항, 제24조의4제5항 또는 제69조제7항에서 준용하는 경우를 포함한다)
3. 삭제
4. 제20조제1항에 따른 운전면허의 취소 및 효력정지
4의2. 제21조의11제1항에 따른 관제자격증명의 취소 또는 효력정지
4의3. 제24조의5제1항에 따른 철도차량정비기술자의 인정 취소
5. 제26조의2제1항(제27조제4항에서 준용하는 경우를 포함한다)에 따른 형식승인의 취소
6. 제26조의7(제27조의2제4항에서 준용하는 경우를 포함한다)에 따른 제작자승인의 취소
7. 제38조의10제1항에 따른 인증정비조직의 인증 취소
8. 제38조의13제3항에 따른 정밀안전진단기관의 지정 취소
8의2. 제44조의2제6항에 따른 위험물 포장ㆍ용기검사기관의 지정 취소 또는 업무정지
8의3. 제44조의3제5항에 따른 위험물취급전문교육기관의 지정 취소 또는 업무정지
9. 제48조의4제3항에 따른 시험기관의 지정 취소
10. 제69조의5제1항에 따른 철도운행안전관리자의 자격 취소
11. 제69조의5제2항에 따른 철도안전전문기술자의 자격 취소

📄 **법 제75조의2(통보 및 징계권고)**

① 국토교통부장관은 이 법 등 철도안전과 관련된 법규의 위반에 따른 범죄혐의가 있다고 인정할 만한 상당한 이유가 있을 때에는 관할 수사기관에 그 내용을 통보할 수 있다.
② 국토교통부장관은 이 법 등 철도안전과 관련된 법규의 위반에 따라 사고가 발생했다고 인정할 만한 상당한 이유가 있을 때에는 사고에 책임이 있는 사람을 징계할 것을 해당 철도운영자등에게 권고할 수 있다. 이 경우 권고를 받은 철도운영자등은 이를 존중하여야 하며 그 결과를 국토교통부장관에게 통보하여야 한다.

📄 법 제76조(벌칙 적용에서 공무원 의제)

다음 각 호의 어느 하나에 해당하는 사람은 「형법」 제129조부터 제132조까지의 규정을 적용할 때에는 공무원으로 본다.

1. 운전적성검사 업무에 종사하는 운전적성검사기관의 임직원 또는 관제적성검사 업무에 종사하는 관제적성검사기관의 임직원
2. 운전교육훈련 업무에 종사하는 운전교육훈련기관의 임직원 또는 관제교육훈련 업무에 종사하는 관제교육훈련기관의 임직원

2의2. 정비교육훈련 업무에 종사하는 정비교육훈련기관의 임직원

2의3. 정밀안전진단 업무에 종사하는 정밀안전진단기관의 임직원

2의4. 제27조의3에 따라 위탁받은 검사 업무에 종사하는 기관 또는 단체의 임직원

2의5. 제48조의4에 따른 성능시험 업무에 종사하는 시험기관의 임직원 및 성능인증 · 점검 업무에 종사하는 인증기관의 임직원

2의6. 제69조제5항에 따른 철도안전 전문인력의 양성 및 자격관리 업무에 종사하는 안전전문기관의 임직원

2의7. 제44조의2제4항에 따른 위험물 포장 · 용기검사 업무에 종사하는 위험물 포장 · 용기검사기관의 임직원

2의8. 제44조의3제3항에 따른 위험물취급안전교육 업무에 종사하는 위험물취급전문교육기관의 임직원

3. 제77조제2항에 따라 위탁업무에 종사하는 철도안전 관련 기관 또는 단체의 임직원

📄 법 제77조(권한의 위임 · 위탁)

① 국토교통부장관은 이 법에 따른 권한의 일부를 대통령령으로 정하는 바에 따라 소속 기관의 장 또는 시 · 도지사에게 위임할 수 있다.

② 국토교통부장관은 이 법에 따른 업무의 일부를 대통령령으로 정하는 바에 따라 철도안전 관련 기관 또는 단체에 위탁할 수 있다.

📄 영 제62조(권한의 위임)

① 국토교통부장관은 법 제77조제1항에 따라 해당 특별시 · 광역시 · 특별자치시 · 도 또는 특별자치도의 소관 도시철도(「도시철도법」 제3조제2호에 따른 도시철도 또는 같은 법 제24조 또는 제42조에 따라 도시철도건설사업 또는 도시철도운송사업을 위탁받은 법인이 건설 · 운영하는 도시철도를 말한다)에 대한 다음 각 호의 권한을 해당 시 · 도지사에게 위임한다.

1. 법 제39조의2제1항부터 제3항까지에 따른 이동 · 출발 등의 명령과 운행기준 등의 지시, 조언 · 정보의 제공 및 안전조치 업무

2. 법 제82조제1항제10호에 따른 과태료의 부과 · 징수

> 법 제82조제1항제10호 철도차량의 운행제한 등 필요한 안전조치를 따르지 아니한 자

3. 삭제

4. 삭제

5. 삭제

② 국토교통부장관은 법 제77조제1항에 따라 다음 각 호의 권한을 「국토교통부와 그 소속기관 직제」
제40조에 따른 <u>철도특별사법경찰대장</u>에게 위임한다.

1. 법 제41조제2항에 따른 술을 마셨거나 약물을 사용하였는지에 대한 확인 또는 검사

2. 법 제48조의2제2항에 따른 철도보안정보체계의 구축 · 운영

3. 법 제82조제1항제14호, 같은 조 제2항제7호 · 제8호 · 제9호 · 제10호, 같은 조 제4항 및 같은 조 제5항
제2호에 따른 과태료의 부과 · 징수 > 법 제82조제1항제14호 철도종사자의 직무상 지시에 따르지 아니한 사람

4. 삭제

📑 영 제63조(업무의 위탁)

① 국토교통부장관은 법 제77조제2항에 따라 다음 각 호의 업무를 <u>한국교통안전공단</u>에 위탁한다.

1. 법 제7조제4항에 따른 안전관리기준에 대한 적합 여부 검사

1의2. 법 제7조제5항에 따른 기술기준의 제정 또는 개정을 위한 연구 · 개발 > 법 제7조제5항 : 안전관리체계

1의3. 법 제8조제2항에 따른 안전관리체계에 대한 정기검사 또는 수시검사

1의4. 법 제9조의3제1항에 따른 철도운영자등에 대한 안전관리 수준평가

2. 법 제17조제1항에 따른 운전면허시험의 실시

3. 법 제18조제1항(법 제21조의9에서 준용하는 경우를 포함한다)에 따른 운전면허증 또는
관제자격증명서의 발급과 법 제18조제2항(법 제21조의9에서 준용하는 경우를 포함한다)에 따른
운전면허증 또는 관제자격증명서의 재발급이나 기재사항의 변경

4. 법 제19조제3항(법 제21조의9에서 준용하는 경우를 포함한다)에 따른 운전면허증 또는
관제자격증명서의 갱신 발급과 법 제19조제6항(법 제21조의9에서 준용하는 경우를 포함한다)에 따른
운전면허 또는 관제자격증명 갱신에 관한 내용 통지

5. 법 제20조제3항 및 제4항(법 제21조의11제2항에서 준용하는 경우를 포함한다)에 따른 운전면허증 또는
관제자격증명서의 반납의 수령 및 보관

6. 법 제20조제6항(법 제21조의11제2항에서 준용하는 경우를 포함한다)에 따른 운전면허 또는
관제자격증명의 발급 · 갱신 · 취소 등에 관한 자료의 유지 · 관리

6의2. 법 제21조의8제1항에 따른 관제자격증명시험의 실시

6의3. 법 제24조의2제1항부터 제3항까지에 따른 철도차량정비기술자의 인정 및 철도차량정비경력증의
발급 · 관리

6의4. 법 제24조의5제1항 및 제2항에 따른 철도차량정비기술자 인정의 취소 및 정지에 관한 사항

6의5. 법 제38조제2항에 따른 종합시험운행 결과의 검토

6의6. 법 제38조의5제5항에 따른 철도차량의 이력관리에 관한 사항

6의7. 법 제38조의7제1항 및 제2항에 따른 철도차량 정비조직의 인증 및 변경인증의 적합 여부에 관한 확인

6의8. 법 제38조의7제3항에 따른 정비조직운영기준의 작성

6의9. 법 제38조의14제1항에 따른 정밀안전진단기관이 수행한 해당 정밀안전진단의 결과 평가

6의10. 법 제61조의3제1항에 따른 철도안전 자율보고의 접수

7. 법 제70조에 따른 철도안전에 관한 지식 보급과 법 제71조에 따른 철도안전에 관한 정보의 종합관리를 위한 정보체계 구축 및 관리

7의2. 법 제75조제4호의3에 따른 철도차량정비기술자의 인정 취소에 관한 청문

② 국토교통부장관은 법 제77조제2항에 따라 다음 각 호의 업무를 <u>한국철도기술연구원</u>에 위탁한다.

1. 법 제25조제1항, 제26조제3항, 제26조의3제2항, 제27조제2항 및 제27조의2제2항에 따른 기술기준의 제정 또는 개정을 위한 연구 · 개발   제26조제3항 : 형식승인

2. 삭제

3. 삭제

4. 삭제

5. 법 제26조의8 및 제27조의2제4항에서 준용하는 법 제8조제2항에 따른 정기검사 또는 수시검사

법 제26조의8 : 제작자승인

6. 삭제

7. 삭제

8. 법 제34조제1항에 따른 철도차량 · 철도용품 표준규격의 제정 · 개정 등에 관한 업무 중 다음 각 목의 업무

    가. 표준규격의 제정 · 개정 · 폐지에 관한 신청의 접수

    나. 표준규격의 제정 · 개정 · 폐지 및 확인 대상의 검토

    다. 표준규격의 제정 · 개정 · 폐지 및 확인에 대한 처리결과 통보

    라. 표준규격서의 작성

    마. 표준규격서의 기록 및 보관

9. 법 제38조의2제4항에 따른 철도차량 개조승인검사

③ 국토교통부장관은 법 제77조제2항에 따라 철도보호지구 등의 관리에 관한 다음 각 호의 업무를 「국가철도공단법」에 따른 <u>국가철도공단</u>에 위탁한다.

1. 법 제45조제1항에 따른 철도보호지구에서의 행위의 신고 수리, 같은 조 제2항에 따른 노면전차 철도보호지구의 바깥쪽 경계선으로부터 20미터 이내의 지역에서의 행위의 신고 수리 및 같은 조 제3항에 따른 행위 금지 · 제한이나 필요한 조치명령

2. 법 제46조에 따른 손실보상과 손실보상에 관한 협의

④ 국토교통부장관은 법 제77조제2항에 따라 다음 각 호의 업무를 국토교통부장관이 지정하여 고시하는 철도안전에 관한 전문기관이나 단체에 위탁한다.

　　1. 삭제

　　2. 법 제69조제4항에 따른 자격부여 등에 관한 업무 중 제60조의2에 따른 자격부여신청 접수, 자격증명서 발급, 관계 자료 제출 요청 및 자격부여에 관한 자료의 유지 · 관리 업무　법 제69조 : 철도안전 전문인력

📑 영 제63조의2(민감정보 및 고유식별정보의 처리)

국토교통부장관(제63조제1항에 따라 국토교통부장관의 권한을 위탁받은 자를 포함한다), 법 제13조에 따른 의료기관과 운전적성검사기관, 운전교육훈련기관, 관제적성검사기관 및 관제교육훈련기관은 다음 각 호의 사무를 수행하기 위하여 불가피한 경우 「개인정보 보호법」 제23조에 따른 건강에 관한 정보나 같은 법 시행령 제19조제1호 또는 제2호에 따른 주민등록번호 또는 여권번호가 포함된 자료를 처리할 수 있다.

1. 법 제12조에 따른 운전면허의 신체검사에 관한 사무

2. 법 제15조에 따른 운전적성검사에 관한 사무

3. 법 제16조에 따른 운전교육훈련에 관한 사무

4. 법 제17조에 따른 운전면허시험에 관한 사무

5. 법 제21조의5에 따른 관제자격증명의 신체검사에 관한 사무

6. 법 제21조의6에 따른 관제적성검사에 관한 사무

7. 법 제21조의7에 따른 관제교육훈련에 관한 사무

8. 법 제21조의8에 따른 관제자격증명시험에 관한 사무

9. 법 제24조의2에 따른 철도차량정비기술자의 인정에 관한 사무

10. 제1호부터 제9호까지의 규정에 따른 사무를 수행하기 위하여 필요한 사무

📑 영 제63조의3(규제의 재검토)

국토교통부장관은 다음 각 호의 사항에 대하여 다음 각 호의 기준일을 기준으로 3년마다(매 3년이 되는 해의 기준일과 같은 날 전까지를 말한다) 그 타당성을 검토하여 개선 등의 조치를 하여야 한다.

1. 제44조에 따른 운송위탁 및 운송 금지 위험물 등 : 2017년 1월 1일

2. 제60조에 따른 철도안전 전문인력의 자격기준 : 2017년 1월 1일

벌칙

📋 법 제78조(벌칙)

① 다음 각 호의 어느 하나에 해당하는 사람은 무기징역 또는 5년 이상의 징역에 처한다.

  1. 사람이 탑승하여 운행 중인 철도차량에 불을 놓아 소훼한 사람

  2. 사람이 탑승하여 운행 중인 철도차량을 탈선 또는 충돌하게 하거나 파괴한 사람

② 제48조제1항제1호를 위반하여 철도시설 또는 철도차량을 파손하여 철도차량 운행에 위험을 발생하게 한 사람은 10년 이하의 징역 또는 1억원 이하의 벌금에 처한다.

③ 과실로 제1항의 죄를 지은 사람은 1년 이하의 징역 또는 1천만원 이하의 벌금에 처한다.

④ 과실로 제2항의 죄를 지은 사람은 1천만원 이하의 벌금에 처한다.

⑤ 업무상 과실이나 중대한 과실로 제1항의 죄를 지은 사람은 3년 이하의 징역 또는 3천만원 이하의 벌금에 처한다.

⑥ 업무상 과실이나 중대한 과실로 제2항의 죄를 지은 사람은 2년 이하의 징역 또는 2천만원 이하의 벌금에 처한다.

⑦ 제1항 및 제2항의 미수범은 처벌한다.

📋 법 제79조(벌칙)

> 💡 4장 및 7장 관련 부분은 기존 시험범위 제외입니다. 당해 공고문 시험범위를 꼭 참고하시기 바랍니다.

① 제49조제2항을 위반하여 폭행·협박으로 철도종사자의 직무집행을 방해한 자는 5년 이하의 징역 또는 5천만원 이하의 벌금에 처한다.

② 다음 각 호의 어느 하나에 해당하는 자는 3년 이하의 징역 또는 3천만원 이하의 벌금에 처한다.

  1. 제7조제1항을 위반하여 안전관리체계의 승인을 받지 아니하고 철도운영을 하거나 철도시설을 관리한 자

  2. 제26조의3제1항을 위반하여 철도차량 제작자승인을 받지 아니하고 철도차량을 제작한 자

    시험범위 제외(4장)

  3. 제27조의2제1항을 위반하여 철도용품 제작자승인을 받지 아니하고 철도용품을 제작한 자

    시험범위 제외(4장)

  3의2. 제38조의2제2항을 위반하여 개조승인을 받지 아니하고 철도차량을 임의로 개조하여 운행한 자

    시험범위 제외(4장)

3의3. 제38조의2제3항을 위반하여 적정 개조능력이 있다고 인정되지 아니한 자에게 철도차량 개조

작업을 수행하게 한 자 시험범위 제외(4장)

3의4. 제38조의3제1항을 위반하여 국토교통부장관의 운행제한 명령을 따르지 아니하고 철도차량을

운행한 자 시험범위 제외(4장)

4. 철도사고등 발생 시 제40조의2제2항제2호 또는 제5항을 위반하여 사람을 사상(死傷)에 이르게 하거나

철도차량 또는 철도시설을 파손에 이르게 한 자

5. 제41조제1항을 위반하여 술을 마시거나 약물을 사용한 상태에서 업무를 한 사람

6. 제43조를 위반하여 운송 금지 위험물의 운송을 위탁하거나 그 위험물을 운송한 자

7. 제44조제1항을 위반하여 위험물을 운송한 자

7의2. 제47조제2항을 위반하여 여객열차에서 다른 사람을 폭행하여 열차운행에 지장을 초래한 자

8. 제48조제1항제2호부터 제4호까지의 규정에 따른 금지행위를 한 자

제48조 : 철도 보호 및 질서유지를 위한 금지행위

③ 다음 각 호의 어느 하나에 해당하는 자는 <u>2년 이하의 징역 또는 2천만원 이하의 벌금</u>에 처한다.

1. 거짓이나 그 밖의 부정한 방법으로 제7조제1항에 따른 안전관리체계의 승인을 받은 자

2. 제8조제1항을 위반하여 철도운영이나 철도시설의 관리에 중대하고 명백한 지장을 초래한 자

제8조 : 안전관리체계의 유지

3. 거짓이나 그 밖의 부정한 방법으로 제15조제4항, 제16조제3항, 제21조의6제3항, 제21조의7제3항,

제24조의4제2항, 제38조의13제1항 또는 제69조제5항에 따른 지정을 받은 자 제15조 : 운전적성검사

4. 제15조의2(제16조제5항, 제21조의6제5항, 제21조의7제5항, 제24조의4제5항 또는 제69조제7항에서

준용하는 경우를 포함한다)에 따른 업무정지 기간 중에 해당 업무를 한 자

5. 거짓이나 그 밖의 부정한 방법으로 제26조제1항 또는 제27조제1항에 따른 형식승인을 받은 자

시험범위 제외(4장)

6. 제26조제5항을 위반하여 형식승인을 받지 아니한 철도차량을 운행한 자 시험범위 제외(4장)

7. 거짓이나 그 밖의 부정한 방법으로 제26조의3제1항 또는 제27조의2제1항에 따른 제작자승인을 받은 자

시험범위 제외(4장)

8. 거짓이나 그 밖의 부정한 방법으로 제26조의3제3항(제27조의2제4항에서 준용하는 경우를 포함한다)에

따른 제작자승인의 면제를 받은 자 시험범위 제외(4장)

9. 제26조의6제1항을 위반하여 완성검사를 받지 아니하고 철도차량을 판매한 자 시험범위 제외(4장)

10. 제26조의7제1항제5호(제27조의2제4항에서 준용하는 경우를 포함한다)에 따른 업무정지 기간 중에

철도차량 또는 철도용품을 제작한 자 시험범위 제외(4장)

11. 제27조제3항을 위반하여 형식승인을 받지 아니한 철도용품을 철도시설 또는 철도차량 등에 사용한 자

시험범위 제외(4장)

11의2. 거짓이나 그 밖의 부정한 방법으로 제27조의3에 따라 위탁받은 검사 업무를 수행한 자

시험범위 제외(4장)

12. 제32조제1항에 따른 중지명령에 따르지 아니한 자 시험범위 제외(4장)

13. 제38조제1항을 위반하여 종합시험운행을 실시하지 아니하거나 실시한 결과를 국토교통부장관에게 보고하지 아니하고 철도노선을 정상운행한 자　시험범위 제외(4장)

13의2. 제38조의6제1항을 위반하여 철도차량정비가 되지 않은 철도차량임을 알면서 운행한 자　시험범위 제외(4장)

13의3. 제38조의6제3항에 따른 철도차량정비 또는 원상복구 명령에 따르지 아니한 자　시험범위 제외(4장)

13의4. 거짓이나 그 밖의 부정한 방법으로 제38조의7제1항에 따른 철도차량 정비조직의 인증을 받은 자　시험범위 제외(4장)

13의5. 제38조의10제1항제2호에 해당하는 경우로서 고의 또는 중대한 과실로 철도사고 또는 중대한 운행장애를 발생시킨 자　시험범위 제외(4장)

13의6. 제38조의12제4항을 위반하여 정밀안전진단을 받지 아니하거나 정밀안전진단 결과 또는 정밀안전진단 결과에 대한 평가 결과 계속 사용이 적합하지 아니하다고 인정된 철도차량을 운행한 자　시험범위 제외(4장)

13의7. 제40조제2항 후단을 위반하여 특별한 사유 없이 열차운행을 중지하지 아니한 자　제40조 : 열차운행의 일시 중지

13의8. 제40조제4항을 위반하여 철도종사자에게 불이익한 조치를 한 자

14. 삭제

15. 제41조제2항에 따른 확인 또는 검사에 불응한 자　제41조 : 철도종사자의 음주 검사

16. 정당한 사유 없이 제42조제1항을 위반하여 위해물품을 휴대하거나 적재한 사람

17. 제45조제1항 및 제2항에 따른 신고를 하지 아니하거나 같은 조 제3항에 따른 명령에 따르지 아니한 자　제45조 : 철도보호지구에서 행위 제한

18. 제47조제1항제2호를 위반하여 운행 중 비상정지버튼을 누르거나 승강용 출입문을 여는 행위를 한 사람

19. 제61조의3제3항을 위반하여 철도안전 자율보고를 한 사람에게 불이익한 조치를 한 자

④ 다음 각 호의 어느 하나에 해당하는 자는 1년 이하의 징역 또는 1천만원 이하의 벌금에 처한다.

1. 제10조제1항을 위반하여 운전면허를 받지 아니하고(제20조에 따라 운전면허가 취소되거나 그 효력이 정지된 경우를 포함한다) 철도차량을 운전한 사람

2. 거짓이나 그 밖의 부정한 방법으로 운전면허를 받은 사람

2의2. 거짓이나 그 밖의 부정한 방법으로 관제자격증명을 받은 사람

2의3. 거짓이나 그 밖의 부정한 방법으로 철도차량정비기술자로 인정받은 사람

2의4. 제19조의2를 위반하여 운전면허증을 다른 사람에게 빌려주거나 빌리거나 이를 알선한 사람

3. 제21조를 위반하여 실무수습을 이수하지 아니하고 철도차량의 운전업무에 종사한 사람

3의2. 제21조의2를 위반하여 운전면허를 받지 아니하거나(제20조에 따라 운전면허가 취소되거나 그 효력이 정지된 경우를 포함한다) 실무수습을 이수하지 아니한 사람을 철도차량의 운전업무에 종사하게 한 철도운영자등

3의3. 제21조의3을 위반하여 관제자격증명을 받지 아니하고(제21조의11에 따라 관제자격증명이
취소되거나 그 효력이 정지된 경우를 포함한다) 관제업무에 종사한 사람

3의4. 제21조의10을 위반하여 관제자격증명서를 다른 사람에게 빌려주거나 빌리거나 이를 알선한 사람

4. 제22조를 위반하여 실무수습을 이수하지 아니하고 관제업무에 종사한 사람

4의2. 제22조의2를 위반하여 관제자격증명을 받지 아니하거나(제21조의11에 따라 관제자격증명이
취소되거나 그 효력이 정지된 경우를 포함한다) 실무수습을 이수하지 아니한 사람을 관제업무에
종사하게 한 철도운영자등

5. 제23조제1항을 위반하여 신체검사와 적성검사를 받지 아니하거나 같은 조 제3항을 위반하여
신체검사와 적성검사에 합격하지 아니하고 같은 조 제1항에 따른 업무를 한 사람 및 그로 하여금 그
업무에 종사하게 한 자

5의2. 제24조의3을 위반한 다음 각 목의 어느 하나에 해당하는 사람

　가. 다른 사람에게 자기의 성명을 사용하여 철도차량정비 업무를 수행하게 하거나 자신의
철도차량정비경력증을 빌려 준 사람

　나. 다른 사람의 성명을 사용하여 철도차량정비 업무를 수행하거나 다른 사람의 철도차량정비경력증을
빌린 사람

　다. 가목 및 나목의 행위를 알선한 사람

6. 제26조제1항 또는 제27조제1항에 따른 형식승인을 받지 아니한 철도차량 또는 철도용품을 판매한 자
　시험범위 제외(4장)

6의2. 제31조제6항에 따른 이행 명령에 따르지 아니한 자　시험범위 제외(4장)

7. 제38조제1항을 위반하여 종합시험운행 결과를 허위로 보고한 자　시험범위 제외(4장)

7의2. 제26조제1항 또는 제27조제1항에 따른 형식승인을 받지 아니한 철도차량 또는 철도용품을 판매한 자
　시험범위 제외(4장)

8. 제39조의2제1항에 따른 지시를 따르지 아니한 자
　제39조의2제1항 : 국토교통부장관이 지시하는 이동 · 출발 · 정지 등의 명령

9. 제39조의3제3항을 위반하여 설치 목적과 다른 목적으로 영상기록장치를 임의로 조작하거나 다른 곳을
비춘 자 또는 운행기간 외에 영상기록을 한 자

10. 제39조의3제4항을 위반하여 영상기록을 목적 외의 용도로 이용하거나 다른 자에게 제공한 자

11. 제39조의3제5항을 위반하여 안전성 확보에 필요한 조치를 하지 아니하여 영상기록장치에 기록된
영상정보를 분실 · 도난 · 유출 · 변조 또는 훼손당한 자

12. 제47조제1항제6호를 위반하여 술을 마시거나 약물을 복용하고 다른 사람에게 위해를 주는 행위를 한
사람

13. 거짓이나 부정한 방법으로 철도운행안전관리자 자격을 받은 사람

14. 제69조의2제1항을 위반하여 철도운행안전관리자를 배치하지 아니하고 철도시설의 건설 또는 관리와
관련한 작업을 시행한 철도운영자　시험범위 제외(7장)

15. 제69조의3제1항 및 제2항을 위반하여 정기교육을 받지 아니하고 업무를 한 사람 및 그로 하여금 그 업무에 종사하게 한 자 시험범위 제외(7장)

16. 제69조의4를 위반하여 철도안전 전문인력의 분야별 자격을 다른 사람에게 빌려주거나 빌리거나 이를 알선한 사람 시험범위 제외(7장)

⑤ 제47조제1항제5호를 위반한 자는 <u>500만원 이하의 벌금</u>에 처한다.

제47조제1항제5호 : 철도종사자와 여객 등에게 성적 수치심을 일으키는 행위

📄 법 제80조(형의 가중)

① 제78조제1항의 죄를 지어 사람을 사망에 이르게 한 자는 사형, 무기징역 또는 7년 이상의 징역에 처한다.

제78조제1항 : 소훼 탈선 등

② 제79조제1항, 제3항제16호 또는 제17호의 죄를 범하여 열차운행에 지장을 준 자는 그 죄에 규정된 형의 2분의 1까지 가중한다. 제79조제1항 : 폭행 · 협박으로 철도종사자의 직무집행을 방해

③ 제79조제3항제16호 또는 제17호의 죄를 범하여 사람을 사상에 이르게 한 자는 5년 이하의 징역 또는 5천만원 이하의 벌금에 처한다. 제79조제3항제16호 : 위해물품을 휴대 / 17호 : 철도보호지구에서의 행위제한

📄 법 제81조(양벌규정)

법인의 대표자나 법인 또는 개인의 대리인, 사용인, 그 밖의 종업원이 그 법인 또는 개인의 업무에 관하여 제79조제2항, 같은 조 제3항(제16호는 제외한다) 및 제4항(제2호는 제외한다) 또는 제80조(제79조제3항제17호의 가중죄를 범한 경우만 해당한다)의 어느 하나에 해당하는 위반행위를 하면 그 행위자를 벌하는 외에 그 법인 또는 개인에게도 해당 조문의 벌금형을 과(科)한다. 다만, 법인 또는 개인이 그 위반행위를 방지하기 위하여 해당 업무에 관하여 상당한 주의와 감독을 게을리하지 아니한 경우에는 그러하지 아니하다.

📄 법 제82조(과태료)

① 다음 각 호의 어느 하나에 해당하는 자에게는 <u>1천만원 이하의 과태료</u>를 부과한다.

   1. 제7조제3항(제26조의8 및 제27조의2제4항에서 준용하는 경우를 포함한다)을 위반하여 안전관리체계의 변경승인을 받지 아니하고 안전관리체계를 변경한 자

   2. 제8조제3항(제26조의8 및 제27조의2제4항에서 준용하는 경우를 포함한다)을 위반하여 정당한 사유 없이 시정조치 명령에 따르지 아니한 자

   2의2. 제9조의4제4항을 위반하여 시정조치 명령을 따르지 아니한 자

   3. 삭제

4. 제26조제2항(제27조제4항에서 준용하는 경우를 포함한다)을 위반하여 변경승인을 받지 아니한 자
   시험범위 제외(4장)

5. 제26조의5제2항(제27조의2제4항에서 준용하는 경우를 포함한다)에 따른 신고를 하지 아니한 자
   시험범위 제외(4장)

6. 제27조의2제3항을 위반하여 형식승인표시를 하지 아니한 자   시험범위 제외(4장)

7. 제31조제2항을 위반하여 조사·열람·수거 등을 거부, 방해 또는 기피한 자   시험범위 제외(4장)

8. 제32조제2항 또는 제4항을 위반하여 시정조치계획을 제출하지 아니하거나 시정조치의 진행 상황을
   보고하지 아니한 자   시험범위 제외(4장)

9. 제38조제2항에 따른 개선·시정 명령을 따르지 아니한 자   시험범위 제외(4장)

9의2. 제38조의5제3항을 위반한 다음 각 목의 어느 하나에 해당하는 자   시험범위 제외(4장)
      가. 이력사항을 고의로 입력하지 아니한 자
      나. 이력사항을 위조·변조하거나 고의로 훼손한 자
      다. 이력사항을 무단으로 외부에 제공한 자

9의3. 제38조의7제2항을 위반하여 변경인증을 받지 아니한 자   시험범위 제외(4장)

9의4. 제38조의9에 따른 준수사항을 지키지 아니한 자   시험범위 제외(4장)

9의5. 제38조의12제2항에 따른 정밀안전진단 명령을 따르지 아니한 자   시험범위 제외(4장)

9의6. 제38조의14제2항 후단을 위반하여 특별한 사유 없이 자료를 제출하지 아니하거나 거짓으로 제출한 자
      시험범위 제외(4장)

10. 제39조의2제3항에 따른 안전조치를 따르지 아니한 자   제39조의2제3항 : 국토교통부장관의 안전조치)

10의2. 제39조의3제1항을 위반하여 영상기록장치를 설치·운영하지 아니한 자

11. 삭제

12. 삭제

13. 삭제

13의2. 제48조의3제1항을 위반하여 국토교통부장관의 성능인증을 받은 보안검색장비를 사용하지 아니한 자

13의3. 삭제

14. 제49조제1항을 위반하여 철도종사자의 직무상 지시에 따르지 아니한 사람

15. 제61조제1항 및 제61조의2제1항·제2항에 따른 보고를 하지 아니하거나 거짓으로 보고한 자

15의2. 삭제

16. 제73조제1항에 따른 보고를 하지 아니하거나 거짓으로 보고한 자

17. 제73조제1항에 따른 자료제출을 거부, 방해 또는 기피한 자

18. 제73조제2항에 따른 소속 공무원의 출입·검사를 거부, 방해 또는 기피한 자

② 다음 각 호의 어느 하나에 해당하는 자에게는 <u>500만원 이하의 과태료</u>를 부과한다.
   1. 제7조제3항(제26조의8 및 제27조의2제4항에서 준용하는 경우를 포함한다)을 위반하여 안전관리체계의
      변경신고를 하지 아니하고 안전관리체계를 변경한 자

2. 제24조제1항을 위반하여 안전교육을 실시하지 아니한 자 또는 제24조제2항을 위반하여 직무교육을
   실시하지 아니한 자

2의2. 제24조제3항을 위반하여 안전교육 실시 여부를 확인하지 아니하거나 안전교육을 실시하도록
   조치하지 아니한 철도운영자등

3. 제26조제2항(제27조제4항에서 준용하는 경우를 포함한다)을 위반하여 변경신고를 하지 아니한 자
   시험범위 제외(4장)

4. 제38조의2제2항 단서를 위반하여 개조신고를 하지 아니하고 개조한 철도차량을 운행한 자
   시험범위 제외(4장)

5. 제38조의5제3항제1호를 위반하여 이력사항을 과실로 입력하지 아니한 자   시험범위 제외(4장)

6. 제38조의7제2항을 위반하여 변경신고를 하지 아니한 자   시험범위 제외(4장)

7. 제40조의2에 따른 준수사항을 위반한 자

7의2. 제44조제1항에 따른 위험물취급의 방법, 절차 등을 따르지 아니하고 위험물취급을 한 자(위험물을
   철도로 운송한 자는 제외한다)

7의3. 제44조의2제1항에 따른 검사를 받지 아니하고 포장 및 용기를 판매 또는 사용한 자

7의4. 제44조의3제1항을 위반하여 자신이 고용하고 있는 종사자가 위험물취급안전교육을 받도록 하지
   아니한 위험물취급자

8. 제47조제1항제1호 또는 제3호를 위반하여 여객출입 금지장소에 출입하거나 물건을 여객열차 밖으로
   던지는 행위를 한 사람

8의2. 제47조제4항을 위반하여 여객열차에서의 금지행위에 관한 사항을 안내하지 아니한 자

9. 제48조제1항제5호를 위반하여 철도시설(선로는 제외한다)에 승낙 없이 출입하거나 통행한 사람

10. 제48조제1항제7호 · 제9호 또는 제10호를 위반하여 철도시설에 유해물 또는 오물을 버리거나
   열차운행에 지장을 준 사람

11. 제48조의3제2항에 따른 보안검색장비의 성능인증을 위한 기준 · 방법 · 절차 등을 위반한 인증기관 및
   시험기관

12. 제61조제2항에 따른 보고를 하지 아니하거나 거짓으로 보고한 자   제61조제2항 : 철도사고등 의무보고

③ 다음 각 호의 어느 하나에 해당하는 자에게는 <u>300만원 이하의 과태료</u>를 부과한다.

   1. 제9조의4제3항을 위반하여 우수운영자로 지정되었음을 나타내는 표시를 하거나 이와 유사한 표시를
      한 자

   2. 삭제

   3. 삭제

   4. 제20조제3항(제21조의11제2항에서 준용하는 경우를 포함한다)을 위반하여 운전면허증을 반납하지
      아니한 사람

④ 다음 각 호의 어느 하나에 해당하는 자에게는 <u>100만원 이하의 과태료</u>를 부과한다.

   1. 제40조의3을 위반하여 업무에 종사하는 동안에 열차 내에서 흡연을 한 사람

2. 제47조제1항제4호를 위반하여 여객열차에서 흡연을 한 사람

3. 제48조제1항제5호를 위반하여 선로에 승낙 없이 출입하거나 통행한 사람

4. 제48조제1항제6호를 위반하여 폭언 또는 고성방가 등 소란을 피우는 행위를 한 사람

⑤ 다음 각 호의 어느 하나에 해당하는 자에게는 50만원 이하의 과태료를 부과한다.

1. 제45조제4항을 위반하여 조치명령을 따르지 아니한 자   제45조제4항 : 철도보호지구에서 조치

2. 제47조제1항제7호를 위반하여 공중이나 여객에게 위해를 끼치는 행위를 한 사람

⑥ 제1항부터 제5항까지에 따른 과태료는 대통령령으로 정하는 바에 따라 국토교통부장관 또는

시·도지사(이 조 제1항제14호·제16호 및 제17호, 제2항제8호부터 제10호까지, 제4항제2호·제3호 및
제5항제1호·제2호만 해당한다)가 부과·징수한다.

📑 영 제64조(과태료 부과기준)

법 제82조제1항부터 제5항까지의 규정에 따른 과태료 부과기준은 별표 6과 같다.

철도안전법 시행령 [별표 6]
과태료 부과기준(제64조 관련)

1. 일반기준

가. 위반행위의 횟수에 따른 과태료의 가중된 부과기준은 최근 1년간 같은 위반행위로 과태료 부과처분을 받은 경우에 적용한다. 이 경우 기간의 계산은 위반행위에 대하여 과태료 부과처분을 받은 날과 그 처분 후 다시 같은 위반행위를 하여 적발된 날을 기준으로 한다.

나. 가목에 따라 가중된 부과처분을 하는 경우 가중처분의 적용 차수는 그 위반행위 전 부과처분 차수(가목에 따른 기간 내에 과태료 부과처분이 둘 이상 있었던 경우에는 높은 차수를 말한다)의 다음 차수로 한다.

다. 하나의 행위가 둘 이상의 위반행위에 해당하는 경우에는 그 중 무거운 과태료의 부과기준에 따른다.

라. 부과권자는 다음의 어느 하나에 해당하는 경우에는 제2호에 따른 과태료 금액의 2분의 1 범위에서 그 금액을 줄일 수 있다. 다만, 과태료를 체납하고 있는 위반행위자의 경우에는 그렇지 않다.
  1) 삭제
  2) 위반행위가 사소한 부주의나 오류로 인한 것으로 인정되는 경우
  3) 위반행위자가 법 위반상태를 시정하거나 해소하기 위해 노력한 것이 인정되는 경우
  4) 그 밖에 위반행위의 정도, 위반행위의 동기와 그 결과 등을 고려하여 과태료를 줄일 필요가 있다고 인정되는 경우

마. 부과권자는 다음의 어느 하나에 해당하는 경우에는 제2호의 개별기준에 따른 과태료 금액의 2분의 1 범위에서 그 금액을 늘릴 수 있다. 다만, 법 제82조제1항부터 제5항까지의 규정에 따른 과태료 금액의 상한을 넘을 수 없다.
  1) 위반의 내용·정도가 중대하여 공중(公衆)에게 미치는 피해가 크다고 인정되는 경우
  2) 그 밖에 위반행위의 정도, 위반행위의 동기와 그 결과 등을 고려하여 늘릴 필요가 있다고 인정되는 경우

2. 개별기준

> 4장 및 7장 관련 부분은 기존 시험범위 제외입니다. 당해 공고문 시험범위를 꼭 참고하시기 바랍니다.

위반행위	근거법조문	과태료 금액(단위: 만원)		
		1회 위반	2회 위반	3회 이상 위반
가. 법 제7조제3항(법 제26조의8 및 제27조의2제4항에서 준용하는 경우를 포함한다)을 위반하여 안전관리체계의 변경승인을 받지 않고 안전관리체계를 변경한 경우	법 제82조 제1항제1호	300	600	900
나. 법 제7조제3항(법 제26조의8 및 제27조의2제4항에서 준용하는 경우를 포함한다)을 위반하여 안전관리체계의 변경신고를 하지 않고 안전관리체계를 변경한 경우	법 제82조 제2항제1호	150	300	450
다. 법 제8조제3항(법 제26조의8 및 제27조의2제4항에서 준용하는 경우를 포함한다)을 위반하여 정당한 사유 없이 시정조치 명령에 따르지 않은 경우	법 제82조 제1항제2호	300	600	900
라. 법 제9조의4제3항을 위반하여 우수운영자로 지정되었음을 나타내는 표시를 하거나 이와 유사한 표시를 한 경우	법 제82조 제3항제1호	90	180	270
마. 법 제9조의4제4항을 위반하여 시정조치명령을 따르지 않은 경우(옆네모양식:법 제9조의4제4항:우수운영자 표시 시정조치)	법 제82조 제1항제2호의2	300	600	900
바. 법 제20조제3항(법 제21조의11제2항에서 준용하는 경우를 포함한다)을 위반하여 운전면허증을 반납하지 않은 경우	법 제82조 제3항제4호	90	180	270
사. 법 제24조제1항을 위반하여 안전교육을 실시하지 않거나 같은 조 제2항을 위반하여 직무교육을 실시하지 않은 경우	법 제82조 제2항제2호	150	300	450
아. 법 제24제3항을 위반하여 철도운영자 등이 안전교육 실시 여부를 확인하지 않거나 안전교육을 실시하도록 조치하지 않은 경우	법 제82조 제2항제2호의2	150	300	450
자. 법 제26조제2항 본문(법 제27조제4항에서 준용하는 경우를 포함한다)을 위반하여 변경승인을 받지 않은 경우 시험범위 제외(4장)	법 제82조 제1항제4호	300	600	900
차. 법 제26조제2항 단서(법 제27조제 4항에서 준용하는 경우를 포함한다)를 위반하여 변경신고를 하지 않은 경우 시험범위 제외(4장)	법 제82조 제2항제3호	150	300	450
카. 법 제26조의5제2항(법 제27조의2제4항에서 준용하는 경우를 포함한다)에 따른 신고를 하지 않은 경우 시험범위 제외(4장)	법 제82조 제1항제5호	300	600	900
타. 법 제27조의2제3항을 위반하여 형식승인표시를 하지 않은 경우 시험범위 제외(4장)	법 제82조 제1항제6호	300	600	900
파. 법 제31조제2항을 위반하여 조사 · 열람 · 수거 등을 거부, 방해 또는 기피한 경우 시험범위 제외(4장)	법 제82조 제1항제7호	300	600	900
하. 법 제32조제2항 또는 제4항을 위반하여 시정조치계획을 제출하지 않거나 시정조치의 진행 상황을 보고하지 않은 경우 시험범위 제외(4장)	법 제82조 제1항제8호	300	600	900

위반행위	근거법조문	과태료 금액(단위: 만원)		
		1회 위반	2회 위반	3회 이상 위반
거. 법 제38조제2항에 따른 개선·시정 명령을 따르지 않은 경우 [시험범위 제외(4장)]	법 제82조 제1항제9호	300	600	900
너. 법 제38조의2제2항 단서를 위반하여 개조신고를 하지 않고 개조한 철도차량 을 운행한 경우 [시험범위 제외(4장)]	법 제82조 제2항제4호	150	300	450
더. 제38조의5제3항을 위반한 다음의 어느 하나에 해당하는 경우 [시험범위 제외(4장)] 1) 이력사항을 고의로 입력하지 않은 경우 2) 이력사항을 위조·변조하거나 고의로 훼손한 경우 3) 이력사항을 무단으로 외부에 제공한 경우	법 제82조 제1항제9호 의2	300	600	900
러. 법 제38조의5제3항제1호를 위반하여 이력사항을 과실로 입력하지 않은 경우 [시험범위 제외(4장)]	법 제82조 제2항제5호	150	300	450
머. 법 제38조의7제2항을 위반하여 변경인증을 받지 않은 경우 [시험범위 제외(4장)]	법 제82조 제1항제9호 의3	300	600	900
버. 제38조의7제2항을 위반하여 변경신고를 하지 않은 경우 [시험범위 제외(4장)]	법 제82조 제2항제6호	150	300	450
서. 법 제38조의9에 따른 준수사항을 지키지 않은 경우 [시험범위 제외(4장)]	법 제82조 제1항제9호 의4	300	600	900
어. 법 제38조의12제2항에 따른 정밀안전진단 명령을 따르지 않은 경우 [시험범위 제외(4장)]	법 제82조 제1항제9호 의5	300	600	900
저. 법 제38조의14제2항 후단을 위반하여 특별한 사유 없이 자료를 제출하지 않거나 거짓으로 제출한 경우 [시험범위 제외(4장)]	법 제82조 제1항제9호 의6	300	600	900
처. 법 제39조의2제3항에 따른 안전조치를 따르지 않은 경우 [법 제39조의2제3항 : 국토교통부장관의 안전조치]	법 제82조 제1항제10호	300	600	900
커. 법 제39조의3제1항을 위반하여 영상기록장치를 설치·운영하지 않은 경우	법 제82조 제1항제10호 의2	300	600	900
터. 법 제40조의2에 따른 준수사항을 위반한 경우 [법 제40조의2 : 철도종사자의 준수사항]	법 제82조 제2항제7호	150	300	450
퍼. 법 제40조의3을 위반하여 업무에 종사하는 동안에 열차 내에서 흡연을 한 경우	법 제82조 제4항제1호	30	60	90
허. 법 제44조제1항에 따른 위험물취급의 방법, 절차 등을 따르지 않고 위험물 취급을 한 경우(위험물을 철도로 운송한 경우는 제외한다)	법 제82조 제2항제7호 의2	150	300	450

위반행위	근거법조문	과태료 금액(단위: 만원)		
		1회 위반	2회 위반	3회 이상 위반
고. 법 제44조의2제1항에 따른 검사를 받지 않고 포장 및 용기를 판매 또는 사용한 경우	법 제82조 제2항제7호의	150	300	450
노. 위험물취급자가 법 제44조의3제1항을 위반하여 자신이 고용하고 있는 종사자가 위험물취급안전교육을 받도록 하지 않은 경우	법 제82조 제2항제7호의4	150	300	450
도. 법 제45조제4항을 위반하여 조치명령을 따르지 않은 경우 법 제45조제4항 : 철도보호지구에서 조치명령	법 제82조 제5항제1호	15	30	45
로. 법 제47조제1항제1호 또는 제3호를 위반하여 여객출입 금지장소에 출입하거나 물건을 여객열차 밖으로 던지는 행위를 한 경우	법 제82조 제2항제8호	150	300	450
모. 법 제47조제1항제4호를 위반하여 여객열차에서 흡연을 한 경우	법 제82조 제4항제2호	30	60	90
보. 법 제47조제1항제7호를 위반하여 공중이나 여객에게 위해를 끼치는 행위를 한 경우	법 제82조 제5항제2호	15	30	45
소. 법 제47조제4항에 따른 여객열차에서의 금지행위에 관한 사항을 안내하지 않은 경우	법 제82조 제2항	150	300	450
오. 법 제48조제1항제5호를 위반하여 철도시설(선로는 제외한다)에 승낙 없이 출입하거나 통행한 경우	법 제82조 제2항제9호	150	300	450
조. 법 제48조제1항제5호를 위반하여 선로에 승낙 없이 출입하거나 통행한 경우	법 제82조 제4항제3호	30	60	90
초. 법 제48조제1항제6호를 위반하여 폭언 또는 고성방가 등 소란을 피우는 행위를 한 경우	법 제82조 제4항 제4호	30	60	90
코. 법 제48조제1항제7호 · 제9호 또는 제10호를 위반하여 철도시설에 유해물 또는 오물을 버리거나 열차운행에 지장을 준 경우	법 제82조 제2항제10호	150	300	450
토. 법 제48조의3제1항을 위반하여 국토교통부장관의 성능인증을 받은 보안검색장비를 사용하지 않은 경우	법 제82조 제1항제13호의2	300	600	900
포. 인증기관 및 시험기관이 법 제48조의3제2항에 따른 보안검색장비의 성능인증을 위한 기준 · 방법 · 절차 등을 위반한 경우	법 제82조 제2항제11호	150	300	450
호. 법 제49조제1항을 위반하여 철도종사자의 직무상 지시에 따르지 않은 경우	법 제82조 제1항제14호	300	600	900
구. 법 제61조제1항에 따른 보고를 하지 않거나 거짓으로 보고한 경우	법 제82조 제1항제15호	300	600	900
누. 법 제61조제2항에 따른 보고를 하지 않거나 거짓으로 보고한 경우	법 제82조 제2항제12호	150	300	450
두. 법 제61조의2제1항 · 제2항에 따른 보고를 하지 않거나 거짓으로 보고한 경우	법 제82조 제1항제15호	300	600	900

위반행위	근거법조문	과태료 금액(단위: 만원)		
		1회 위반	2회 위반	3회 이상 위반
루. 법 제73조제1항에 따른 보고를 하지 않거나 거짓으로 보고한 경우	법 제82조 제1항제16호	300	600	900
무. 법 제73조제1항에 따른 자료제출을 거부, 방해 또는 기피한 경우	법 제82조 제1항제17호	300	600	900
부. 법 제73조제2항에 따른 소속 공무원의 출입 · 검사를 거부, 방해 또는 기피한 경우	법 제82조 제1항제18호	300	600	900

📑 법 제83조(과태료 규정의 적용 특례)

제82조의 과태료에 관한 규정을 적용할 때 제9조의2(제26조의8, 제27조의2제4항, 제38조의4, 제38조의11 및 제38조의15에서 준용하는 경우를 포함한다)에 따라 과징금을 부과한 행위에 대해서는 과태료를 부과할 수 없다.

OX 문제

법 제1조(목적)　**OX1**　이 법은 철도안전을 확보하기 위하여 필요한 사항을 규정하고 철도안전 관리체계를 확립함으로써 공공복리의 증진에 이바지함을 목적으로 한다.　O | X

영 제1조(목적)　**OX2**　이 영은 「철도안전법」에서 위임된 사항과 그 시행에 필요한 사항을 규정함을 목적으로 한다.　O | X

법 제2조(정의)　**OX3**　"운행장애"란 철도사고 및 철도준사고를 포함하여 철도차량의 운행에 지장을 주는 것으로서 국토교통부령으로 정하는 것을 말한다.　O | X

법 제3조(다른 법률과의 관계)　**OX4**　철도안전에 관하여 다른 법률에 특별한 규정이 있는 경우에도 이 법에서 정하는 바에 따른다.　O | X

법 제3조의2(조약과의 관계)　**OX5**　국제철도를 이용한 화물 및 여객 운송에 관하여 대한민국과 외국 간 체결된 조약에 이 법과 다른 규정이 있는 때에는 그 조약의 규정에 따른다. 다만, 이 법의 규정내용이 조약의 안전기준보다 강화된 기준을 포함하는 때에는 그러하지 아니하다.　O | X

법 제5조(철도안전 종합계획)　**OX6**　국토교통부장관은 매년 철도안전에 관한 종합계획을 수립하여야 한다.　O | X

해　OX3　제외하여
　　OX4　특별한 규정이 있는 경우를 제외하고
　　OX6　5년마다

답　OX1 O　　OX2 O　　OX3 X　　OX4 X　　OX5 O　　OX6 X

| 법 제5조(철도안전 종합계획) | **OX7** | 국토교통부장관은 철도안전 종합계획을 수립할 때에는 미리 관계 중앙행정기관의 장 및 철도운영자등과 협의한 후 철도기술위원회의 심의를 거쳐야 한다. O｜X |

| 법 제5조(철도안전 종합계획) | **OX8** | 국토교통부장관은 철도안전 종합계획을 수립하거나 변경하기 위하여 필요하다고 인정하면 시·도지사에게 관련 자료의 제출을 요구할 수 있다. 자료 제출 요구를 받은 관계 중앙행정기관의 장 또는 시·도지사는 특별한 사유가 없으면 이에 따라야 한다. O｜X |

| 법 제5조(철도안전 종합계획) | **OX9** | 국토교통부장관은 철도안전 종합계획을 수립하거나 변경하였을 때에는 이를 관보에 고시하여야 한다. O｜X |

| 법 제6조(시행계획) | **OX10** | 시행계획의 수립 및 시행절차 등에 관하여 필요한 사항은 대통령령으로 정한다. O｜X |

| 영 제5조(시행계획 수립절차 등) | **OX11** | 시·도지사 및 철도운영자등은 전년도 시행계획의 추진실적을 매년 1월 말까지 국토교통부장관에게 제출하여야 한다. O｜X |

| 법 제6조의2(철도안전투자의 공시) | **OX12** | 철도운영자는 철도차량의 교체, 철도시설의 개량 등 철도안전 분야에 투자하는 예산 규모를 5년마다 공시하여야 한다. O｜X |

| 법 제7조(안전관리체계의 승인) | **OX13** | 전용철도의 운영자는 자체적으로 안전관리체계를 갖추고 지속적으로 유지하여야 한다. O｜X |

| 영 제7조(과징금의 부과 및 납부) | **OX14** | 국토교통부장관은 과징금을 부과할 때에는 그 위반행위의 종류와 해당 과징금의 금액을 명시하여 이를 납부할 것을 구두로 통지하여야 한다. O｜X |

해 OX7 　철도산업위원회
　 OX11 　2월 말
　 OX12 　매년
　 OX14 　서면

답 OX7 X　　OX8 O　　OX9 O　　OX10 O　　OX11 X　　OX12 X　　OX13 O　　OX14 X

법 제9조의3(철도운영자 등에 대한 안전관리 수준 평가)

OX 15 국토교통부장관은 철도운영자등의 자발적인 안전관리를 통한 철도안전 수준의 향상을 위하여 철도운영자등의 안전관리 수준에 대한 평가를 실시할 수 있다. O | X

법 제10조(철도차량 운전면허)

OX 16 「도시철도법」에 따른 노면전차를 운전하려는 사람은 철도차량 운전면허 외에 「도로교통법」에 따른 운전면허를 받아야 한다. O | X

영 제10조(운전면허 없이 운전할 수 있는 경우)

OX 17 운전교육훈련을 받기 위하여 철도차량을 운전하는 경우에는 해당 철도차량에 운전교육훈련을 담당하는 사람이나 운전면허시험에 대한 평가를 담당하는 사람을 승차시켜야 하며, 국토교통부령으로 정하는 표지를 해당 철도차량의 앞면 유리에 붙여야 한다. O | X

영 제12조의2(운전면허의 결격사유 관련 개인정보의 제공 요청)

OX 18 대상기관의 장은 개인정보를 제공하는 경우에는 국토교통부령으로 정하는 서식에 따라 서면 또는 전자적 방법으로 제공해야 한다. O | X

영 제18조(운전교육훈련기관의 변경사항 통지)

OX 19 운전교육훈련기관은 그 명칭·대표자·소재지나 그 밖에 운전교육훈련 업무의 수행에 중대한 영향을 미치는 사항의 변경이 있는 경우에는 해당 사유가 발생한 날부터 15일 이내에 국토교통부장관에게 그 사실을 알려야 한다. O | X

법 제19조(운전면허의 갱신)

OX 20 운전면허의 효력이 정지된 사람이 6개월의 범위에서 대통령령으로 정하는 기간 내에 운전면허의 갱신을 신청하여 운전면허의 갱신을 받지 아니하면 그 기간이 만료되는 날의 다음 날부터 그 운전면허는 효력을 잃는다. O | X

영 제19조(운전면허 갱신 등)

OX 21 운전면허의 효력이 정지된 사람이 운전면허 갱신을 받은 경우 해당 운전면허의 유효기간은 갱신 받기 전 운전면허의 유효기간 만료일부터 기산한다. O | X

해 OX21 만료일 다음날 부터

답 OX15 O OX16 O OX17 O OX18 O OX19 O OX20 O OX21 X

영 제20조(운전면허 취득 절차의 일부 면제)

OX22 운전면허의 효력이 실효된 사람이 국토교통부령으로 정하는 교육훈련을 받은 경우 운전면허가 실효된 날부터 3년 이내에 실효된 운전면허와 동일한 운전면허를 취득하려는 경우 운전교육훈련과 운전면허시험 중 필기시험을 면제한다.　O | X

법 제20조(운전면허의 취소 · 정지 등)

OX23 국토교통부장관은 운전면허의 효력이 정지된 사람으로부터 운전면허증을 반납받았을 때에는 보관하였다가 정지기간이 끝나면 즉시 돌려주어야 한다.　O | X

법 제21조의3(관제자격 증명)

OX24 관제업무에 종사하려는 사람은 국토교통부장관으로부터 철도교통관제사 자격증명을 받아야 한다.　O | X

법 제21조의5(관제자격증명의 신체검사)

OX25 관제자격증명을 받으려는 사람은 관제업무에 적합한 신체상태를 갖추고 있는지 판정받기 위하여 국토교통부장관이 실시하는 신체검사에 합격하여야 한다.　O | X

영 제21조(신체검사 등을 받아야 하는 철도종사자)

OX26 운전업무종사자와 여객역무원은 정기적으로 국토교통부장관이 행하는 신체검사를 받아야 한다.　O | X

법 제24조의2(철도차량 정비기술자의 인정 등)

OX27 국토교통부장관은 신청인이 대통령령으로 정하는 자격, 경력 및 학력 등 철도차량정비기술자의 인정 기준에 해당하는 경우에는 철도차량정비기술자로 인정하여야 한다.　O | X

법 제39조의2(철도교통 관제)

OX28 철도차량을 운행하는 자는 국토교통부장관이 지시하는 이동 · 출발 · 정지 등의 명령과 운행 기준 · 방법 · 절차 및 순서 등에 따라야 한다.　O | X

해 OX26　여객역무원은 대상이 아니다.

답 OX22 O　OX23 O　OX24 O　OX25 O　OX26 X　OX27 O　OX28 O

영 제43조의2(철도종사자의 음주 등에 대한 확인 또는 검사)

OX29 약물을 사용하였는지에 대한 확인 또는 검사는 소변 검사 또는 모발 채취 등의 방법으로 실시한다. ○ | X

영 제44조(운송위탁 및 운송 금지 위험물 등)

OX30 니트로글리세린, 건조한 기폭약은 운송위탁 및 운송 금지 위험물에 속한다. ○ | X

영 제45조(운송취급주의 위험물)

OX31 철도운송 중 폭발할 우려가 있는 것, 뇌홍질화연에 속하는 것은 운송취급주의 위험물에 속한다. ○ | X

법 제47조(여객열차에서의 금지행위)

OX32 여객열차 밖에 있는 사람을 위험하게 할 우려가 있는 물건을 여객열차 밖으로 던지는 행위는 여객열차에서의 금지행위에 해당한다. ○ | X

법 제48조(철도 보호 및 질서유지를 위한 금지행위)

OX33 역시설 또는 철도차량에서 노숙하는 행위는 철도 보호 및 질서유지를 위한 금지행위에 해당한다. ○ | X

법 제48조의2(여객 등의 안전 및 보안)

OX34 국토교통부장관은 철도보안정보체계를 운영하기 위하여 철도차량의 안전운행 및 철도시설의 보호에 필요한 최대한의 정보만 수집·관리하여야 한다. ○ | X

법 제48조의3(보안검색장비의 성능인증 등)

OX35 보안검색장비 성능인증을 위한 기준·방법·절차 등 운영에 필요한 사항은 국토교통부령으로 정한다. ○ | X

영 제56조(철도사고등의 발생 시 조치사항)

OX36 사상자가 발생한 경우에는 안전관리체계에 포함된 비상대응계획에서 정한 절차에 따라 응급처치, 의료기관으로 긴급이송, 유관기관과의 협조 등 필요한 조치를 신속히 해야 한다. ○ | X

해 OX31　뇌홍질화연은 운송위탁 및 운송 금지 위험물이다.
　　OX34　최소한의 정보 수집

답 OX29 ○　　OX30 ○　　OX31 X　　OX32 ○　　OX33 ○　　OX34 X　　OX35 ○　　OX36 ○

법 제61조의2(철도차량 등에 발생한 고장 등 보고 의무)	OX37	철도차량 정비조직인증을 받은 자가 철도차량을 운영하거나 정비하는 중에 국토교통부령으로 정하는 고장, 결함 또는 기능장애가 발생한 것을 알게 된 경우에는 국토교통부령으로 정하는 바에 따라 철도운영자에게 그 사실을 보고하여야 한다. O|X
법 제61조의3(철도안전 자율보고)	OX38	철도안전을 해치거나 해칠 우려가 있는 사건·상태 등을 발생시켰거나 철도안전위험요인이 발생한 것을 안 사람은 국토교통부장관에게 그 사실을 보고할 수 있다. O|X
법 제73조(보고 및 검사)	OX39	국토교통부장관이나 관계 지방자치단체는 철도안전 종합계획 또는 시행계획의 수립 또는 추진을 위하여 필요한 경우 철도관계기관등에 대하여 필요한 사항을 보고하게 하거나 자료의 제출을 명할 수 있다. O|X
법 제73조(보고 및 검사)	OX40	보고 및 검사를 위해 출입·검사를 하는 공무원은 대통령령으로 정하는 바에 따라 그 권한을 표시하는 증표를 지니고 이를 관계인에게 보여주어야 한다. O|X
법 제74조(수수료)	OX41	수수료를 정하려는 대행기관 또는 수탁기관은 그 기준을 정하여 국토교통부장관의 승인을 받아야 한다. 승인받은 사항을 변경하려는 경우에도 또한 같다. O|X
법 제75조(청문)	OX42	철도안전관리체계의 승인 취소 및 업무정지는 청문을 하여야 한다. O|X
법 제75조의2(통보 및 징계권고)	OX43	국토교통부장관은 이 법 등 철도안전과 관련된 법규의 위반에 따라 사고가 발생했다고 인정할 만한 상당한 이유가 있을 때에는 사고에 책임이 있는 사람을 징계할 것을 해당 철도운영자등에게 권고할 수 있다. O|X

해 OX37 국토교통부장관에게 그 사실을 보고하여야 한다.
OX40 국토교통부령
OX42 안전관리체계는 승인 취소만 OX37 국토교통부장관에게 그 사실을 보고하여야 한다. 청문 대상이다.

답 OX37 X OX38 O OX39 O OX40 X OX41 O OX42 X OX43 O

법 제77조(권한의 위임 · 위탁)

OX44 국토교통부장관은 이 법에 따른 권한의 일부를 대통령령으로 정하는 바에 따라 소속 기관의 장 또는 시 · 도지사에게 위임할 수 있다. O | X

영 제62조(권한의 위임)

OX45 술을 마셨거나 약물을 사용하였는지에 대한 확인 또는 검사는 시 · 도지사에게 위임한다. O | X

영 제63조(업무의 위탁)

OX46 철도보호지구에서의 행위의 신고 수리, 노면전차 철도보호지구의 바깥쪽 경계선으로부터 20미터 이내의 지역에서의 행위의 신고 수리 및 행위 금지 · 제한이나 필요한 조치명령은 한국교통안전공단에 위탁한다. O | X

법 제78조(벌칙)

OX47 철도시설 또는 철도차량을 파손하여 철도차량 운행에 위험을 발생하게 한 사람은 10년 이하의 징역 또는 1억원 이하의 벌금에 처한다. O | X

법 제78조(벌칙)

OX48 벌칙의 미수범도 처벌한다. O | X

법 제79조(벌칙)

OX49 폭행 · 협박으로 철도종사자의 직무집행을 방해한 자는 3년 이하의 징역 또는 3천만원 이하의 벌금에 처한다. O | X

법 제79조(벌칙)

OX50 술을 마시거나 약물을 사용한 상태에서 업무를 한 사람은 2년 이하의 징역 또는 2천만원 이하의 벌금에 처한다. O | X

법 제79조(벌칙)

OX51 철도종사자의 음주 검사 확인 또는 검사에 불응한 자는 3년 이하의 징역 또는 3천만원 이하의 벌금에 처한다. O | X

해 OX45 철도특별사법경찰대장
OX46 국가철도공단
OX49 5년 이하의 징역 또는 5천만원 이하의 벌금
OX50 3년 이하의 징역 또는 3천만원 이하의 벌금
OX51 2년 이하의 징역 또는 2천만원 이하의 벌금

답 OX44 O OX45 X OX46 X OX47 O OX48 O OX49 X OX50 X OX51 X

| 법 제79조(벌칙) | **OX52** | 운행 중 비상정지버튼을 누르거나 승강용 출입문을 여는 행위를 한 사람은 2년 이하의 징역 또는 2천만원 이하의 벌금에 처한다. O \| X |

| 법 제79조(벌칙) | **OX53** | 술을 마시거나 약물을 복용하고 다른 사람에게 위해를 주는 행위를 한 사람은 2년 이하의 징역 또는 2천만원 이하의 벌금에 처한다. O \| X |

| 법 제80조(형의 가중) | **OX54** | 제78조제1항의 죄를 지어 사람을 사망에 이르게 한 자는 사형, 무기징역 또는 7년 이상의 징역에 처한다. 제78조제1항:소훼 탈선 등 O \| X |

| 법 제82조(과태료) | **OX55** | 영상기록장치를 설치·운영하지 아니한 자는 500만원 이하 과태료를 부과한다. O \| X |

| 법 제82조(과태료) | **OX56** | 안전관리체계의 변경신고를 하지 아니하고 안전관리체계를 변경한 자는 500만원 이하 과태료를 부과한다. O \| X |

| 법 제82조(과태료) | **OX57** | 우수운영자로 지정되었음을 나타내는 표시를 하거나 이와 유사한 표시를 한 자에게는 300만원 이하의 과태료를 부과한다. O \| X |

| 법 제82조(과태료) | **OX58** | 공중이나 여객에게 위해를 끼치는 행위를 한 사람에게는 500만원 이하 과태료를 부과한다. O \| X |

| 철도안전법 시행령 [별표 6] | **OX59** | 안전관리체계의 변경승인을 받지 않고 안전관리체계를 변경한 경우 3회 이상 위반 과태료는 900만원이다. O \| X |

해 OX53　1년 이하의 징역 또는 1천만원 이하의 벌금
　　OX55　1천만원 이하
　　OX58　50만원 이하

답 OX52 O　OX53 X　OX54 O　OX55 X　OX56 O　OX57 O　OX58 X　OX59 O

빈칸 문제

법 제2조(정의)   **빈칸 1**   "철도"란 「(   )법」에 따른 철도를 말한다.

법 제2조(정의)   **빈칸 2**   "철도용품"이란 철도시설 및 철도차량 등에 사용되는 (   ) · (   ) · 장치 등을 말한다.

법 제2조(정의)   **빈칸 3**   "철도차량정비기술자"란 철도차량정비에 관한 (   ), (   ) 및 학력 등을 갖추어 국토교통부장관의 인정을 받은 사람을 말한다.

영 제2조(정의)   **빈칸 4**   "정거장"이란 여객의 승하차, 화물의 (   ), 열차의 (   ), 열차의 교차통행 또는 대피를 목적으로 사용되는 장소를 말한다.

영 제2조(정의)   **빈칸 5**   (   ) 란 철도차량의 운행선로를 변경시키는 기기를 말한다.

영 제3조(안전운행 또는 질서유지 철도종사자)   **빈칸 6**   1. 철도사고, 철도준사고 및 운행장애가 발생한 현장에서 (   ) 등의 업무를 수행하는 사람

5. 철도에 공급되는 (   )의 원격제어장치를 운영하는 사람

법 제4조(국가 등의 책무)   **빈칸 7**   (   )와 (   )는 국민의 생명 · 신체 및 재산을 보호하기 위하여 철도안전시책을 마련하여 성실히 추진하여야 한다.

빈칸1	「철도산업발전기본법」	빈칸2	부품 · 기기	빈칸3	자격, 경력
빈칸4	화물의 적하, 열차의 조성	빈칸5	선로전환기	빈칸6	조사 · 수습 · 복구, 전력
빈칸7	국가, 지방자치단체				

| 법 제5조(철도안전 종합계획) | **빈칸8** | 철도안전 종합계획에는 다음 각 호의 사항이 포함되어야 한다.
1. 철도안전 종합계획의 추진 (　　　　　) 및 방향
4. 철도안전 관계 (　　　　　)의 정비 등 제도개선에 관한 사항 |

법 제5조(철도안전 종합계획)

빈칸8 철도안전 종합계획에는 다음 각 호의 사항이 포함되어야 한다.

1. 철도안전 종합계획의 추진 (　　　　　) 및 방향

4. 철도안전 관계 (　　　　　)의 정비 등 제도개선에 관한 사항

영 제4조(철도안전 종합계획의 경미한 변경)

빈칸9 철도안전 종합계획에서 정한 총사업비를 원래 계획의 100분의 (　　　　　) 이내에서의 변경은 경미한 변경이다.

법 제6조

빈칸10 국토교통부장관, 시 · 도지사 및 철도운영자등은 철도안전 종합계획에 따라 소관별로 철도안전 종합계획의 단계적 시행에 필요한 연차별 (　　　　　) 을 수립 · 추진하여야 한다.

영 제5조(시행계획 수립 절차 등)

빈칸11 특별시장 · 광역시장 · 특별자치시장 · 도지사 또는 특별자치도지사와 철도 운영자 및 철도시설관리자는 다음 연도의 시행계획을 매년 (　　　　　) 말 까지 국토교통부장관에게 제출하여야 한다.

법 제6조의2(철도안전 투자의 공시)

빈칸12 철도안전투자의 공시 기준, 항목, 절차 등에 필요한 사항은 (　　　　　)령으 로 정한다.

법 제8조(안전관리체계 의 유지 등)

빈칸13 (　　　　　)검사: 철도운영자등이 국토교통부장관으로부터 승인 또는 변 경승인 받은 안전관리체계를 지속적으로 유지하는지를 점검 · 확인하기 위하 여 정기적으로 실시하는 검사

법 제9조(승인의 취소 등)

빈칸14 국토교통부장관은 안전관리체계의 승인을 받은 철도운영자등이 다음 각 호 의 어느 하나에 해당하는 경우에는 그 승인을 취소하거나 (　　　　　)개월 이내의 기간을 정하여 업무의 제한이나 정지를 명할 수 있다.

빈칸8	목표, 법령	빈칸9	10	빈칸10	시행계획
빈칸11	10월 말	빈칸12	국토교통부령	빈칸13	정기검사
빈칸14	6개월				

법 제9조(승인의 취소 등)	**빈칸 15**	안전관리체계 승인 취소, 업무의 제한 또는 정지의 기준 및 절차 등에 관하여 필요한 사항은 ( )령으로 정한다.
법 제9조의2(과징금)	**빈칸 16**	국토교통부장관은 철도운영자등에 대하여 철도 이용자 등에게 심한 불편을 주거나 그 밖에 공익을 해할 우려가 있는 경우에는 업무의 제한이나 정지를 갈음하여 ( )원 이하의 과징금을 부과할 수 있다.
법 제9조의2(과징금)	**빈칸 17**	과징금을 부과하는 위반행위의 종류, 과징금의 부과기준 및 징수방법, 그 밖에 필요한 사항은 ( )령으로 정한다.
법 제9조의2(과징금)	**빈칸 18**	국토교통부장관은 과징금을 내야 할 자가 납부기한까지 과징금을 내지 아니하는 경우에는 ( )세 체납처분의 예에 따라 징수한다.
영 제7조(과징금의 부과 및 납부)	**빈칸 19**	통지를 받은 자는 통지를 받은 날부터 ( )일 이내에 국토교통부장관이 정하는 수납기관에 과징금을 내야 한다.
법 제9조의3(철도운영자 등에 대한 안전관리 수준 평가)	**빈칸 20**	안전관리 수준평가의 대상, 기준, 방법, 절차 등에 필요한 사항은 ( )령으로 정한다.
법 제10조(철도차량 운전 면허)	**빈칸 21**	철도차량을 운전하려는 사람은 ( )으로부터 철도차량 운전면허를 받아야 한다.
법 제10조(철도차량 운전 면허)	**빈칸 22**	철도차량 운전면허는 ( )령으로 정하는 바에 따라 철도차량의 종류별로 받아야 한다.

정답	빈칸15 국토교통부령	빈칸16 30억원	빈칸17 대통령령
	빈칸18 국세	빈칸19 20일	빈칸20 국토교통부령
	빈칸21 국토교통부장관	빈칸22 대통령령	

영 제11조(운전면허 종류)　**빈칸23**　종류별 철도차량 운전면허를 받은 사람이 운전할 수 있는 철도차량의 종류는
( )령으로 정한다.

법 제11조(운전면허의 결격사유 등)　**빈칸24**　운전면허가 취소된 날부터 ( )년이 지나지 아니하였거나 운전면허
의 효력정지기간 중인 사람은 운전면허를 취득할 수 없다.

법 제12조(운전면허의 신체검사)　**빈칸25**　운전면허를 받으려는 사람은 철도차량 운전에 적합한 신체상태를 갖추고
있는지를 판정받기 위하여 ( )장관이 실시하는 신체검사에
합격하여야 한다.

법 제15조(운전적성검사)　**빈칸26**　운전적성검사의 합격기준, 검사의 방법 및 절차 등에 관하여 필요한 사항은
( )령으로 정한다.

법 제15조(운전적성검사)　**빈칸27**　운전적성검사기관의 지정기준, 지정절차 등에 관하여 필요한 사항은
( )령으로 정한다.

영 제13조(운전적성검사 기관 지정절차)　**빈칸28**　국토교통부장관은 운전적성검사기관 지정 신청을 받은 경우에는 지정기준
을 갖추었는지 여부, 운전적성검사기관의 ( ), 운전업무종사자의
( ) 등을 종합적으로 심사한 후 그 지정 여부를 결정하여야 한다.

영 제15조(운전적성검사 기관의 변경사항 통지)　**빈칸29**　운전적성검사기관은 그 명칭·대표자·소재지나 그 밖에 운전적성검사 업
무의 수행에 중대한 영향을 미치는 사항의 변경이 있는 경우에는 해당 사유
가 발생한 날부터 ( )일 이내에 국토교통부장관에게 그 사실을 알
려야 한다.

빈칸23	국토교통부령	빈칸24	2년	빈칸25	국토교통부장관
빈칸26	국토교통부령	빈칸27	대통령령	빈칸28	운영계획, 수급상황
빈칸29	15일				

| 법 제15조의2(운전적성검사기관의 지정취소 및 업무정지) | **빈칸30** | 국토교통부장관은 지정이 취소된 운전적성검사기관이나 그 기관의 설립·운영자 및 임원이 그 지정이 취소된 날부터 (　　　　)년이 지나지 아니하고 설립·운영하는 검사기관을 운전적성검사기관으로 지정하여서는 아니 된다. |

법 제19조(운전면허의 갱신)

빈칸31 운전면허의 유효기간은 (　　　　)년으로 한다.

법 제19조(운전면허의 갱신)

빈칸32 국토교통부장관은 운전면허의 갱신을 신청한 사람이 다음 각 호의 어느 하나에 해당하는 경우에는 운전면허증을 갱신하여 발급하여야 한다.

1. 운전면허의 갱신을 신청하는 날 전 (　　　　)년 이내에 국토교통부령으로 정하는 철도차량의 운전업무에 종사한 경력이 있거나 국토교통부령으로 정하는 바에 따라 이와 같은 수준 이상의 경력이 있다고 인정되는 경우
2. (　　　　)령으로 정하는 교육훈련을 받은 경우

법 제20조(운전면허의 취소·정지 등)

빈칸33 국토교통부장관은 운전면허 취득자가 다음 각 호의 어느 하나에 해당할 때에는 운전면허를 취소하거나 (　　　　) 이내의 기간을 정하여 운전면허의 효력을 정지시킬 수 있다.

법 제20조(운전면허의 취소·정지 등)

빈칸34 운전면허의 취소 또는 효력정지 통지를 받은 운전면허 취득자는 그 통지를 받은 날부터 (　　　　)일 이내에 운전면허증을 국토교통부장관에게 반납하여야 한다.

법 제21조(운전업무 실무수습)

빈칸35 철도차량의 운전업무에 종사하려는 사람은 (　　　　)령으로 정하는 바에 따라 실무수습을 이수하여야 한다.

법 제21조의3(관제자격증명)

빈칸36 관제자격증명은 (　　　　)령으로 정하는 바에 따라 관제업무의 종류별로 받아야 한다.

정답		
빈칸30　2년	빈칸31　10년	빈칸32　10년, 국토교통부령
빈칸33　1년	빈칸34　15일	빈칸35　국토교통부령
빈칸36　대통령령		

법 제23조(운전업무종사자 등의 관리)	**빈칸37**	철도차량 운전·관제업무 등 대통령령으로 정하는 업무에 종사하는 철도종사자는 정기적으로 ( )검사와 ( )검사를 받아야 한다.
법 제24조(철도종사자에 대한 안전 및 직무교육)	**빈칸38**	철도운영자등은 자신이 고용하고 있는 철도종사자가 적정한 직무수행을 할 수 있도록 정기적으로 ( )교육을 실시하여야 한다.
법 제24조의2(철도차량 정비기술자의 인정 등)	**빈칸39**	철도차량정비기술자로 인정을 받으려는 사람은 ( )에게 자격 인정을 신청하여야 한다.
법 제39조(철도차량의 운행)	**빈칸40**	열차의 편성, 철도차량 운전 및 신호방식 등 철도차량의 안전운행에 필요한 사항은 ( )령으로 정한다.
법 제40조(열차운행의 일시 중지)	**빈칸41**	철도종사자는 철도사고 및 운행장애의 징후가 발견되거나 발생 위험이 높다고 판단되는 경우에는 ( )자에게 열차운행을 일시 중지할 것을 요청할 수 있다.
영 제43조의2(철도종사자의 음주 등에 대한 확인 또는 검사)	**빈칸42**	술을 마셨는지에 대한 확인 또는 검사는 ( )검사의 방법으로 실시하고, 검사 결과에 불복하는 사람에 대해서는 그 철도종사자의 동의를 받아 ( )등의 방법으로 다시 측정할 수 있다.
법 제45조(철도보호지구에서의 행위제한 등)	**빈칸43**	노면전차 철도보호지구의 바깥쪽 경계선으로부터 ( )미터 이내의 지역에서 굴착 등 철도차량의 안전운행을 방해할 우려가 있는 행위로서 대통령령으로 정하는 행위를 하려는 자는 대통령령으로 정하는 바에 따라 국토교통부장관 또는 시·도지사에게 신고하여야 한다.

🔑 빈칸37	신체검사, 적성검사	빈칸38	직무교육	빈칸39	국토교통부장관
빈칸40	국토교통부령	빈칸41	관제업무종사자	빈칸42	호흡측정기, 혈액 채취
빈칸43	20미터				

영 제46조(철도보호지구에서의 행위 신고절차)	**빈칸 44**	국토교통부장관 또는 시·도지사는 검토 결과 안전조치등을 명령할 필요가 있는 경우에는 철도보호지구에서의 행위 신고를 받은 날부터 ( )일 이내에 신고인에게 그 이유를 분명히 밝히고 안전조치등을 명하여야 한다.
영 제49조(철도 보호를 위한 안전조치)	**빈칸 45**	2. 선로 옆의 제방 등에 대한 ( )공사 시행 4. ( )나 지표수 처리대책의 수립·시행
법 제46조(손실보상)	**빈칸 46**	손실 보상 협의가 성립되지 아니하거나 협의를 할 수 없을 때에는 대통령령으로 정하는 바에 따라 「공익사업을 위한 토지 등의 취득 및 보상에 관한 법률」에 따른 관할 ( )에 재결을 신청할 수 있다.
법 제47조(여객열차에서의 금지행위)	**빈칸 47**	운전업무종사자, 여객승무원 또는 여객역무원은 금지행위를 한 사람에 대하여 필요한 경우 다음 각 호의 조치를 할 수 있다. 1. 금지행위의 ( ) 2. 금지행위의 ( )·녹화 또는 촬영
법 제48조의2(여객 등의 안전 및 보안)	**빈칸 48**	( )은 보안검색 정보 및 그 밖의 철도보안·치안 관리에 필요한 정보를 효율적으로 활용하기 위하여 철도보안정보체계를 구축·운영하여야 한다.
영 제50조의2(인증업무의 위탁)	**빈칸 49**	국토교통부장관은 보안검색장비의 성능 인증 및 점검 업무를 ( )에 위탁한다.
법 제48조의5(직무장비의 휴대 및 사용 등)	**빈칸 50**	"직무장비"란 철도특별사법경찰관리가 휴대하여 범인검거와 피의자 호송 등의 직무수행에 사용하는 ( ), ( ), 가스분사기, 가스발사총, 전자충격기, 경비봉을 말한다.

📋 빈칸44	30일	빈칸45 흙막이공사, 지하수	빈칸46	토지수용위원회
빈칸47	금지행위의 제지, 녹음	빈칸48 국토교통부장관	빈칸49	한국철도기술연구원
빈칸50	수갑, 포승			

| 영 제51조(철도종사자의 권한표시) | **빈칸51** | 철도종사자는 ( ) · ( ) · 완장 · 증표 등으로 그가 직무상 지시를 할 수 있는 사람임을 표시하여야 한다. |

| 영 제52조(퇴거지역의 범위) | **빈칸52** | 정거장 및 철도신호기 · 철도차량정비소 · 통신기기 · 전력설비 등의 설비가 설치되어 있는 장소의 담장이나 경계선 ( )의 지역은 퇴거지역에 해당한다. |

| 법 제60조(철도사고등의 발생 시 조치) | **빈칸53** | 철도운영자등은 철도사고등이 발생하였을 때에는 사상자 구호, ( ) 관리, 여객 수송 및 ( ) 복구 등 인명피해 및 재산피해를 최소화하고 열차를 정상적으로 운행할 수 있도록 필요한 조치를 하여야 한다. |

| 법 제60조(철도사고등의 발생 시 조치) | **빈칸54** | 철도사고등이 발생하였을 때의 사상자 구호, 여객 수송 및 철도시설 복구 등에 필요한 사항은 ( )령으로 정한다. |

| 영 제56조(철도사고등의 발생 시 조치사항) | **빈칸55** | 사고수습이나 복구작업을 하는 경우에는 ( )에 가장 우선순위를 둘 것 |

| 법 제61조(철도사고등 의무보고) | **빈칸56** | 철도운영자등은 사상자가 많은 사고 등 대통령령으로 정하는 철도사고등이 발생하였을 때에는 ( )령으로 정하는 바에 따라 즉시 국토교통부장관에게 보고하여야 한다. |

| 영 제57조(국토교통부장관에게 즉시 보고하여야 하는 철도사고등) | **빈칸57** | 3. 철도차량이나 열차의 운행과 관련하여 ( )명 이상 사상자가 발생한 사고
4. 철도차량이나 열차의 운행과 관련하여 ( )만원 이상의 재산피해가 발생한 사고 |

📑 **빈칸51** 복장, 모자	**빈칸52** 안	**빈칸53** 유류품 관리, 철도시설 복구
빈칸54 대통령령	**빈칸55** 인명의 구조와 보호	**빈칸56** 국토교통부령
빈칸57 3명, 5천만원		

영 제61조(보고 및 검사) **빈칸58** 국토교통부장관 또는 관계 지방자치단체의 장은 보고 또는 자료의 제출을 명할 때에는 (   )일 이상의 기간을 주어야 한다. 다만, 공무원이 철도사고등이 발생한 현장에 출동하는 등 긴급한 상황인 경우에는 그러하지 아니하다.

영 제63조(업무의 위탁) **빈칸59** 철도안전 자율보고의 접수는 (   )에게 위탁한다.

영 제63조의3(규제의 재검토) **빈칸60** 국토교통부장관은 운송위탁 및 운송 금지 위험물에 대하여 (   )년마다 그 타당성을 검토하여 개선 등의 조치를 하여야 한다.

법 제79조(벌칙) **빈칸61** 안전관리체계의 승인을 받지 아니하고 철도운영을 하거나 철도시설을 관리한 자는 (   )년 이하의 징역 또는 (   )천만원 이하의 벌금에 처한다.

법 제79조(벌칙) **빈칸62** 거짓이나 그 밖의 부정한 방법으로 안전관리체계의 승인을 받은 자는 (   )년 이하의 징역 또는 (   )천만원 이하의 벌금에 처한다.

법 제79조(벌칙) **빈칸63** 위해물품을 휴대하거나 적재한 사람은 (   )년 이하의 징역 또는 (   )천만원 이하의 벌금에 처한다.

법 제79조(벌칙) **빈칸64** 안전성 확보에 필요한 조치를 하지 아니하여 영상기록장치에 기록된 영상정보를 분실 · 도난 · 유출 · 변조 또는 훼손당한 자는 (   )년 이하의 징역 또는 (   )천만원 이하의 벌금에 처한다.

법 제82조(과태료) **빈칸65** 안전관리체계의 변경승인을 받지 아니하고 안전관리체계를 변경한 자는 (   )만원 이하의 과태료를 부과한다.

빈칸58	7일	빈칸59	한국교통안전공단	빈칸60	3년
빈칸61	3년, 3천만원	빈칸62	2년, 2천만원	빈칸63	2년, 2천만원
빈칸64	1년, 1천만원	빈칸65	1천만원		

법 제82조(과태료)   **빈칸66** 운전면허증을 반납하지 아니한 사람에게는 (　　　　　)만원 이하의 과태료를 부과한다.

법 제82조(과태료)   **빈칸67** 여객열차에서 흡연을 한 사람에게는 (　　　　　)만원 이하의 과태료를 부과한다.

철도안전법 시행령 [별표 6]   **빈칸68** 여객출입 금지장소에 출입하거나 물건을 여객열차 밖으로 던지는 행위를 한 경우 2회위반 과태료는 (　　　　　)만원이다.

빈칸66　300만원　　　빈칸67　100만원　　　빈칸68　300만원

기본 문제

01 철도안전법 제정목적에 해당하지 <u>않는</u> 것은?

① 철도안전 관리체계를 확립함

② 국민경제 발전에 이바지함

③ 철도안전을 확보하기 위함

④ 공공복리의 증진에 이바지함

> **법 제1조(목적)** 이 법은 철도안전을 확보하기 위하여 필요한 사항을 규정하고 철도안전 관리체계를 확립함으로써 공공복리의 증진에 이바지함을 목적으로 한다.

02 철도안전법의 용어로 <u>틀린</u> 것은?

① "선로"란 철도차량을 운행하기 위한 궤도와 이를 받치는 노반 또는 인공구조물로 구성된 시설을 말한다.

② "철도준사고"란 철도운영 또는 철도시설관리와 관련하여 사람이 죽거나 다치거나 물건이 파손되는 사고로 국토교통부령으로 정하는 것을 말한다.

③ "열차"란 선로를 운행할 목적으로 철도운영자가 편성하여 열차번호를 부여한 철도차량을 말한다.

④ "운행장애"란 철도사고 및 철도준사고 외에 철도차량의 운행에 지장을 주는 것으로서 국토교통부령으로 정하는 것을 말한다.

> 철도사고 정의다.
> **법 제2조(정의)** 이 법에서 사용하는 용어의 뜻은 다음과 같다.
> 6. "열차"란 선로를 운행할 목적으로 철도운영자가 편성하여 열차번호를 부여한 철도차량을 말한다.
> 7. "선로"란 철도차량을 운행하기 위한 궤도와 이를 받치는 노반 또는 인공구조물로 구성된 시설을 말한다.
> 11. "철도사고"란 철도운영 또는 철도시설관리와 관련하여 사람이 죽거나 다치거나 물건이 파손되는 사고로 국토교통부령으로 정하는 것을 말한다.
> 13. "운행장애"란 철도사고 및 철도준사고 외에 철도차량의 운행에 지장을 주는 것으로서 국토교통부령으로 정하는 것을 말한다.

03 안전운행 또는 질서유지 철도종사자에 해당하지 않는 것은?

① 철도차량 부품을 제작하는 제조업체 직원

② 철도에 공급되는 전력의 원격제어장치를 운영하는 사람

③ 철도차량 및 철도시설의 점검·정비 업무에 종사하는 사람

④ 철도사고, 철도준사고 및 운행장애가 발생한 현장에서 조사·수습·복구 등의 업무를 수행하는 사람

영 제3조(안전운행 또는 질서유지 철도종사자)
「철도안전법」에서 "대통령령으로 정하는 사람"이란 다음 각 호의 어느 하나에 해당하는 사람을 말한다.
1. 철도사고, 철도준사고 및 운행장애가 발생한 현장에서 조사·수습·복구 등의 업무를 수행하는 사람
2. 철도차량의 운행선로 또는 그 인근에서 철도시설의 건설 또는 관리와 관련된 작업의 현장감독업무를 수행하는 사람
3. 철도시설 또는 철도차량을 보호하기 위한 순회점검업무 또는 경비업무를 수행하는 사람
4. 정거장에서 철도신호기·선로전환기 또는 조작판 등을 취급하거나 열차의 조성업무를 수행하는 사람
5. 철도에 공급되는 전력의 원격제어장치를 운영하는 사람
6. 「사법경찰관리의 직무를 수행할 자와 그 직무범위에 관한 법률」에 따른 철도경찰 사무에 종사하는 국가공무원
7. 철도차량 및 철도시설의 점검·정비 업무에 종사하는 사람

04 국가 등의 책무로 틀린 것은?

① 철도운영자 및 철도시설관리자는 철도안전시책을 수립하고 이를 국가에 보고하여야 한다.

② 철도운영자 및 철도시설관리자는 철도안전을 위하여 필요한 조치를 해야 한다.

③ 철도운영자 및 철도시설관리자는 국가나 지방자치단체가 시행하는 철도안전시책에 적극 협조하여야 한다.

④ 국가와 지방자치단체는 국민의 생명·신체 및 재산을 보호하기 위하여 철도안전시책을 마련하여 성실히 추진하여야 한다.

철도안전시책 수립은 국가 및 지자체의 책무
법 제4조(국가 등의 책무)
① 국가와 지방자치단체는 국민의 생명·신체 및 재산을 보호하기 위하여 철도안전시책을 마련하여 성실히 추진하여야 한다.
② 철도운영자 및 철도시설관리자는 철도운영이나 철도시설 관리를 할 때에는 법령에서 정하는 바에 따라 철도안전을 위하여 필요한 조치를 하고, 국가나 지방자치단체가 시행하는 철도안전시책에 적극 협조하여야 한다.

05 철도안전 종합계획의 수립 주기는?

① 1년

② 2년

③ 3년

④ 5년

법 제5조(철도안전 종합계획)
① 국토교통부장관은 5년마다 철도안전에 관한 종합계획(이하 "철도안전 종합계획"이라 한다)을 수립하여야 한다.

---

06 철도안전 종합계획에 포함되지 않아도 되는 내용은?

① 철도안전 종합계획의 추진 목표 및 방향

② 철도안전 관련 연구 및 기술개발에 관한 사항

③ 철도 관련 국제협력 및 해외진출에 관한 사항

④ 철도차량의 정비 및 점검 등에 관한 사항

법 제5조(철도안전 종합계획)
② 철도안전 종합계획에는 다음 각 호의 사항이 포함되어야 한다.
1. 철도안전 종합계획의 추진 목표 및 방향
2. 철도안전에 관한 시설의 확충, 개량 및 점검 등에 관한 사항
3. 철도차량의 정비 및 점검 등에 관한 사항
4. 철도안전 관계 법령의 정비 등 제도개선에 관한 사항
5. 철도안전 관련 전문 인력의 양성 및 수급관리에 관한 사항
6. 철도종사자의 안전 및 근무환경 향상에 관한 사항
7. 철도안전 관련 교육훈련에 관한 사항
8. 철도안전 관련 연구 및 기술개발에 관한 사항
9. 그 밖에 철도안전에 관한 사항으로서 국토교통부장관이 필요하다고 인정하는 사항

07 국토교통부장관이 철도안전 종합계획을 수립할 때 심의를 거쳐야 하는 기관은?

① 국가교통위원회

② 철도산업위원회

③ 철도안전위원회

④ 국가철도위원회

법 제5조(철도안전 종합계획)
③ 국토교통부장관은 철도안전 종합계획을 수립할 때에는 미리 관계 중앙행정기관의 장 및 철도운영자등과 협의한 후 철도산업위원회의 심의를 거쳐야 한다. 수립된 철도안전 종합계획을 변할 때에도 또한 같다.

08 안전관리체계의 승인에 대한 설명으로 틀린 것은?

① 전용철도의 운영자는 철도 및 철도시설의 안전관리에 관한 유기적 체계를 갖추어 국토교통부장관의 승인을 받아야 한다.

② 철도운영자 등은 승인받은 안전관리체계를 변경하려는 경우에는 국토교통부장관의 변경승인을 받아야 한다. 다만, 국토교통부령으로 정하는 경미한 사항을 변경하려는 경우에는 국토교통부장관에게 신고하여야 한다.

③ 국토교통부장관은 철도안전경영 등 철도운영 및 철도시설의 안전관리에 필요한 기술기준을 정하여 고시하여야 한다.

④ 철도운영자 등은 철도운영을 하거나 철도시설을 관리하려는 경우에는 인력 등 철도 및 철도시설의 안전관리에 관한 유기적 체계를 갖추어 국토교통부장관의 승인을 받아야 한다.

전용철도 운영자 제외
법 제7조(안전관리체계의 승인)
① 철도운영자 등은 철도운영을 하거나 철도시설을 관리하려는 경우에는 인력, 시설, 차량, 장비, 운영절차, 교육훈련 및 비상대응계획 등 철도 및 철도시설의 안전관리에 관한 유기적 체계를 갖추어 국토교통부장관의 승인을 받아야 한다.
② 전용철도의 운영자는 자체적으로 안전관리체계를 갖추고 지속적으로 유지하여야 한다.
③ 철도운영자 등은 제1항에 따라 승인받은 안전관리체계를 변경하려는 경우에는 국토교통부장관의 변경승인을 받아야 한다. 다만, 국토교통부령으로 정하는 경미한 사항을 변경하려는 경우에는 국토교통부장관에게 신고하여야 한다.
⑤ 국토교통부장관은 철도안전경영, 위험관리, 사고 조사 및 보고, 내부점검, 비상대응계획, 비상대응훈련, 교육훈련, 안전정보관리, 운행안전관리, 차량·시설의 유지관리등 철도운영 및 철도시설의 안전관리에 필요한 기술기준을 정하여 고시하여야 한다.

09 철도운영자등이 철도사고 및 운행장애 등을 발생시키거나 발생시킬 우려가 있는 경우에 안전관리체계 위반사항 확인 및 안전관리체계 위해요인 사전예방을 위해 수행하는 검사는?

① 정기검사
② 수시검사
③ 임시검사
④ 특별검사

> **법 제8조(안전관리체계의 유지 등)**
> 1. 정기검사 : 철도운영자등이 국토교통부장관으로부터 승인 또는 변경승인 받은 안전관리체계를 지속적으로 유지하는지를 점검·확인하기 위하여 정기적으로 실시하는 검사
> 2. 수시검사 : 철도운영자등이 철도사고 및 운행장애 등을 발생시키거나 발생시킬 우려가 있는 경우에 안전관리체계 위반사항 확인 및 안전관리체계 위해요인 사전예방을 위해 수행하는 검사

10 안전관리체계 최대 업무정지 기한은?

① 1개월
② 3개월
③ 6개월
④ 1년

> **법 제9조(승인의 취소 등)**
> ① 국토교통부장관은 안전관리체계의 승인을 받은 철도운영자등이 다음 각 호의 어느 하나에 해당하는 경우에는 그 승인을 취소하거나 6개월 이내의 기간을 정하여 업무의 제한이나 정지를 명할 수 있다.

11 안전관리체계의 승인을 취소하거나 업무의 제한이나 정지를 명할 수 있는 경우가 <u>아닌</u> 것은?

① 시정조치명령을 정당한 사유 없이 이행하지 아니한 경우
② 안전관리체계를 지속적으로 유지하지 아니하여 철도운영이나 철도시설의 관리에 중대한 지장을 초래한 경우
③ 변경승인을 받지 아니하거나 변경신고를 하지 아니하고 안전관리체계를 변경한 경우
④ 철도 안전과 관련한 이용객의 민원이 1년 이상 지속적으로 발생한 경우

> **법 제9조(승인의 취소 등)**
> ① 국토교통부장관은 안전관리체계의 승인을 받은 철도운영자등이 다음 각 호의 어느 하나에 해당하는 경우에는 그 승인을 취소하거나 6개월 이내의 기간을 정하여 업무의 제한이나 정지를 명할 수 있다. 다만, 제1호에 해당하는 경우에는 그 승인을 취소하여야 한다.
> 1. 거짓이나 그 밖의 부정한 방법으로 승인을 받은 경우
> 2. 변경승인을 받지 아니하거나 변경신고를 하지 아니하고 안전관리체계를 변경한 경우
> 3. 안전관리체계를 지속적으로 유지하지 아니하여 철도운영이나 철도시설의 관리에 중대한 지장을 초래한 경우
> 4. 시정조치명령을 정당한 사유 없이 이행하지 아니한 경우

12 국토교통부장관이 철도 이용자 등에게 심한 불편을 주거나 그 밖에 공익을 해할 우려가 있는 경우에 업무의 제한이나 정지를 갈음하여 부과할 수 있는 최대 과징금은?

① 20억원 이하

② 20억원 미만

③ 30억원 이하

④ 30억원 미만

13 과징금의 액수가 옳지 않게 짝지어진 것은?

① 변경신고를 하지 않고 안전관리체계를 변경한 경우
1차 위반 : 60백만원

② 변경승인을 받지 않고 안전관리체계를 변경한 경우
1차 위반 : 120백만원

③ 시정조치명령을 정당한 사유 없이 이행하지 않은 경우 1차 위반 : 240백만원

④ 안전관리체계 를 지속적으로 유지하지 않아 철도사고로 인한 사망자 수 1명 이상 3명 미만 : 360백만원

14 철도안전 우수운영자 지정에 대한 설명으로 틀린 것은?

① 국토교통부장관은 안전관리 수준평가 결과에 따라 철도운영자등을 대상으로 철도안전 우수운영자를 지정할 수 있다.

② 철도안전 우수운영자로 지정을 받은 자는 철도차량, 철도시설이나 관련 문서 등에 철도안전 우수운영자로 지정되었음을 나타내는 표시를 할 수 있다.

③ 국토교통부장관은 지정을 받지 않은 자가 우수운영자로 지정되었음을 나타내는 표시를 하거나 이와 유사한 표시를 한 자에 대하여 해당 표시를 제거하게 하는 등 필요한 시정조치를 명할 수 있다.

④ 철도안전 우수운영자의 지정 유효기간은 지정일로부터 10년으로 한다.

15 철도차량을 운전하려는 사람은 누구에게 철도차량 운전면허를 받아야 하는가?

① 국토교통부장관

② 철도운영자

③ 운전교육훈련기관의 장

④ 시·도지사

> **법 제10조(철도차량 운전면허)**
> ① 철도차량을 운전하려는 사람은 국토교통부장관으로부터 철도차량 운전면허를 받아야 한다.

16 운전적성검사기관 최대 업무 정지 기한은?

① 1개월

② 3개월

③ 6개월

④ 1년

> **법 제15조의2(운전적성검사기관의 지정취소 및 업무정지)**
> ① 국토교통부장관은 운전적성검사기관이 다음 각 호의 어느 하나에 해당할 때에는 지정을 취소하거나 6개월 이내의 기간을 정하여 업무의 정지를 명할 수 있다.

17 운전적성검사기관의 지정취소 및 업무정지 사유가 <u>아닌</u> 것은?

① 거짓이나 그 밖의 부정한 방법으로 운전적성검사 판정서를 발급하였을 때

② 업무정지 명령을 위반하여 그 정지기간 중 운전적성검사 업무를 하였을 때

③ 정당한 사유 없이 운전적성검사 업무를 거부하였을 때

④ 운전적성검사 업무 관련 서류를 1년간 보관하지 아니하였을 경우

> **법 제15조의2(운전적성검사기관의 지정취소 및 업무정지)**
> ① 국토교통부장관은 운전적성검사기관이 다음 각 호의 어느 하나에 해당할 때에는 지정을 취소하거나 6개월 이내의 기간을 정하여 업무의 정지를 명할 수 있다. 다만, 제1호 및 제2호에 해당할 때에는 지정을 취소하여야 한다.
> 1. 거짓이나 그 밖의 부정한 방법으로 지정을 받았을 때
> 2. 업무정지 명령을 위반하여 그 정지기간 중 운전적성검사 업무를 하였을 때
> 3. 지정기준에 맞지 아니하게 되었을 때
> 4. 정당한 사유 없이 운전적성검사 업무를 거부하였을 때
> 5. 거짓이나 그 밖의 부정한 방법으로 운전적성검사 판정서를 발급하였을 때

18 운전면허증의 재발급이나 기재사항의 변경을 신청할 수 있는 경우가 <u>아닌</u> 것은?

① 운전면허증 분실

② 운전면허증의 기재사항 변경

③ 운전면허증의 발급기관 변경

④ 운전면허증이 헐어서 쓸 수 없게 되었을 때

> **법 제18조(운전면허증의 발급 등)**
> ② 운전면허증을 발급받은 사람이 운전면허증을 잃어버렸거나 운전면허증이 헐어서 쓸 수 없게 되었을 때 또는 운전면허증의 기재사항이 변경되었을 때에는 국토교통부령으로 정하는 바에 따라 운전면허증의 재발급이나 기재사항의 변경을 신청할 수 있다.

19 운전면허의 유효기간은?

① 1년

② 3년

③ 5년

④ 10년

법 제19조(운전면허의 갱신)
① 운전면허의 유효기간은 10년으로 한다.

20 운전면허의 효력정지의 최대 기간은?

① 3개월

② 6개월

③ 1년

④ 2년

법 제20조(운전면허의 취소 · 정지 등)
① 국토교통부장관은 운전면허 취득자가 다음 각 호의 어느 하나에 해당할 때에는 운전면허를 취소하거나 1년 이내의 기간을 정하여 운전면허의 효력을 정지시킬 수 있다.

21 철도교통관제사 자격증명의 종류가 올바르게 묶인 것은?

① 도시철도 관제자격증명, 철도 관제자격증명

② 민자철도 관제자격증명, 도시철도 관제자격증명

③ 전용철도 관제자격증명, 도시철도 관제자격증명

④ 사업용철도 관제자격증명, 도시철도 관제자격증명

영 제20조의2(관제자격증명의 종류) 철도교통관제사 자격 증명은 같은 조 제2항에 따라 다음 각 호의 구분에 따른 관제 업무의 종류별로 받아야 한다.
1. 「도시철도법」에 따른 도시철도 차량에 관한 관제업무: 도시철도 관제자격증명
2. 철도차량에 관한 관제업무(제1호에 따른 도시철도 차량에 관한 관제업무를 포함한다): 철도 관제자격증명

22 영상기록장치를 설치 · 운영하여야하는 철도차량 또는 철도시설이 <u>아닌</u> 것은?

① 철도차량 중 대통령령으로 정하는 동력차 및 객차

② 대통령령으로 정하는 차량정비기지

③ 승강장 등 국토교통부령으로 정하는 안전사고의 우려가 있는 역 구내

④ 변전소 등 대통령령으로 정하는 안전확보가 필요한 철도시설

대통령령이다.
법 제39조의3(영상기록장치의 설치 · 운영 등)
① 철도운영자등은 철도차량의 운행상황 기록, 교통사고 상황 파악, 안전사고 방지, 범죄 예방 등을 위하여 다음 각 호의 철도차량 또는 철도시설에 영상기록장치를 설치 · 운영하여야 한다. 이 경우 영상기록장치의 설치 기준, 방법 등은 대통령령으로 정한다.
1. 철도차량 중 대통령령으로 정하는 동력차 및 객차
2. 승강장 등 대통령령으로 정하는 안전사고의 우려가 있는 역 구내
3. 대통령령으로 정하는 차량정비기지
4. 변전소 등 대통령령으로 정하는 안전확보가 필요한 철도시설

23 영상기록을 이용하거나 다른 자에게 제공할 수 <u>없는</u> 경우는?

① 범죄의 수사와 공소의 제기 및 유지에 필요한 경우

② 법원의 재판업무수행을 위하여 필요한 경우

③ 승객 편의 증진을 위하여 필요한 경우

④ 교통사고 상황 파악을 위하여 필요한 경우

법 제39조의3(영상기록장치의 설치 · 운영 등)
④ 철도운영자등은 다음 각 호의 어느 하나에 해당하는 경우 외에는 영상기록을 이용하거나 다른 자에게 제공하여서는 아니 된다.
1. 교통사고 상황 파악을 위하여 필요한 경우
2. 범죄의 수사와 공소의 제기 및 유지에 필요한 경우
3. 법원의 재판업무수행을 위하여 필요한 경우

24 영상기록장치 설치대상이 되는 동력차 및 객차가 <u>아닌</u> 것은?

① 승객 설비를 갖추고 여객을 수송하는 객차

② 운전실

③ 화물을 수송하는 화차

④ 운전설비가 있는 동력차

영 제30조(영상기록장치 설치대상)
① 법 제39조의3제1항제1호에서 "대통령령으로 정하는 동력차 및 객차"란 다음 각 호의 동력차 및 객차를 말한다.
 1. 열차의 맨 앞에 위치한 동력차로서 운전실 또는 운전설비가 있는 동력차
 2. 승객 설비를 갖추고 여객을 수송하는 객차

25 영상기록장치 설치대상이 되는 역 구내에 포함되는 것을 모두 고른 것은?

| ㄱ. 대합실 | ㄴ. 역무실 | ㄷ. 관제실 |
| ㄹ. 승강장 | ㅁ. 승강설비 | |

① ㄹ

② ㄴ, ㄷ

③ ㄱ, ㄹ, ㅁ

④ 모두

영 제30조(영상기록장치 설치대상)
② 법 제39조의3제1항제2호에서 "승강장 등 대통령령으로 정하는 안전사고의 우려가 있는 역 구내"란 승강장, 대합실 및 승강설비를 말한다.

26 영상기록장치 설치 안내판에 표시되지 않아도 되는 내용은?

① 영상기록장치의 설치 위치

② 관리책임자의 성명 및 연락처

③ 영상기록장치의 설치 목적

④ 영상기록장치의 설치 연도

영 제31조(영상기록장치 설치 안내) 철도운영자등은 운전업무종사자 및 여객 등 「개인정보 보호법」에 따른 정보주체가 쉽게 인식할 수 있는 운전실 및 객차 출입문 등에 다음 각 호의 사항이 표시된 안내판을 설치해야 한다.
 1. 영상기록장치의 설치 목적
 2. 영상기록장치의 설치 위치, 촬영 범위 및 촬영 시간
 3. 영상기록장치 관리 책임 부서, 관리책임자의 성명 및 연락처
 4. 그 밖에 철도운영자등이 필요하다고 인정하는 사항

27 영상기록장치 운영·관리 지침에 포함되지 않아도 되는 내용은?

① 영상기록을 안전하게 저장할 수 있는 암호화 기술의 적용

② 영상기록장치의 설치 대수

③ 영상기록장치의 성능 기준

④ 영상기록장치의 설치 근거

영 제32조(영상기록장치의 운영·관리 지침)
철도운영자등은 영상기록장치에 기록된 영상이 분실·도난·유출·변조 또는 훼손되지 않도록 다음 각 호의 사항이 포함된 영상기록장치 운영·관리 지침을 마련해야 한다.
 1. 영상기록장치의 설치 근거 및 설치 목적
 2. 영상기록장치의 설치 대수, 설치 위치 및 촬영 범위
 8. 영상기록을 안전하게 저장·전송할 수 있는 암호화 기술의 적용 또는 이에 상응하는 조치

28 열차운행의 일시 중지에 대한 설명으로 **틀린** 것은?

① 철도운영자는 지진, 태풍, 폭우, 폭설 등 천재지변 또는 악천후로 인하여 재해가 발생하였을 경우 열차운행을 일시 중지할 수 있다.

② 철도종사자는 철도사고 및 운행장애의 징후가 발견되거나 발생 위험이 높다고 판단되는 경우에는 운전업무종사자에게 열차운행을 일시 중지할 것을 요청할 수 있다.

③ 철도종사자는 열차운행의 중지 요청과 관련하여 고의 또는 중대한 과실이 없는 경우에는 민사상 책임을 지지 아니한다.

④ 누구든지 열차운행의 중지를 요청한 철도종사자에게 이를 이유로 불이익한 조치를 하여서는 아니 된다.

관제업무종사자
법 제40조(열차운행의 일시 중지)
① 철도운영자는 다음 각 호의 어느 하나에 해당하는 경우로서 열차의 안전운행에 지장이 있다고 인정하는 경우에는 열차운행을 일시 중지할 수 있다.
1. 지진, 태풍, 폭우, 폭설 등 천재지변 또는 악천후로 인하여 재해가 발생하였거나 재해가 발생할 것으로 예상되는 경우
2. 그 밖에 열차운행에 중대한 장애가 발생하였거나 발생할 것으로 예상되는 경우
② 철도종사자는 철도사고 및 운행장애의 징후가 발견되거나 발생 위험이 높다고 판단되는 경우에는 관제업무종사자에게 열차운행을 일시 중지할 것을 요청할 수 있다. 이 경우 요청을 받은 관제업무종사자는 특별한 사유가 없으면 즉시 열차운행을 중지하여야 한다.
③ 철도종사자는 제2항에 따른 열차운행의 중지 요청과 관련하여 고의 또는 중대한 과실이 없는 경우에는 민사상 책임을 지지 아니한다.
④ 누구든지 제2항에 따라 열차운행의 중지를 요청한 철도종사자에게 이를 이유로 불이익한 조치를 하여서는 아니 된다.

29 작업 수행 전에 작업원을 대상으로 안전교육을 실시하는 것은 누구의 준수사항인가

① 운전업무종사자

② 관제업무종사자

③ 작업책임자

④ 철도운행안전관리자

법 제40조의2(철도종사자의 준수사항)
③ 작업책임자는 철도차량의 운행선로 또는 그 인근에서 철도시설의 건설 또는 관리와 관련된 작업 수행 중 다음 각 호의 사항을 준수하여야 한다.
1. 국토교통부령으로 정하는 바에 따라 작업 수행 전에 작업원을 대상으로 안전교육을 실시할 것

30 운송위탁 및 운송 금지 위험물에 해당하지 **않는** 것은?

① 니트로글리세린

② 철도운송 중 폭발할 우려가 있는 것

③ 점폭약류를 붙인 폭약

④ 뇌홍질화연에 속하는 것

②번은 운송취급주의 위험물이다.
영 제44조(운송위탁 및 운송 금지 위험물 등)
법 제43조에서 "점화류 또는 점폭약류를 붙인 폭약, 니트로글리세린, 건조한 기폭약, 뇌홍질화연에 속하는 것 등 대통령령으로 정하는 위험물"이란 다음 각 호의 위험물을 말한다.
1. 점화 또는 점폭약류를 붙인 폭약
2. 니트로글리세린
3. 건조한 기폭약
4. 뇌홍질화연에 속하는 것

31 운송취급주의 위험물에 해당하지 <u>않는</u> 것은?

① 마찰 등 주위의 상황으로 인하여 발화할 우려가 있는 것

② 유독성 가스를 발생시킬 우려가 있는 것

③ 산화성 등이 강하여 그 물질 자체의 성질에 따라 발화할 우려가 있는 것

④ 건조한 기폭약

④번은 운송 금지 위험물이다.
영 제45조(운송취급주의 위험물)
법 제44조제1항에서 "대통령령으로 정하는 위험물"이란 다음 각 호의 어느 하나에 해당하는 것으로서 국토교통부령으로 정하는 것을 말한다.
1. 철도운송 중 폭발할 우려가 있는 것
2. 마찰 · 충격 · 흡습 등 주위의 상황으로 인하여 발화할 우려가 있는 것
3. 인화성 · 산화성 등이 강하여 그 물질 자체의 성질에 따라 발화할 우려가 있는 것
4. 용기가 파손될 경우 내용물이 누출되어 철도차량 · 레일 · 기구 또는 다른 화물 등을 부식시키거나 침해할 우려가 있는 것
5. 유독성 가스를 발생시킬 우려가 있는 것
6. 그 밖에 화물의 성질상 철도시설 · 철도차량 · 철도종사자 · 여객 등에 위해나 손상을 끼칠 우려가 있는 것

32 빈칸에 들어갈 말로 옳은 것은?

법 제45조(철도보호지구에서의 행위제한 등)
철도경계선(가장 바깥쪽 궤도의 끝선을 말한다)으로부터 (　　　)미터 이내「도시철도법」에 따른 도시철도 중 노면전차의 경우에는 (　　　)미터 이내]의 지역을 철도보호지구라 한다.

① 10미터 - 10미터

② 10미터 - 20미터

③ 30미터 - 10미터

④ 30미터 - 30미터

법 제45조(철도보호지구에서의 행위제한 등)
① 철도경계선(가장 바깥쪽 궤도의 끝선을 말한다)으로부터 30미터 이내「도시철도법」에 따른 도시철도 중 노면전차의 경우에는 10미터 이내]의 지역(이하 "철도보호지구"라 한다)

33 철도 보호를 위한 안전조치에 해당하지 <u>않는</u> 것은?

① 안전울타리나 안전통로 등 안전시설의 설치

② 지하수나 지표수 처리대책의 수립 · 시행

③ 선로 옆의 제방 등에 대한 흙막이공사 시행

④ 시설 또는 설비가 선로의 위나 밑으로 횡단하거나 선로와 나란히 되도록 설치

④번은 철도보호지구에서의 안전운행 저해행위이다.
영 제49조(철도 보호를 위한 안전조치) 법 제45조제3항에서 "대통령령으로 정하는 필요한 조치"란 다음 각 호의 어느 하나에 해당하는 조치를 말한다.
1. 공사로 인하여 약해질 우려가 있는 지반에 대한 보강대책 수립 · 시행
2. 선로 옆의 제방 등에 대한 흙막이공사 시행
3. 굴착공사에 사용되는 장비나 공법 등의 변경
4. 지하수나 지표수 처리대책의 수립 · 시행
5. 시설물의 구조 검토 · 보강
6. 먼지나 티끌 등이 발생하는 시설 · 설비나 장비를 운용하는 경우 방진막, 물을 뿌리는 설비 등 분진방지시설 설치
7. 신호기를 가리거나 신호기를 보는데 지장을 주는 시설이나 설비 등의 철거
8. 안전울타리나 안전통로 등 안전시설의 설치

정답　31 ④　32 ③　33 ④

34 여객열차에서의 금지행위에 해당하지 <u>않는</u> 것은?

① 역시설 또는 철도차량에서 노숙하는 행위

② 정당한 사유 없이 운행 중에 비상정지버튼을 누르는 행위

③ 여객열차 밖에 있는 사람을 위험하게 할 우려가 있는 물건을 여객열차 밖으로 던지는 행위

④ 흡연하는 행위

①번은 철도 보호 및 질서유지를 위한 금지행위다.
법 제47조(여객열차에서의 금지행위)
① 여객(무임승차자를 포함한다. 이하 이 조에서 같다)은 여객열차에서 다음 각 호의 어느 하나에 해당하는 행위를 하여서는 아니 된다.
 1. 정당한 사유 없이 국토교통부령으로 정하는 여객출입 금지장소에 출입하는 행위
 2. 정당한 사유 없이 운행 중에 비상정지버튼을 누르거나 철도차량의 옆면에 있는 승강용 출입문을 여는 등 철도차량의 장치 또는 기구 등을 조작하는 행위
 3. 여객열차 밖에 있는 사람을 위험하게 할 우려가 있는 물건을 여객열차 밖으로 던지는 행위
 4. 흡연하는 행위
 5. 철도종사자와 여객 등에게 성적수치심을 일으키는 행위
 6. 술을 마시거나 약물을 복용하고 다른 사람에게 위해를 주는 행위
 7. 그 밖에 공중이나 여객에게 위해를 끼치는 행위로서 국토교통부령으로 정하는 행위

35 여객열차에서의 금지행위를 한 사람에게 할 수 있는 철도안전법에 명시된 조치가 <u>아닌</u> 것은?

① 금지행위의 녹음

② 금지행위의 촬영

③ 금지행위의 고발

④ 금지행위의 제지

법 제47조(여객열차에서의 금지행위)
③ 운전업무종사자, 여객승무원 또는 여객역무원은 제1항 또는 제2항의 금지행위를 한 사람에 대하여 필요한 경우 다음 각 호의 조치를 할 수 있다.
 1. 금지행위의 제지
 2. 금지행위의 녹음 · 녹화 또는 촬영

36 철도 보호 및 질서유지를 위한 금지행위에 해당하지 <u>않는</u> 것은?

① 궤도의 중심으로부터 양측으로 폭 5미터 이내의 장소에 철도차량의 안전 운행에 지장을 주는 물건을 방치하는 행위

② 정당한 사유 없이 열차 승강장의 비상정지버튼을 작동시켜 열차운행에 지장을 주는 행위

③ 철도차량에서 폭언 등 소란을 피우는 행위

④ 철도차량을 향하여 돌을 던져 철도차량 운행에 위험을 발생하게 하는 행위

3미터 이내다.
법 제48조(철도 보호 및 질서유지를 위한 금지행위)
① 누구든지 정당한 사유 없이 철도 보호 및 질서유지를 해치는 다음 각 호의 어느 하나에 해당하는 행위를 하여서는 아니 된다.
 2. 철도차량을 향하여 돌이나 그 밖의 위험한 물건을 던져 철도차량 운행에 위험을 발생하게 하는 행위
 3. 궤도의 중심으로부터 양측으로 폭 **3미터** 이내의 장소에 철도차량의 안전 운행에 지장을 주는 물건을 방치하는 행위
 6. 역시설 등 공중이 이용하는 철도시설 또는 철도차량에서 폭언 또는 고성방가 등 소란을 피우는 행위
 10. 정당한 사유 없이 열차 승강장의 비상정지버튼을 작동시켜 열차운행에 지장을 주는 행위

37 철도특별사법경찰관리가 직무수행에 사용할 수 있는 장비가 <u>아닌</u> 것은?

① 전자충격기

② 권총

③ 가스분사기

④ 수갑

법 제48조의5(직무장비의 휴대 및 사용 등)
② 제1항에서의 "직무장비"란 철도특별사법경찰관리가 휴대하여 범인검거와 피의자 호송 등의 직무수행에 사용하는 수갑, 포승, 가스분사기, 가스발사총(고무탄 발사겸용인 것을 포함한다. 이하 같다), 전자충격기, 경비봉을 말한다.

38 퇴거지역의 범위에 해당하는 것은?

① 화물을 적하하는 장소의 담장이나 경계선 밖의 지역

② 철도신호기 · 철도차량정비소가 설치되어 있는 장소의 담장이나 경계선 밖의 지역

③ 정거장

④ 통신기기 · 전력설비 등의 설비가 설치되어 있는 장소의 담장이나 경계선 밖의 지역

①, ②, ④번은 경계선 안의 지역이다.
영 제52조(퇴거지역의 범위) 법 제50조 각 호 외의 부분에서 "대통령령으로 정하는 지역"이란 다음 각 호의 어느 하나에 해당하는 지역을 말한다.
1. 정거장
2. 철도신호기 · 철도차량정비소 · 통신기기 · 전력설비 등의 설비가 설치되어 있는 장소의 담장이나 경계선 안의 지역
3. 화물을 적하하는 장소의 담장이나 경계선 안의 지역

39 철도사고등의 발생 시 가장 우선해야 하는 것은?

① 유류품 관리

② 여객 수송

③ 인명의 구조와 보호

④ 철도시설 복구

영 제56조(철도사고등의 발생 시 조치사항)
법 제60조제2항에 따라 철도사고등이 발생한 경우 철도운영자등이 준수하여야 하는 사항은 다음 각 호와 같다.
1. 사고수습이나 복구작업을 하는 경우에는 인명의 구조와 보호에 가장 우선순위를 둘 것

40 철도안전 자율보고에 대한 설명으로 **틀린** 것은?

① 누구든지 철도안전 자율보고를 한 사람에 대하여 이를 이유로 신분이나 처우와 관련하여 불이익한 조치를 하여서는 아니 된다.

② 국토교통부장관은 철도운영자의 요청이 있는 경우를 제외하고, 보고를 한 사람의 의사에 반하여 보고자의 신분을 공개해서는 아니 된다

③ 철도안전위험요인이 발생한 것을 안 사람은 국토교통부장관에게 그 사실을 보고할 수 있다.

④ 철도안전 자율보고에 포함되어야 할 사항, 보고 방법 및 절차는 국토교통부령으로 정한다.

예외없이 보고자의 신분을 공개할 수 없다.
법 제61조의3(철도안전 자율보고)
① 철도안전을 해치거나 해칠 우려가 있는 사건·상황·상태 등을 발생시켰거나 철도안전위험요인이 발생한 것을 안 사람 또는 철도안전위험요인이 발생할 것이 예상된다고 판단하는 사람은 국토교통부장관에게 그 사실을 보고할 수 있다.
② 국토교통부장관은 제1항에 따른 보고를 한 사람의 의사에 반하여 보고자의 신분을 공개해서는 아니 되며, 철도안전 자율보고를 사고예방 및 철도안전 확보 목적 외의 다른 목적으로 사용해서는 아니 된다.
③ 누구든지 철도안전 자율보고를 한 사람에 대하여 이를 이유로 신분이나 처우와 관련하여 불이익한 조치를 하여서는 아니 된다.
④ 제1항부터 제3항까지에서 규정한 사항 외에 철도안전 자율보고에 포함되어야 할 사항, 보고 방법 및 절차는 국토교통부령으로 정한다.

41 철도관계기관등에 대하여 필요한 사항을 보고하게 하거나 자료의 제출을 명할 수 있는 경우가 **아닌** 것은?

① 철도안전 종합계획 또는 시행계획의 수립 또는 추진을 위하여 필요한 경우

② 철도사고등 의무보고와 관련하여 사실 확인 등이 필요한 경우

③ 철도안전투자의 공시가 적정한지를 확인하려는 경우

④ 철도운영기관의 연간 경영 목표 달성 및 운영실적을 평가하려는 경우

법 제73조(보고 및 검사)
① 국토교통부장관이나 관계 지방자치단체는 다음 각 호의 어느 하나에 해당하는 경우 대통령령으로 정하는 바에 따라 철도관계기관등에 대하여 필요한 사항을 보고하게 하거나 자료의 제출을 명할 수 있다.
1. 철도안전 종합계획 또는 시행계획의 수립 또는 추진을 위하여 필요한 경우
1의2. 제6조의2제1항에 따른 철도안전투자의 공시가 적정한지를 확인하려는 경우
8. 제61조에 따른 보고와 관련하여 사실 확인 등이 필요한 경우 제61조:철도사고등 의무보고

42 국토교통부장관이 청문을 하여야 하는 경우가 **아닌** 것은?

① 운전적성검사기관의 업무정지

② 안전관리체계의 승인 취소

③ 운전면허의 효력정지

④ 위험물 포장·용기검사기관의 지정 취소

운전적성검사기관은 업무정지가 없다.
법 제75조(청문) 국토교통부장관은 다음 각 호의 어느 하나에 해당하는 처분을 하는 경우에는 청문을 하여야 한다.
1. 제9조제1항에 따른 안전관리체계의 승인 취소
2. 제15조의2에 따른 운전적성검사기관의 지정취소
4. 제20조제1항에 따른 운전면허의 취소 및 효력정지
8의2. 제44조의2제6항에 따른 위험물 포장·용기검사기관의 지정 취소 또는 업무정지

43 국토교통부장관이 시 · 도지사에게 위임하는 권한을 고르시오.

① 이동 · 출발 등의 명령과 운행기준 등의 지시, 조언 · 정보의 제공 및 안전조치 업무

② 술을 마셨는지에 대한 확인

③ 약물을 사용하였는지에 대한 검사

④ 철도보안정보체계의 구축 · 운영

영 제62조(권한의 위임)
② 국토교통부장관은 법 제77조제1항에 따라 다음 각 호의 권한을 「국토교통부와 그 소속기관 직제」 제40조에 따른 철도특별사법경찰대장에게 위임한다.
1. 술을 마셨거나 약물을 사용하였는지에 대한 확인 또는 검사
2. 철도보안정보체계의 구축 · 운영

44 5년 이하의 징역 또는 5천만원 이하의 벌금에 해당하는 것은?

① 안전관리체계의 승인을 받지 아니하고 철도운영을 하거나 철도시설을 관리한 자

② 운행 중 비상정지버튼을 누르거나 승강용 출입문을 여는 행위를 한 사람

③ 폭행 · 협박으로 철도종사자의 직무집행을 방해한 자

④ 국토교통부장관의 운행제한 명령을 따르지 아니하고 철도차량을 운행한 자

①번 3년, ②번 2년, ④번 3년
법 제79조(벌칙)
① 제49조제2항을 위반하여 폭행 · 협박으로 철도종사자의 직무집행을 방해한 자는 5년 이하의 징역 또는 5천만원 이하의 벌금에 처한다.

45 과태료 금액이 옳지 <u>않은</u> 것은?

① 안전관리체계의 변경승인을 받지 않고 안전관리체계를 변경한 경우 1회 위반: 300만원

② 안전교육을 실시하지 않거나 직무교육을 실시하지 않은 경우 1회 위반: 300만원

③ 소속 공무원의 출입·검사를 거부, 방해 또는 기피한 경우 1회 위반: 300만원

④ 철도시설(선로는 제외한다)에 승낙 없이 출입하거나 통행한 경우 1회 위반: 150만원

150만원이다.
철도안전법 시행령 [별표 6]
과태료 부과기준(제64조 관련)

정답 43 ① 44 ③ 45 ②

심화 문제

01 철도운행안전관리자의 정의는?

① 여객에게 승무서비스를 제공하는 사람

② 철도차량의 운행선로 또는 그 인근에서 철도시설의 건설 또는 관리와 관련한 작업의 협의·지휘·감독·안전관리 등의 업무에 종사하도록 철도운영자 또는 철도시설관리자가 지정한 사람

③ 철도차량의 운행을 집중 제어·통제·감시하는 업무에 종사하는 사람

④ 철도차량의 운행선로 또는 그 인근에서 철도시설의 건설 또는 관리와 관련한 작업의 일정을 조정하고 해당 선로를 운행하는 열차의 운행일정을 조정하는 사람

> **법 제2조(정의)**
> 바. 철도차량의 운행선로 또는 그 인근에서 철도시설의 건설 또는 관리와 관련한 작업의 일정을 조정하고 해당 선로를 운행하는 열차의 운행일정을 조정하는 사람

02 철도안전 종합계획의 경미한 변경에 해당하지 <u>않는</u> 것은?

① 철도안전 종합계획에서 정한 시행기한 외의 단위사업의 시행시기의 변경

② 법령의 개정과 관련하여 철도안전 종합계획을 변경하는 등 당초 수립된 철도안전 종합계획의 기본방향에 영향을 미치지 아니하는 사항의 변경

③ 행정구역의 변경과 관련하여 철도안전 종합계획을 변경하는 등 당초 수립된 철도안전 종합계획의 기본방향에 영향을 미치지 아니하는 사항의 변경

④ 철도안전 종합계획에서 정한 총사업비를 원래 계획의 100분의 10 이내에서의 변경

> 시행기한 내에 단위사업의 시행시기의 변경
> **영 제4조(철도안전 종합계획의 경미한 변경)**
> 법 제5조제3항 후단에서 "대통령령으로 정하는 경미한 사항의 변경"이란 다음 각 호의 어느 하나에 해당하는 변경을 말한다.
> 1. 철도안전 종합계획에서 정한 총사업비를 원래 계획의 100분의 10 이내에서의 변경
> 2. 철도안전 종합계획에서 정한 시행기한 내에 단위사업의 시행시기의 변경
> 3. 법령의 개정, 행정구역의 변경 등과 관련하여 철도안전 종합계획을 변경하는 등 당초 수립된 철도안전 종합계획의 기본방향에 영향을 미치지 아니하는 사항의 변경

03 가장 과징금의 액수가 가장 높은 것은?

① 시정조치명령을 정당한 사유 없이 이행하지 않은 경우 2차 위반

② 변경승인을 받지 않고 안전관리체계를 변경한 경우 2차 위반

③ 변경신고를 하지 않고 안전관리체계를 변경한 경우 3차 위반

④ 안전관리체계 를 지속적으로 유지하지 않아 철도사고 또는 운행장애로 인한 재산피해액 5억원 이상 10억원 미만

> **철도안전법 시행령 [별표 1]**
> 안전관리체계 관련 과징금의 부과기준(제6조 관련)
> - 변경승인을 받지 않고 안전관리체계를 변경한 경우 2차 위반 : 240백만원
> - 변경신고를 하지 않고 안전관리체계를 변경한 경우 3차 위반 : 240백만원
> - 안전관리체계를 지속적으로 유지하지 않아 철도사고 또는 운행장애로 인한 재산피해액 5억원 이상 10억원 미만 : 180백만원
> - 시정조치명령을 정당한 사유 없이 이행하지 않은 경우 2차 위반 : 480백만원

04 운전면허의 결격사유 확인을 위하여 개인정보의 제공을 요청할 수 <u>없는</u> 기관의 장은?

① 병무청장

② 해병대사령관

③ 시 · 도지사

④ 한국교통안전공단

> **영 제12조의2(운전면허의 결격사유 관련 개인정보의 제공 요청)**
> ① 국토교통부장관은 운전면허의 결격사유 확인을 위하여 다음 각 호의 기관의 장에게 해당 기관이 보유하고 있는 개인정보의 제공을 요청할 수 있다.
> 1. 보건복지부장관
> 2. 병무청장
> 3. 시 · 도지사 또는 시장 · 군수 · 구청장
> 4. 육군참모총장, 해군참모총장, 공군참모총장 또는 해병대사령관

05 운전면허의 결격사유 확인을 위하여 요청할 수 있는 개인정보의 내용이 잘못 짝지어진 것은?

① 병무청장: 정신질환 및 뇌전증으로 신체등급 이 5급 또는 6급으로 판정된 사람 에 대한 자료

② 육군참모총장: 군 재직 중 정신질환 또는 뇌전증으로 전역 조치된 사람에 대한 자료

③ 시 · 도지사: 시각장애인 또는 청각장애인 으로 등록된 사람에 대한 자료

④ 보건복지부장관: 마약류 중독자로 판명되거나 마약류 중독으로 치료보호기관에서 치료 중인 사람에 대한 자료

> 특별자치시장 · 특별 자치도지사 · 시장 · 군수 또는 구청장이다.
> **철도안전법 시행령 [별표 1의2]**
> 운전면허의 결격사유 확인을 위하여 요청할 수 있는 개인정보의 내용(제12조의2제2항 관련)
> - 보건복지부장관 또는 시 · 도지사 : 마약류 중독자로 판명되거나 마약류 중독으로 치료보호기관에서 치료 중인 사람에 대한 자료
> - 병무청장 : 정신질환 및 뇌전증으로 신체등급 이 5급 또는 6급으로 판정된 사람 에 대한 자료
> - 특별자치시장 · 특별 자치도지사 · 시장 · 군수 또는 구청장 : 시각장애인 또는 청각장애인 으로 등록된 사람에 대한 자료
> - 육군참모총장, 해군참모총장, 공군참모총장 또는 해병대사령관 : 군 재직 중 정신질환 또는 뇌전증으로 전역 조치된 사람에 대한 자료

06 신체검사 실시 의료기관에 해당하지 <u>않는</u> 것은?

① 종합병원

② 진료소

③ 의원

④ 병원

법 제13조(신체검사 실시 의료기관)
제12조제1항에 따른 신체검사를 실시할 수 있는 의료기관은 다음 각 호와 같다.
 1. 「의료법」 제3조제2항제1호가목의 의원
 2. 「의료법」 제3조제2항제3호가목의 병원
 3. 「의료법」 제3조제2항제3호마목의 종합병원

07 다음 중 빈칸에 들어갈 숫자가 올바르게 짝지어진 것은?

법 제15조(운전적성검사)
② 운전적성검사에 불합격한 사람 또는 운전적성검사 과정에서 부정행위를 한 사람은 다음 각 호의 구분에 따른 기간 동안 운전적성검사를 받을 수 없다.
 1. 운전적성검사에 불합격한 사람: 검사일부터 ( )개월
 2. 운전적성검사 과정에서 부정행위를 한 사람: 검사일부터 ( )년

① 3개월 - 1년

② 3개월 - 3년

③ 6개월 - 3년

④ 6개월 - 5년

법 제15조(운전적성검사)
② 운전적성검사에 불합격한 사람 또는 운전적성검사 과정에서 부정행위를 한 사람은 다음 각 호의 구분에 따른 기간 동안 운전적성검사를 받을 수 없다.
 1. 운전적성검사에 불합격한 사람: 검사일부터 3개월
 2. 운전적성검사 과정에서 부정행위를 한 사람: 검사일부터 1년

08 운전적성검사기관 지정기준에 해당하지 <u>않는</u> 것은?

① 운전적성검사 업무를 수행할 수 있는 전문검사인력을 10명 이상 확보할 것

② 운전적성검사기관의 운영 등에 관한 업무규정을 갖출 것

③ 운전적성검사 시행에 필요한 사무실, 검사장과 검사장비를 갖출 것

④ 운전적성검사 업무의 통일성을 유지하고 운전적성검사 업무를 원활히 수행하는데 필요한 상설 전담조직을 갖출 것

3명이다.
영 제14조(운전적성검사기관 지정기준)
① 운전적성검사기관의 지정기준은 다음 각 호와 같다.
 1. 운전적성검사 업무의 통일성을 유지하고 운전적성검사 업무를 원활히 수행하는데 필요한 상설 전담조직을 갖출 것
 2. 운전적성검사 업무를 수행할 수 있는 전문검사인력을 3명 이상 확보할 것
 3. 운전적성검사 시행에 필요한 사무실, 검사장과 검사 장비를 갖출 것
 4. 운전적성검사기관의 운영 등에 관한 업무규정을 갖출 것

09 운전교육훈련기관 지정기준에 해당하지 <u>않는</u> 것은?

① 운전면허의 종류별로 운전교육훈련 업무를 수행할 수 있는 전문인력을 3명 이상 확보할 것

② 운전교육훈련기관의 운영 등에 관한 업무규정을 갖출 것

③ 운전교육훈련 시행에 필요한 사무실 · 교육장과 교육장비를 갖출 것

④ 운전교육훈련 업무 수행에 필요한 상설 전담조직을 갖출 것

> 운전적성검사기관과 다르게 운전교육훈련기관은 인원 수 규정이 없다.
> **영 제17조(운전교육훈련기관 지정기준)**
> ① 운전교육훈련기관 지정기준은 다음 각 호와 같다.
> 1. 운전교육훈련 업무 수행에 필요한 상설 전담조직을 갖출 것
> 2. 운전면허의 종류별로 운전교육훈련 업무를 수행할 수 있는 전문인력을 확보할 것
> 3. 운전교육훈련 시행에 필요한 사무실 · 교육장과 교육 장비를 갖출 것
> 4. 운전교육훈련기관의 운영 등에 관한 업무규정을 갖출 것

10 운전면허의 갱신에 대한 설명으로 <u>틀린</u> 것은?

① 운전면허 취득자가 운전면허의 갱신을 받지 아니하면 그 운전면허의 유효기간이 만료되는 날부터 그 운전면허의 효력이 정지된다.

② 운전면허의 효력이 정지된 사람이 6개월의 범위에서 대통령령으로 정하는 기간 내에 운전면허의 갱신을 받지 아니하면 그 기간이 만료되는 날의 다음 날부터 그 운전면허는 효력을 잃는다.

③ 운전면허 취득자로서 유효기간 이후에도 그 운전면허의 효력을 유지하려는 사람은 운전면허의 유효기간 만료 전에 국토교통부령으로 정하는 바에 따라 운전면허의 갱신을 받아야 한다.

④ 국토교통부장관은 운전면허 취득자에게 그 운전면허의 유효기간이 만료되기 전에 국토교통부령으로 정하는 바에 따라 운전면허의 갱신에 관한 내용을 통지하여야 한다.

> 유효기간이 만료되는 다음날부터 효력이 정지된다.
> **법 제19조(운전면허의 갱신)**
> ② 운전면허 취득자로서 제1항에 따른 유효기간 이후에도 그 운전면허의 효력을 유지하려는 사람은 운전면허의 유효기간 만료 전에 국토교통부령으로 정하는 바에 따라 운전면허의 갱신을 받아야 한다.
> ④ 운전면허 취득자가 제2항에 따른 운전면허의 갱신을 받지 아니하면 그 운전면허의 유효기간이 만료되는 날의 다음 날부터 그 운전면허의 효력이 정지된다.
> ⑤ 제4항에 따라 운전면허의 효력이 정지된 사람이 6개월의 범위에서 대통령령으로 정하는 기간 내에 운전면허의 갱신을 신청하여 운전면허의 갱신을 받지 아니하면 그 기간이 만료되는 날의 다음 날부터 그 운전면허는 효력을 잃는다.
> ⑥ 국토교통부장관은 운전면허 취득자에게 그 운전면허의 유효기간이 만료되기 전에 국토교통부령으로 정하는 바에 따라 운전면허의 갱신에 관한 내용을 통지하여야 한다.

11 철도차량 운전면허를 무조건 취소하여야 하는 경우가 <u>아닌</u> 것은?

① 운전면허의 효력정지기간 중 철도차량을 운전하였을 때

② 술을 마시거나 약물을 사용한 상태에서 철도차량을 운전하였을 때

③ 거짓이나 그 밖의 부정한 방법으로 운전면허를 받았을 때

④ 운전면허증을 다른 사람에게 빌려주었을 때

법 제20조(운전면허의 취소 · 정지 등)
① 국토교통부장관은 운전면허 취득자가 다음 각 호의 어느 하나에 해당할 때에는 운전면허를 취소하거나 1년 이내의 기간을 정하여 운전면허의 효력을 정지시킬 수 있다. 다만, 제1호부터 제4호까지의 규정에 해당할 때에는 운전면허를 취소하여야 한다.
1. 거짓이나 그 밖의 부정한 방법으로 운전면허를 받았을 때
2. 제11조제1항제2호부터 제4호까지의 규정에 해당하게 되었을 때
3. 운전면허의 효력정지기간 중 철도차량을 운전하였을 때
4. 제19조의2를 위반하여 운전면허증을 다른 사람에게 빌려주었을 때
5. 철도차량을 운전 중 고의 또는 중과실로 철도사고를 일으켰을 때
5의2. 제40조의2제1항 또는 제5항을 위반하였을 때
6. 제41조제1항을 위반하여 술을 마시거나 약물을 사용한 상태에서 철도차량을 운전하였을 때
7. 제41조제2항을 위반하여 술을 마시거나 약물을 사용한 상태에서 업무를 하였다고 인정할 만한 상당한 이유가 있음에도 불구하고 국토교통부장관 또는 시 · 도지사의 확인 또는 검사를 거부하였을 때
8. 이 법 또는 이 법에 따라 철도의 안전 및 보호와 질서유지를 위하여 한 명령 · 처분을 위반하였을 때

12 국토교통부령으로 정하는 바에 따라 관제교육훈련의 일부를 면제할 수 있는 대상이 <u>아닌</u> 것은?

① 철도차량의 운전업무에서 1년 이상의 경력을 취득한 사람

② 철도신호기 · 선로전환기 · 조작판의 취급업무에서 5년 이상의 경력을 취득한 사람

③ 「고등교육법」에 따른 학교에서 국토교통부령으로 정하는 관제업무 관련 교과목을 이수한 사람

④ 관제자격증명을 받은 후 다른 종류의 관제자격증명을 받으려는 사람

5년이다.
법 제21조의7(관제교육훈련)
① 관제자격증명을 받으려는 사람은 관제업무의 안전한 수행을 위하여 국토교통부장관이 실시하는 관제업무에 필요한 지식과 능력을 습득할 수 있는 교육훈련을 받아야 한다. 다만, 다음 각 호의 어느 하나에 해당하는 사람에게는 국토교통부령으로 정하는 바에 따라 관제교육훈련의 일부를 면제할 수 있다.
1. 「고등교육법」에 따른 학교에서 국토교통부령으로 정하는 관제업무 관련 교과목을 이수한 사람
2. 다음 각 목의 어느 하나에 해당하는 업무에 대하여 5년 이상의 경력을 취득한 사람
   가. 철도차량의 운전업무
   나. 철도신호기 · 선로전환기 · 조작판의 취급업무
3. 관제자격증명을 받은 후 다른 종류의 관제자격증명을 받으려는 사람

13 관제자격증명시험의 일부를 면제할 수 있는 사람은?

① 철도 여객업무종사자

② 철도교통안전관리자

③ 철도관련 회사 재직자

④ 철도차량 운전면허를 받은 사람

법 제21조의8(관제자격증명시험)
③ 국토교통부장관은 다음 각 호의 어느 하나에 해당하는 사람에게는 국토교통부령으로 정하는 바에 따라 관제자격증명시험의 일부를 면제할 수 있다.
1. 운전면허를 받은 사람
3. 관제자격증명을 받은 후 다른 종류의 관제자격증명에 필요한 시험에 응시하려는 사람

14 관제자격증명의 취소·정지 사유가 <u>아닌</u> 것은?

① 술을 마시거나 약물을 사용한 상태에서 관제업무를 수행하였을 때

② 관제업무 관련 교육훈련을 정당한 사유 없이 이수하지 아니한 때

③ 관제업무 수행 중 고의 또는 중과실로 철도사고의 원인을 제공하였을 때

④ 술을 마시거나 약물을 사용한 상태에서 관제업무를 하였다고 인정할 만한 상당한 이유가 있음에도 불구하고 국토교통부장관 또는 시·도지사의 확인 또는 검사를 거부하였을 때

법 제21조의11(관제자격증명의 취소·정지 등)
① 국토교통부장관은 관제자격증명을 받은 사람이 다음 각 호의 어느 하나에 해당할 때에는 관제자격증명을 취소하거나 1년 이내의 기간을 정하여 관제자격증명의 효력을 정지시킬 수 있다.
5. 관제업무 수행 중 고의 또는 중과실로 철도사고의 원인을 제공하였을 때
7. 술을 마시거나 약물을 사용한 상태에서 관제업무를 수행하였을 때
8. 술을 마시거나 약물을 사용한 상태에서 관제업무를 하였다고 인정할 만한 상당한 이유가 있음에도 불구하고 국토교통부장관 또는 시·도지사의 확인 또는 검사를 거부하였을 때

15 정비교육훈련의 교육시간으로 옳은 것은?

① 1년마다 21시간 이상

② 3년마다 21시간 이상

③ 3년마다 35시간 이상

④ 5년마다 35시간 이상

영 제21조의3(정비교육훈련 실시기준)
① 정비교육훈련의 실시기준은 다음 각 호와 같다.
1. **교육내용 및 교육방법**: 철도차량정비에 관한 법령, 기술기준 및 정비기술 등 실무에 관한 이론 및 실습 교육
2. **교육시간**: 철도차량정비업무의 수행기간 5년마다 35시간 이상

정답 13 ④ 14 ② 15 ④

16 철도차량정비기술자의 인정 취소사유가 <u>아닌</u> 것은?

① 다른 사람에게 철도차량정비경력증을 빌려 준 경우

② 거짓이나 그 밖의 부정한 방법으로 철도차량정비기술자로 인정받은 경우

③ 철도차량정비기술자 자격기준에 해당하지 아니하게 된 경우

④ 철도차량정비 업무 수행 중 고의로 철도사고의 원인을 제공한 경우

정지사유다.
법 제24조의5(철도차량정비기술자의 인정취소 등)
① 국토교통부장관은 철도차량정비기술자가 다음 각 호의 어느 하나에 해당하는 경우 그 인정을 취소하여야 한다.
1. 거짓이나 그 밖의 부정한 방법으로 철도차량정비기술자로 인정받은 경우
2. 자격기준에 해당하지 아니하게 된 경우
3. 철도차량정비 업무 수행 중 고의로 철도사고의 원인을 제공한 경우
② 국토교통부장관은 철도차량정비기술자가 다음 각 호의 어느 하나에 해당하는 경우 1년의 범위에서 철도차량정비기술자의 인정을 정지시킬 수 있다.
1. 다른 사람에게 철도차량정비경력증을 빌려 준 경우

17 영상기록장치 설치대상이 되는 차량정비기지가 <u>아닌</u> 것은?

① 대지면적이 3천제곱미터 이상인 차량정비기지

② 「철도사업법」에 따른 고속철도차량을 정비하는 차량정비기지

③ 철도차량을 중정비하는 차량정비기지

④ 차량 유치 및 보관을 위한 차량정비기지

영 제30조(영상기록장치 설치대상)
③ 법 제39조의3제1항제3호에서 "대통령령으로 정하는 차량정비기지"란 다음 각 호의 차량정비기지를 말한다.
1. 「철도사업법」에 따른 고속철도차량을 정비하는 차량정비기지
2. 철도차량을 중정비하는 차량정비기지
3. 대지면적이 **3천제곱미터 이상**인 차량정비기지

18 영상기록장치 설치대상이 되는 안전확보가 필요한 철도시설이 <u>아닌</u> 것은?

① 「통합방위법」에 따라 국가중요시설로 지정된 교량 및 터널

② 일반철도에 설치된 길이 1킬로미터 이상의 터널

③ 「통합방위법」에 따라 국가중요시설로 지정된 교량 및 터널

④ 변전소

고속철도에 설치된 길이 1킬로미터 이상의 터널
영 제30조(영상기록장치 설치대상)
④ 법 제39조의3제1항제4호에서 "변전소 등 대통령령으로 정하는 안전확보가 필요한 철도시설"이란 다음 각 호의 철도시설을 말한다.
1. 변전소(구분소를 포함한다), 무인기능실(전철전력설비, 정보통신설비, 신호 또는 열차 제어설비 운영과 관련된 경우만 해당한다)
2. 노선이 분기되는 구간에 설치된 분기기(선로전환기를 포함한다), 역과 역 사이에 설치된 건넘선
3. 「통합방위법」에 따라 국가중요시설로 지정된 교량 및 터널
4. 「철도의 건설 및 철도시설 유지관리에 관한 법률」에 따른 고속철도에 설치된 길이 **1킬로미터 이상**의 터널

19 철도운행안전관리자의 준수사항이 <u>아닌</u> 것은?

① 국토교통부령으로 정하는 바에 따라 작업 수행 전에
작업원을 대상으로 안전교육을 실시할 것

② 작업일정 및 열차의 운행일정을 작업과 관련하여 관
할 역의 관리책임자 및 관제업무종사자와 협의하여
조정할 것

③ 국토교통부령으로 정하는 열차운행 및 작업안전에
관한 조치 사항을 이행할 것

④ 작업일정 및 열차의 운행일정을 작업수행 전에 조정
할 것

①번은 작업책임자의 준수사항이다.
법 제40조의2(철도종사자의 준수사항)
③ 작업책임자는 철도차량의 운행선로 또는 그 인근에서 철
도시설의 건설 또는 관리와 관련된 작업 수행 중 다음 각
호의 사항을 준수하여야 한다.
1. 국토교통부령으로 정하는 바에 따라 작업 수행 전에 작업
원을 대상으로 안전교육을 실시할 것
④ 철도운행안전관리자는 철도차량의 운행선로 또는 그 인근
에서 철도시설의 건설 또는 관리와 관련된 작업 수행 중
다음 각 호의 사항을 준수하여야 한다.
1. 작업일정 및 열차의 운행일정을 작업수행 전에 조정할 것
2. 작업일정 및 열차의 운행일정을 작업과 관련하여 관할 역
의 관리책임자및 관제업무종사자와 협의하여 조정할 것
3. 국토교통부령으로 정하는 열차운행 및 작업안전에 관한 조
치 사항을 이행할 것

20 음주 제한의 정도가 <u>다른</u> 사람은?

① 철도차량 및 철도시설의 점검 · 정비 업무에 종사하
는 사람

② 여객승무원

③ 철도운행안전관리자

④ 운전업무종사자

법 제41조(철도종사자의 음주 제한 등)
③ 제2항에 따른 확인 또는 검사 결과 철도종사자가 술을 마
시거나 약물을 사용하였다고 판단하는 기준은 다음 각 호
의 구분과 같다.
1. 술: 혈중 알코올농도가 0.02퍼센트(제1항제4호부터 제6호
까지의 철도종사자는 0.03퍼센트) 이상인 경우

4. 작업책임자 5. 철도운행안전관리자
6. 정거장에서 철도신호기 · 선로전환기 및 조작판 등을 취급하거나
열차의 조성업무를 수행하는 사람

21 운전업무종사자가 술을 마시거나 약물을 사용
하였다고 판단하는 기준은?

① 술: 혈중 알코올농도가 0.02퍼센트
약물: 음성으로 판정된 경우

② 술: 혈중 알코올농도가 0.02퍼센트
약물: 양성으로 판정된 경우

③ 술: 혈중 알코올농도가 0.03퍼센트
약물: 음성으로 판정된 경우

④ 술: 혈중 알코올농도가 0.03퍼센트
약물: 양성으로 판정된 경우

법 제41조(철도종사자의 음주 제한 등)
③ 확인 또는 검사 결과 철도종사자가 술을 마시거나 약물을
사용하였다고 판단하는 기준은 다음 각 호의 구분과 같다.
1. 술: 혈중 알코올농도가 0.02퍼센트(제1항제4호부터 제6
호까지의 철도종사자는 0.03퍼센트) 이상인 경우
2. 약물: 양성으로 판정된 경우

정답 19 ① 20 ① 21 ②

22 위해물품의 종류에 해당하지 <u>않는</u> 것은?

① 허가물질

② 유해화학물질

③ 관리물질

④ 금지물질

법 제42조(위해물품의 휴대 금지)
① 누구든지 무기, 화약류, 허가물질, 제한물질, 금지물질, 유해화학물질 또는 인화성이 높은 물질 등 공중이나 여객에게 위해를 끼치거나 끼칠 우려가 있는 물건 또는 물질을 열차에서 휴대하거나 적재할 수 없다.

23 위험물 포장 · 용기검사기관 지정 취소 및 업무 정지에 대한 설명으로 <u>틀린</u> 것은?

① 거짓이나 그 밖의 부정한 방법으로 위험물 포장 · 용기검사기관으로 지정받은 경우 그 지정을 취소하여야 한다.

② 포장 및 용기의 검사방법 · 합격기준 등을 위반하여 검사를 한 경우 6개월 이내의 기간을 정하여 업무를 정지할 수 있다.

③ 업무정지 기간 중에 검사 업무를 수행한 경우 6개월 이내의 기간을 정하여 업무를 정지할 수 있다.

④ 위험물 포장 · 용기검사기관 지정기준에 맞지 아니하게 된 경우 6개월 이내의 기간을 정하여 업무를 정지할 수 있다.

③번 사유는 무조건 취소 사유다.
법 제44조의2(위험물 포장 및 용기의 검사 등)
⑥ 국토교통부장관은 위험물 포장 · 용기검사기관이 다음 각 호의 어느 하나에 해당하는 경우에는 그 지정을 취소하거나 6개월 이내의 기간을 정하여 그 업무의 전부 또는 일부의 정지를 명할 수 있다. 다만, 제1호 또는 제2호에 해당하는 경우에는 그 지정을 취소하여야 한다.
1. 거짓이나 그 밖의 부정한 방법으로 위험물 포장 · 용기검사기관으로 지정받은 경우
2. 업무정지 기간 중에 검사 업무를 수행한 경우
3. 포장 및 용기의 검사방법 · 합격기준 등을 위반하여 검사를 한 경우
4. 위험물 포장 · 용기검사기관 지정기준에 맞지 아니하게 된 경우

24 철도 위험물취급에 관한 교육 면제자에 해당하지 <u>않는</u> 것은?

① 「화학물질관리법」에 따른 유해화학물질 안전교육을 이수한 유해화학물질 취급 담당자

② 「고압가스 안전관리법」에 따른 안전교육을 이수한 운반책임자

③ 「산업안전보건법」에 따른 안전교육을 이수한 자

④ 철도안전에 관한 교육을 통하여 위험물취급에 관한 교육을 이수한 철도종사자

법 제44조의3(위험물취급에 관한 교육 등)
① 위험물취급자는 자신이 고용하고 있는 종사자(철도로 운송하는 위험물을 취급하는 종사자에 한정한다)가 위험물취급에 관하여 국토교통부장관이 실시하는 교육을 받도록 하여야 한다. 다만, 종사자가 다음 각 호의 어느 하나에 해당하는 경우에는 위험물취급안전교육의 전부 또는 일부를 면제할 수 있다.
1. 철도안전에 관한 교육을 통하여 위험물취급에 관한 교육을 이수한 철도종사자
2. 「화학물질관리법」에 따른 유해화학물질 안전교육을 이수한 유해화학물질 취급 담당자
3. 「위험물안전관리법」에 따른 안전교육을 이수한 위험물의 안전관리와 관련된 업무를 수행하는 자
4. 「고압가스 안전관리법」에 따른 안전교육을 이수한 운반책임자
5. 그 밖에 국토교통부령으로 정하는 경우

25 위험물취급전문교육기관 최대 업무 정지 기한은?

① 1개월

② 3개월

③ 6개월

④ 1년

법 제44조의3(위험물취급에 관한 교육 등)
⑤ 국토교통부장관은 위험물취급전문교육기관이 다음 각 호의 어느 하나에 해당하는 경우에는 그 지정을 취소하거나 6개월 이내의 기간을 정하여 그 업무의 전부 또는 일부의 정지를 명할 수 있다. 다만, 제1호 또는 제2호에 해당하는 경우에는 그 지정을 취소하여야 한다.

26 국토교통부장관 또는 시 · 도지사가 철도차량의 안전운행 및 철도 보호를 위하여 명할 수 있는 조치가 <u>아닌</u> 것은?

① 시설 또는 설비가 선로의 위나 밑으로 횡단하거나 선로와 나란히 되도록 설치

② 철도에 토사 등이 쌓이면 그 토사 등을 제거할 것

③ 시설등이 시야에 장애를 주면 그 장애물을 제거할 것

④ 시설등이 붕괴하여 철도에 위해를 끼치면 필요 시 방지시설을 할 것

27 철도보호지구에서의 노면전차의 안전운행 저해 행위가 <u>아닌</u> 것은?

① 높이가 5미터인 인공구조물을 설치하는 행위

② 건설기계 중 최대높이가 10미터 이상인 건설기계를 설치하는 행위

③ 깊이 10미터 이상의 굴착

④ 위험물을 지정수량 이상 제조 · 저장하거나 전시하는 행위

28 보안검색장비의 성능 인증 및 점검 업무를 수탁하는 기관은?

① 한국철도기술연구원

② 철도산업위원회

③ 한국교통안전공단

④ 국가철도공단

29 사람 또는 물건에 대한 퇴거조치 대상이 <u>아닌</u> 것은?

① 철도종사자의 직무상 지시를 따르지 아니하거나 직무 집행을 방해하는 사람

② 보안검색에 따르지 아니한 사람

③ 여객열차에서 위해물품을 휴대한 사람 및 그 위해 물품

④ 정당한 사유 없이 승차권을 소지하지 아니한 사람 및 그 물건

법 제50조(사람 또는 물건에 대한 퇴거 조치 등) 철도종사자는 다음 각 호의 어느 하나에 해당하는 사람 또는 물건을 열차 밖이나 대통령령으로 정하는 지역 밖으로 퇴거시키거나 철거할 수 있다.
1. 여객열차에서 위해물품을 휴대한 사람 및 그 위해물품
2. 운송 금지 위험물을 운송위탁하거나 운송하는 자 및 그 위험물
3. 행위 금지·제한 또는 조치 명령에 따르지 아니하는 사람 및 그 물건
4. 제47조제1항 또는 제2항을 위반하여 금지행위를 한 사람 및 그 물건
5. 제48조제1항을 위반하여 금지행위를 한 사람 및 그 물건
6. 보안검색에 따르지 아니한 사람
7. 철도종사자의 직무상 지시를 따르지 아니하거나 직무집행을 방해하는 사람

30 철도사고등의 발생 시 조치에 해당하지 <u>않는</u> 것은?

① 유류품 관리

② 철도시설 복구

③ 사상자 구호

④ 사고 원인 조사

발생 시 조치에 해당하지 않는다.
법 제60조(철도사고등의 발생 시 조치)
① 철도운영자등은 철도사고등이 발생하였을 때에는 사상자 구호, 유류품 관리, 여객 수송 및 철도시설 복구 등 인명피해 및 재산피해를 최소화하고 열차를 정상적으로 운행할 수 있도록 필요한 조치를 하여야 한다.

31 국토교통부장관 또는 관계 지방자치단체의 장은 보고 또는 자료의 제출을 명할 때에는 며칠의 기간을 주어야 하는가? (단, 철도사고 발생 등 긴급한 상황 제외)

① 1일

② 3일

③ 5일

④ 7일

영 제61조(보고 및 검사)
① 국토교통부장관 또는 관계 지방자치단체의 장은 법 제73조제1항에 따라 보고 또는 자료의 제출을 명할 때에는 7일 이상의 기간을 주어야 한다. 다만, 공무원이 철도사고등이 발생한 현장에 출동하는 등 긴급한 상황인 경우에는 그러하지 아니하다.

32 벌칙 적용에서 공무원 의제 대상이 <u>아닌</u> 자는?

① 운전적성검사 업무에 종사하는 운전적성검사기관의 임직원

② 신체검사 업무에 종사하는 신체검사기관의 임직원

③ 관제교육훈련 업무에 종사하는 관제교육훈련기관의 임직원

④ 성능시험 업무에 종사하는 시험기관의 임직원

법 제76조(벌칙 적용에서 공무원 의제) 다음 각 호의 어느 하나에 해당하는 사람은 「형법」의 규정을 적용할 때에는 공무원으로 본다.
1. 운전적성검사 업무에 종사하는 운전적성검사기관의 임직원 또는 관제적성검사 업무에 종사하는 관제적성검사기관의 임직원
2. 운전교육훈련 업무에 종사하는 운전교육훈련기관의 임직원 또는 관제교육훈련 업무에 종사하는 관제교육훈련기관의 임직원
2의5. 제48조의4에 따른 성능시험 업무에 종사하는 시험기관의 임직원 및 성능인증·점검 업무에 종사하는 인증기관의 임직원

33 민감정보 및 고유식별정보를 처리할 수 있는 업무가 <u>아닌</u> 것은?

① 운전면허의 신체검사에 관한 사무

② 관제적성검사에 관한 사무

③ 철도차량정비기술자의 인정에 관한 사무

④ 철도종사자의 안전교육 훈련 이수관리에 관한 사무

> **영 제63조의2(민감정보 및 고유식별정보의 처리)**
> 국토교통부장관, 의료기관과 운전적성검사기관, 운전교육훈련기관, 관제적성검사기관 및 관제교육훈련기관은 다음 각 호의 사무를 수행하기 위하여 불가피한 경우 「개인정보 보호법」에 따른 건강에 관한 정보나 주민등록번호 또는 여권번호가 포함된 자료를 처리할 수 있다.
> 　1. 법 제12조에 따른 운전면허의 신체검사에 관한 사무
> 　6. 법 제21조의6에 따른 관제적성검사에 관한 사무
> 　4. 법 제17조에 따른 운전면허시험에 관한 사무

34 사람이 탑승하여 운행 중인 철도차량에 불을 놓아 소훼한 사람의 처벌은?

① 1년 이하의 징역 또는 1천만원 이하의 벌금

② 3년 이하의 징역 또는 3천만원 이하의 벌금

③ 10년 이하의 징역 또는 1억원 이하의 벌금

④ 무기징역 또는 5년 이상의 징역

> **법 제78조(벌칙)**
> ① 다음 각 호의 어느 하나에 해당하는 사람은 무기징역 또는 5년 이상의 징역에 처한다.
> 　1. 사람이 탑승하여 운행 중인 철도차량에 불을 놓아 소훼한 사람

35 벌칙에 대한 설명으로 <u>틀린</u> 것은?

① 과실로 사람이 탑승하여 운행 중인 철도차량을 탈선하게 한 사람은 1년 이하의 징역 또는 1천만원 이하의 벌금에 처한다.

② 과실로 철도시설을 파손하여 철도차량 운행에 위험을 발생하게 한 사람은 1년 이하의 징역 또는 1천만원 이하의 벌금에 처한다.

③ 업무상 과실이나 중대한 과실로 사람이 탑승하여 운행 중인 철도차량을 충돌하게 한 사람은 3년 이하의 징역 또는 3천만원 이하의 벌금에 처한다.

④ 업무상 과실이나 중대한 과실로 제철도차량을 파손하여 철도차량 운행에 위험을 발생하게 한 사람은 2년 이하의 징역 또는 2천만원 이하의 벌금에 처한다.

> **1천만원 이하의 벌금**
> **법 제78조(벌칙)**
> ③ 과실로 제1항의 죄를 지은 사람은 1년 이하의 징역 또는 1천만원 이하의 벌금에 처한다.
> ④ 과실로 제2항의 죄를 지은 사람은 1천만원 이하의 벌금에 처한다.
> ⑤ 업무상 과실이나 중대한 과실로 제1항의 죄를 지은 사람은 3년 이하의 징역 또는 3천만원 이하의 벌금에 처한다.
> ⑥ 업무상 과실이나 중대한 과실로 제2항의 죄를 지은 사람은 2년 이하의 징역 또는 2천만원 이하의 벌금에 처한다.

36 가장 처벌의 강도가 높은 것은?

① 거짓이나 그 밖의 부정한 방법으로 운전면허를 받은 사람
② 설치 목적과 다른 목적으로 영상기록장치를 임의로 조작하거나 다른 곳을 비춘 자 또는 운행기간 외에 영상기록을 한 자
③ 철도안전 자율보고를 한 사람에게 불이익한 조치를 한 자
④ 철도종사자와 여객 등에게 성적 수치심을 일으키는 행위를 한 자

> ①번 1년, ②번 1년, ③번 2년, ④번 500만원 이하 벌금
> **법 제78조, 79조(벌칙)**
> 19. 제61조의3제3항을 위반하여 철도안전 자율보고를 한 사람에게 불이익한 조치를 한 자

37 가장 과태료 금액이 큰 것은?

① 영상기록장치를 설치·운영하지 아니한 자
② 안전관리체계의 변경신고를 하지 아니하고 안전관리체계를 변경한 자
③ 운전면허증을 반납하지 아니한 사람
④ 선로에 승낙 없이 출입하거나 통행한 사람

> ①번 1천만원, ②번 500만원, ③번 300만원, ④번 100만원
> **법 제79조(벌칙)**

38 과태료 금액이 <u>다른</u> 것은?

① 국토교통부장관의 성능인증을 받은 보안검색장비를 사용하지 아니한 자-1천만원 이하의 과태료
② 안전교육 실시 여부를 확인하지 아니하거나 안전교육을 실시하도록 조치하지 아니한 철도운영자 등-500만원 이하의 과태료
③ 공중이나 여객에게 위해를 끼치는 행위를 한 사람-50만원 이하의 과태료
④ 업무에 종사하는 동안에 열차 내에서 흡연을 한 사람-50만원 이하의 과태료

> 100만원 이하의 과태료다.
> **법 제79조(벌칙)**

39 과태료 금액이 <u>옳지 않은</u> 것은?

① 철도시설에 유해물 또는 오물을 버리거나 열차운행에 지장을 준 경우 1회 위반: 150만원
② 폭언 또는 고성방가 등 소란을 피우는 행위를 한 경우 1회 위반: 30만원
③ 선로에 승낙 없이 출입하거나 통행한 경우 1회 위반: 30만원
④ 여객열차에서 흡연을 한 경우 1회 위반: 90만원

> 30만원이다.
> **철도안전법 시행령 [별표 6]**
> 과태료 부과기준(제64조 관련)

PART 4

기출 복원 및 실전 모의고사

01 공사 공동설립 상호 규약에 포함되지 않아도 되는 내용은?

① 공사의 명칭

② 공동 처리 사항

③ 임원의 보수 기준

④ 의결기관 대표자의 선임 방법

> **지방공기업법 제50조(공동설립)**
> ③ 규약에는 다음 각 호의 사항이 포함되어야 한다.
> 1. 공사의 명칭
> 2. 사무소의 위치
> 3. 설립 지방자치단체
> 4. 사업 내용
> 5. 공동 처리 사항
> 6. 의결기관 대표자의 선임 방법
> 7. 출자 방법
> 8. 그 밖에 필요한 사항

02 등기에 관한 설명으로 **틀린** 것은?

① 공사는 지사를 설치한 경우에는 설치 후 2주일 이내에 주된 사무소의 소재지에서 설치된 지사의 명칭, 소재지 및 설치 연월일을 등기해야 한다.

② 공사는 주된 사무소를 이전한 경우에는 이전 후 2주일 이내에 종전 소재지 또는 새 소재지에서 새 소재지와 이전 연월일을 등기해야 한다.

③ 공사는 자본금의 납입이 있은 날부터 2주일 이내에 설립등기하여야 한다.

④ 공사는 등기사항이 변경된 경우에는 변경 후 2주일 이내에 주된 사무소의 소재지에서 변경사항을 등기해야 한다.

> 설립등기는 3주일 이내다.
> **지방공기업법 시행령 제49조(설립등기)** 공사는 자본금의 납입이 있은 날부터 3주일 이내에 다음 각호의 사항을 등기하여야 한다.
> **지방공기업법 시행령 제50조(지사의 설치등기)** 공사는 지사를 설치한 경우에는 설치 후 2주일 이내에 주된 사무소의 소재지에서 설치된 지사의 명칭, 소재지 및 설치 연월일을 등기해야 한다.
> **지방공기업법 시행령 제51조(이전등기)**
> ① 공사는 주된 사무소를 이전한 경우에는 이전 후 2주일 이내에 종전 소재지 또는 새 소재지에서 새 소재지와 이전 연월일을 등기해야 한다.
> ② 공사는 지사를 이전한 경우에는 이전 후 2주일 이내에 주된 사무소의 소재지에서 새 소재지와 이전 연월일을 등기해야 한다.
> **지방공기업법 시행령 제52조(변경등기)** 공사는 등기사항이 변경된 경우에는 변경 후 2주일 이내에 주된 사무소의 소재지에서 변경사항을 등기해야 한다.

03 「지방공기업법」상 경영의 기본원칙에 해당하지 않는 것은?

① 민간경제를 위축시키지 아니하도록 노력

② 정치적 중립성을 준수하도록 노력

③ 기업의 경제성과 공공복리를 증대하도록 운영

④ 환경을 훼손시키지 아니하도록 노력

> **지방공기업법 제3조(경영의 기본원칙)**
> ① 지방직영기업, 지방공사 및 지방공단은 항상 기업의 경제
> 성과 공공복리를 증대하도록 운영하여야 한다.
> ② 지방자치단체는 지방공기업을 설치·설립 또는 경영할 때
> 에 민간경제를 위축시키거나, 공정하고 자유로운 경제질
> 서를 해치거나, 환경을 훼손시키지 아니하도록 노력하여
> 야 한다.

04 도시철도운송사업에 해당하지 않는 것은?

① 도시철도차량의 정비

② 열차의 운행 관리

③ 도시철도시설을 이용한 여객 및 화물 운송

④ 도시철도 기술의 연구 및 개발

> **도시철도법 제2조(정의)**
> 6. "도시철도운송사업"이란 도시철도와 관련된 다음 각 목의
> 어느 하나에 해당하는 사업을 말한다.
> 가. 도시철도시설을 이용한 여객 및 화물 운송
> 나. 도시철도차량의 정비 및 열차의 운행 관리

05 도시철도건설자가 도시철도건설사업을 위해 할 수 있는 행위가 아닌 것은?

① 타인의 토지를 영구 사용하는 행위

② 타인의 토지에 출입하는 행위

③ 나무 등 장애물을 변경하는 행위

④ 흙·돌 등 장애물을 제거하는 행위

> **도시철도법 제14조(토지에의 출입 등)**
> ① 도시철도건설자는 도시철도건설사업을 위하여 필요하면
> 다음 각 호에 해당하는 행위를 할 수 있다.
> 1. 타인의 토지에 출입하는 행위
> 2. 타인의 토지를 일시 사용하는 행위
> 3. 나무·흙·돌 또는 그 밖의 장애물을 변경하거나 제거하
> 는 행위

06 폐쇄회로 텔레비전의 설치 기준에 해당하지 않는 것은?

① 도시철도를 이용하는 승객 누구나 쉽게 인식할 수 있
는 위치에 설치할 것

② 해당 영상기록을 실시간으로 관제센터에 전송할 수
있을 것

③ 해상도는 범죄 예방 및 교통사고 상황 파악에 지장이
없도록 할 것

④ 해당 도시철도차량 내에 사각지대가 없도록 설치할 것

> **도시철도법 시행령 제25조(폐쇄회로 텔레비전의 설치기준)**
> 폐쇄회로 텔레비전의 설치 기준은 다음 각 호와 같다.
> 1. 해당 도시철도차량 내에 사각지대가 없도록 설치할 것
> 2. 해상도는 범죄 예방 및 교통사고 상황 파악에 지장이
> 없도록 할 것
> 3. 도시철도를 이용하는 승객 누구나 쉽게 인식할 수 있는
> 위치에 설치할 것

---

07 국가가 도시철도채권을 발행할 때 명시해야 하는 사항이 <u>아닌</u> 것은?

① 발행 금액

② 발행 목적

③ 상환 방법 및 절차

④ 발행 조건

> **도시철도법 시행령 제12조(도시철도채권의 발행절차)**
> ① 국가가 도시철도채권을 발행하려면 국토교통부장관이 다음 각 호의 사항을 명시하여 그 발행을 재정경제부장관 및 기획예산처장관에게 요청하여야 한다.
> 1. 발행 금액
> 2. 발행 방법
> 3. 발행 조건
> 4. 상환 방법 및 절차
> 5. 그 밖에 도시철도채권의 발행을 위하여 필요한 사항

08 운전면허의 결격사유에 해당하지 <u>않는</u> 것은?

① 19세 미만인 사람

② 한 귀의 청력을 완전히 상실한 사람

③ 철도차량 운전상의 위험과 장해를 일으킬 수 있는 정신질환자 또는 뇌전증환자로서 대통령령으로 정하는 사람

④ 운전면허가 취소된 날부터 2년이 지나지 아니하였거나 운전면허의 효력정지기간 중인 사람

> 두 귀다.
> **철도안전법 제11조(운전면허의 결격사유 등)**
> ① 다음 각 호의 어느 하나에 해당하는 사람은 운전면허를 받을 수 없다.
> 1. 19세 미만인 사람
> 2. 철도차량 운전상의 위험과 장해를 일으킬 수 있는 정신질환자 또는 뇌전증환자로서 대통령령으로 정하는 사람
> 3. 철도차량 운전상의 위험과 장해를 일으킬 수 있는 약물 또는 알코올 중독자로서 대통령령으로 정하는 사람
> 4. 두 귀의 청력 또는 두 눈의 시력을 완전히 상실한 사람
> 5. 운전면허가 취소된 날부터 2년이 지나지 아니하였거나 운전면허의 효력정지기간 중인 사람

09 철도보호지구에서 제한되는 대통령령으로 정하는 나무식재에 해당하지 <u>않는</u> 경우는?

① 철도차량 운전자의 전방 시야 확보에 지장을 주는 경우

② 나뭇가지 등이 철도 주변 경관을 해칠 우려가 있는 경우

③ 호우로 나무가 쓰러져 열차의 운행에 지장을 줄 우려가 있는 경우

④ 나뭇가지가 신호기를 침범한 경우

> **철도안전법 시행령 제47조(철도보호지구에서의 나무 식재)**
> 법 제45조제1항제4호에서 "대통령령으로 정하는 경우"란 다음 각 호의 어느 하나에 해당하는 경우를 말한다.
> 1. 철도차량 운전자의 전방 시야 확보에 지장을 주는 경우
> 2. 나뭇가지가 전차선이나 신호기 등을 침범하거나 침범할 우려가 있는 경우
> 3. 호우나 태풍 등으로 나무가 쓰러져 철도시설물을 훼손시키거나 열차의 운행에 지장을 줄 우려가 있는 경우

10 정거장의 역할을 모두 고르시오.

> ㄱ. 열차의 대피　　　　ㄴ. 열차의 조성
> ㄷ. 화물의 적하　　　　ㄹ. 열차의 교차통행
> ㅁ. 여객의 승하차

① ㄱ,ㄴ,ㄹ

② ㄷ,ㅁ

③ ㄱ,ㄷ,ㄹ,ㅁ

④ 모두

> **철도안전법 시행령 제2조(정의)** 이 영에서 사용하는 용어의 뜻은 다음 각 호와 같다.
> 1. "정거장"이란 여객의 승하차, 화물의 적하, 열차의 조성, 열차의 교차통행 또는 대피를 목적으로 사용되는 장소를 말한다.

실전 모의고사 1회

01 공사의 정관에 포함되어야 하는 사항이 <u>아닌</u> 것은?

① 임직원에 관한 사항

② 주된 사업과 매출에 관한 사항

③ 목적

④ 정관 변경에 관한 사항

지방공기업법 제56조(정관)
① 공사의 정관에는 다음 각 호의 사항이 포함되어야 한다.
 1. 목적
 2. 명칭
 3. 사무소의 소재지
 4. 사업에 관한 사항
 5. 임직원에 관한 사항
 6. 이사회에 관한 사항
 7. 재무회계에 관한 사항
 8. 공고에 관한 사항
 9. 자본금에 관한 사항
 10. 사채 발행에 관한 사항
 11. 정관 변경에 관한 사항
 12. 그 밖에 대통령령으로 정하는 사항

02 신규투자사업에 대하여 기록·관리하여야 하는 대상이 <u>아닌</u> 것은?

① 주요 사업내용

② 사업명

③ 담당자의 성과평가 결과

④ 담당자의 소속

지방공기업법 시행령 제58조의3(사업의 실명 관리 및 공개)
① 공사의 사장은 신규 투자사업에 대하여 다음 각 호의 사항을 기록·관리하여야 한다.
 1. 사업명
 2. 사업기간
 3. 주요 사업내용
 4. 담당자의 소속, 직급 및 성명
 5. 그 밖에 행정안전부장관이 정하는 사항

---

03 해산을 요구할 수 있는 부실지방공기업에 해당하지 <u>않는</u> 것은?

① 이용자 만족도가 지방공기업 중 제일 낮은 경우

② 사업 전망이 없어 회생이 어려운 경우

③ 설립 목적의 달성이 불가능한 경우

④ 부채 상환 능력이 현저히 낮은 경우

지방공기업법 제78조의3(부실지방공기업에 대한 해산 요구)
① 행정안전부장관은 공사 또는 공단이 다음 각 호에 해당하는 경우로서 대통령령으로 정하는 경우 지방공기업정책위원회의 심의를 거쳐 지방자치단체의 장이나 공사의 사장 또는 공단의 이사장에게 해산을 요구할 수 있다.
1. 부채 상환 능력이 현저히 낮은 경우
2. 사업 전망이 없어 회생이 어려운 경우
3. 설립 목적의 달성이 불가능한 경우

04 도시철도사업에 해당하지 <u>않는</u> 것은?

① 도시철도제작사업

② 도시철도건설사업

③ 도시철도부대사업

④ 도시철도운송사업

도시철도법 제2조(정의)
4. "도시철도사업"이란 도시철도건설사업, 도시철도운송사업 및 도시철도부대사업을 말한다.

05 도시철도망계획에 포함되어야 하는 사항이 <u>아닌</u> 것은?

① 도시철도망의 단기 건설계획

② 해당 도시교통권역의 특성 및 장래의 교통수요 예측

③ 다른 교통수단과 연계한 교통체계의 구축

④ 필요한 재원의 조달방안과 투자 우선순위

도시철도망의 중기 · 장기 건설계획
도시철도법 제5조(도시철도망구축계획의 수립 등)
② 도시철도망계획에는 다음 각 호의 사항이 포함되어야 한다.
1. 해당 도시교통권역의 특성 · 교통상황 및 장래의 교통수요 예측
2. 도시철도망의 중기 · 장기 건설계획
3. 다른 교통수단과 연계한 교통체계의 구축
4. 필요한 재원의 조달방안과 투자 우선순위
5. 그 밖에 체계적인 도시철도망 구축을 위하여 필요한 사항으로서 국토교통부령으로 정하는 사항

06 도시철도채권을 발행하는 경우 공고하여야 하는 사항이 <u>아닌</u> 것은?

① 발행 회사

② 원금 상환의 방법 및 시기

③ 도시철도채권의 이율

④ 발행 총액

도시철도법 시행령 제12조(도시철도채권의 발행절차)
② 국가 · 지방자치단체 또는 도시철도공사가 도시철도채권을 발행하려면 다음 각 호의 사항을 공고하여야 한다.
1. 발행 총액
2. 발행 기간
3. 도시철도채권의 이율
4. 원금 상환의 방법 및 시기
5. 이자 지급의 방법 및 시기

정답 03 ① 04 ① 05 ① 06 ①

07 도시철도운영자가 영상기록을 제공할 수 있는 경우가 <u>아닌</u> 것은?

① 범죄 예방 및 교통사고 상황 파악을 위하여 필요한 경우

② 도시철도 이용객 민원 해결을 위하여 필요한 경우

③ 법원의 재판업무수행을 위하여 필요한 경우

④ 범죄의 수사와 공소의 제기 및 유지에 필요한 경우

도시철도법 제41조(폐쇄회로 텔레비전의 설치 · 운영)
④ 도시철도운영자는 다음 각 호의 어느 하나에 해당하는 경우 외에는 폐쇄회로 텔레비전으로 촬영한 영상기록을 이용하거나 다른 자에게 제공하여서는 아니 된다.
1. 범죄 예방 및 교통사고 상황 파악을 위하여 필요한 경우
2. 범죄의 수사와 공소의 제기 및 유지에 필요한 경우
3. 법원의 재판업무수행을 위하여 필요한 경우

08 철도차량의 종류별 운전면허에 해당하지 <u>않는</u> 것은?

① 고속철도차량 운전면허

② 제1종 전기차량 운전면허

③ 제2종 디젤차량 운전면허

④ 철도장비 운전면허

철도안전법 시행령 제11조(운전면허 종류)
① 철도차량의 종류별 운전면허는 다음 각 호와 같다.
1. 고속철도차량 운전면허
2. 제1종 전기차량 운전면허
3. 제2종 전기차량 운전면허
4. 디젤차량 운전면허
5. 철도장비 운전면허
6. 노면전차 운전면허
② 제1항 각 호에 따른 운전면허를 받은 사람이 운전할 수 있는 철도차량의 종류는 국토교통부령으로 정한다.

09 철도보호지구에서의 제한 행위가 <u>아닌</u> 것은?

① 토지의 형질변경 및 굴착

② 건축물의 신축 · 개축 · 증축 또는 인공구조물의 설치

③ 선로 옆의 제방 등에 대한 흙막이공사 시행

④ 토석, 자갈 및 모래의 채취

③번은 철도 보호를 위한 안전조치다.
철도안전법 제45조(철도보호지구에서의 행위제한 등)
① 철도경계선(가장 바깥쪽 궤도의 끝선을 말한다)으로부터 30미터 이내[「도시철도법」에 따른 도시철도 중 노면전차의 경우에는 10미터 이내]의 지역에서 다음 각 호의 어느 하나에 해당하는 행위를 하려는 자는 대통령령으로 정하는 바에 따라 국토교통부장관 또는 시 · 도지사에게 신고하여야 한다.
1. 토지의 형질변경 및 굴착
2. 토석, 자갈 및 모래의 채취
3. 건축물의 신축 · 개축 · 증축 또는 인공구조물의 설치
4. 나무의 식재(대통령령으로 정하는 경우만 해당한다)
5. 그 밖에 철도시설을 파손하거나 철도차량의 안전운행을 방해할 우려가 있는 행위로서 대통령령으로 정하는 행위

10 국토교통부장관이 한국교통안전공단에 위탁하는 업무가 <u>아닌</u> 것은?

① 손실보상과 손실보상에 관한 협의

② 철도안전 자율보고의 접수

③ 운전면허시험의 실시

④ 안전관리기준에 대한 적합 여부 검사

철도안전법 시행령 제63조(업무의 위탁)
① 국토교통부장관은 다음 각 호의 업무를 한국교통안전공단에 위탁한다.
1. 안전관리기준에 대한 적합 여부 검사
2. 운전면허시험의 실시
6의10. 철도안전 자율보고의 접수
③ 국토교통부장관은 철도보호지구 등의 관리에 관한 다음 각 호의 업무를 「국가철도공단법」에 따른 국가철도공단에 위탁한다.
2. 손실보상과 손실보상에 관한 협의

정답 **07** ② **08** ③ **09** ③ **10** ①

실전 모의고사 2회

01 공사의 설립등기사항에 해당하지 않는 것은?

① 임원의 성명과 주소

② 정관 작성일

③ 공고의 방법

④ 명칭

> **지방공기업법 시행령 제49조(설립등기)** 공사는 자본금의 납입이 있은 날부터 3주일 이내에 다음 각호의 사항을 등기하여야 한다.
> 1. 목적
> 2. 명칭
> 3. 주된 사무소의 소재지
> 4. 자본금
> 5. 출자의 방법을 정한 때에는 그 방법
> 6. 임원의 성명과 주소
> 7. 공고의 방법

02 공사 사채발행 시 신청서에 기재해야 하는 사항이 아닌 것은?

① 이율

② 모집 및 인수방법

③ 원리금 지급에 대한 보증내용

④ 사채의 발행목적

> **지방공기업법 시행령 제62조(사채발행)**
> ① 공사는 사채를 발행하고자 하는 때에는 다음 각호의 사항을 기재한 신청서를 그 지방자치단체의 장에게 제출하여야 한다.
> 1. 사채의 발행목적
> 2. 사채의 발행시기
> 3. 발행총액(사채의 권면액을 수종으로 하여 발행하는 경우에는 각 권종별 발행총액)
> 4. 이율
> 5. 원금의 상환방법 및 기한
> 6. 이자의 지급방법 및 기한
> 7. 모집 및 인수방법

정답   01 ②   02 ③

03 정책위원회 위원이 제척되는 경우가 <u>아닌</u> 것은?

① 위원이 해당 안건의 당사자와 친족인 경우

② 위원이 해당 안건에 대하여 증언을 한 경우

③ 위원이 속한 기관이 해당 안건의 당사자의 대리인인
경우

④ 위원이 해당 안건과 관련된 분야의 전문가로 위촉된
경우

지방공기업법 시행령 제72조의3(정책위원회 위원의 제척 · 기피 · 회피)

① 정책위원회의 위원이 다음 각 호의 어느 하나에 해당하는
경우에는 해당 안건의 심의 · 의결에서 제척된다.

1. 위원 또는 그 배우자나 배우자였던 사람이 해당 안건의 당
사자(당사자가 법인 · 단체 등인 경우에는 그 임원 또는 직
원을 포함한다.)가 되거나 그 안건의 당사자와 공동권리자
또는 공동의무자인 경우
2. 위원이 해당 안건의 당사자와 친족이거나 친족이었던 경우
3. 위원 또는 위원이 속한 기관이 해당 안건에 대하여 증언,
진술, 자문, 연구, 용역 또는 감정을 한 경우
4. 위원이 해당 안건에 대한 감사, 수사 또는 조사에 관여하
거나 관여했던 경우
5. 위원이나 위원이 속한 기관이 해당 안건의 당사자의 대리
인이거나 대리인이었던 경우

---

04 도시철도시설에 해당하지 <u>않는</u> 것은?

① 선로 및 도시철도차량을 보수 · 정비하기 위한 선로
보수기지, 차량정비기지, 차량유치시설, 창고시설 및
기지시설

② 도시철도 기술의 개발 · 시험 및 연구를 위한 시설

③ 도시철도 차량을 제작하는 생산 시설

④ 도시철도 경영연수 및 철도전문인력을 양성하기 위한
교육훈련시설

도시철도법 제2조(정의)

3. "도시철도시설"이란 다음 각 목의 어느 하나에 해당하는
시설(부지를 포함한다)을 말한다.

가. 도시철도의 선로, 역사 및 역 시설(물류시설, 환승시설
및 역사와 같은 건물에 있는 판매시설 · 업무시설 · 근린
생활시설 · 숙박시설 · 문화 및 집회시설 등을 포함한다)
나. 선로 및 도시철도차량을 보수 · 정비하기 위한 선로보
수기지, 차량정비기지, 차량유치시설, 창고시설 및 기지
시설
다. 도시철도의 전철전력설비, 정보통신설비, 신호 및 열차
제어설비
라. 도시철도 기술의 개발 · 시험 및 연구를 위한 시설
마. 도시철도 경영연수 및 철도전문인력을 양성하기 위한
교육훈련시설
바. 그 밖에 도시철도의 건설, 유지보수 및 운영을 위한 시
설로서 대통령령으로 정하는 시설

> **영 제6조(기본계획 중 경미한 사항 변경)**
> ① "대통령령으로 정하는 경미한 사항을 변경하려는 경우" 란 각각 다음 각 호의 어느 하나에 해당하는 변경을 말한다.
> [중략]
> 2. 사업기간을 (   ) 년의 범위에서 변경하는 것
> 3. 총사업비를 100분의 (   ) 범위에서 변경하는 것

① 1-5

② 1-10

③ 2-10

④ 3-20

도시철도법 시행령 제6조(기본계획 중 경미한 사항 변경)
① 법 제6조제3항 단서에서 "대통령령으로 정하는 경미한 사항을 변경하려는 경우" 및 같은 조 제5항 단서에서 "대통령령으로 정하는 경미한 사항의 변경"이란 각각 다음 각 호의 어느 하나에 해당하는 변경을 말한다.
1. 노선 연장을 100분의 10 범위에서 변경하는 것
2. 사업기간을 1년의 범위에서 변경하는 것
3. 총사업비를 100분의 10 범위에서 변경하는 것

06 도시철도운송사업의 면허기준에 해당하는 것은?

① 해당 사업이 지역경제 활성화에 기여할 것

② 해당 사업자가 도시철도 운영에 충분한 경력과 능력을 보유할 것

③ 해당 사업이 도시교통의 수송수요에 적합할 것

④ 해당 사업이 도시개발계획과 일치할 것

도시철도법 제27조(면허의 기준) 도시철도운송사업의 면허기준은 다음 각 호와 같다.
1. 해당 사업이 도시교통의 수송수요에 적합할 것
2. 해당 사업을 수행하는 데 필요한 도시철도차량 및 운영인력 등이 국토교통부령으로 정하는 기준에 맞을 것

07 철도안전법에서 말하는 철도종사자에 해당하지 <u>않는</u> 것은?

① 여객승무원

② 철도운행안전관리자

③ 철도차량의 운전업무에 종사하는 사람

④ 철도운영 및 철도시설관리와 관련하여 철도차량의 안전운행 및 질서유지와 철도차량 및 철도시설의 점검 · 정비 등에 관한 업무에 종사하는 사람으로서 국토교통부령으로 정하는 사람

대통령령이다.
철도안전법 제2조(정의) 이 법에서 사용하는 용어의 뜻은 다음과 같다.
10. "철도종사자"란 다음 각 목의 어느 하나에 해당하는 사람을 말한다.
　가. 철도차량의 운전업무에 종사하는 사람(이하 "운전업무종사자"라 한다)
　나. 철도차량의 운행을 집중 제어 · 통제 · 감시하는 업무(이하 "관제업무"라 한다)에 종사하는 사람
　다. 여객에게 승무 서비스를 제공하는 사람(이하 "여객승무원"이라 한다)
　라. 여객에게 역무 서비스를 제공하는 사람(이하 "여객역무원"이라 한다)
　마. 철도차량의 운행선로 또는 그 인근에서 철도시설의 건설 또는 관리와 관련한 작업의 협의 · 지휘 · 감독 · 안전관리 등의 업무에 종사하도록 철도운영자 또는 철도시설관리자가 지정한 사람(이하 "작업책임자"라 한다)
　바. 철도차량의 운행선로 또는 그 인근에서 철도시설의 건설 또는 관리와 관련한 작업의 일정을 조정하고 해당 선로를 운행하는 열차의 운행일정을 조정하는 사람(이하 "철도운행안전관리자"라 한다)
　사. 그 밖에 철도운영 및 철도시설관리와 관련하여 철도차량의 안전운행 및 질서유지와 철도차량 및 철도시설의 점검 · 정비 등에 관한 업무에 종사하는 사람으로서 대통령령으로 정하는 사람

08 신체검사 등을 받아야 하는 철도종사자에 해당하지 <u>않는</u> 것은?

① 정거장에서 철도신호기·선로전환기 및 조작판 등을 취급하는 업무를 수행하는 사람

② 운전업무종사자

③ 여객승무원

④ 관제업무종사자

> **철도안전법 시행령 제21조(신체검사 등을 받아야 하는 철도종사자)**
> "대통령령으로 정하는 업무에 종사하는 철도종사자"란 다음 각 호의 어느 하나에 해당하는 철도종사자를 말한다.
> 1. 운전업무종사자
> 2. 관제업무종사자
> 3. 정거장에서 철도신호기·선로전환기 및 조작판 등을 취급하는 업무를 수행하는 사람

09 철도종사자의 권한을 표시할 수 있도록 법에 명시되지 <u>않은</u> 것은?

① 증표

② 배지

③ 완장

④ 복장

> **철도안전법 시행령 제51조(철도종사자의 권한표시)**
> ② 철도운영자등은 철도종사자가 제1항에 따른 표시를 할 수 있도록 복장·모자·완장·증표 등의 지급 등 필요한 조치를 하여야 한다.

10 3년 이하의 징역 또는 3천만원 이하의 벌금에 해당하지 <u>않는</u> 것은?

① 여객열차에서 다른 사람을 폭행하여 열차운행에 지장을 초래한 자

② 거짓이나 그 밖의 부정한 방법으로 안전관리체계의 승인을 받은 자

③ 운송 금지 위험물의 운송을 위탁하거나 그 위험물을 운송한 자

④ 술을 마시거나 약물을 사용한 상태에서 업무를 한 사람

> ②번은 2년이다.
> **철도안전법 제79조(벌칙)**
> ② 다음 각 호의 어느 하나에 해당하는 자는 3년 이하의 징역 또는 3천만원 이하의 벌금에 처한다.
> 5. 제41조제1항을 위반하여 술을 마시거나 약물을 사용한 상태에서 업무를 한 사람
> 6. 제43조를 위반하여 운송 금지 위험물의 운송을 위탁하거나 그 위험물을 운송한 자
> 7의2. 제47조제2항을 위반하여 여객열차에서 다른 사람을 폭행하여 열차운행에 지장을 초래한 자

정답 08 ③ 09 ② 10 ②

실전 모의고사 3회

01 공사의 임원 결격사유가 <u>아닌</u> 것은?

① 해임된 후 3년이 지나지 아니한 사람

② 공기업 근무 경력이 2년이 되지 아니한 사람

③ 「지방공기업법」을 위반하여 벌금형을 선고받고 2년

　이 지나지 아니한 사람

④ 미성년자

지방공기업법 제60조(임직원의 결격사유 등)

① 다음 각 호의 어느 하나에 해당하는 사람은 공사의 임원이
　될 수 없으며, 제3호에 해당하는 사람은 공사의 직원이 될
　수 없다.

　2. 미성년자

　3. 「지방공무원법」 제31조 각 호의 어느 하나에 해당하는 사람

　4. 해임된 후 3년이 지나지 아니한 사람

　5. 이 법을 위반하여 벌금형을 선고받고 2년이 지나지 아니
　　한 사람

---

02 경영진단대상이 되는 지방공기업에 해당하지
<u>않는</u> 것은?

① 경영성과가 높아 사실 조사가 필요한 지방공기업

② 재무구조가 불건전한 지방공기업

③ 경영목표설정이 비합리적인 지방공기업

④ 인력 및 조직관리가 비효율적인 지방공기업

경영진단대상은 경영결과가 좋지 않는 지방공기업 대상이다.

지방공기업법 시행령 제70조(경영진단대상등)

① "기타 대통령령이 정하는 지방공기업"이라 함은 다음 각호
　의 1에 해당하는 것을 말한다.

　1. 경영목표설정이 비합리적인 지방공기업

　2. 인력 및 조직관리가 비효율적인 지방공기업

　3. 재무구조가 불건전한 지방공기업

　4. 기타 행정안전부장관이 경영진단이 필요하다고 인정하는
　　지방공기업

---

03 지방자치단체의 장이 주민 등의 의견청취해야 하는 경우가 <u>아닌</u> 것은?

① 행정안전부장관으로부터 경영 개선 명령을 받은 때

② 행정안전부장관으로부터 해산 요구를 받은 때

③ 행정안전부장관으로부터 경영 진단 명령을 받은 때

④ 지방공기업을 설립할 때

지방공기업법 제78조의6(주민 등의 의견청취)
① 지방자치단체의 장은 다음 각 호의 어느 하나에 해당하는 때에는 지방의회에 보고하고 주민 및 관계 전문가 등의 의견을 들어야 한다.
1. 지방공기업을 설립할 때
2. 행정안전부장관으로부터 경영 개선 명령을 받거나, 해산 요구를 받은 때

04 도시철도 이용자의 권익보호를 위하여 강구하여야 하는 시책이 <u>아닌</u> 것은?

① 도시철도 이용자의 불만에 대한 신속한 구제조치

② 도시철도 이용자의 요금부담 완화를 위한 조치

③ 도시철도 이용자의 권익보호를 위한 홍보

④ 도시철도 이용자의 생명 위해 방지

도시철도법 제3조의2(국가 및 지방자치단체의 책무) 국가 및 지방자치단체는 도시철도 이용자의 권익보호를 위하여 다음 각 호의 시책을 강구하여야 한다.
1. 도시철도 이용자의 권익보호를 위한 홍보 · 교육 및 연구
2. 도시철도 이용자의 생명 · 신체 및 재산상의 위해 방지
3. 도시철도 이용자의 불만 및 피해에 대한 신속 · 공정한 구제조치
4. 그 밖에 도시철도 이용자 보호와 관련된 사항

05 소유자등은 보상받은 지하부분의 범위에서 도시철도시설의 안전을 해칠 우려가 있는 행위 제한 대상이 <u>아닌</u> 것은?

① 인공구조물의 신축

② 인공구조물의 이축

③ 인공구조물의 개축

④ 땅을 파거나 뚫는 행위

도시철도법 제13조(행위 제한) 도시철도건설자가 지하부분 사용에 대하여 보상을 한 후에는 소유자등은 보상받은 지하부분의 범위에서 도시철도시설의 안전을 해칠 우려가 있는 다음 각 호의 행위를 할 수 없다.
1. 인공구조물의 신축 · 개축 또는 증축
2. 땅을 파거나 뚫는 행위

06 도시철도운송사업자에게 명할 수 있는 사업개선 명령이 <u>아닌</u> 것은?

① 도시철도운송사업자의 대표자 및 임원의 선임

② 운임의 조정

③ 도시철도차량 및 도시철도 사고에 관한 손해배상을 위한 보험에의 가입

④ 도시철도운송사업계획 및 도시철도운송약관의 변경

도시철도법 제39조(사업개선명령) 시 · 도지사는 도시교통의 원활화와 도시철도 이용자의 안전 및 편의 증진을 위하여 필요하다고 인정하면 도시철도운송사업자에게 다음 각 호의 사항을 명할 수 있다.
1. 도시철도운송사업계획 및 도시철도운송약관의 변경
2. 운임의 조정
3. 도시철도차량이나 그 밖의 시설의 개선
4. 도시철도 노선의 연락운송
5. 도시철도차량 및 도시철도 사고에 관한 손해배상을 위한 보험에의 가입
6. 안전운송의 확보 및 서비스의 향상을 위하여 필요한 조치
7. 도시철도종사자의 양성 및 자질 향상을 위한 교육

07 철도차량 운전면허 없이 운전할 수 있는 경우에 해당하지 <u>않는</u> 것은?

① 운전면허시험을 치르기 위하여 철도차량을 운전하는 경우

② 철도차량 운전에 관한 전문 교육훈련기관에서 실시하는 운전교육훈련을 받기 위하여 철도차량을 운전하는 경우

③ 철도사고등을 복구하기 위하여 열차운행이 중지된 선로에서 사고복구용 특수차량을 운전하여 이동하는 경우

④ 철도차량을 제작·조립·정비하기 위한 공장 밖의 선로에서 철도차량을 운전하여 이동하는 경우

공장 안의 선로다.
철도안전법 시행령 제10조(운전면허 없이 운전할 수 있는 경우)
① 법 제10조제1항 단서에서 "대통령령으로 정하는 경우"란 다음 각 호의 어느 하나에 해당하는 경우를 말한다.
1. 철도차량 운전에 관한 전문 교육훈련기관에서 실시하는 운전교육훈련을 받기 위하여 철도차량을 운전하는 경우
2. 운전면허시험을 치르기 위하여 철도차량을 운전하는 경우
3. 철도차량을 제작·조립·정비하기 위한 공장 안의 선로에서 철도차량을 운전하여 이동하는 경우
4. 철도사고등을 복구하기 위하여 열차운행이 중지된 선로에서 사고복구용 특수차량을 운전하여 이동하는 경우

08 철도종사자의 음주 제한 대상이 <u>아닌</u> 것은?

① 철도차량 및 철도시설의 점검·정비 업무에 종사하는 사람

② 철도운행안전관리자

③ 운전업무종사자

④ 여객역무원

철도안전법 제41조(철도종사자의 음주 제한 등)
① 다음 각 호의 어느 하나에 해당하는 철도종사자을 마시거나 약물을 사용한 상태에서 업무를 하여서는 아니 된다.
1. 운전업무종사자
2. 관제업무종사자
3. 여객승무원
4. 작업책임자
5. 철도운행안전관리자
6. 정거장에서 철도신호기·선로전환기 및 조작판 등을 취급하거나 열차의 조성업무를 수행하는 사람
7. 철도차량 및 철도시설의 점검·정비 업무에 종사하는 사람

정답 07 ④ 08 ④

09 국토교통부장관에게 즉시 보고하여야 하는 철도 사고를 모두 고른 것은?

> ㄱ. 열차의 탈선
> ㄴ. 열차의 운행과 관련하여 3천만원의 재산피해가 발생한 사고
> ㄷ. 열차의 충돌
> ㄹ. 철도차량에서 화재가 발생하여 운행을 중지시킨 사고
> ㅁ. 철도차량의 운행과 관련하여 1명의 사상자가 발생한 사고

① ㄱ, ㄷ
② ㄱ, ㄴ, ㄷ
③ ㄱ, ㄷ, ㄹ
④ ㄱ, ㄴ, ㄷ, ㄹ, ㅁ

철도안전법 시행령 제57조(국토교통부장관에게 즉시 보고하여야 하는 철도사고 등)
법 제61조제1항에서 "사상자가 많은 사고 등 대통령령으로 정하는 철도사고등"이란 다음 각 호의 어느 하나에 해당하는 사고를 말한다.
1. 열차의 충돌이나 탈선사고
2. 철도차량이나 열차에서 화재가 발생하여 운행을 중지시킨 사고
3. 철도차량이나 열차의 운행과 관련하여 3명 이상 사상자가 발생한 사고
4. 철도차량이나 열차의 운행과 관련하여 5천만원 이상의 재산피해가 발생한 사고

10 철도보호지구에서의 안전운행 저해행위가 <u>아닌</u> 것은?

① 철도신호등으로 오인할 우려가 있는 시설물이나 조명 설비를 설치하는 행위
② 시설 또는 설비가 선로의 위나 밑으로 횡단하거나 선로와 나란히 되도록 설치하는 행위
③ 먼지나 티끌 등이 발생하는 시설ㆍ설비나 장비를 운용하는 경우 방진막, 물을 뿌리는 설비 등 분진방지 시설 설치
④ 전차선로에 의하여 감전될 우려가 있는 시설이나 설비를 설치하는 행위

③번은 철도 보호를 위한 안전조치다.
철도안전법 시행령 제48조(철도보호지구에서의 안전운행 저해행위 등)
"대통령령으로 정하는 행위"란 다음 각 호의 어느 하나에 해당하는 행위를 말한다.
1. 폭발물이나 인화물질 등 위험물을 제조ㆍ저장하거나 전시하는 행위
2. 철도차량 운전자 등이 선로나 신호기를 확인하는 데 지장을 주거나 줄 우려가 있는 시설이나 설비를 설치하는 행위
3. 철도신호등으로 오인할 우려가 있는 시설물이나 조명 설비를 설치하는 행위
4. 전차선로에 의하여 감전될 우려가 있는 시설이나 설비를 설치하는 행위
5. 시설 또는 설비가 선로의 위나 밑으로 횡단하거나 선로와 나란히 되도록 설치하는 행위
6. 그 밖에 열차의 안전운행과 철도 보호를 위하여 필요하다고 인정하여 국토교통부장관이 정하여 고시하는 행위

철도왕 약력

- 서울 명문대 K대 졸업

- 미국, 유럽(라트비아 Turiba Univ)유학

- 전)서울교통공사 정규직 근무

- 전)코레일 정규직 근무

- 현)철도 1타강사로 '철도왕 아카데미 운영 및 강의

- 철도교통안전관리자, 산업안전기사

철도왕 저서

- 철도왕 철도관련법 3주완성

- 철도왕 철도교통안전관리자 일주일 절대합격 바이블

2026 100% 무료강의 철도왕 한주끝장 부산교통공사 철도관계법
요약＋문제집(기출문제포함) - (OX/빈칸/심화/실전모의고사) -

발행일   2026년 3월 30일(초판)

발행처   인성재단(지식오름)

발행인   조순자

편저자   철도왕

편 집   장영은

정 가   30,000원   **ISBN**   979-11-7491-108-7